中国社会科学院学部委员专题文集

ZHONGGUOSHEHUIKEXUEYUAN XUEBUWEIYUAN ZHUANTI WENJI

历史唯物主义与俄国史研究

陈之骅◎著

中国社会科学出版社

图书在版编目（CIP）数据

历史唯物主义与俄国史研究/陈之骅著 . —北京：中国社会
科学出版社，2014.6

（中国社会科学院学部委员专题文集）

ISBN 978 - 7 - 5161 - 3954 - 7

Ⅰ.①历…　Ⅱ.①陈…　Ⅲ.①俄罗斯—历史—文集
Ⅳ.①K512.0 - 53

中国版本图书馆 CIP 数据核字（2014）第 026597 号

出 版 人	赵剑英
责任编辑	孔继萍
责任校对	张依婧
责任印制	戴　宽

出　　版	中国社会科学出版社
社　　址	北京鼓楼西大街甲 158 号（邮编 100720）
网　　址	http：//www. csspw. cn
	中文域名：中国社科网　　010 - 64070619
发 行 部	010 - 84083685
门 市 部	010 - 84029450
经　　销	新华书店及其他书店

印刷装订	环球印刷（北京）有限公司
版　　次	2014 年 6 月第 1 版
印　　次	2014 年 6 月第 1 次印刷

开　　本	710 × 1000　1/16
印　　张	23
插　　页	2
字　　数	366 千字
定　　价	69.00 元

《中国社会科学院学部委员专题文集》
编辑委员会

前　　言

　　哲学社会科学是人们认识世界、改造世界的重要工具，是推动历史发展和社会进步的重要力量。哲学社会科学的研究能力和成果是综合国力的重要组成部分。在全面建设小康社会、开创中国特色社会主义事业新局面、实现中华民族伟大复兴的历史进程中，哲学社会科学具有不可替代的作用。繁荣发展哲学社会科学事关党和国家事业发展的全局，对建设和形成有中国特色、中国风格、中国气派的哲学社会科学事业，具有重大的现实意义和深远的历史意义。

　　中国社会科学院在贯彻落实党中央《关于进一步繁荣发展哲学社会科学的意见》的进程中，根据党中央关于把中国社会科学院建设成为马克思主义的坚强阵地、中国哲学社会科学最高殿堂、党中央和国务院重要的思想库和智囊团的职能定位，努力推进学术研究制度、科研管理体制的改革和创新，2006 年建立的中国社会科学院学部即是践行"三个定位"、改革创新的产物。

　　中国社会科学院学部是一项学术制度，是在中国社会科学院党组领导下依据《中国社会科学院学部章程》运行的高端学术组织，常设领导机构为学部主席团，设立文哲、历史、经济、国际研究、社会政法、马克思主义研究学部。学部委员是中国社会科学院的最高学术称号，为终生荣誉。2010 年中国社会科学院学部主席团主持进行了学部委员增选、荣誉学部委员增补，现有学部委员 57 名（含已故）、荣誉学部委员 133 名（含已故），均为中国社会科学院学养深厚、贡献突出、成就卓著的学者。编辑出版《中国社会科学院学部委员专题文集》，即是从一个侧面展示这些学者治学之道的重要举措。

　　《中国社会科学院学部委员专题文集》（下称《专题文集》），是中国社会科学院学部主席团主持编辑的学术论著汇集,作者均为中国社会科学院学部委员、荣誉学部委员,内容集中反映学部委员、荣誉学部委员在相关学科、专业方向中的专题性研究成果。《专题文集》体现了著作者在科学研究实践中长期关注的某一专业方向或研究主题,历时动态地展现了著作者在这一专题中不断深化的研究路径和学术心得,从中不难体味治学道路之铢积寸累、循序渐进、与时俱进、未有穷期的孜孜以求,感知学问有道之修养理论、注重实证、坚持真理、服务社会的学者责任。

2011 年,中国社会科学院启动了哲学社会科学创新工程,中国社会科学院学部作为实施创新工程的重要学术平台,需要在聚集高端人才、发挥精英才智、推出优质成果、引领学术风尚等方面起到强化创新意识、激发创新动力、推进创新实践的作用。因此,中国社会科学院学部主席团编辑出版这套《专题文集》,不仅在于展示"过去",更重要的是面对现实和展望未来。

这套《专题文集》列为中国社会科学院创新工程学术出版资助项目,体现了中国社会科学院对学部工作的高度重视和对这套《专题文集》给予的学术评价。在这套《专题文集》付梓之际,我们感谢各位学部委员、荣誉学部委员对《专题文集》征集给予的支持,感谢学部工作局及相关同志为此所做的组织协调工作,特别要感谢中国社会科学出版社为这套《专题文集》的面世做出的努力。

《中国社会科学院学部委员专题文集》编辑委员会

2012 年 8 月

目　　录

自序:我与俄国史研究

一

我开始接触马克思主义是在 1949 年上海解放以后。那年夏天我考入上海市格致中学念高中。入学后,有两本书可以说是我学习马克思主义的启蒙读物:一本是胡乔木同志写的《中国共产党的三十年》,另一本是中国人民大学教师胡华同志写的《中国新民主主义革命史》。胡华同志的书是当时我们课堂上学习中国近现代历史的主要教材,乔木同志的《中国共产党的三十年》是该课程的主要参考书。教这门课的老师很有学问,课讲得非常好,至今仍在我脑海里留着深刻的印象。结合这两本书的学习,我读了毛泽东的一些著作,如《中国社会各阶级分析》、《湖南农民运动考察报告》、《中国红色政权为什么能够存在?》《星星之火,可以燎原》、《中国革命和中国共产党》等。通过学习历史,我不仅初步懂得了没有共产党就没有新中国的道理,还对马克思主义理论产生了很大的兴趣。为了进一步理解老师在课堂上讲到的一些问题,如生产力与生产关系、经济基础与上层建筑、革命与改良等,我便找一些有关的课外读物来读。虽然只是一知半解,但总还是懂了一点过去不懂得的新东西。它们推动我去思索更多的问题。

1952 年高中毕业后,我以华东区总分第一名的成绩考取了北京大学中文系。1954 年,党和政府选派我去苏联列宁格勒大学历史系学习。当时苏联的历史系有四个主要专业,一是苏联史(即苏联本国史),二是外国史(即除了本国史以外的世界各国史),三是考古学,四是艺术史。我选择的是苏联史。我觉得既然到苏联来学习,就应当学苏联历史。因为本国史必然是任何国家的强项，可以学习得更为系统、更为专业。苏联史专业的学生到高年级时还要分班，分为十月革命前的一段（苏联近代史）和十月革命后的一段（苏联现代史），我选择的是前一段，着重学习 18、19 世纪俄国思想史。列宁格勒是俄罗斯帝国的首都，又是列宁主义的故乡和十月社会主义革命的发生地。苏联近现代史上所有重大事件，几乎都与它紧紧相连，整个城市可以说是一座大型的历史博物馆。我非常喜欢这个城市。进入大学以后，我的视野扩大了，接触的人和书也更多了。历史是一门政治性和思想理论性都很强、很鲜明的学科。当时苏联的史学理论、史学教学和史学研究的指导思想，尽管有某些教条主义和西欧中心论等方面的缺陷，但主流是马克思主义的唯物史观。按照列宁的说法，唯物史观是"唯一的科学的历史观"，唯物主义的方法是"社会科学的唯一科学方法"。唯物史观认为，历史发展是有其特定规律的。生产力与生产关系之间的矛盾，经济基础与上层建筑之间的矛盾，是推动社会发展的基本矛盾。伴随着生产力的发展，人类社会从原始社会、奴隶社会，进入封建社会、资本主义社会，依次更迭，最终走向社会主义和共产主义社会。通过学习专业课程和学习马克思主义奠基人马克思、恩格斯、列宁的有关著作，我初步懂得了人类社会发展的历史规律，认识到社会主义和共产主义是人类历史发展的必然趋势。

　　大学毕业以后，国家分配我到中国人民大学做教学和研究工作。中国人民大学是我们党直接创办的一所人文社会科学的综合性大学。重视马克思主义理论，特别是研读马克思主义经典作家的原著，培养马克思主义理论人才，是它的特色和强项。在这座马克思主义的熔炉中，我在思想上受到了进一步的锻炼和提高。到校以后我接受的第一个任务是参与编写《第二国际史》教材；第一次登上讲台是为本科三年级学生讲授《第一国际史》。这对我这个刚从学校出来的不到 30 岁的年轻教员来说无疑是很大的挑战。我努力以马克思主义的基本原理和历史唯物主义为指导，运用马克思主义的立场、观点、方法来讲解历史。我收集并研究了不少资料，包括马克思主义者和形形色色的机会主义者的著作，以及当时国际共产主义运动和世界局势的背景材料。我的讲稿，与其说是讲稿，不如说是读书笔记。在教学和研究工作中我进一步学习了马克思主义的发展史，认识了马克思主义的基本特征，以及它与包括社会民主主义在内的各种机会主义流派的本质区别和根本对立。我同时也认识到，马克思主义是随着时代和实践的发展而不断发展的。列宁主义的诞生和十月革命的胜利，正是列宁在新的历史时代，结合俄国的实际，对马克思主义发展的结果。

二

　　1978年，我奉命调到刚由中国科学院哲学社会科学学部改组成的中国社会科学院世界历史研究所工作。当时我虽已步入中年，但仍像年轻人一样似乎有使不完的劲，要把在"文化大革命"中失去的搞学术的时间补回来。

　　20世纪80年代以前，我主攻苏联近代史，发表过一些有关19世纪俄国思想家，如车尔尼雪夫斯基、别林斯基、彼得·拉夫罗夫等人的文章和小册子。70年代末，我对俄国著名的无政府主义思想家彼得·克鲁泡特金产生了兴趣，决定写一本关于他的专著。克鲁泡特金虽然是一位无政府主义者，但他同时也是一位民主主义革命家，他主张用革命的手段来推翻资本主义社会，而不是像法国的蒲鲁东那样鼓吹用改良的办法来改造资本主义社会。克鲁泡特金强调人民群众的作用，十分推崇法国大革命。另外，他还是一个百科全书式的学者，在人文社会科学的众多领域发表过大量著作，留下了丰富的学术遗产。他的思想在中国进步知识界，包括青年毛泽东在内，曾经产生过很大的影响，但是克鲁泡特金长期以来在苏联是禁区，没有人去研究。他的著作在苏联不能出版，即使在国外出的版本，在苏联也找不到。20世纪70—80年代之交，我们学术界强调要解放思想，打破禁区，所以我就选择了这个课题。

　　克鲁泡特金所有的重要著作几乎都有中文版，都是20世纪20年代巴金等人翻译的。有的书甚至俄文版都没有，因为当初发表的时候他是用外文写的。另外，在北京国家图书馆里有巴金老人捐献出来的克鲁泡特金在法国出版的许多刊物，如《反抗者》报等。在我国20年代的许多杂志上也有大量关于他的介绍。我把全部有关的材料，包括能找到的俄文材料以及一些英文材料都看了。至于他写的各种专著、论文和自传，可以说都读了个遍。

我在研究过程中曾拿着我所名誉所长陈翰笙先生的介绍信，专程去上海请教巴金老人。他问我为什么要写这本书。我说是为了打破学术禁区，全面地、历史地评价这位思想家和革命家的一生。一开始，他并不赞成我写书。他说：写书没有用，书只能反映你的观点，别人不一定会支持你；最好的方法是把克鲁泡特金所有著作用中文一本一本地公开出版，让人们直接接触他的思想，自己去思考。不过后来老人还是同意我写了。我回到北京不久就收到老人寄来的一些他珍藏了几十年的原始资料，并亲笔写了如下几个字："用毕请归还，但不急。"

1986 年，我的 28 万字的《克鲁泡特金传》终于由中国社会科学出版社出版了。这是我的第一本专著，也是迄今为止我自己最喜欢的一本书。书中系统地评述了克鲁泡特金富有传奇色彩的革命经历、独树一帜的无政府主义理论、渊博的科学知识，他的人道主义伦理思想和高尚的道德品性，以及他的两次中国之行，还介绍了列宁对克鲁泡特金及其著作的评价和他们的两次会见。书中对克鲁泡特金在无政府主义理论、经济学、历史学、文学、生物学、伦理学和地理学等众多领域内的主要著作，进行了马克思主义的剖析，并介绍了克鲁泡特金的思想和著作在中国的出版和传播情况。

三

尽管我对 19 世纪俄国思想史情有独钟，但世界史所的领导还是希望我能把研究的重点转到苏联现代史（即十月革命以后的苏联史）上来。我没有理由拒绝，何况这也不能算是改行。

当时我国思想理论界开展的"实践是检验真理的唯一标准"的大讨论，推动了全国性的思想解放运动。解放思想，实事求是，成为全国学术研究的指导方针。这股强劲的东风自然也吹拂到了中国社会科学院和社科院世界史所。根据这种精神，为了使新时期的苏联史研究走上轨道，首先必须对"文化大革命"时期关于苏联和苏联史的看法切实拨乱反正，认真以历史唯物主义的思想和方法为指导，这是当时开展研究工作的基本出发点。

　　1983 年 3 月，世界历史所成立了社会主义史研究室（后更名为苏联东欧史研究室）。我被任命为首任室主任。我们联合几位高等院校和科研机构的同行，组成课题组。所领导让我担任课题组的主持人。课题组先后承担了两个国家社会科学基金研究项目：一是关于苏联过渡时期（1917—1937）的历史，二是关于赫鲁晓夫时期的历史。它们的最终成果《苏联史纲（1917—1937）》①、《苏联史纲（1953—1964）》② 于 1991 年和 1996 年先后出版。这是我国较早的两部苏联断代史专著，问世后颇受学术界的注目。一些高校还将它们列为教材。

　　我调到世界史研究所后即参与创办《世界历史》杂志。它于 1978 年创刊，是我国改革开放的“同龄人”。不久我担任了编辑部主任，后来又担任主编十余年（1983—1995）。在该刊 1979 年第 5 期上发表了我的具有社论性质的论文《世界史研究与四个现代化》，明确提出世界史研究要坚持马克思主义和历史唯物主义为指导，贯彻“古为今用”、“洋为中用”的方针，实事求是、一切从实际出发的研究方法，以及解放思想、勇于实践的科学精神，为我国社会主义现代化建设服务。我作为主编，充分利用了《世界历史》这一平台，在版面上（包括通过组织一些有关热点问题的讨论会或笔谈等）尽可能地向苏联史倾斜，以推动苏联史的研究，发现和培养这方面的人才。

　　1985 年，成立了中国苏联东欧史研究会。我当选为首任会长。后来我又连任了两届，总共 15 年（1985—2000）。研究会是我国苏联史研究的又一个重要平台。它通过每年举行全国性的学术年会等活动，有效地推动了苏联史研究的发展。研究会组织会员集体编撰了《苏联历史词典》③，全书约 80 万字，共 1600 多个条目释文，从 9 世纪基辅罗斯时期一直到戈尔巴乔夫执政时期。这虽是一本工具书，但对苏联史研究的开展起了很好的推动作用。直到现在，它还是许多学仁案头必备的参考书。

---

　　① 陈之骅主编：《苏联史纲（1917—1937）》（上、下册），人民出版社 1991 年版。

　　② 陈之骅主编：《苏联史纲（1953—1964）》，人民出版社 1996 年版。

　　③ 陈之骅主编：《苏联历史词典》，吉林文史出版社 1991 年版。

四

1986 年，我被国务院学位委员会特批为博士生导师。据我所知，这是我国最早建立的苏联现代史方向的博士点。当年，我就招收了两名博士研究生。他们是 1989 年通过答辩的郑羽（现为中国社会科学院俄罗斯中亚东欧研究所研究员，博士生导师）；1990 年通过答辩的吴恩远（现为第十二届全国政协委员，中国社会科学院世界社会主义研究中心副主任、俄罗斯中亚东欧研究所研究员，博士生导师），后来又陆续招收了四名。那几年，研究生院给我所的博士生招生名额很少，因而没有可能多招。即便这样，我培养的博士生在当时所里来说还是算多的。我对学生的要求是比较严的，首先要求有正确的政治方向，认真学习和努力运用马克思主义，撰写论文时必须以马克思主义基本原理和历史唯物主义为指导。同时要求他们在研究问题和写作论文过程中尽可能多地阅读有关资料。只有在阅读大量材料的基础上才能动笔，在写作时必须在理论创新处切实下功夫。但我同时也对他们强调，创新是不能随便贴贴标签的，必须言之有据，而且要符合逻辑，至少要能做到自圆其说。不能为求得轰动效应而哗众取宠，也不能把外国人的某个观点照搬过来算作自己的"创新"。还要特别注意尊重前人的劳动成果，在运用他们的材料时要明确注明出处，是转引的也要注明转引自谁人的著作，不能把别人所引的、自己根本不曾读过的资料作为自己所引的资料。至于抄袭和随意剽窃他人的成果，更是为人所不齿。使我感到欣慰的是学生们都很努力，不仅很好地通过了论文答辩，获得了博士学位，而且在后来的工作中表现得都很优秀，可以说是青出于蓝而胜于蓝（我的另外几名博士研究生是：张建华，现为北京师范大学历史学院教授，博士生导师；李兴，现为北京师范大学政治与国际关系学院教授，博士生导师；郭春生，现为中国人民大学国际关系学院教授，博士生导师；朱玉彪，现在中共中央有关部门工作）。

五

大概是在 90 年代中期，我受我院"国外社会主义跟踪研究协调组"（今"世界社会主义研究中心"的前身）领导的委托，写一篇关于勃列日涅夫时期的问题和教训的内部研究报告。这篇大约 2 万字的报告写成后发表在《国外社会主义跟踪研究动态》上。我在报告中指出，勃列日涅夫执政长达 18 年（1964—1982）之久，是苏联历史上一个重要的时期。这个时期苏联的历史进程比较复杂，而且具有矛盾性，不能以一个简单的"停滞时期"来概括，而是要在多层面、多角度和分阶段研究的基础上进行客观而全面的评价。大体上可以说，这是一个由稳定转化为停滞的时期，又是一个在发展中孕育着危机的时期。这一时期最主要的问题是在时机已经完全成熟、形势已经迫不及待的情况下，未能对传统的社会主义模式进行切实有效的改革，从而对以后的苏联演变产生了重大的影响。但是这并不等于当时的苏联已处于无可挽回地注定要失败的境地。从 80 年代初期的形势来看，苏联 60 多年积累起来的国家实力尚未耗尽；经济发展速度虽然连年下降，但还没有停止增长；上层建筑，包括党、政、军各级权力机构并没有完全失控；各少数民族与俄罗斯主体民族之间那种与离心力长期并存的凝聚力尚未消失；全国大多数人民的社会主义信念也还没有泯灭。这些情况都表明，如果勃列日涅夫的继任者能够在马克思主义理论指引下，坚持共产党的领导，制订出一条适合本国国情的改革路线并且坚定不移地贯彻执行的话，苏联这个多民族的社会主义大国是完全能够重新振兴的。

这篇报告发表以后受到了有关领导的关注和好评。因此，国外社会主义跟踪研究协调组领导要我组织一个专项研究课题组，写一部专著，对这一时期的经济、社会、政治、科技、军事、民族、宗教和对外政策等各个方面进行研究，最后由我修改定稿。这就是由我主编的《勃列日涅夫时期的苏联》①。我的上述报告成了这本书的总论。

---

① 陈之骅主编：《勃列日涅夫时期的苏联》，中国社会科学出版社 1998 年版。

　　关于勃列日涅夫时期的问题，我后来在国家社科基金重点项目的最终成果《苏联兴亡史纲》①一书中又作了进一步的阐发。该书中关于勃列日涅夫时期的政治一章是我撰写的。我以具体的历史事实和材料说明：对勃列日涅夫时期的评价应当一分为二。在其执政前期，由于进行了有效的经济体制改革，并对其前任赫鲁晓夫唯意志论的胡改乱革（包括全盘否定斯大林、把党组织分为"工业党""农业党"、宣布"20 年后建成共产主义"和所谓"三和""两全"理论等）作了不同程度的调整，全国的形势是比较好的。人民的物质和文化生活水平有了明显的提高。在意识形态方面没有搞指导思想多元化。在与西方国家的关系上，能灵活使用争夺与缓和两手，并能注意对西方"和平演变"策略的警惕和防范。在另一方面，我也通过具体材料指出了这一时期的问题，包括中止经济改革，教条主义，领导干部老化和终身制，大国沙文主义，党内外缺乏民主、与美国争霸和进行军备竞赛等等，特别是在后期显得更为突出。正是这些问题为后来苏联演变埋下了伏笔。

六

　　1982 年 4 月初，所长出人意外地给了我一个出国访问的任务：陪同我院民族研究所副所长、德高望重的翁独健教授到苏联去参加一个国际学术研讨会。当时中苏关系尚未正常化，两国的学术交流早已停止。我们能不能应邀前去，院里一开始是犹豫的。最后是主管外事的宦乡副院长拍板同意。后来我们知道，宦乡同志的决定显然是有道理的：1982 年 3 月 24 日，勃列日涅夫在乌兹别克加盟共和国首都塔什干的一次讲话中，发出了改善中苏两国关系的信号。这是苏联最高领导人在两国关系冻结了近 20 年后作出的一个可说是最友好的讲话。另外，这项活动是联合国教科文组织和国际中亚文化协会主持的（翁先生是该协会的执行局成员），尽管苏联是东道主，但不是中苏两国的双边活动。宦乡同志要求我们利用这次机会与苏联学者进行接触，重建友谊，同时了解一些他们对恢复两国学术交流，进而逐步实现国家

---

①　陈之骅、吴恩远、马龙闪主编：《苏联兴亡史纲》，中国社会科学出版社 2004 年版。

关系正常化的态度。在一个多星期的时间里，我们与苏联学者进行了比较广泛的友好接触。这是勃列日涅夫在塔什干后，中国学者第一次访问苏联，因而颇受境外媒体的关注和种种猜测。香港报纸以"翁独健访苏"的醒目标题发表了相关消息便是一例。不过这次"首航"一直鲜为人知，我国有关中苏关系史的著述中对此均未提及。为此，我特意利用我当时所写的日记和信件，并查阅了我院国际合作局的有关档案，写了一篇题为《破冰之旅》的回忆文章，发表在《中国社会科学报》上。[①] 文章不仅受到了有关学者的好评，还引起了我国外交部研究人员的关注。

　　1982 年的这次"破冰之旅"，成了我后来一系列出国学术活动的开始。1985 年和 1990 年，我作为中国史学家代表团成员先后去德国斯图加特和西班牙马德里，参加第 16 届和第 17 届国际历史科学大会。大会由国际历史学会主办，每五年举行一次。在第 16 届大会上，我提交了朱庭光和我合写的《1980—1984 年中国世界史研究的基本情况》[②]一文。由于当时国际学界关于中国的信息较少，因而本文颇受与会者的关注。我还在大会的俄国十月革命史分组会上作了《中国的苏联史研究情况》的发言[③]。我提出的关于对社会革命党的评价应当一分为二的观点引起了争论。与会的苏联学者中有很多是持传统观点的，比较保守。我的观点比他们开放一些。不过他们对我很客气，很友好，因为基本上都是马克思主义的一家人。会上我被增选为国际历史学会下属的"俄国十月革命史国际委员会"的执行局成员。在第 17 届大会上，我在俄国十月革命史分组会上作了《评托洛茨基》的发言，其中以解放思想的精神对他在十月革命和国内战争期间的贡献作了正面的评价。

　　1986 年 10 月，我和我院近代史所刘存宽研究员，应设在日本的联合国大学之邀去苏联列宁格勒参加"中、日、俄、墨西哥四国社会变革比较

---

　　① 陈之骅：《破冰之旅》，《中国社会科学报》2010 年 11 月 25 日第 16 版；中国世界史研究网全文转载。

　　② 朱庭光、陈之骅：《1980—1984 年中国世界史研究的基本情况》，载《第十六届国际历史科学大会中国学者论文集》，中华书局 1985 年版，第 424—456 页。

　　③ 这个发言摘要（俄文）发表在会后国际历史学会编印的《第十六届国际历史科学大会材料》上。

研究"国际学术研讨会，主题是对四个非西欧国家历史上的革命与改革进行比较。这是一个系列性研讨会，总共四次，分别在四国举行。1983 年和1985 年已经在东京和墨西哥城先后开过两次，这是第三次，以俄国问题为中心进行比较研究。我在会上作了《论俄国革命和中国革命中的某些主观条件》① 的发言，其中谈到了"现代化"的问题，认为应当区分资本主义现代化和社会主义现代化；对前者我们经常称为"近代化"，以示区别。苏联学者理解我的意思，并表示赞同。西方学者则认为，"现代化"和"近代化"是一回事。日本学者菊地昌典也同意他们的观点，不过他说在日本也使用"近代化"一词，从而在会上起了"和事佬"的作用，争论也就不了了之。第四次以中国问题为中心的研讨会是在我国杭州举行的。我作了《俄国和中国革命中共产党与其他民主力量合作问题的某些比较分析》的发言。②

　　1987 年我两次出国参加国际学术研讨会，主题都是纪念十月革命 70周年。一次是在苏联的奥德萨（今属乌克兰），另一次是在意大利西西里岛上风光旖旎的巴勒莫。巴勒莫研讨会的与会者很多。中国社会科学院代表团由陈乐民研究员、马家驹研究员、我和院外事局的一位同志四人组成。西方国家的代表在会上竭力攻击苏联的社会主义制度，美国布鲁金斯学会的苏联问题专家赫·索南费尔德高举刚刚出版的戈尔巴乔夫的《改革与新思维》一书的英文版，大声敦促他加速"改革"，而苏联代表团中既有传统派学者，也有自由派学者，内部观点很不一致。我在会上用英语作了《中国改革开放和社会主义建设》的报告。这是我在国际上第一次专门讲中国问题，是事先作了比较充分准备的。我的发言引起了与会者很大的兴趣。电视台不仅采访了我们社科院代表团，还专门采访了我个人。意大利媒体广泛报道了我的发言，一家报纸还用了这样的醒目标题：《中国人说：马克思主义不是教条》。

---

　　① Chen Zhihua, On Some Subjective Conditions of Russian and Chinese Revolutions, *China Report*, No. 23：2（1987），London-NewDeli.（陈之骅：《论俄国革命和中国革命中的某些主观条件》，《中国研究》杂志，伦敦—新德里英文版，1987 年第 2 期）原文为俄文，英译：［日］菊地昌典。
　　② 中国社会科学院近代史研究所主编：《社会变革比较研究》，社会科学文献出版社 1992 年版，第 187—196 页。

1991 年 4 月，正是苏联处于风雨飘摇之际，苏共内部和苏联学界内部马克思主义者与所谓的"民主派"进行着激烈的斗争。我应苏联有关部门邀请去莫斯科参加"列宁与 20 世纪"国际学术研讨会。会议在豪华的"十月"宾馆（今俄罗斯总统宾馆）举行。与会者有二三十人，其中有苏联一些著名学者（如历史学家伊·科瓦利琴科院士、尤·波利亚科夫和巴·沃洛布耶夫通讯院士、安·萨哈罗夫教授等）以及西方的多位著名苏联问题专家（如美国哈佛大学教授理·派普斯、普林斯顿大学教授罗·塔克、法国苏联中东欧研究所所长马·费罗教授、意大利葛兰西研究所朱·博法教授等）。苏共中央政治局委员、中央书记亚·扎索霍夫出席了开幕式。我提交的论文是《列宁——创造性的马克思主义者》，着重讲列宁关于十月革命和新经济政策的理论与实践。会议主持人安排我在会议第一天第二个发言，以示重视。大多数苏联代表对我的论文表示满意，而有些西方学者的反应则比较平淡，但没有与我争论。会议期间，苏联中央列宁博物馆馆长请我和波利亚科夫院士去该馆与全体工作人员见面。当时博物馆的处境十分困难。叶利钦政府不仅已几乎停止拨给经费，而且在想方设法关闭这个始建于 1936 年、全世界规模最大的列宁博物馆。馆长请我们去作客显然是为了寻求一点舆论支持。波利亚科夫院士临场缺席，因而只有我一个客人。我作了中国对列宁和列宁主义的学习的即席发言，着重谈了《列宁全集》中文第二版的编译和出版情况。此前不久《人民日报》曾刊登过中央编译局的一篇有关介绍文章，其内容我大致记得。我特别指出，《列宁全集》中文第二版不是俄文第五版的译本，而是在俄文第五版基础上又加了列宁其他一些著述，因而其内容比俄文第五版更多、更全。我的发言受到了全场热烈的掌声。现在感到欣慰的是，我此次去苏联，竟然在最前线参加了一场反对历史虚无主义、捍卫列宁和列宁主义的战斗。

1995 年和 2000 年，我先后赴波兰华沙和芬兰南部城市坦佩雷，参加每五年一次的第五届和第六届中东欧研究世界大会。芬兰会议的规模较大，有来自世界 40 多个国家的俄罗斯及中东欧问题研究机构的专家学者与会，就苏联解体和中东欧地区国家社会转轨等问题广泛交流了研究成果。我向大会提交并宣读了题为《苏联解体的深层次原因》的报告，受到与会代表的关注。我还与一位丹麦学者共同主持了关于俄罗斯问题的分组讨论会。新华社驻赫尔辛基记者在 2000 年 8 月 4 日对此专门作了报道。

2006 年，我参加以李慎明副院长为首的中国社会科学院学者代表团访问俄罗斯，参加"俄中关系：历史与现实"研讨会。这是俄罗斯举办中国年的一个重要项目。我用俄文作了题为《中俄两国人民友谊史上的一页：十九世纪中叶俄国进步舆论对中国时局的反应》的报告，其中所引的大量俄文历史报刊资料，连一些俄国与会者也不大熟悉。后来这篇报告全文发表在 2008 年俄罗斯科学院为庆祝齐赫文斯基院士诞辰 90 周年而出版的文集上。① 2007 年，作为中国举办俄国年的重要项目，相同主题的研讨会在北京举行。我在会上作了《30 年来我国的苏联史研究述评》的报告②。在作报告之前，我说：我认为，研究中国对俄国历史的研究情况也应该是研究两国关系的一个内容。俄罗斯代表团团长季塔连科院士十分同意我的看法，特地在会上即席作了一个俄国对中国史的研究情况的发言，表示对我的友好回应。

七

1991 年苏联解体以后，关于苏联演变的原因和教训问题引起了世界各国学者的普遍重视和关注，成为国内外学术界一个公认的热点问题。最近十多年来，我把自己的主要精力放在研究苏联演变的原因和教训的问题上。

20 世纪 90 年代初，中央通过胡绳院长要求中国社会科学院写一本分析苏联演变的原因和教训的书。胡绳同志为此专门开了一个动员会，我也参加了。会上，指定由江流副院长主持一个课题组承担这个任务。我被指

---

① 《穿越科学时空：齐赫文斯基诞辰 90 周年纪念文集》，莫斯科 2008 年俄文版（Чэнь Чжихуа, Отклики русской прогрессивной общественности середины 19 века на поитическую обстановку в Китае, *Раздвигая горизонты науки – kgo – летию академика С. Л. Тихвинского* M. 2008.）；中文版载于沛主编《世界历史研究所学术文集》，江西人民出版社 2008 年版。

② 陈之骅：《30 年来我国的苏联史研究述评》，《世界历史》2008 年 12 期增刊；俄文稿全文发表于俄罗斯《远东问题》杂志 2009 年第 5 期。（Чэнь Чжихуа, Три десятилетия изучения истории СССР в КНР（1978—2008 гг.）, *Проблемы дальнего востока* , 2009, 5.）

定为课题的第二主持人,负责具体组织初稿的写作和统修工作。这本书就是由江流同志和我主编的《苏联演变的历史思考》①。这大概是苏联解体以后我国出版的关于这一问题的最早的专著。由于当时能掌握的资料还不多,很多有关档案也还没有解密,对一些理论问题的认识也还不够深透,因而我们的研究成果应该说还是初步的。

此后,随着国内外有关资料的不断增多、具有中国特色社会主义理论与实践的不断发展,以及对有关理论认识的不断加深,我对苏联演变,特别是苏共垮台的原因和教训问题的认识也在不断提高和深入。

进入21世纪以来,我参加了社科院李慎明副院长主持的"苏联演变的历史教训"课题组,集中研究苏共亡党和苏联解体的历史教训问题。我作为课题组的一名主要成员,不仅自己撰写有关部分内容,而且负责对其他各部分的内容进行初步修改,并协助课题主持人统稿。在主持人的具体指导和直接参与下,我们课题组成员一起认真讨论和相互切磋,收集并研究了大量国内外有关史料,包括新近解密的档案材料,阅读了国内外学者的各种有关著作,还多次与俄罗斯的学者和各方面人士,乃至普通老百姓进行座谈和开展调研。我们以马克思主义基本原理和历史唯物主义为指导,从历史和现实两方面的结合上,来阐述一些重大的理论问题。我们对初稿进行了十多次,有的部分甚至是几十次的修改,经过好几年的努力,最终完成了一部50万字的专著。这就是由社会科学文献出版社出版的《居安思危——苏共亡党20年的思考》。②书中的观点,是主编和课题组集体的观点,也反映了我个人的观点。

在《居安思危》一书中,我们对一些重大问题鲜明地提出了看法,同时对一些有关的历史事实进行了澄清。我们认为:第一,俄国十月革命具有历史必然性,是列宁和布尔什维克党对马克思主义的发展和创新的结果。在当时,俄国人民除了走十月革命的道路以外,没有其他更好的选择。第二,对所谓"斯大林模式",亦即苏联社会主义模式,必须采

---

① 江流、陈之骅主编:《苏联演变的历史思考》,中国社会科学出版社1994年版。

② 李慎明主编、陈之骅副主编:《居安思危——苏共亡党20年的思考》,社会科学文献出版社2011年版。

取一分为二的态度，并且要历史地看。第三，苏联剧变的根本的和直接的原因在于从赫鲁晓夫领导集团到戈尔巴乔夫领导集团逐渐脱离、背离乃至最终背叛马克思列宁主义，特别是戈尔巴乔夫打着"改革"的旗号，提出"人道的民主的社会主义"路线，包括倡导所谓"民主化"、"公开性"、多党制、鼓吹和准备实行全盘私有化等。第四，苏共亡党和苏联解体不是必然的。只要苏共领导人坚持和发展马克思主义，顺应不断变化的国内外形势，对已经僵化的体制机制进行正确的改革，剧变是完全可以避免的。

该书还提出了一些比较新的观点。例如，苏共垮台，并不是原本意义上的马克思主义的无产阶级先锋队的苏共垮台，而是背叛马克思主义、社会主义和人民群众根本利益的苏共垮台，或者说是已经蜕变为社会民主党性质，亦即资产阶级性质的政党的垮台。又如，苏共的蜕化变质，是有其深刻的经济根源和阶级根源的。一部苏联解体、苏共垮台史，实际上是一部特殊形式的阶级斗争史。苏共党内的特权阶层，如果说在其形成之初只是一个贪污腐败、追求享乐和安于现状、不思改革的群体，那么后来逐渐演变为一个利用手中掌握的权力，为了自己的私利，背叛了广大党员和人民群众，背叛了马克思列宁主义和科学社会主义，建立一个有利于自己的生产关系和交换关系为目标的社会阶层，从而成为苏联剧变的物质力量和原动力。再如，历史唯物主义强调人民群众是历史的创造者，但杰出的个人（包括反面人物）在历史进程中的作用也不容忽视。苏共和苏联兴亡的历史进程证明，杰出的历史人物，总是顺应时代潮流，反映人民的意志，引领时代前进的步伐，带领群众推动社会向前发展。而陈腐和反动势力的代表人物，则可能阻碍历史前进的步伐，甚至导致历史的倒退。该书所揭示的苏共亡党的历史教训，不仅具有重要的理论价值，而且具有重要的现实意义。因此，该书出版后引起了中央和各级有关领导，以及学术界和广大读者的极大关注。

在撰写这部著作的过程中，我们课题组在主持人的直接指导和参与下，还先后制作了两部（一部八集，一部四集版和六集版）党内教育电视参考片。我参与了制作的全过程。这两部片子由于采取了电视片的形式，重大的主题和生动真实的历史与现实场景结合在一起，其中不少镜头是在俄罗斯实地拍摄和录制的，因而影响更为广泛。中央有关部门还专门下发文件，要求将其作为党员干部政治学习的辅助材料。

八

《居安思危——苏共亡党20年的思考》一书，我除了担任副主编外，还撰写了其中的第一章——《苏共兴衰的历史轨迹》。这实际上是对苏共93年和苏联74年整个历史及其发展、演变的扼要评述。当然，这是很浓缩的，但涵盖了历史上各个重大事件和重要人物，以及他们的理论与实践，特别是苏联演变的原因与教训。除了这一章外，我还发表了一系列文章和应邀在一些单位做过讲座，都涉及同样的主题和内容。这些著述集中反映了我对苏联历史上一些关键问题的观点。这些问题也是当前我国学术界普遍关注的热点和看法分歧的焦点所在。

这些问题主要是：

第一，关于十月革命的问题。

列宁在20世纪初期新的历史条件下，根据他对帝国主义的经济、政治特征的潜心研究，突破了马克思、恩格斯关于社会主义革命将首先，而且必须在几个发达的资本主义国家同时发生才能取得胜利的理论，提出了社会主义革命可以在一个国家单独取得胜利，而且在几个资本主义国家同时取得胜利是不可能的观点。列宁结合俄国的国情，以及当时俄国所处的国际环境，认为俄国正是这样的国家。显然，列宁不仅是把马克思主义时代化，而且是把它俄国化了。十月革命的胜利正是在列宁这一"一国胜利论"指导下取得的。因此，十月革命的胜利绝不是一种偶然现象，它固然有其特殊性，而这种特殊性则是历史必然性的具体反映。

所以，我不同意这样的说法：十月革命"在俄国没有基础"，只是列宁和布尔什维克党的一次"阴谋政变"和一个"偶然事件"。这实际上是当年第二国际修正主义者提出的所谓十月革命"先天不足"，是一个"早产儿"那样的老问题，只不过是在戈尔巴乔夫错误的"改革"路线指导下又沉渣泛起而已。

我还不同意再一种说法："十月革命不如二月革命"；"十月革命偏离

了人类文明进步的轨道，打断了俄国的历史进程。"这是历史虚无主义者的典型说法。事实是，十月革命是当时俄国人民唯一可能的正确选择。任何政党，只有当它代表了人民的利益，反映了人民的愿望并得到了人民的拥护与支持的时候，才能发挥推动历史的作用。杰出的历史人物也是一样。这是历史唯物主义的一个基本原理。

上述观点，在我的《俄国十月社会主义革命》小册子中作了比较全面系统的阐发。①

第二，关于所谓的"斯大林模式"问题。

"斯大林模式"的内涵，至少包含三个层面上的内容：一是基本制度层面上的内容，其中主要是：在政治上的共产党的执政地位和以工人阶级为领导、以工农联盟为基础的苏维埃政权；经济上的生产资料社会主义公有制（包括集体所有制）和按劳分配原则；意识形态上的马克思主义指导地位。它们是社会主义本质特征的体现，也就是邓小平说的"四项基本原则"。这表明，斯大林模式从其性质来说是一种社会主义模式。二是体制机制层面上的内容，主要是具体的政治经济体制和各种运行机制，包括发展战略等，其主要特点是高度集中：在经济上，实施指令性计划经济；实行集中的部门管理体制，以行政手段管理经济；实行重工业优先的发展战略方针等。在政治上，实行共产党直接领导国家事务；司法、立法、行政三权合一；各级国家干部均由上级机关任命，党的最高领导人集党、政、军大权于一身。三是具体政策层面上的内容。这是比体制更为具体的内容。这三个层次的关系是，社会基本制度是根本的、决定性的，各种体制机制是表层的、被决定的，是社会基本制度的具体实现形式（虽然有它的相对独立性）；而具体的政策则基本上是为实现体制机制服务的。因此，我们从制度角度评价"斯大林模式"时，必须把基本制度、机制体制和具体的政策区分开来。属于基本制度层面的东西是必须坚持和不能抛弃的。它们只能从各国的实际情况出发进行完善、巩固和发展。至于具体的体制机制、具体的政策，则是应当和必须根据具体情况，随着时代的变化、社会的发展和实践中的经验教训而不断改革和创新的，绝不能固守原有的框

---

① 陈之骅：《俄国十月社会主义革命》，社会科学文献出版社 2012 年版。

框而不思改革。因此，不能完全否定"斯大林模式"，不能说"斯大林模式""否定得越彻底越好"。戈尔巴乔夫的失败主要就在于他抛弃了社会主义基本制度，放弃了共产党的领导，背离了作为指导思想的马克思主义，鼓吹和准备推行生产资料的全盘私有化，从而造成了苏共垮台和苏联解体。

"斯大林模式"本身有一个发展过程。在20世纪30—40年代，也即它形成初期，它的优越性是非常明显的。不然，苏联在这一时期取得的辉煌成就，特别是"工业化的奇迹"，反法西斯卫国战争的伟大胜利和战后国民经济的迅速恢复，便不可想象和无法解释。当然，斯大林模式在其形成时就存在缺陷。这主要是因为苏联是第一个社会主义国家，没有历史经验可资借鉴，同时也受当时理论发展水平的局限。这对当时的苏共领导人来说也是一种探索。在战后国民经济恢复以后，斯大林模式在体制机制和发展模式方面的缺陷和弊端日益显露，必须适时进行改革，否则苏联的继续发展便会受到影响。可是无论是赫鲁晓夫、还是勃列日涅夫时期，虽然都想在不同程度上进行改革，但都没能做到这一点，从而使斯大林模式日趋僵化，并把苏联引向了危机的边缘。

所以我不同意这样的观点："斯大林模式"是造成苏联演变的主要原因或是决定性因素。因而苏联亡党亡国是必然的。这种观点是不符合马克思主义的历史唯物主义原则的，也是不符合历史实际的。

第三，关于新经济政策的问题。

1921年开始实行的新经济政策，是为了克服"战时共产主义"带来的消极后果而制定的一系列经济政策，其主要内容是以粮食税取代余粮收集制，允许农民自由支配自己的余粮。同时实行中、小企业的非国有化，恢复自由贸易。按照列宁的说法："新经济政策的真正实质在于：第一，无产阶级国家准许小生产者有贸易自由；第二，对于大资本的生产资料，无产阶级国家采用资本主义经济学中叫作'国家资本主义'的一系列原则。"①列宁明确指出，新经济政策是俄国由资本主义向社会主义过渡时期的政策，不是社会主义建设时期的政策，更不是一个全面建设社会主义的

———————————

① 《列宁全集》第43卷，人民出版社1987年版，第263页。

计划或蓝图。它是一种不得已而为之的暂时"退却"；到一定时候，这种"退却"是要结束的，那时，"新经济政策的俄国将变成社会主义的俄国"。①

斯大林之所以在20世纪20年代末至30年代初逐步中止执行新经济政策，主要是因为当时苏联面临的国内外形势发生了变化。在国际上，资本主义国家不断加强对苏联的包围和封锁，战争威胁日益咄咄逼人；在国内，富农囤积了大量粮食，国家粮食收购不上来。1927年12月国家的粮食收购数仅为上年同期的42％。②粮食短缺严重影响了工业的发展和城市居民的日常生活。在商业领域，"耐普曼"投机倒把和兴风作浪使市场出现严重混乱。在这种严峻的形势下，全国必须建立一个高度集中的政治经济体制，同时通过发展重工业，尽快实现国家工业化和农业集体化。否则，苏联很可能被"吃掉"。这是斯大林的一种探索。在探索过程中尽管存在缺陷，也出现一些错误，但从"斯大林模式"形成初期所取得的成就来看，应该说探索总体上是成功的。至于后来这一模式逐渐僵化，那是另一个问题，其责任不在斯大林一个人。

所以我不同意这样的观点："斯大林中止新经济政策是对列宁和列宁主义的背叛。"因为新经济政策毕竟是一种过渡时期的政策，不可能无限期执行下去。它不应当是"永恒"的。如果是"永恒"的，那么我们，乃至全世界，恐怕都永远到不了社会主义。我更不同意把当年苏联的新经济政策和今天我们具有中国特色社会主义的理论与实践之间直接或间接画等号，甚至把中国特色社会主义看成是苏联新经济政策的翻版。

第四，关于赫鲁晓夫改革问题。

我认为，赫鲁晓夫和苏共20大在苏联历史上所起的消极作用大大超过积极作用。20大上作的秘密报告从内容来看有很多是不符合事实，甚至是无中生有的，实际上全盘否定了斯大林。从做法来看不仅是不够慎重，而且是违反常规和党内生活准则的。它造成了党内外、国内外思想的极度混乱。党丑化了自己，否定了自己，开了历史虚无主义的先河。从引起的

---

① 《列宁全集》第43卷，人民出版社1987年版，第302页。
② 参见［苏］《苏共历史问题》1990年第3期，第66页。

后果来看，尽管是"揭了盖子"，但所捅出的"漏子"则是极其严重的。国内反党、反社会主义思潮和势力纷纷亮相，国外"和平演变"策略的制订者们拍手叫好，并且竭力推波助澜。所有这些，给共产党和社会主义的国家带来的损失是无法弥补的。赫鲁晓夫在执政期间也进行了一些体制改革，但由于指导思想的错误倾向和具体政策上的主观随意性，没有多少成效，特别是没有改变"斯大林模式"存在的缺陷和弊端。关于他提出的"三和"、"两全"思想，本质上是阶级斗争（包括国内和国际两个方面的）熄灭论的反映。应该看到，当时的国际形势和国际格局与今天是很不相同的。在经济体制改革方面，除了在农业政策方面有一些进展外，几乎乏善可陈。至于把党划分为"工业党"和"农业党"则可以说完全是一种儿戏。

所以我不同意这样的观点：赫鲁晓夫"开启了苏联改革的大门"，是"社会主义国家改革的先声"，甚至把他称为苏联"改革之父"。不过应该公正地说，赫鲁晓夫并没有放弃共产党的领导和社会主义基本制度。这是他与后来的戈尔巴乔夫的不同之处。

第五，关于苏联演变的原因和教训问题。

苏联演变的原因很多，直接的和根本原因是戈尔巴乔夫领导集团对马克思主义的背叛。纵览近年来的有关著述，我觉得关于苏联演变的外因，讲得相对比较少，有时甚至被忽视或低估。从历史唯物主义的观点来说，任何历史现象的发生、发展和变化，其内因是主要的、第一位的，是事物变化的根据，外因是次要的、第二位的，是事物发展的条件，而且外因要通过内因起作用。尽管如此，在苏联演变过程中，外因显得特别突出。而且在一定条件下，外因还会转化成内因。众所周知，以美国为首的西方资本主义国家从苏维埃国家诞生起就千方百计地设法扼杀它。当采用武装的手段难以奏效时，便使用"和平演变"的方法企图瓦解苏联。在戈尔巴乔夫执政之前，苏联领导人对此在不同程度上是有警惕的。可是戈尔巴乔夫领导集团非但放松了这种警惕，反而对西方反苏势力的渗透采取了妥协和迎合的态度，甚至相互勾结，从而加速了苏共垮台和苏联解体。近年来，这方面的历史资料不断公布，特别是随着时间的推移，国外很多档案资料陆续解密，这对我们研究苏联演变的外因很有助益。这是苏联演变的一个重要的历史教训，应该加以足够的重视并认真汲取。

以上是我对苏联历史上一些关键问题的基本观点。目前在这些问题上学术界存在着很大分歧。出现分歧的原因很多，但我认为主要是由于方法论方面的问题，是由于对历史唯物主义的观点和方法在不同程度上没有掌握好，偏离、有时甚至是违反了这一科学的观点和方法。如果能够在这方面有所改进，我们学术界存在的一些观点分歧是可以逐步接近和弥合的。

（原载《中国社会科学网》2013 年 1 月；其中大部分内容原载《毛泽东思想邓小平理论研究》2013 年第 10 期）

克鲁泡特金无政府主义思想剖析

彼得·阿列克谢耶维奇·克鲁泡特金（1842—1921）是 19 世纪后期至 20 世纪初期俄国和欧洲思想史上的著名人物，是最后一个具有国际影响的无政府主义活动家和理论家。他承袭并发展了英国葛德文、德国施蒂纳、法国蒲鲁东，特别是俄国巴枯宁的无政府主义观点，建立了一套比较完整的无政府主义理论体系，堪称无政府主义思想之集大成者。他从 19 世纪 80 年代后期开始，集中精力从事无政府主义理论的研究和宣传，写下了大量的著述。他力图使自己的学说具有一种"科学"的性质，并以此与马克思主义的科学社会主义相对抗。不过，他和巴枯宁不同，他从来不耍两面派手法，他总是把自己的反马克思主义观点毫不隐晦地表达出来。甚至在十月社会主义革命胜利以后，在克里姆林宫受到列宁接见的时候，他仍然明确地表示反对任何性质和一切形式的国家政权，其中包括无产阶级专政。[1]直到去世为止，他始终是马克思主义理论的不可调和的敌人。

克鲁泡特金一生的经历是相当丰富的。他自己曾写过一部有声有色的长篇自传。[2]不论是他的信徒，或是他的论敌；又不论是在初版的当年，甚至是在今天，在读他这部自传的时候，都要被作者丰富曲折的人生经历所吸引，并为他对自己所信奉的主义和事业坚定不移的献身精神而感动。他出身于名门贵族，少年时代就受过系统的宫廷教育，后来就读并卒业于彼得堡大学数理系。他当过沙皇亚历山大二世的贴身侍从，又担任过东西伯

---

① 弗·德·邦奇—勃鲁耶维奇：《纪念克鲁泡特金》，载《邦奇—勃鲁耶维奇选集》第 3 卷，1963 年莫斯科俄文版，第 402—403 页。

② 克鲁泡特金：《一个革命家的回忆录》。这部自传写于 19 世纪 90 年代末期，1898—1899 年曾在英文《大西洋月刊》杂志连载，1899 年出版单行本。1902 年第一次以俄文出版。最初的中译本出版于 1930 年。

利亚总督府的副官。由于在地理、地质考察方面取得的成就，他被选为俄国地理学会成员，成了一个在国内外享有盛名的地理学家。1872 年，30 岁的克鲁泡特金去瑞士旅行，结识了流亡在那里的俄国革命者，接触了西欧的革命运动，参加了第一国际，同时接受了巴枯宁的无政府主义思想。同年回国以后，立即加入了民粹派的一个小组。他一方面积极从事地下革命宣传，另一方面继续进行公开的地理科学研究活动。1874 年被捕，1876 年越狱逃亡国外，直到 1917 年才返回祖国。在长达 41 年的流亡期间，开始曾在瑞士和法国进行无政府主义的宣传和实践活动，并创办了一份法文报纸 *Le Revolte*（《反抗者》）。1882 年被法国当局逮捕，1886 年获释后移居英国。从此，致力于无政府主义理论的研究和著述。除了自己在伦敦办了一份英文报纸 *Freedom*（《自由》）外，还为其他一些报刊撰稿。他的无政府主义世界观便是在流亡英伦时最终形成的。在第一次世界大战期间，他站在"保卫祖国"的沙文主义立场上，遭到了列宁的谴责和批判。[①]回国后，主要从事伦理学的研究。1921 年以 79 岁的高龄逝世。

克鲁泡特金的名字，在我国早已为不少人所熟知。但是，对他的研究却还是一个有待开垦的领域。克鲁泡特金的思想，在五四运动前后开始传入中国。从 20 世纪 20 年代起，他的一些主要著作被陆续译成中文出版。这个工作大部分是我国早期无政府主义者做的。他们主要是出于反对马克思主义在中国传播的政治需要，因而谈不上开展学术研究。到新中国成立前夕，随着我国无政府主义思潮的没落，克鲁泡特金著作的中译本已经绝版，只能在少数几家图书馆中找到很不完全的一部分。新中国成立以后，除了在 60 年代初出版了《互助论》的新译本[②]外，对克鲁泡特金的研究直至今日仍未见进展。克鲁泡特金的思想，不仅影响深远，而且内容相当丰富，涉及历史学、哲学、经济学、社会学、生物学、伦理学和文学等领域。因此，从事这方面的研究需要有很多人的共同努力。本文仅仅试图对克鲁泡特金的无政府主义思想作一个初步的介绍和剖析，以期抛砖引玉，促进更多的世界史工作者和其他有关学科的同志来进一步研究这一既有学

---

① 参见《列宁全集》第 22 卷，第 123—124 页，第 25 卷，第 457 页。
② 克鲁泡特金：《互助论》，李平沤译，商务印书馆 1963 年版。

术价值，又不乏现实意义的课题。

一

国家问题是一切无政府主义者所首先关心的问题，克鲁泡特金也不例外。他认为，国家和私有财产是近代社会一切弊害的根本原因；而国家是私有财产的支持者，因此也可以说国家是万恶之源。克鲁泡特金指出，国家是掌握在少数人手里的一种强权，用以支配大多数人，使大多数人服从于自己。它是人类社会的元凶，无政府主义之大敌。他在揭露和批判资本主义社会的时候，总是着重指出资产阶级国家的反人民性质及其对社会的进化和发展所起的反动消极作用。

克鲁泡特金认为，国家之所以具有支配一切的权力，主要是因为它通过政府制定了各种强迫人们遵守的法律。他说："替人类的一切活动立法，干涉'臣民'生活的极微细的事情，这就是国家与政府的本质。"①他认为法律有两重始原。法律在最初的时候是把社会上已经存在的风俗进行整理，用文字记载下来。因此，"所有一切古法，'卑之无甚高论'，不过风俗和习惯的集合体"。②但是，立法者在这样做的同时，"常常增加一些新的规例进去——为着那些有钱有势和凶蛮的少数人的利益"。③随着少数人权力的加强，这种维护不平等的规例数量不断增多，范围日益扩大，它们反过来又促使少数人强权的扩张。克鲁泡特金把所有的法律归纳为三大类，一类是保护财产的，一类是保护政府的，一类是所谓保护个人的。经过具体分析，他得出的结论是：不论哪一种法律，不论它如何貌似公正，都是维护少数人的特权和侵害多数人的利益的。国家既把它的权力具体化为法律，那么，推翻国家就必须同时彻底废除它所制定的全部法律。

克鲁泡特金认为，近代资产阶级的代议制政体和各种资产阶级民主自由一样，都是骗人的表面文章。他说，代议政府是"王权与资产阶级之间

---

① 克鲁泡特金：《一个反抗者的话》，上海平民书店1948年版，第179页。
② 克鲁泡特金：《近世科学和安那其主义》，上海自由书店1928年版，第56页。
③ 同上。

的妥协品"。①尽管代议制民主国家与君主专制国家在形式上有很大不同，但就其实质来说都是一种权力组织，而且前者较之后者拥有更为庞大的官僚机器和更为广泛的支配权力。他通过欧洲一些国家的具体实例证明，在这种表面上由人民推选的代表实行统治的制度后面，仍然是少数人在主宰着一切。他以一种不无同情的语调嘲笑了曾经当过议员的蒲鲁东，同时揭露了所谓的议会民主的全部虚伪性。他说："可怜的蒲鲁东，我想他当年带着赤子的天真诚朴，进入议会，彻底研究议事日程中的每一问题时，一定感到极大的失望。他把数字与思想搬上讲台，可是人们连听都不高兴听他呢。问题在开会前就已决定，'是否有利于本党'是决定所根据的简单理由。票数已经算好，服从的已被登记，不服从的也已仔细地被试探、被估计。演说只是舞台上的排演，人们只在发觉它有艺术的价值或在供给丑事的资料时才肯听它。"②

总的来说，克鲁泡特金在对资本主义国家进行具体的批判时，有很多地方承袭了他前人的思想，其中也可以看到马克思主义在客观上对他的影响。但是，克鲁泡特金的国家观并不局限在对资产阶级国家的批判上。作为一个无政府主义的理论家，他还从人类历史的发展上和道德伦理的角度去探究国家的本质。

克鲁泡特金认为，在人类社会中从来就存在两种对立的思想和行为的潮流：一种是人民的潮流，一种是强权的潮流。一方面，占人口绝大多数的人民，为了使社会得以存在并不断发展，总是互相支援，在平等的基础上建立各种团体和组织来进行生产，排解纠纷，维持和平。另一方面，由少数人组成的一批人，总是想高踞于人民之上，命令他们，强迫他们为自己劳动。这两种潮流一直进行着激烈的斗争。克鲁泡特金认为，国家不是人类社会一开始就有的。在国家出现以前，人民都生活在自治的团体里，自由地决定自己的事情。这是人民的潮流占绝对优势的时代，是"历史上最有光辉的时代"。③后来，强权的潮流不断抬头，少数人为了实现对人民

---

① 克鲁泡特金：《一个反抗者的话》，第 208 页。
② 同上书，第 196 页。
③ 克鲁泡特金：《国家论》，载《国家论及其他》，上海自由书店 1927 年版，第 109 页。

的统治需要有一个工具，于是便出现了国家。几百年来，国家几经演变，但万变不离其宗。它始终是少数人的权力组织，是"地主、军官、法官、牧师和近日资本家想相互维持各自统治人民的强权并利用大多数贫民谋自己的富有的一个互相保险的社会"。① 人民不满少数人的统治，不断起来反抗，但是始终未能废除国家。克鲁泡特金认为，18世纪末叶的法国大革命是历史上人民的潮流反对强权的潮流的一次最大的革命斗争。在这次斗争中，人民群众发挥了极大的主动精神，推翻了君主制度，有力地打击了贵族地主。但是革命的结果却是按照旧制度同样的原则建立了新的国家组织。人民宣告了自己的主权，同时又很快地把它让了出去，因此又陷入被统治的境地。1871年巴黎公社的革命也犯了同样的错误。它之所以失败就是因为建立了一个政府。克鲁泡特金认为，国家一方面使人民的潮流受到压抑，使人民的意志和创造能力得不到发挥，另一方面使少数人得以为所欲为，任意侵吞和挥霍社会的财富。这就是社会进化滞缓的根本原因。

克鲁泡特金认为，国家在阻碍人类社会发展的同时，也阻碍了社会道德的进化和发展。在他看来，社会普遍承认的道德原则是存在于法律和宗教之外的。在国家和法律出现以前，社会上存在着各种建立在平等基础上的风俗习惯，这就是人类共同的道德基础。后来，立法者把大量为少数人谋私利的不平等原则写进法律，同时又宣传说：法律就是道德准则。于是，真正的道德便遭到了破坏。克鲁泡特金举例说，像"己所不欲，勿施于人"这样一种世代相传的美德，只能在人人平等的条件下才行得通，很难想象，在农奴主和农奴之间，或者在贩奴商和黑奴之间能提倡这样的道德。因此，从发展道德的角度来看，国家也是非废除不可的。

马克思主义认为，国家作为一种上层建筑，是经济基础的反映，国家是阶级压迫阶级的工具。而克鲁泡特金所谓的"人民的潮流"和"强权的潮流"则是没有明确的阶级含义的。克鲁泡特金的国家观的根本谬误在于没有把国家与阶级、阶级斗争联系起来；没有把国家的产生和消亡与社会经济发展的一定阶段联系起来，与阶级的产生和消亡联系起来。他不懂得无产阶级国家和历史上一切剥削阶级的国家有着本质的区别。它已经不

---

① 克鲁泡特金：《近世科学和安那其主义》，第131页。

再是少数人统治多数人的工具，而是以无产阶级为领导的广大城乡劳动人民对一小撮剥削者的专政。在无产阶级革命胜利以后相当长的一段时期内，由于还存在阶级，为了镇压国内外阶级敌人的反抗，为了发展社会生产力，组织城乡人民的生产、分配和交换，为了对人民群众进行组织、教育等方面的工作，无产阶级必须有自己的国家来作为达到这些目的的工具。国家随阶级产生而产生，随阶级消亡而消亡。无产阶级只有在完成自己的历史使命以后才可以废除国家。那时候，无产阶级本身也已不复存在了。列宁说："我们和无政府主义者都认为废除国家是目的，在这个问题上完全没有分歧。但我们肯定地说，为了达到这个目的就必须暂时运用国家政权的武器、工具、手段去反对剥削者，正如为了消灭阶级，就必须实行被压迫阶级的暂时专政一样。"①这也就是克鲁泡特金的国家学说和马克思主义的国家学说的根本分歧所在。

克鲁泡特金和一切无政府主义者一样，提倡"万人的自由发展"。他认为，"无自由的个人决无自由的社会"。②但是他同时强调指出，个人的自由发展不应妨碍整个社会的自由发展，如果不如此，就必然会导致个人的专断和权力的重新出现。基于这种观点，他不赞同施蒂纳提倡的"个人无政府主义"。他说："个人无政府主义只许那少数天赋较好的个人'尽量发展'，甚至牺牲大多数人生存的幸福为其代价。这样便回复到那些自视高等的少数人所主张的最普通的个人主义。人类历史上所以有国家及其他等等，正要感谢他们之所赐，但这又是个人无政府主义者所反对的。他们的个人主义甚至把自己的出发点都否认了。"③由此可见，在克鲁泡特金看来，主张个人自由不等于提倡利己主义；整个社会的共同发展与个人自由是同样重要的。克鲁泡特金的这种思想，是与巴枯宁相一致的。

克鲁泡特金认为，要实现无政府主义，必须进行社会革命。他坚决反对蒲鲁东的改良主义思想。他说："改革任何事物都是不可能的，因为一切都是互相关联的；一切都需同时革新；当社会明明分成两大敌对的壁垒

---

① 《列宁全集》第 25 卷，第 423 页。
② 克鲁泡特金：《革命将是集产主义的吗？》，载《国家论及其他》，第 435 页。
③ 克鲁泡特金：《无政府主义及其发展的历史》，载《近世科学和安那其主义》，第 200 页。

时，革新又从何革起呢？满足不满意的人立刻会创造出新的不满意来！"①
他反对改良，也反对在资本主义条件下利用议会和其他资产阶级民主权
利，开展一定的合法斗争，认为这样做在任何情况下都会对群众起腐蚀作
用而危害革命。他对当时各国无产阶级政党（特别是德国党）内部的机会
主义思潮进行了激烈的谴责和批判。可是，他竟把马克思主义关于无产阶
级应当利用自己的国家来实现共产主义的思想和机会主义混为一谈，一概
斥之为"国家主义"。列宁曾经深刻地指出："无政府主义往往是对工人
运动中机会主义罪过的一种惩罚。这两种畸形东西是互相补充的。"② 克鲁
泡特金自命革命，其实他和机会主义者却是异曲同工。真正反对机会主义
的是马克思主义，而绝不是无政府主义。

克鲁泡特金明确地认为，革命的动力是人民群众。"没有人民群众的
支持和合作，社会革命是不可能的。"③ 历史上的革命是这样，未来的革命
也是这样。他在对法国大革命的研究中，没有像一般的史学家那样去着力
分析各派政治力量的斗争，而是特别强调城乡人民群众的斗争对革命所起
的作用。列宁对此评价很高。他说："克鲁泡特金是第一个在法国革命的
研究中注意人民群众的人。"④ 在谈到行将到来的革命时，克鲁泡特金认
为，革命的条件是否成熟，取决于人民群众是否觉醒；他们积极行动起来
之日，即是社会革命轰轰烈烈开始之时。在革命进程中，人民的主动精神
和创造性是决定革命成败的关键。这种思想和俄国民粹派突出个人在革命
中的作用的观点相比较，是一个很大的进步。但是必须指出，人民这个概
念在克鲁泡特金的思想中是非常广泛的，它包括工人，也包括农民；在工
人中包括大工厂的无产者，也包括手工业者，在农民中则包括全体农业生
产者。显然，马克思主义者关于无产阶级在推翻资本主义社会的革命斗争
中的领导作用和历史使命，是克鲁泡特金所完全不懂得的。

克鲁泡特金认为，革命的目的不仅是为了破坏旧制度，而且更重要的
是为了建立一个新社会。因此，必须使每一个革命的参加者都认识到未来

---

① 克鲁泡特金：《一个反抗者的话》，第 271 页。
② 《列宁全集》第 31 卷，第 14 页。
③ 克鲁泡特金：《期待的一世纪》，莫斯科 1925 年俄文版，第 35 页。
④ 弗·德·邦奇—勃鲁耶维奇：《回忆列宁》，莫斯科 1969 年俄文版，第 442 页。

社会是个什么样子。群众如果只是盲目行动，那就必然缺乏战斗力和主动性。在这方面，克鲁泡特金的看法和巴枯宁是有所不同的。巴枯宁认为革命主要是破坏，为未来社会的建设扫清障碍；而克鲁泡特金则认为不然。他说："人类的精神若想从事于破坏的事业，对于破坏之后就要来代替的制度，至少应先有一个轮廓的观念。"① 又说："无论何种斗争，若它是盲动的，没有一定的具体目的，是决不能成功的。当斗争渐渐达到破坏和当破坏的时候，若是革命的人自己还没有决定在破坏之后拿什么来代替它，那破坏现状是不行的。"② 正因为如此，克鲁泡特金特别强调无政府主义理论的重要性，强调设计一张未来社会的蓝图对于发动和组织群众进行斗争的重大意义。他把自己几乎整个后半生的全部精力都投入到了这方面的工作中。

二

　1879 年，克鲁泡特金在一篇文章中说："如果我们真的想做'实际家'，我们从今天起，就必须从一切角度陈述与讨论我们安那其共产主义的理想。"③他从 19 世纪 80 年代后期开始，在研究无政府主义理论的同时，着重阐明了现代资产阶级国家被推翻以后，应当建立怎样的理想社会来代替它的问题。

　克鲁泡特金认为，革命胜利以后要建立的是一个无政府共产主义社会。为此，必须彻底废除国家包括其一切法律和制度，反对任何支配群众的权力；同时取消全部私有财产，使其归整个社会所共有。这样的无政府社会是通过自由契约联合起来的城乡各自由公社的联合（这种联合还可以跨地区、跨民族再联合起来，形成全世界各公社的联合的大联合）。每个公社的成员都是自由平等的，他们集体决定一切事务，没有统治者与被统治者之分。克鲁泡特金的这种公社的联合思想，主要来自巴枯宁，他本人

---

① 克鲁泡特金：《一个反抗者的话》，第 300 页。
② 克鲁泡特金：《近世科学和安那其主义》，第 69 页。
③ 克鲁泡特金：《一个反抗者的话》，第 300—301 页。

并没有再作更多的补充和发挥。但是，关于未来社会的经济结构，克鲁泡特金的观点却和蒲鲁东、巴枯宁有很大的不同。

革命胜利以后立即废除全部私有财产，这是克鲁泡特金经济思想的一个突出之点。他宣称："一切土地和积聚的财产，凡人类生产与生活所必需的，而现在归私人所有的，均应把它们没收起来。"① 他认为，一切财富，包括全部生产资料和生活资料，都是整个社会生产的。它们不仅是当代人的共同劳动成果，也是过去几代人的共同劳动成果。他既反对只把一部分生产资料收归公有，而容许另一部分生产资料和全部生活资料保持私有；也反对只把生产资料收归公有，而把生活资料保持私有。他认为，没收一部分生产资料只意味着实行部分的改革，而在现代社会里，各种经济组织犹如一个齿轮连着另一个齿轮一样，错综复杂，互相关联，若不破坏其全体是解决不了问题的。他又认为，要区别什么是生产资料，什么是生活资料是困难的，因为房屋、衣服、食品等消费品对于生产者来说，如同他们的机器、原料和其他生产工具一样，都是生产中必不可少的。因此，既没有必要，也没有可能在生产资料和生活资料之间划一道鸿沟，从而对两者采取两种不同的对待办法。总之，如果不是立即废除全部私有财产，那就无异于是"把革命的意气半途抑止下去，使革命自身中途挫折"。②

克鲁泡特金经济思想的另一特点是立即实行按需分配。这是和上一特点紧密联系着的。他说："这制度是这样的：若社会所有的物品是很丰富的，则各人可以自由取用，没有定额，也没有限制，然而那些稀少的和常常缺乏的物品，便要平均分配。"③ 他认为，这种分配办法是最合理、最公平，也是最实际的；这是很多国家都存在的村落公社所采取的自然的共产主义制度。克鲁泡特金坚决反对按劳分配。在他看来，各人的劳动量是很难精确计算的，而且更重要的是，如果实行按劳分配就会产生富有的特权阶级，从而导致国家或其他形式的权力的再现。这就是恢复不平等，并且取消了废除私有财产的革命成果。"财产的新形式也需要着报酬的新形式。

---

① 克鲁泡特金：《〈面包略取〉俄文本初版序言》，载《面包略取》上海自由书店1928年版，序言第9页。

② 克鲁泡特金：《面包略取》，第68页。

③ 同上书，第95页。

生产的新方法不能与消费的旧形式并存，犹如它不适合于政治组织的旧形式一样。"① 他对巴黎公社工资制度的不满，也可以看出他对按劳分配的态度。他说："1871 年巴黎公社议会会员的薪资每日 15 法郎，而同时城垒上国防队的兵士仅得着 30 个苏（当时法国的辅币名，一个苏相当于 1/20 法郎——引者注），还有人称此决议为最高的民主主义的平等，实际上公社不过把从前官吏与兵丁、治者与被治者间的不平等加以认可罢了。"②

克鲁泡特金认为，按需分配不仅是必须实行的，而且是可以实行的。因为，社会已经有了高度发展的生产力，并且积累了相当丰富的消费品。革命胜利以后，人人都摆脱了国家和地主、资本家的束缚和压迫；取消了生产和消费间的各种不必要的环节；即使是那些靠他人劳动为生的游惰者也将参加生产；还有科学技术的突飞猛进。因此，生产还将大大地发展。社会产品可以完全满足全体人民的需要，即使将来人口大幅度增长，也无匮乏之虞。没收一切财产和进行按需分配的工作，都是由群众自己来完成的，没有也不需要有任何人来领导和组织。克鲁泡特金的上述思想，是较之提倡集产主义的巴枯宁更为激进的，更不用说是比主张保持小私有制的蒲鲁东了。

在谈到未来社会的劳动生产问题时，克鲁泡特金提出了"劳动的一体化"的思想，主张实行工农业生产相结合和脑力劳动与体力劳动相结合。他同时还主张城市工业品与农产品进行直接交换，取消商品和货币。为了实现脑体劳动相结合，教育制度也应相应地改革。他提出了"一体化教育"的设想，要使学生既掌握基本的科学理论知识，又具有某一门实际的生产技能。每一个男女青年在 18 岁以前都应接受这种一体化教育。克鲁泡特金还规定城市居民都要参加农业生产，知识分子都应有一半的时间从事体力劳动。

克鲁泡特金的这种立即实现共产主义思想，并不是什么新鲜的东西，最多也只是空想社会主义的一个变种。但是，他把这种直接过渡的思想和无政府主义结合了起来。在他看来，只要革命一旦取得胜利，推翻了国

---

① 克鲁泡特金：《面包略取》，第 39 页。
② 同上书，第 256 页。

家，就可以在第二天立即实行共产主义。他把推翻资产阶级统治和没收一切私有财产看成是革命斗争的结束。在他关于经济问题的大量论述中，对革命以后如何具体地组织生产谈得很少。他经常说，实现无政府共产主义，必须发展科学技术和提高社会生产力。但是，如何才能达到这一点？他的回答是：这些条件只能在无政府共产主义社会里才能达到。这样就等于是说，只要革命胜利了，国家废除了，私有财产没收了，生产也就自然而然地上去了。他反复地宣传说，革命胜利以后，每个人在 40 岁退休以前，每天只要劳动四至五个小时，便能生产出足够的产品来供按需分配；人口再多也不要紧，人口越多，生产的财富也就越多。他说，人口过剩论者的错误在于没有进行认真的考察，"他们看见英国的人口，在每一千秒钟之内要增加一个，认为他对于人类的富源只是一个要求者，实不能算做贡献者，于是便恐慌得了不得。但是我们以为每一个新生的孩子就是将来的生产者，他能生产出来的，比他享用人类共同富源的他自己的那一份还要多——我们欢迎他的诞生！"①总之，克鲁泡特金对于如何发展生产只是停留在动听的言词上，而不去考虑如果没有丰富的产品，按需分配就成了空中楼阁。克鲁泡特金的共产主义，虽然在一定的意义上反映了人们对自由平等和幸福生活的憧憬，但只能是一种注定不能实现的反动空想，充其量也只是一个大家都勉强吃饱穿暖的绝对平均主义的社会而已。

克鲁泡特金的经济思想有其自己的特点，他自称为无政府共产主义者，是所有无政府主义者中最彻底的"革命者"。尽管如此，他的思想仍然具有一切无政府主义思想的共性。这便是列宁所一再指出的：无政府主义是小资产阶级的世界观，反映了"被资本主义摧残得'发狂'的小资产者"的利益和愿望。② 在 19 世纪八九十年代，随着资本主义经济的发展，生产进一步集中和社会化，劳动分工越来越细，小商品生产者的破产日益加剧。即使是在资本主义发展比较落后的国家里，这种趋势也不可避免。可是，克鲁泡特金对这种客观的现实却视而不见，或是像他自己所说

① 克鲁泡特金：《田园、工厂、手工场》，上海自由书店 1929 年版，第 129 页。
② 《列宁全集》第 31 卷，第 14 页。

的，这"百年以来惊异的发明，其结果真令人眩惑而不知所措"。① 他对因生产的社会化而引起的劳动分工特别不安。他说："没有人否认可以用专业达到生产的高度。但是在现在的生产方法上所要求于个人的工作，愈趋单纯而且更宜于学习，因此这种工作也相应地愈单调、愈疲乏……人类的生命固在劳动，要是把人类的一生精力钉在工场或矿山等一定的处所，这对于社会是毫无利益的。"②他特别留恋小工业和手工业，并且为手工业日益遭到大工业的排挤而深觉慌惜。他感慨万端地写道："熟练的工匠已被视作应该消灭的过去的遗物而废除了。以前用双手工作，从美的享乐中出来的艺术家，现在被钢铁奴隶的活奴隶代替了。不单是这件事，甚至于农业劳动者，他们以前有祖宗传下来的家宅——子孙未来的家宅，愉快的田园，和自然的接触，从生活困难中得到种种慰藉，因为分工的缘故遂一概消灭了。"③

和生产的集中与劳动分工的加强相反，克鲁泡特金主张生产的分散与所谓劳动的一体化。他认为，工业生产应当分散，每一个国家和国家中的每一个地区都应有各种类型的工业，而且工业和农业应当结合起来。他的理想实质上是农业生产与小工业、手工工场相结合的自给自足的庄园经济。每个地区既是产品的生产者，又是它们的消费者。他的工农结合不是建立在大规模的机器生产基础上的。他只是主张有限制地使用机器生产，以不破坏小生产的基础为度。他说："在普通物品的制造上，机器是要代替手工的。同时现今完全在工厂中制造的多数物品的美术装修上，将来手工是要凌驾机械力的。在将来数千种新工业的发育上，手工业是要永远维持其重要要素的。"④

克鲁泡特金这种建立自给自足的公有制的经济共同体的设想，和他对村落公社的看法是分不开的。在俄国历史上，从赫尔岑到19世纪70年代的革命民粹派，都曾经幻想通过当时还残存于农村的村落公社达到社会主义。他们把这种村社看作是未来社会的基础。克鲁泡特金继承了这种观

---

① 克鲁泡特金：《田园、工厂、手工场》，第3页。
② 同上书，第4页。
③ 同上书，第2—3页。
④ 同上书，第334页。

点，并给它增添了一层无政府主义的色彩。他对村社的幻想可以说是根深蒂固的。他在自己的著作中经常论及这个问题。但是，如果说俄国革命民主主义者是一批马克思主义在俄国传播以前的思想家，因而对村社的幻想并不是他们的过错，而是他们的不幸；那么到了克鲁泡特金制订他未来社会的方案时，马克思主义在欧洲已经深入人心，而且由于资本主义的发展，村社已经开始瓦解，因此对村社的幻想只能是一种反动的空想。克鲁泡特金错误地认为，村社的瓦解是国家进行干涉和施加压制的结果，因此一旦废除了国家，它便可以获得新的生命，发挥其作为共产主义社会的细胞的作用。

克鲁泡特金虽然激烈地批判了资本主义社会，但是完全不懂得资本主义的发展规律，不懂得大生产的作用，不懂得社会主义和共产主义只能建立在资本主义高度发展的基础上。这是他的小资产阶级的立场和世界观决定的。列宁在批判无政府主义者的时候指出："他们的观点不是反映那不可遏止地走向劳动社会化的资产阶级制度的未来，而是反映这个制度的现在，甚至是反映它的过去，即盲目性对分散的个体小生产者的统治的时代。"[①] 由此可见，不管克鲁泡特金的共产主义口号喊得多响，社会革命的调子唱得多高，他归根到底只是一个小生产者的代表。

三

克鲁泡特金不仅从社会政治方面和经济方面阐述他的无政府共产主义思想，而且还进一步从生物学上为自己的理论寻找"科学"根据。在他看来，无政府主义理论应该是包括各种社会科学和自然科学的一门综合哲学。他说："无政府主义是一种建立在以现代的机械方法解释各种现象的基础之上的宇宙观，这些现象包括了整个自然界，其中也有人类社会生活及其各种政治的、经济的和道德的问题。无政府主义的研究方法是自然科学的方法——任何一个科学结论都应以这种方法加以检验。无政府主义的

---

① 《列宁全集》第10卷，第53页。

倾向是要建立一种包括所有自然现象在内的综合哲学。"① 关于综合哲学的问题，并非克鲁泡特金所首创。18 世纪的法国启蒙思想家已经提出了这个问题。从 19 世纪中叶起，由于各种自然科学的进一步发展，这个问题就日益为更多的人所注意和重视，提倡最力的当推实证主义哲学家孔德和斯宾塞。克鲁泡特金尽管在很多方面不同意他们两人的观点，但是却肯定了他们在建立综合哲学上所作的努力。克鲁泡特金本人不仅是一个理论家，而且是一个知识相当渊博的学者，对于当时各门自然科学所取得的进展是很清楚的。因此，他有各种必要的主客观条件为无政府主义思想建立一种综合哲学的理论基础。他的著名的"互助论"就是为了实现这一目的而作出的一种尝试。

克鲁泡特金"互助论"的主要思想来源是达尔文的进化论。1859 年，达尔文发表了他的《物种起源》。这是 19 世纪科学发展史上划时代的事件，对于很多科学领域和意识形态都产生了重大的影响。达尔文提出了生存斗争，即所谓物竞天择，适者生存的学说，认为这是一个自然法则，是生物进化的主要因素。达尔文的这一理论很快地被一些社会学者利用来考察人类社会。他们认为，既然人类也是一种生物，那么当然也要受到生存斗争法则的支配。这些社会达尔文主义者企图通过这种类比的方法，证明在人与人之间也进行着为争夺生活资料的无情的生存斗争，其结果便是弱肉强食，优胜劣汰；而且这种斗争是使社会不断进化发展的要素。这种理论是克鲁泡特金所不敢想象和坚决反对的。

克鲁泡特金在方法论上也是一个社会达尔文主义者，但是他对达尔文的进化论却有着自己独特的看法。他首先指出，达尔文本人在论述其生存斗争学说的时候是留有余地的。他说，达尔文预见到生存斗争这个词"如果只按它的狭义——各个个体之间完全为争取生活资料而进行的斗争——来使用，就会失去它的哲学的和原有的真实意义。所以他在他那部不朽的著作一开头就坚持主张'这个词当作广义的和比喻的意义来用的，其意义包含着这一生物对另一生物的依存关系，而且更重要的，也包含着个体生

---

① 　克鲁泡特金：《近世科学和安那其主义》，第 60 页。

命的保持，以及他们能否成功地遗留后代。'"①

可是，在克鲁泡特金看来，很多达尔文主义者和社会达尔文主义者（其中包括颇受克鲁泡特金推崇的斯宾塞）并没有认真思考达尔文的上述思想，从广义的意义上去研究和阐发生存斗争，而是竭力地从狭义的意义上去发挥和论证它。这是使克鲁泡特金深为遗憾的。他根据自己对自然界的长期观察，认为任何一种生物，既有相互斗争的一面，也有相互扶持的一面。他还进一步证明，生存斗争是在一种生物集团与另一种生物集团之间进行的，而在同一种生物集团内部则没有斗争，只有互助。内部互助能力强的集团在斗争中获胜而生存下来，并得以发展；反之，内部互助能力弱的集团则在斗争中失败而遭到淘汰。因此，留存至今的物种，包括人类在内，是互助能力很强的。克鲁泡特金认为，互助是包括人类在内的一切生物的本能；不是生存斗争，而是互助互援，才是人类和一切生物进化的要素和自然法则。

克鲁泡特金的互助理论遭到了当时大多数达尔文主义者的反对。但是也有一些学者支持他。当时英国一家著名的自由派杂志《十九世纪》（*Nineteenth Century*）的编辑詹姆斯·诺尔斯鼓励克鲁泡特金把自己的见解写出来，并答允为他提供发表的篇幅。于是，克鲁泡特金从 1890 年至 1896 年间，陆续在《十九世纪》上发表了《动物之间的互助》、《蒙昧人之间的互助》、《野蛮人之间的互助》、《中世纪城市中的互助》和《我们现代人之间的互助》五篇长篇论文。1902 年又将这些论文合在一起，加上一篇补充材料作为附录，印成单行本在伦敦出版，题名为《互助，进化的一个要素》。

在这部著作中，克鲁泡特金通过大量的具体材料，集中地证明了互助和互援是物种保存和进化中的特征和要素。这一特征和要素对于所有的生物，从只有用显微镜才能看见的最低等生物，到蜜蜂、蚂蚁一类的昆虫，到鱼类、鸟类，以至各种哺乳类动物，无一例外。在说明了互助对各种生物的重要性以后，克鲁泡特金以他全书的大部分篇幅来论述人类之间的互

---

① 克鲁泡特金：《互助论》，商务印书馆 1963 年版，第 17—18 页，参见达尔文《物种起源》第 1 分册，三联书店 1954 年版，第 70—80 页。

助。他认为，动物所具有的互助本能，人类也同样具有。在蒙昧人的原始
氏族、野蛮人的村落公社和中世纪的自由城市中，都普遍地存在着人与人
之间的各种形式的互助。正是这种互助本能，使社会得以生存并且不断向
前发展。克鲁泡特金特别称道中世纪城市中的互助及其作用。他说：这种
城市"不单单是一个保护某种政治自由的政治组织。它试图在比村落公社
更大得多的规模上组织一个在消费和生产以及一切社会生活方面进行互助
和互援的紧密组合，而又不把国家的枷锁强加于人，却使属于艺术、技
术、科学、商业和政治组织的每个独立阶层的个人都能充分自由地发挥他
们的创造才能"。① 在"互助论"中，国家是作为人类互助本能的对立面
出现的。克鲁泡特金认为，人类社会发展至 15 世纪末期的时候，由于国
家在欧洲的普遍建立，中世纪的各种互助组织遭到了猛烈的摧残和破坏。
但是，互助这种人类社会中的"永恒的倾向"②，在农村和城市中依然存
在。它使人们团结起来，一次又一次地向国家进行斗争。"不论是中央集
权国家的压倒力量，还是'愿以良心相助'的哲学家和社会学家在科学的
幌子下所教导的互相憎恨和无情斗争，都不能消灭深深树立在人类的理智
和良心中的人类团结的情感。"③ 在谈到现代社会中的互助时，克鲁泡特金
指出，尽管面临着国家政权的强大压力，各种新的互助形式（如工会、合
作团体、互济会组织等）在不断涌现。它们正在进行斗争，要求像在历史
上那样，"取得指导人类继续走向进步的领导者的权利"。④

　　"互助论"可以说是克鲁泡特金无政府主义世界观的核心。他企图用
这一理论来证明，国家与人们的互助本能和人们对互助互援的追求从来就
是对立的；国家之所以没有生命力和必须废除是因为它违反了人们互助互
援的愿望，也违反了社会进化和发展的自然法则。由于人人具有互助的本
能，因此没有国家、没有任何权力支配的人类社会是完全可能的；不仅完
全可能，而且较之有国家、有权力支配的社会更完善、更理想、更富有生
命力。克鲁泡特金的前人，包括蒲鲁东和巴枯宁在内，都提出要建立一个

① 克鲁泡特金：《互助论》，第 170—171 页。
② 同上书，第 202 页。
③ 同上书，第 259 页。
④ 同上书，第 9 页。

无政府的、有组织的和谐的社会，但是他们没有从理论上回答为什么没有权力支配的人类共同社会生活是可能的这个关键问题。克鲁泡特金的"互助论"为这个问题提供了他的答案。这可以说是克鲁泡特金对无政府主义理论作出的重大贡献。

应当承认，克鲁泡特金作为一个生物学家是有其学术上的成就的。他的观察和研究，是对达尔文的进化论的一种补充和发展。正如他自己所说的，他的研究为达尔文主义"弥补了一个重大的空白"。① 他在论及生物学上的遗传性问题时是站在唯物主义立场上的。但是，"互助论"作为一种研究社会进化和道德起源问题的理论，则是彻头彻尾历史唯心主义的。他把所谓的人的互助本能看作是人类社会进化的要素，也即人类社会发展的动力，这和马克思主义关于阶级和阶级斗争的学说毫无共同之处。在阶级社会中，人们按其在社会中的不同的经济地位划分为统治阶级与被统治阶级。敌对阶级之间的斗争是阶级社会发展的主要动力。人们的阶级属性不能不在他们的思想上，包括大部分的道德观念上得到反映。抽象的、超阶级的、超集团的、普遍的互援互助是很难想象的。在克鲁泡特金所津津乐道的中世纪城市中，同样也存在着明显的阶级矛盾和对立，可是他却看不到或是故意抹杀了这种历史事实。在一些外国学者，包括 20 世纪 70 年代一些苏联学者的著作中，在谈到"互助论"的时候，总是要强调指出克鲁泡特金的"人道主义精神"。我们认为，克鲁泡特金世界观中的人道主义思想，作为一个学术问题是值得进行探讨的。但是无论如何不能用人道主义来掩盖甚至抹杀克鲁泡特金"互助论"的历史唯心主义实质和它在当时政治上所起的反动作用。克鲁泡特金写作并发表他的《互助论》的时候，正是资本主义向帝国主义过渡的时期。垄断资产阶级为了掠取更多的超额利润，加紧向无产阶级和广大劳动人民进攻。无产阶级和资产阶级之间的矛盾和对立空前激化。在这种历史条件下宣扬全人类的什么互助本能，在客观上只能起到鼓吹阶级合作、麻痹无产阶级的意志和阻碍革命斗争的作用。

《互助论》是克鲁泡特金的一部重要的代表作。为了写这本书，他花

---

① 克鲁泡特金：《互助论》，第12页。

去了整整七年的时间。他曾经希望通过这本著作来增强无政府主义思想在人们心目中的威信和声望。但是事与愿违。《互助论》问世的时候，无政府主义思想在国际工人运动中已经成了强弩之末。随着马克思主义的进一步传播，特别是俄国十月社会主义革命的胜利和世界上第一个无产阶级专政国家的建立，无政府主义遭到了大多数工人群众的唾弃。克鲁泡特金所精心炮制的这部巨著，并没有能够挽救无政府主义思想在全世界范围内日趋衰微的历史命运。

（原载《世界历史》1980 年第 5 期）

《克鲁泡特金传》引言

　　彼得·阿列克谢耶维奇·克鲁泡特金是在俄国革命运动和国际工人运动史上产生过重大影响并且具有相当魅力的一个人物。他的具有传奇色彩的革命经历，他的独树一帜的无政府主义理论，他的渊博知识和在学术上的贡献，以及他的人道主义伦理思想和道德品性，在他生前就吸引了持各种不同政见和具有不同世界观的人。他的无政府主义信徒们对他奉若神明自不必说，资产阶级的各类代表人物和学术界人士也普遍对他表示尊重。早在19世纪60年代至90年代，一些国家的百科全书或百科辞典上就列有"克鲁泡特金"的专门条目，介绍他的生平与思想。①无产阶级的革命领袖列宁，不仅对克鲁泡特金的晚年生活关怀备至，而且对他的革命活动和某些著作作了很高评价。列宁在1919年5月谈到克鲁泡特金时曾这样说过："他所写的一些著作是那么精彩，他的感情和思想曾经是那么新鲜和充满朝气……他的整个美好的过去，以及他所写的那些著作，对我们来说毕竟是有价值的，而且是珍贵的。"②

　　克鲁泡特金的一生大体上可以分为三个阶段。第一阶段是1842—1876年。这是他在祖国的土地上成长和开始革命活动的时期。他由一个高贵的公爵子弟成长为一个改良主义者，再由改良主义者进一步转变为一个风云一时的民粹主义—无政府主义革命家。第二阶段是1876—1917年。这是他流亡西欧的时期，也是他成为一个举世闻名的无政府主义领袖人物的时期。

---

　　①　例如：《法国大百科全书》，第21卷，巴黎1866年法文版，第649—650页；《德国梅耶尔百科全书》，莱比锡1889年德文第四版，第10卷，第161页；《布罗克豪斯与叶夫龙百科辞典》第32卷，1895年俄文版，第826—827页；《英国钱伯斯名人辞典》，爱丁堡—伦敦1897年英文版，第560页。

　　②　转引自《邦契—布鲁耶维奇选集》第3卷，莫斯科1963年俄文版，第406页。

在这个阶段的前期（1876—1886），他积极投身于国际无政府主义运动，偏重于参加实际斗争，后期（1886 年以后）则潜心研究无政府主义理论，发表了大量的著述。第三阶段是 1917—1921 年。这是他重返祖国、落叶归根的时期。作为一个坚定的无政府主义者，他对新生的苏维埃政权基本上持批判和否定的态度。但是，他始终热爱祖国和人民，坚决反对外国武装干涉苏俄，并且不使自己直接或间接卷入国内外的反苏活动。

一

　　克鲁泡特金生平第一阶段所处的是俄国封建农奴制度危机日益加深直至最终瓦解崩溃的时代，也是俄国资本主义开始有所发展的时代。从俄国革命运动的发展来说，这是平民知识分子革命时期的鼎盛年代。克鲁泡特金投身革命的时候，革命民粹派已经完全取代了以车尔尼雪夫斯基为代表的 19 世纪五六十年代的革命民主主义者，民粹主义运动正方兴未艾。过去有一段时期，国内外学术界对民粹主义运动，特别是对 70 年代革命民粹主义运动的评价是不够实事求是的。学者们往往片面强调民粹派的局限性和消极作用，很少谈到他们的进步性和革命作用，而且在谈局限性时又常常不作具体的历史分析。这种倾向在我国史学界至今尚未得到完全克服。[①] 90 年代的民粹派是马克思主义在俄国还没有开始传播，俄国工人阶级还未曾登上政治舞台的历史条件下进行活动的思想家和革命家。因此，他们不可能懂得资本主义发生、发展以至灭亡的客观规律和工人阶级的历史使命。他们主张农民革命，并且坚信俄国可以通过村社直接过渡到社会主义社会。他们在一些理论观点上（例如关于个人在历史上的作用等）虽然比 50—60 年代的优秀的革命民主主义者有所逊色，但是在建立革命组织、扩大革命运动的规模和影响等方面无疑是前进了一大步。他们尽管没有科学的革命理论作指导，但是不惜牺牲个人的一切以至生命，以自己的英勇斗争给沙皇专制统治有力的打击，同

---

　　① 作为一个例子，我们举出中国社会科学出版社 1982 年版的《巴枯宁评传》，书中对俄国民粹主义运动的评析是带有我们所说的这种偏颇的（见该书第 3 章第 4 节）。

时也进一步唤起了人民。正因为如此，列宁才把他们列为"俄国社会民主主义的先驱"。①

克鲁泡特金在 1872 年加入当时最大的民粹派组织柴可夫斯基团以后，很快就成了它举足轻重的一名核心成员。他不仅积极而热情地完成各项革命工作，而且特别重要的是他为柴可夫斯基团起草了一份相当完备的纲领，同时，他又是全国范围内大规模的"到民间去"运动的主要倡导人和组织者之一。无论从思想理论水平，或是从实际斗争中所起的作用来说，克鲁泡特金都堪称 70 年代初期民粹派中的佼佼者。所以，他是站在当时时代的最前列的人物之一。在一大群"俄国社会民主主义的先驱"的队伍里理应有他的一席之地。

克鲁泡特金在投身民粹主义运动时已经接受了无政府主义思想。近代无政府主义思潮一般地说是西欧资本主义发展的产物，反映了因资本主义的发展而破产的小生产者的思想情绪和愿望。当时俄国的资本主义虽然刚刚有所发展，但由于它本来是小生产占优势的国家，因而无政府主义便很容易在这里找到市场。这就使俄国 19 世纪 70 年代的民粹主义运动带有浓厚的无政府主义色彩。应当认为，无政府主义思想在马克思主义尚未出现、工人阶级还没有最终形成的 70 年代的俄国是有一定积极意义的。它的矛头所向，首先和主要是沙皇专制统治，包括其整个压迫和剥削人民的国家机器。这与无政府主义在当时西欧国家中对马克思主义的传播和工人运动的团结所起的阻碍及破坏作用不能相提并论。指出这一点，对我们评价克鲁泡特金生平第一阶段的活动是很重要的。

克鲁泡特金在 19 世纪六七十年代曾经长期从事地质地理学方面的考察和研究。这种活动即使在参加革命以后也还在继续。作为一个地理学家，他有不少发现和贡献，而且达到了相当高的学术水平。这在他生前和死后，在国内外都是没有多少争议的。即使在 20 世纪 30—50 年代的苏联，对克鲁泡特金的研究差不多成了禁区的时期，他在地理学方面的研究成果仍然受到充分的肯定和重视，而且见诸于一些公开的书刊和出

---

① 《列宁全集》第 5 卷，第 337 页。

版物上。①有些史学家在研究克鲁泡特金生平时，往往对他的这一部分活动略而不提。推究其原因大概有两点：一是认为这部分内容无关大局，与克鲁泡特金的社会政治思想的发展没有直接关系，二是可能觉得这部分内容所涉及的材料专业性比较强，历史学家不大弄得清楚。在我们看来，这方面的内容是克鲁泡特金生平活动的有机组成部分，对于全面评价他的一生，对于深入研究他的思想转变过程和他献身革命的思想的最终确立，都是不可缺少的。此外，特别还因为克鲁泡特金在1864年曾经两次奉命到我国东北进行探测考察活动，历时共计两月有余。沙俄当局策划和组织这两次考察活动的企图是什么？克鲁泡特金在两次中国之行中取得了什么成果？他在中国看到了一些什么？这些都无疑是我国学者和广大读者所深为关注并感兴趣的。

二

克鲁泡特金生平的第二阶段是在西欧，主要是在英国度过的。积极的实际活动和大量的理论著述使他成为巴枯宁以后国际无政府主义运动中最有影响的人物。为了阐明克鲁泡特金在无政府主义史上的地位，有必要简单地回顾一下无政府主义思想的发展，比较一下它的几个主要代表人物的思想特点。

无政府主义作为一种社会政治思潮是有一个历史发展过程的，在发展中形成了好几个不同的流派。它们除了在反对国家、否定权威这一点上共同以外，在不少具体理论问题上的观点是很不一致的。

近代无政府主义思想形成于19世纪40年代。不过它的渊源可以追溯到18世纪下半叶。一般认为近代最早的无政府主义思想家是英国的威廉·葛德文（1756—1836）。他在1793年发表的长篇著作《论政治正义及其对道德和幸福的影响》被有些学者称为"近代无政府主义的圣经"，②

---

① 例如在1953年出版的《苏联大百科全书》（第二版）第23卷上，在"克鲁泡特金"这一条目的释文中，除了对他的思想和活动进行无情的批判外，大部分篇幅是介绍他在地理学研究中的各项成就，克鲁泡特金被称为"19世纪最有名望的地理学家"。

② 斯·奥索夫斯基：《彼得·克鲁泡特金》，波士顿1979年英文版，第67页。

他认为国家（包括一切立法、司法和行政机关）是违反人的理性的，是由一些人的恶习造成的一种祸害，因而必须坚决地消灭之。未来的社会将是没有国家和政府统治的许多小型的自由公社的集合体。葛德文认为，现行的财富分配形式，是按所有权进行的分配，这是不平等的，不符合人类的理性。在未来社会里，应当实行按需分配。在他看来，按劳分配也是不公正的，因为每个人的能力有大小，而需要的程度则是相同的。

葛德文的无政府主义是不彻底的。他认为在消灭国家以前必须有一个"过渡时期"。在这个时期里可以保存某些国家机器的"残余"，如解决公民之间的纠纷和负责分配某些产品的司法机关（法院），以及抵御外敌入侵的国防机关等。这是因为在未来社会的最初时期人类理性的发展程度还未达到执行新制度的要求的缘故。这样的过渡时期在葛德文看来大概需要一代人的时间。葛德文虽然主张对产品实行按需分配，但他还不能算是一个共产主义者，因为他反对组织集体生产和集体消费。他主张进行分散的个人小生产，而且彼此独立，互不依赖。在谈到建立未来社会的方法时，葛德文虽然表示不反对使用革命暴力，但是又说："不要急于在今天实现那种在明天由于真理的传播而必然实现的事情。"① 总的来说，革命和他关于人类理性的概念是难以相容的。

无政府主义思想真正的创始人是法国人比埃尔·约瑟夫·蒲鲁东（1809—1865）。克鲁泡特金1887年1月在里昂法庭受审时发表的辩护词中说过："人们还责备我，说我是无政府主义理论的始祖。这对我是大大过誉了。无政府主义理论的始祖是不朽的蒲鲁东。"②蒲鲁东在1840年所写的《什么是所有权》一书中，第一次使用了今天被译成"无政府"或"无政府状态"的"安那其"（Anarchy）这个词。

蒲鲁东在对财产和国家的批判中进一步发挥了葛德文的思想。他认为，财产是一些人凭借自己的力量强行攫取来的，所以"财产就是赃物"，而国家和政府便是财产造成的一个最大的恶果。国家体现了强者的意志，剥夺了人们的自由，维护了社会的不平等。蒲鲁东提出了一个被称为"互

---

① 威廉·葛德文：《论财产》，商务印书馆1960年版，第90页。
② 普列汉诺夫：《无政府主义和社会主义》，三联书店1980年版，第27页。

助主义"的救世良方。他认为，社会财富分配之所以不平等，关键在于生产者得不到自己商品的全部价值。因此，他主张生产者根据自愿原则，通过订立契约进行互相合作，彼此"等价交换"各自的产品。他建议成立所谓"人民银行"来组织这种交换，并向有困难的生产者发放无息贷款。这样，资本主义的剥削现象就可以消灭，全体生产者的自由、平等便可以实现。这时，国家和政府已经完全不再需要，人们通过各种契约可以建立良好的社会秩序。这就是蒲鲁东所谓的"无政府状态"。

很显然，蒲鲁东的"互助主义"方案和"无政府状态"的社会理想是建立在小生产者的小私有制的基础之上的。其目的是使小生产者不受资本主义经济的排挤，使小私有制永世长存。从蒲鲁东的方案同时还可以看出，他是一个不折不扣的改良主义者。他的理想社会是在资本主义社会的范围内逐步实现的。

和蒲鲁东差不多同时的另一个无政府主义理论家是德国的麦克斯·施蒂纳（1806—1856）。恩格斯称他是"现代无政府主义的先知"。①他在1845年发表的《唯一者及其所有物》一书中阐述了自己的无政府主义思想。施蒂纳和蒲鲁东一样，是一个个人主义者，不过他的个人主义较之蒲鲁东更强烈、更露骨。他是一个赤裸裸的利己主义者。

施蒂纳认为，除了有其需要、欲求和意志的"唯一者"，即"我"以外，现实之中什么都不存在。因此，他主张把"我"这个唯一的真实本质当作一切的出发点。他还认为，国家、法律、权利、宗教、道德等，都是以抽象的名义强加在"我"身上的镣铐，因此必须用一切手段与之进行斗争。施蒂纳否认任何他人的财产权。他说："别人的财产只有在你承认它合理合法的时候才是合理合法的。如果你不承认，它对你就根本不合法了。"②因此他认为，只有"我"才是财产的所有者。

施蒂纳反对共产主义，反对财产的集体所有制。他说，一旦共产主义消灭了个人的财产，就必然使社会所有的成员都变成"乞丐"。他和蒲鲁东一样，要求保存小私有制，他主张在消灭国家以后成立一个"利己主义

---

① 《马克思恩格斯选集》，第4卷，第217页。
② 施蒂纳：《唯一者及其所有物》，转引自普列汉诺夫《无政府主义和社会主义》，第36页。

者联盟"来取代国家，以实现人人平等。这种"联盟"实际上也就是小生产者的联盟。他反对蒲鲁东提出的"互助主义"，因为这种"互助主义"与个人主义是完全对立的。他同时也不赞成蒲鲁东的改良主义，而提倡"阶级斗争"。不过他所谓的"阶级斗争"是一些利己主义者和另一些利己主义者之间的激烈斗争。

在谈到施蒂纳的无政府主义思想的特点时，普列汉诺夫写道："他有坚持自己的观点并把自己的个人主义理论发挥到极度的胆量。他是最英勇最彻底的无政府主义者。同他比较起来，克鲁泡特金和现今所有的无政府主义者都认为是无政府理论始祖的蒲鲁东不过是一个迂腐的凡夫俗子罢了。"[1]

从19世纪60年代起，随着马克思主义的广泛传播和国际工人运动新高潮的出现，蒲鲁东、施蒂纳所宣扬的个人主义和社会改良主义的无政府理论已经日益不得人心。于是，又一个无政府主义思想的代表人物便应运而生。这就是俄国人米哈伊尔·亚历山大罗维奇·巴枯宁（1814—1876）。巴枯宁认为，国家、法律和私有财产都是人类进化的低级阶段，即所谓"动物性"阶段的一种制度。国家是宗教的产物，它对外进行征服，对内掠夺弱者，压制自由。私有财产是继承权引起的，而继承权则是国家原则的表现和产物。所以，为了实现人类社会的"自由"和"平等"，必须废除国家（首先是废除继承权）和私有制。

巴枯宁的理论与前人相比较，有两个主要的特点。第一是主张通过暴动的手段立即消灭国家。在巴枯宁看来，国家是不会自动消亡的，必须采取革命的暴力将其推翻。他崇尚自发性，认为群众是天生的革命者，他们不需要进行组织和训练，只要有人登高一呼就会立即起来暴动。他强调破坏，说什么"没有广泛的热烈的破坏……便不可能有革命，正是从破坏之中或是仅仅借助于破坏，才能诞生新世界"。[2]巴枯宁理论的第二个特点是主张实行"集产主义"。他认为，在废除了私有制以后，应当把全部生产资料交给各个工农生产劳动组合集体占有。这些劳动组合是完全独立自主

---

① 普列汉诺夫：《无政府主义和社会主义》，第38页。
② 米·巴枯宁：《国家制度和无政府状态》，转引自李显荣《巴枯宁评传》，第141页。

的，不受任何权力的限制和监督。他特别强调说，这种"集产制"与国家
所有制和国家领导下的集体所有制是完全不同的：前者主张分散，后两者
主张集中；前者强调自由，后两者强调统一。由此可见，所谓"集产主
义"，其实质仍然是个人主义。但是同时也应当承认，"集产主义"与蒲
鲁东、施蒂纳的个人主义毕竟是有所不同的，这正是巴枯宁为无政府主义
理论提供的新东西。

在上述几个无政府主义思想的代表人物中，葛德文和施蒂纳是纯粹的
理论家。他们和社会主义运动没有直接联系。蒲鲁东虽然从事过一些实际
活动，但主要也还是一个理论家。巴枯宁则不然。他把一生的大部分时间
和精力用在无政府主义运动的实际活动上。他虽然也写了一些理论著作，
但和他的实际活动相比显得并不突出。巴枯宁把无政府主义理论由一种社
会政治思潮变成了无政府主义者的行动纲领。有的学者认为，"巴枯宁与
其说是理论家，毋宁说是运动家"。①这样的说法是不无道理的。

克鲁泡特金是巴枯宁以后最大的无政府主义理论家，也是无政府主
义史上最后一个具有国际意义和影响的领袖人物。他被称作是"无政府
主义思想之集大成者"。其实，他并不是简单地承袭了前人的理论，而是
在前人思想的基础上有所创造和发展。他不仅提出了"无政府共产主义"
的理论，从而在无政府主义运动中肇创了一个新的流派，而且还建立了
一套完整的无政府主义理论体系。他在1910年谈到自己对无政府主义的
历史发展所作的贡献时这样写道："著者（克鲁泡特金自称——引者注）是
共产的无政府党人之一。他曾经为下列的几种事务劳瘁了许多年：（1）说
明自然科学和无政府主义的关系；（2）研究社会之中对于无政府主义已
有的倾向，罗列而说明之，为无政府主义立一个科学的根据；（3）替无
政府主义者的道德立一个规模。若论无政府主义本身，著者认为共产主
义比集产主义易于实行；而无政府共产主义（即共产的无政府主义）则
又比别种共产主义容易实行。……著者于发明此等思想之外，又尝用生
物界无数的事实，证明互助为社会进化的一大因素，以和达尔文的竞争学

① ［日］波多野鼎：《近世社会思想史》，上海开明书店1928年版，第192页。

说对抗。"①这段话大体上可以反映出克鲁泡特金理论活动的实际情况，不过他所制定的理论却绝不能被认作是"科学"的。

克鲁泡特金的无政府主义理论的基础是他关于人的本性的观点。他认为，人和动物一样具有互助的本性。它使人类得以生存下来，并使人类社会不断发展。这种本性也必然导致社会的大多数成员和压迫人的权威（国家）发生冲突。历史上的各次革命便是这种冲突激化到一定程度而发生的现象。人的互助本性在其发展中有时也会遭到暂时和局部的挫折，但是经过反复的较量，最终必将战胜权威，使人类进入美好的无政府共产主义社会。在克鲁泡特金看来，互助本性还决定着人类的道德准则：个人首先要关心他人，并为集体而献身，只有整个社会繁荣，才有个人的幸福。不难看出：这个以"互助论"为基础的理论体系是彻头彻尾历史唯心主义的。

克鲁泡特金时常谈到他在方法论上的所谓"科学性"。他说："无政府主义是一种建立在以现代的机械方法解释各种现象的基础之上的宇宙观……无政府主义的研究方法是自然科学的方法——任何一个科学结论都应以这种方法加以检验。"②在他看来，这种把"无数的事实""罗列而说明之"的方法要比用所谓"形而上学的抽象概念"来说明问题可靠得多。其实，克鲁泡特金在研究中使用的这种手段，不过是从孔德和斯宾塞那里引进的实用主义方法而已。

无论如何，克鲁泡特金为无政府主义理论提供了不少新的东西。他把近代无政府主义，或者像有些人说的"古典无政府主义"思想推到了发展的顶峰。

三

克鲁泡特金的思想至今仍然有着一定的影响。从 20 世纪 60 年代末期开始，在西方国家中对克鲁泡特金的兴趣大为增长。1968 年巴黎极左的学

① 克鲁泡特金：《社会思想的演进》，重庆平明书店 1938 年版，第 14—15 页，另见克鲁泡特金为《不列颠百科全书》第十一版所写的《无政府主义》条目的释文，载该书第 1 卷（纽约，1910 年英文版），第 918 页。

② 克鲁泡特金：《近世科学和安那其主义》，上海自由书店 1928 年版，第 60 页。

生运动领导人运用克鲁泡特金的观点来"批判"法国的马克思主义者，说"他们对于使自己获得权力比对于解决社会冲突更感到兴趣"。①很多克鲁泡特金著作的新版本在这个时期相继问世。② 一些著作家和当代无政府主义者纷纷指出克鲁泡特金某些理论观点的"现实意义"，并且断言这位无政府主义理论大师当时提出的很多设想今天正在变成现实。例如英国无政府主义者科林·沃德在 1974 年写道：克鲁泡特金的《田园、工厂、手工场》这部"对托尔斯泰、甘地和毛泽东都产生了巨大影响的著作"是"19 世纪写的一批伟大的预言书之一，它的时代今天正在到来"。③沃德认为，当代科学技术的发展，特别是动力来源的变化使得地理上的工业集中成为过时的现象，正如在自动化条件下大批工人集中在一起进行生产业已不合潮流一样。因此，克鲁泡特金在四分之三个世纪以前提出的工业分散的主张在今天不仅是完全可行的，而且在经济上也是有利的。④沃德还指出，根据当前许多消费工业的主要任务是进行装配这样一个事实，克鲁泡特金关于重新回到家庭工业去的思想也即将实现。⑤

美国学者保罗·古德曼主张在中心城市周围发展小规模的集约化农业，认为这样既可以避免出现带有很多卫星城市的大都市，也可以保证中心城市的各种食品供应。⑥他还认为，进行集约化生产的自给自足的小型农业共同体是和农村的发展以及人口的分散的前景紧密联系着的。⑦这种观点显然也是受到了克鲁泡特金思想的影响。古德曼对克鲁泡特金的教育理论也深为欣赏。他批评了美国的教育制度，认为应当按照克鲁泡特金关于实

---

① 马·米勒：《克鲁泡特金》，芝加哥—伦敦 1976 年英文版，第 196 页。

② 例如：《伦理学》，纽约 1968 年英文版；《国家的历史作用》（弗农·理查兹的新译本），伦敦 1969 年英文版；《克鲁泡特金的革命政论》（罗杰·鲍德温编），纽约 1970 年英文版；《法国大革命》（乔治·伍德科克、伊凡·阿瓦库英维克作序），纽约—伦敦 1971 年英文版；《俄法狱中记》（保罗·阿夫里契编），纽约 1971 年英文版；《一个革命家的回忆录》（尼古拉·沃尔特编），纽约 1971 年英文版；《互助，进化的要素》（保罗·阿夫里契编），伦敦 1972 年英文版；《面包与自由》（保罗·阿夫里契编），伦敦 1972 年英文版。

③ 科林·沃德为他所编的《克鲁泡特金：明天的田园、工厂、手工场》（普利茅斯 1974 年英文版）一书写的序言。书名中"明天的"一词系沃德所加。

④ 参见科林·沃德《行动中的无政府主义》，纽约 1974 年英文版，第 99—101 页。

⑤ 参见同上书，第 107 页。

⑥ 参见斯·奥索夫斯基《彼得·克鲁泡特金》，第 185 页。

⑦ 同上。

行脑力劳动和体力劳动一体化的思想去进行改革，以适应当代社会经济发展的需要。①另一名美国学者刘易斯·艺福德称克鲁泡特金是 19 世纪最有思想的人物之一。②芒福德认为，现代工农业技术的发展，为一种更为分散的小规模的城市形式奠定了基础。这种小单位不仅能加强人们的相互接触，使他们同时享受城市和农村两方面的好处，而且还能消除城乡之间、农业工人和城市工人之间的不平等。他说："克鲁泡特金在汽车、无线电收音机、电影、电视系统和世界范围内的电话发明之前就预见到了它们的意义……以小单位为基础，他看到了建立一种更能负起责任、更易于作出反应的地方生活的可能性，那些为庞大的组织所忽视而未能得到发挥的人力，也将获得更大的活动余地。"③

克鲁泡特金的互助理论和与之紧密相连的伦理学说在今天的影响更为广泛。不仅在西方，而且在苏联的学术界都可以看到这种影响。例如西方学者亚历克斯·康福特认为，人类从事创造性劳动和营造社会生活的推动力是"自然"输入于社会组织之中的。这种推动力是"人类文明发展过程中最清楚可见的一条贯串线"。④他还认为，人类的结合和秩序之所以能够保持，是由于个人心理上的原因，而不是任何统治体系和权力所致。人与人之间相互恐惧的关系必将为个人的责任感和相互帮助的关系所代替。⑤在这里，克鲁泡特金的互助理论的影响是显而易见的。

克鲁泡特金的伦理学说在苏联学术界颇受推崇。一些苏联学者指出，这位"卓越的达尔文主义者"在将近一百年前提出的这种学说在今天看来仍然具有很大的启发性。例如 B. П. 埃弗罗依姆松教授认为，伦理学的形成过程中既受到社会因素的影响，也受到生物因素的影响。人类的道德感情是经过物竞天择的规律产生和发展起来的。他说："一个种族在它任何一个成员的极端利己主义、个人中心主义和凶残如兽的条件下即使能够生存，也是不能留下后代的，它的进化也将终止。人类之所以能保存至今

---

① 参见马·米勒《克鲁泡特金》，第 196 页。
② 参见刘·芒福德《历史上的城市》，纽约 1961 年英文版，第 514 页。
③ 同上书，第 514—515 页。
④ 参见斯·奥索夫斯基《彼得·克鲁泡特金》，第 162 页。
⑤ 同上。

天，是非常细致地选择了那些被称为自我牺牲、善良心地、人道主义以及亲密情谊等特性的结果。"①他还进一步指出："如果善良心地这类特性是经过选择形成的，那么它们是不能遏止的，它的根基较之那些掠夺本性和由漠不关心和贪生怕死产生的自我保存的本性更为巩固。它迟早会占上风，使人道主义在社会中获胜。这种人道主义是永远不会被扑灭的，即使是在暴君和虚伪统治的最黑暗的年代。"② 苏联科学院院士 Б. Л. 阿斯塔乌罗夫也赞同埃弗罗依姆松的上述观点，并且对克鲁泡特金的人道主义伦理学说作了很高的评价。③

对克鲁泡特金的生平和思想的研究，无论是在苏联，还是在其他国家，都是开展得很不够的。有分量的学术著作和传记寥寥无几。这和克鲁泡特金在历史上的地位与影响是非常不相适应的。

在苏联，自 20 世纪的 20 年代，即在克鲁泡特金去世以后，就陆续出现有关他的著述。④它们多数是对他的革命经历作正面的介绍，其中有不少是他的同志和追随者写的，倾向性比较明显。这些著作的篇幅都不大，所引用的原始资料也很有限。总的来说，它们都还称不上是研究性的著作。从 30 年代至 50 年代，克鲁泡特金研究在苏联学术界差不多成了禁区。除了少数介绍和论述克鲁泡特金在地理考察和研究方面的贡献的著作⑤外，涉及他的革命经历和他的社会政治思想的研究著作可以说是绝无仅有。60 年代以来，随着苏联国内整个学术气氛的逐渐活跃，这种沉寂的局面开始打破。苏联学者们开始从各个不同的方面研究克鲁泡特金的无政府主义思

① 苏联《哲学问题》杂志 1970 年第 8 期，第 126 页。

② B. 埃弗罗依姆松：《利他主义情感在进化论和遗传学上的起源》，载苏联《教育科学院学报（学术思想）》1969 年，第 11 辑，第 38 页。

③ 参见 Б. 阿斯塔乌罗夫《大写的"人"字和人性的遗传学上的进化》，载苏联《新世界》杂志 1971 年第 10 期，第 220 页。

④ 例如：Б. 戈列夫：《1917—1921 年间去世的无产阶级革命战士》，莫斯科俄共（布）十月革命史委员会出版社 1922 年版；Н. К. 列别捷夫：《彼·阿·克鲁泡特金传略》，莫斯科 1925 年；С. А. 波格丹诺维奇：《造反者公爵》，莫斯科—列宁格勒 1928 年版。

⑤ 例如：С. 阿尼西莫夫：《彼·阿·克鲁泡特金的几次旅行》，莫斯科—列宁格勒 1943 年版；B. 奥布鲁切夫：《彼·克鲁泡特金》，载《俄罗斯科学家》第 1 卷，莫斯科—列宁格勒 1948 年版，第 588—598 页；Г. 卡尔波夫：《彼·阿·克鲁泡特金——西伯利亚大地的考察家》，莫斯科 1961 年版。

想，并且发表了一些为数不多的研究成果①。它们大多是某种思想史著作中有关克鲁泡特金的个别章节，并没有全面论述他的无政府主义思想。作者们使用的第一手资料不多，对克鲁泡特金本人的著作的引证和分析也很少。因此，他们未能真正把克鲁泡特金的思想放到它所产生的历史条件下去进行具体考察，而较多地是用马克思主义的有关论断来和克鲁泡特金的观点作简单的对照，然后得出某些一般化的，主要是批判性的结论。Ф.波利扬斯基的《彼·克鲁泡特金的经济思想》就是这样一个典型。

在 60 年代发表的研究成果中，特别应当提到 B. 特瓦尔多夫斯卡娅为克鲁泡特金的自传《一个革命家的笔记》1966 年俄文新版所写的引言。②这篇引言对克鲁泡特金的生平活动和思想发展采取了一分为二的态度，既批判了他的错误，又肯定了他在俄国解放运动和西欧工人运动史上的作用和影响。引言作者对一系列问题的分析都是比较实事求是的。例如在谈到克鲁泡特金对苏维埃政权的态度时，作者公正地指出：不能认为他对苏维埃政府和布尔什维克党的批评都是错误的和攻击性的，"有时他也发现了正在俄国开始进行的那个建设事业中的一些实质性的缺点和失策"。③但是作者同时又认为，问题在于在这位老无政府主义者看来，这些缺点和失策恰好证实了他的一个基本观点：十月革命的进程从整体来说是错误的，改造社会不能依靠国家政权来进行。类似这样的具体分析，在整个引言中是不少的。可以认为，这篇引言是苏联史学界第一个真正以马克思主义思想为指导的研究克鲁泡特金的著作。

1972 年，在克鲁泡特金诞生一百三十周年的时候，苏联出版了纳·皮鲁莫娃著的《彼得·阿历克谢耶维奇·克鲁泡特金》一书。这是苏联史学界发表的第一部克鲁泡特金的传记著作，不仅在国内受到了重视和好评，而且引起了西方学者的注意。作者是研究俄国社会思想史的专家，在五六

① 例如：Ф. Я. 波利扬斯基：《彼·克鲁泡特金的经济思想》，载《俄国经济思想史》第 3 卷，第 1 分册，莫斯科 1966 年版，第 495—515 页；《革命民粹派的伦理学》，载《伦理学史纲》，莫斯科 1969 年版，第 244—245 页；А. 加拉克季奥诺夫、П. 尼坎德罗夫：《彼·阿·克鲁泡特金》，载《十一至十九世纪的俄国哲学》，列宁格勒 1970 年版，第 526—550 页。

② 克鲁泡特金：《一个革命家的笔记》，莫斯科 1966 年版，第 5—32 页。

③ 同上书，第 31 页。

十年代曾发表过关于赫尔岑和巴枯宁的几本专著。皮鲁莫娃在她的著作中系统地介绍了克鲁泡特金的生平和思想，并且有专门一章评述他的无政府主义的社会空想理论。书中引用的苏联各档案馆收藏的大量未公布的原始资料，无疑增加了该书的学术价值。皮鲁莫娃和上述的特瓦尔多夫斯卡娅一样，对克鲁泡特金采取了一分为二的态度。所不同的是她的思想比后者更为解放一些，对克鲁泡特金的肯定也更多一些。她认为，除了克鲁泡特金一生为受苦人类的解放而奋斗的精神值得后人学习以外，在他的思想遗产中至少还有三个方面的内容至今仍有价值。第一是他的人道主义思想，第二是他在自然科学和伦理学研究中的探索，第三是他在法国大革命史研究中关于人民群众的历史作用的观点。[①]其中最后一点是列宁早就指出过的。总的来说，皮鲁莫娃的这部著作是具有较高的学术水平的，为苏联的克鲁泡特金研究创立了良好的开端。

在苏联的一些历史档案馆（特别是莫斯科的苏联国家中央十月革命档案馆）中保存着大量有关克鲁泡特金的档案材料。它们对开展克鲁泡特金研究是极其宝贵的。可是长期以来一直没有被利用，不少藏品甚至还没有进行整理。从 20 世纪 60 年代后期起，苏联的史学家们开始注意到这个问题。史学家 E. B. 斯塔罗斯津在 1967 年和 1968 年先后发表了《彼·阿·克鲁泡特金对十八世纪末法国大革命的研究》[②]和《关于弗·伊·列宁和彼·阿·克鲁泡特金的几次会见》[③]两篇文章。这是作者在历史档案馆进行辛勤劳动的成果。此后不久，斯塔罗斯津又对莫斯科苏联国立列宁图书馆手稿部收藏的克鲁泡特金档案进行整理和研究，并将一些价值比较大的资料公开发表。[④]这些资料虽然只是大量的档案材料中的很小一部分，但是对克鲁泡特金研究的推动作用却不能低估。斯塔罗斯津的工作表明，在苏联

---

① 参见纳·皮鲁莫娃《彼得·阿历克谢耶维奇·克鲁泡特金》，莫斯科 1972 年版，第 6 页。

② E. 斯塔罗斯津：《彼·阿·克鲁泡特金对十八世纪末法国大革命的研究》，载《1967 年法国史年鉴》，莫斯科 1968 年版，第 293—303 页。

③ E. 斯塔罗斯津：《关于弗·伊·列宁和彼·阿·克鲁泡特金的几次会见》，载《1968 年古文献学年鉴》，莫斯科 1970 年版，第 225—229 页。

④ Л. 加波奇科、E. 斯塔罗斯津：《彼·阿·克鲁泡特金和亚·阿·克鲁泡特金档案》，载《国立列宁图书馆手稿部论丛》第 34 辑，莫斯科 1973 年版，第 5—70 页。其中彼·阿·克鲁泡特金的部分系斯塔罗斯津所写。

进一步开展克鲁泡特金研究的潜力是很大的。

西方有关克鲁泡特金的著述也极为有限，而且其中相当一部分是出于无政府主义者的手笔。他们对这位"无政府共产主义思想之父"往往不作任何批判地加以颂扬，几乎把他看成"一代完人"。他们的作品有着明显的倾向性，有时甚至不惜歪曲史实，或者借题发挥。例如他们都把晚年的克鲁泡特金描绘成一个苏维埃政权统治下的囚犯或流放者，竭力宣传他如何与布尔什维克党进行斗争。有的作者甚至捏造说他积极支持了马赫诺领导的反苏维埃武装叛乱。他们还对克鲁泡特金给列宁的一些信件大肆渲染，似乎这是克鲁泡特金坚决与苏维埃政权为敌的明证。由此可见，这些作者是怀有一定的政治目的的。所以，尽管这些著述有时也提供一些有用的材料，但从总的来说不能被认作是客观的科研成果。

在无政府主义的著作家中，德国的马克斯·奈特劳是值得一提的。他虽然也不能避免信仰给他带来的各种偏见，但他是一个严肃的学者和史学家。他写过一部巴枯宁的传记，却来不及为克鲁泡特金立传。不过，在他的那部未写完的关于无政府主义发展史的巨著中有不少篇幅是涉及克鲁泡特金的[①]。此外，他还写了一些关于克鲁泡特金的文章和回忆录[②]。这些著作对今天的研究者来说仍有一定的参考价值。奈特劳对研究克鲁泡特金的原著特别下功夫，认为这是对他进行评价最重要的根据。他在 1897 年曾经编了一份克鲁泡特金著作的详细目录。克鲁泡特金发表在《反抗者》报上的很多未署名的文章在这个书目中得到了确认。

西方资产阶级学者写的较早的一部克鲁泡特金传记发表于 1948 年，它的作者是两个法国人[③]。1950 年，乔治·伍德科克和伊凡·阿瓦库莫维

---

①　奈特劳的这部无政府主义发展史，已发表的有三卷。第一卷是《无政府主义的创始时期》，柏林 1925 年德文版，第二卷是《无政府主义：从蒲鲁东到克鲁泡特金（1859—1880）》，柏林 1927 年德文版，第三卷是《无政府主义者与社会革命家（1880—1886）》，柏林 1931 年德文版。未发表部分的手稿保存在阿姆斯特丹社会史国际研究所。

②　例如：马·奈特劳：《克鲁泡特金在无政府主义发展中的地位》，载《觉醒》第 11 期（1930 年 3 月），底特律俄文版，第 1—10 页。

③　弗·普朗士、让·德尔菲：《克鲁泡特金》，巴黎 1948 年法文版。

克合著的另一本传记《无政府主义公爵》在伦敦和纽约同时出版①，受到了西方学术界的普遍重视。这本书的内容比较丰富，论述也比较客观，可以说是西方第一部全面研究克鲁泡特金的生平和思想的著作。其缺点是很多引文没有注明出处，使读者无从进一步查考，同时书中使用的原始资料不够广泛，特别是基本上没有利用苏联和西方一些国家收藏的有关档案材料。1976 年美国史学家马丁·艾·米勒发表了他的力作《克鲁泡特金》②。作者是无政府主义史专家。在本书问世之前已写过一篇研究克鲁泡特金早年思想的博士学位论文和其他有关论文③，并且编过一部克鲁泡特金的文选④。在这些成果的基础上，他进一步搜集与核实各种材料，特别是在苏联、英、法、荷兰、瑞士等国的很多档案馆里研究了大量的原始资料，花了整整八年的时间才写成此书。书中详尽地展示了克鲁泡特金一生的全部经历和活动，细致地分析了他的思想转变过程，并对他的无政府主义理论的各种根据和这一理论本身进行了全面的考察。作者着重研究的是克鲁泡特金个人的思想发展脉络，用作者自己的话说是着重揭示主人公投身革命的"心理上的动机"，因而忽视了他的思想发展与时代的联系和时代对他的影响。这是该书的特点，也可以说是该书的一个缺陷。作者的研究态度是客观的，对马克思主义和无政府主义这两种对立的意识形态都抱着超然的态度，同时力求通过克鲁泡特金本人的言论和著作来阐明他的各种思想观点。这种严肃的治学精神，再加上书中引用的极其丰富的资料，使得本书具有较大的学术价值，不失为是迄今为止西方学者研究克鲁泡特金的最佳著作。

我们读到的最近的一本西方著作是前面已经被引用过的美国学者斯特凡·奥索夫斯基的《彼得·克鲁泡特金》。这本书可以作为上述米勒的著作的某种补充，它不着重写克鲁泡特金的个人经历，而是以分析他的思想

---

① 乔·伍德科克、伊·阿瓦库莫维克：《无政府主义公爵：彼得·克鲁泡特金研究传记》，伦敦—纽约 1950 年版。该书于 1970 年再版。

② 马·米勒：《克鲁泡特金》，芝加哥—伦敦 1976 年版。

③ 1967 年米勒在芝加哥大学通过的哲学博士学位论文的题目是：《克鲁泡特金的早年活动（1842—1876）——对俄国民粹派思想的起源和发展的考察》。

④ 马·米勒编：《克鲁泡特金关于无政府主义和革命的论文选》，坎布里奇（马萨诸塞）—伦敦 1970 年英文版。

和论述这一思想的来龙去脉为主。作者在对无政府主义思想的发展作了历史回顾以后指出，克鲁泡特金的著作标志着古典无政府主义的完全形成。此后，世界无政府主义的发展已主要不在理论方面，而是在组织和策略方面。无政府工团主义只是修改和发挥了巴枯宁、克鲁泡特金提出的某些思想和原则。它的行动纲领更接近于巴枯宁的集产主义，而不是克鲁泡特金的共产主义①。奥索夫斯基在书中从人的本性论、革命的目标和策略、未来无政府共产主义社会的构想、国家的作用和道德观等方面评述了克鲁泡特金的世界观。评述的态度是比较客观的，因而有助于我们对克鲁泡特金整个思想的了解。本书的最后一部分是写克鲁泡特金的思想在当代西方学术界和思想界的影响，提供了不少有一定参考价值的具体材料。

克鲁泡特金的名字在中国并不陌生。他的思想早在 20 世纪初年就随同整个无政府主义理论一起开始传入中国。在中国的无政府主义者看来，克鲁泡特金的学说是所有各种无政府思想流派中最适合自己国情的，因此它在中国的传播和影响也最广。中国最早的克鲁泡特金思想追随者大概可以说是刘师复。1912 年他在广州组织"晦鸣学舍"，次年创办《晦鸣录》杂志（后更名《民声》），1914 年又在上海组织"无政府共产主义同志社"，着力宣传克鲁泡特金及其思想。刘师复去世后，他的后继者黄凌霜、区声白等于 1919 年在北京建立"进化社"，出版《进化》杂志，继续鼓吹克鲁泡特金的学说。与此同时，在全国不少城市纷纷出现宣传无政府主义，特别是克鲁泡特金思想的小团体和刊物。"五四"运动前后，克鲁泡特金的思想不仅在小资产阶级和一部分资产阶级知识分子中广泛流传，而且对包括李大钊、毛泽东在内的一些具有初步共产主义思想的知识分子也有过一定的影响。② 马克思主义在中国深入传播以前，在中国人民的反封建革命斗争中，克鲁泡特金的思想曾起过一些积极作用。

最早在中国出现的克鲁泡特金的主要著作是《面包掠取》、《互助论》

---

① 参见斯·奥索夫斯基《彼得·克鲁泡特金》，第 86 页。
② 例如，毛泽东曾经认为，主张"人人要有互助的道德和自愿的工作"的、"较为温和"的克鲁泡特金的一派，与马克思的一派相比较，"意思更广、更深远"。（见《民众的大联合（一）》，载《湘江评论》第 2 号，1919 年 7 月 21 日）。

和《克鲁泡特金自传》①。不过，当时发表的大都是节译，有时甚至是译述。后来才陆续出现全译本。从 20 世纪 20 年代至 40 年代，一些无政府主义者和小资产阶级知识分子曾经两次刊行克鲁泡特金全集。第一次是在 20 年代后半期，计划出版十卷，结果只出版了以下各卷：《国家论及其他》（旅东、凌霜等译）、《面包掠取》（希甘译）、《近世科学与安那其主义》（凌霜等译）、《田园、工厂、手工场》（汉南译）和《人生哲学》（莆甘译）。1929 年以后，这项工作中止。第二次刊行全集是在 40 年代。这次的计划较前次更为庞大，拟分两辑出版，第一辑为"杰作"，第二辑为各方面的论文集和通讯集。这个计划最后也没有完成，大概只出版了以下几卷：《互助论》（朱洗译）、《面包与自由》（即《面包掠取》，巴金译）、《伦理学的起源和发展》（曾译为《人生哲学》，巴金译）和《一个反抗者的话》（毕修勺译）。除了上述纳入两套全集者外，新中国成立前出版的克鲁泡特金主要著作的中译本还有《我的自传》（巴金译）、《法国大革命史》（有刘镜园和杨人梗的两个译本和《俄国文学史》，即《俄罗斯文学中的理想与现实》，有郭安仁和韩侍桁的两个译本）。被译成中文的还有克鲁泡特金的不少论文。

克鲁泡特金的一些主要著作虽然早已有了中译本，但是对他的生平和思想的科学研究在新中国成立前，甚至在新中国成立以后的三十多年中却一直没有开展起来②。1980 年笔者发表了《克鲁泡特金无政府主义思想剖析》一文，③是我国史学界第一次以马克思主义为指导进行克鲁泡特金研究的尝试。以后著者又发表了《克鲁泡特金传略》④ 和《谈谈克鲁泡特金的

---

① 《面包掠取》第三章最初被译成文言，发表于 1914 年《民声》周刊，1920 年出版了第一个白话文的节译本；《克鲁泡特金自传》最初曾在 1919 年 1—4 月上海《时事新报》，副刊《学灯》上连载，题为《无政府主义领袖俄人克洛扑秃金自叙传》；《互助论》最初曾选译刊载于 1919 年 8—10 月的《民风》杂志，译者为区声白。

② 新中国成立以后，重新出版过两本克鲁泡特金的著作：一是《互助论》，商务印书馆 1963 年版，李平沤译；二是《面包与自由》，1982 年商务印书馆根据 1940 年平民书店出版的巴金译本重新排印出版。

③ 载《世界历史》杂志 1980 年第 5 期。

④ 载朱庭光主编：《外国历史名人传》（近代部分，下册），中国社会科学出版社—重庆出版社 1982 年版。

"互助论"》① 等文章，并翻译了邦契—布鲁耶维奇的回忆录《列宁与克鲁泡特金》②，目的是为了进一步引起学术界对研究克鲁泡特金的重视。克鲁泡特金的思想涉及历史学、哲学、经济学、社会学、生物学、伦理学和文学等诸多领域，开展克鲁泡特金研究需要有很多人的共同努力。本书只是著者近年来研读克鲁泡特金以及有关他的一些资料以后的一点心得，如果能起到抛砖引玉的作用，著者就心满意足了。

（原载《世界历史》1986 年第 3 期）

---

① 载《外国史知识》1981 年第 4 期。
② 载《世界史研究动态》1981 年第 4—5 期。

克鲁泡特金与苏维埃政权

　　彼得·阿列克谢耶维奇·克鲁泡特金是一位坚决反对沙皇专制统治的革命者，同时又是国际范围内著名的无政府主义理论家和活动家。他反对包括资本主义国家在内的一切形式的国家政权。不过他认为，要实现无政府主义理想，不能像普鲁东那样搞改良主义，而是要通过社会革命的手段推翻和消灭一切国家政权。克鲁泡特金在长期流亡西欧期间，积极从事无政府主义的研究、宣传和实际活动，虽然在一定程度上促进了国际工人运动向广度发展，但同时也对马克思主义的传播产生了负面影响和破坏作用。

　　1917 年 3 月俄国二月革命胜利以后，在国外流亡了 41 年之久的克鲁泡特金于 6 月 14 日怀着欢欣鼓舞的心情回到了祖国。他不是为了过一个平静的晚年才回国的。相反，他觉得在推翻了沙皇统治的俄国大有可为。他是一个永远不甘于寂寞的人，尽管已经 75 岁高龄，但仍保持着青年人的朝气和活力。在他看来，他毕生为之奋斗的目标——以革命手段推翻沙皇专制统治已经达到。他似乎还看到了他理想的无政府共产主义社会即将实现的前景。可是他很快就失望了。因为在二月革命以后的俄国，不仅没有无政府社会的任何迹象，而且竟然出现了两个政权并存的局面。不识时务的克伦斯基为了利用克鲁泡特金在国内外的声望，曾亲自到他家去当面邀请他入阁。克鲁泡特金听了以后激动地说：“请不要忘记，我是一个无政府主义者！”克鲁泡特金的挚友、美国无政府主义者埃玛·戈德曼在回忆录中也谈到过这件事。她写道：“克伦斯基作了极大的努力，企图使不可调和的矛盾调和起来。他竭力想说服克鲁泡特金参加临时政府，并表示可以由他任意选择一个部。克鲁泡特金拒绝了。他答复说：‘我认为去擦皮靴比当部长更诚实、更有用一些’。”① 临

---

　　① 《纪念彼得·阿列克谢耶维奇·克鲁泡特金文集》，1921 年莫斯科俄文版，第 120 页。

时政府决定给克鲁泡特金每年发一万卢布养老金，他也拒绝接受。①

1917 年 8 月，克鲁泡特金从彼得格勒移居到他的出生地莫斯科，住在莫斯科以北约 60 俄里的德米特罗夫镇。这是他朋友的一幢闲置的私人别墅。虽然离开了市中心，但他对社会问题和现实生活仍十分关注。他没有料到，在德米特罗夫住了不到两个半月的时间，就传来了伟大十月社会主义革命胜利的惊雷。

一　对十月革命和苏维埃政权的态度

克鲁泡特金对十月革命和苏维埃政权的态度和具体看法究竟怎样？有关这方面的第一手资料很少，因此有些研究者往往借助于简单的推理，这样就难免掺入不同程度的主观成分。我们认为，在这个问题上应当尽量避免简单化的分析和笼统地说他对十月革命是拥护或是敌视，而是应当根据他的具体言论，再对照他的世界观，来进行多方面的分析研究。

克鲁泡特金对布尔什维克党领导的十月革命本身表示了肯定的态度。例如，他在 1918 年 12 月写给友人的一封信中说："共产党人是真正的社会主义者，他们以实践证明了社会革命和把工人从资本统治下解放出来是完全可能的。"②在 1919 年 1 月写的另一封信中他说："的确，社会民主党人的理想是社会革命，但是他们将其束之高阁。他们总是认为，人民还未成熟到发动革命的程度。可是布尔什维克却预见到了发展的进程，他们没有玩弄社会主义的字眼，而是把言论变为行动。这是他们的重大功绩。"③他又说："布尔什维克的使命从来就是所有真正忠于劳动人民解放事业的人们的使命：一切热爱革命的人都应当立即来支援俄国革命者，并且参加他们正在进行的殊死斗争。我为自己因老弱而不能积极投入俄国革命而深感遗憾。"④类似这样的言论还有一些。这些言论表明，克鲁泡特金虽然对

---

①　参见 E. B. 斯塔罗斯津《关于列宁和克鲁泡特金的几次会见》，载《1968 年古文献学年鉴》，1970 年莫斯科版，第 226 页。

②　参见 H. K. 列别捷夫《彼·阿·克鲁泡特金传略》，1925 年莫斯科俄文版，第 73 页。

③　同上。

④　同上书，第 74 页。

十月革命表示了欢迎和支持，但是他完全不理解它的划时代性质和重大的历史意义。在他看来，十月革命和历史上各次成功的革命，如英国资产阶级革命、法国资产阶级革命，以及俄国 1917 年二月资产阶级民主革命，具有同样的性质和意义。它们推翻了旧的国家制度，因而为进一步实现无政府主义的社会改造创造了客观的前提。这就是十月革命之所以值得肯定的根据所在。克鲁泡特金认为，布尔什维克的功劳在于它不搞改良主义，而是坚决要摧毁旧的国家机器。它发动了社会革命，并且取得了胜利。这是它比西欧的各个社会民主党高出一筹的地方。正因为如此，布尔什维克才是值得赞赏的。由此可见，克鲁泡特金完全是从自己的无政府主义世界观出发来评价十月革命的。

在对待苏维埃政权的态度上也是同样的情况。克鲁泡特金对苏维埃组织有高度的评价。他在 1920 年写的《致西方劳动者的公开信》中说："苏维埃（即工人农民苏维埃）的思想是在 1905 年的革命尝试过程中第一次提出来的，在 1917 年二月革命推翻了沙皇统治以后立即得到了实现。苏维埃是监督国内政治、经济生活的机构。关于苏维埃的思想是一个伟大的思想，特别是因为它必然导致这样的结论：苏维埃应当由所有以自己的劳动实际参与创造国民财富的人所组成。"[①]他把苏维埃看作是工农群众的自发性组织和自治机构而加以肯定，但他反对把苏维埃作为一种政权的形式，特别是作为继巴黎公社以后的无产阶级专政的新形式。

克鲁泡特金反对外国对苏维埃俄国的武装干涉。他曾经不止一次地向西方的劳动人民呼吁，要他们行动起来，制止本国的资产阶级政府对苏俄的颠覆和侵略。他在上述《致西方劳动者的公开信》中写道："各文明国家的劳动者，以及他们的其他阶级中的朋友们，首先要迫使自己的政府放弃武装干涉俄国事务的念头，包括公开的和隐蔽的干涉。……一切民族都应当拒绝扮演英国、普鲁士、奥地利和俄国在法国革命时所扮演的那种可耻的角色。"[②]这种言论在客观上无疑是对十月革命和新生的苏维埃俄国的

---

①　参见 H. K. 列别捷夫《彼·阿·克鲁泡特金传略》，莫斯科 1925 年俄文版，第 75 页；或参见克鲁泡特金《国家论及其他》，上海自由书店 1927 年版，第 426 页。

②　参见 H. K. 列别捷夫《彼·阿·克鲁泡特金传略》，第 74 页；或参见克鲁泡特金《国家论及其他》，第 423 页。

有力支持。但是，它不能表明克鲁泡特金对苏维埃政权有多少感情，更不等于他对苏维埃政权表示拥护。他主要是从爱国主义的立场出发来看待这个问题的。他担忧的是外国武装干涉将使俄国人民继续遭受痛苦，同时引起沙皇君主专制制度在俄国复辟。

　　从以上几个方面的分析可以看到，尽管克鲁泡特金在十月革命以后发表了不少对这次革命和苏维埃共和国有利的言论，但他丝毫没有改变自己的立场。他始终是一个无政府主义者。他的世界观和十月革命的原则属于两种根本对立的思想体系。克鲁泡特金的一个好友伊凡·克尼日尼克曾经直截了当地指出，克鲁泡特金"与十月革命是志不同、道不合的"。[1]只要看一下他对无产阶级专政的态度，这种志不同、道不合的情况就会暴露无遗。他总是把十月革命以后建立的无产阶级专政和法国资产阶级革命期间的雅各宾专政进行类比，认为法国革命是被雅各宾专政断送的，因此俄国的十月革命也必然会由于布尔什维克的一党专政而彻底失败。他在 1919 年 10 月给一位丹麦朋友乔治·布朗德斯的信中写道：布尔什维克"企图像巴贝夫那样在一个极端的中央集权的国家里建立共产主义。使用这种方法要取得成功是绝对不可能的。不仅如此，这种方法还麻痹了人民的建设性的劳动。这种情况正在培养一个强大而又极其危险的反动，它已经被组织起来以重建一个旧的统治"。[2]他既反对无产阶级专政的国家，也反对布尔什维克党对苏维埃和一切工作的领导。他在 1920 年写的一封信中说："一个国家如果是在一党专政的统治之下，那么工农苏维埃将失去其全部意义……社会革命所需要的组织工作，绝不能由中央政府来完成。它需要知识、脑力和地方上有特别才能的群众之志愿合作，这样才能解决他们区域中的复杂的经济问题。抹杀这种合作而信赖一个党的统治才能，足以摧毁一切独立的主体，如职工会和进行地方分配的合作组织，并把它们改变为一党的官僚机关，如像现在的情形。这样的方法是不能完成革命的。"[3]

---

　　① 伊凡·克尼日尼克：《关于克鲁泡特金和一个无政府主义流亡小组的回忆录》，载［苏］《红色编年史》1922 年第 4 期，第 29 页。

　　② 克鲁泡特金：《致乔治·布朗德斯的信（1919 年 10 月 10 日）》，载马·米勒编《克鲁泡特金关于无政府主义和革命的论文选集》，1970 年坎布里奇（马萨诸塞）—伦敦英文版，第 320 页。

　　③ 《克鲁泡特金学说概要》，上海自由书店 1928 年版，第 330 页。

克鲁泡特金不仅在一些谈话和信件中公开表示反对无产阶级专政和党的领导，而且还直接给党和苏维埃国家的领袖列宁写信，批评和攻击政府的政策和一些具体革命措施。

1920 年 3 月 4 日，克鲁泡特金给列宁写了一封信，反映他所居住的德米特罗夫镇的邮电职工和其他劳动群众艰难的生活情况。他谈到的各种物质生活困难基本上是符合实际情况的。他在信中提到，"住在莫斯科这样一个大中心里的人不可能真正了解国家所处的条件"[①]，对于一些不注意深入群众的国家干部来说也有一定的积极意义。但是，他的基本立场和观点是错误的。他把国家面临的困难归咎于党和政府的革命政策和党对全国各条战线的集中领导。他写道："有一点是可以肯定的：即使党的专政是打击资本主义的有效武器（对此我深表怀疑），它对建设新的社会主义制度却极其有害。必不可少的是地方的机构和力量，然而在各处都见不到这样的机构和力量。……没有地方力量的参与，没有来自下面的工农自己的组织，建设新生活是不可能的。"[②]他继续写道："目前是党的委员会，而不是苏维埃在统治俄国；而且苏维埃的组织则由于官僚体制的缺陷而遭到厄运。"[③]尽管克鲁泡特金再三强调要依靠各地群众的力量来建设社会主义，但他把群众和党对立起来，把苏维埃和党对立起来，把党的领导作用归结为所谓的"官僚体制"。显然，他是要以无政府共产主义思想来指导新社会的建设，而完全不赞成列宁和布尔什维克党的革命路线、方针和政策。

1920 年，苏维埃肃反机构为了制止国内反革命分子暗害政府领导人的罪恶活动，逮捕了一批反革命骨干，其中有社会革命党人、白卫组织"民族和策略中心"的头子，以及一些弗兰格尔的军官等。苏维埃政府发表声明说，如果反革命不立即停止自己的活动，就把这些被捕者处决。革命政权为了维护新生的苏维埃国家而不得不采取的这一有力措施，引起了克鲁泡特金极大的愤懑和不安。他于 12 月 21 日给列宁写信，对此提出抗议。

---

①　克鲁泡特金：《致列宁的信（1920 年 3 月 4 日）》，载马·米勒编《克鲁泡特金关于无政府主义和革命的论文选集》，第 336 页。

②　同上。

③　同上书，第 337 页。

他在信中诬蔑苏维埃政府"回复到了中世纪和宗教战争的最可恶的时代"。[1]他激动地责问说："这是不是意味着你们认为自己的共产主义试验已经失败，因而置你们所珍爱的新生活的建设而不顾，只是考虑保全自己的生命？您的同志们是否认识到，你们是共产主义者，不论你们犯了多少错误，是在为未来而工作，因而不该采取这种近乎野蛮的恐怖行动来玷污自己的事业？正是这种过去时代的行为，使建设新的共产主义的尝试变得如此困难。我相信，对于你们之中最优秀的人来说，共产主义未来比个人的生命更可贵。只要考虑到这个未来，你们就会放弃这些手段。"[2]这封信由于激烈地攻击了苏维埃政府的无产阶级专政措施而得到了一切反苏分子的赞赏和喝彩。克鲁泡特金说出了他们想说而没有说或是想说而不敢说的话。信件公开发表以后，在西方国家广为流传，被认为是研究克鲁泡特金对苏维埃政权的态度的重要文献。在我们看来，这封信确实是克鲁泡特金无政府主义世界观的大暴露。他口口声声地一再表示自己是一个社会主义和共产主义者，一再表示要为在俄国实现社会主义和共产主义而奋斗，可是他却坚决反对无产阶级专政，反对党的集中统一的领导。这只能证明，他所谓的社会主义和共产主义归根到底不过是一句空话。

需要着重指出的是：尽管克鲁泡特金和十月革命"志不同，道不合"，但他并没有在行动上反对苏维埃政权，更没有和国内外的反革命分子沆瀣一气、狼狈为奸。他为人正直，不说假话。1921 年下半年，在西欧出现了一种谣言，说克鲁泡特金已经被苏维埃政权逮捕下狱。他的一些西方朋友甚至对此提出了公开的抗议。例如前面曾经提到过的丹麦文学批评家和记者乔治·布朗德斯就发表文章，说什么逮捕"这位全世界最著名的俄国革命家"，只能被看作是"愚蠢的和令人震惊的"行为。[3]克鲁泡特金闻讯后立即给布朗德斯写信辟谣，明确地告诉他自己并没有被捕或遭受迫害。1918 年 6 月，乌克兰无政府主义者、反苏维埃的富农流寇部队的首领马赫

---

① 克鲁泡特金：《致列宁的信（1920 年 12 月 21 日）》，载马·米勒编《克鲁泡特金关于无政府主义和革命的论文选集》，第 338 页。

② 同上书，第 339 页。

③ 保尔·克鲁格编：《乔治·布朗德斯书信》三卷集（*correspondance de Georg Brardes*），哥本哈根 1956—1966 年版，第 2 卷，第 290 页。

诺曾经到莫斯科拜访过克鲁泡特金。他除了向克鲁泡特金表示敬意外，还征求克鲁泡特金对在乌克兰开展反苏维埃活动的意见。克鲁泡特金的反应极为谨慎，没有表示什么态度而把话题引开了。由于这次会见，在西方出现了种种关于克鲁泡特金和马赫诺分子建立联系的传闻。事实上，直到1921 年马赫诺分子被红军彻底消灭和马赫诺本人逃亡国外为止，克鲁泡特金没有参与过他们的任何活动。1920 年，西班牙工人联盟的代表维尔肯斯访问克鲁泡特金时问他是否想出国，克鲁泡特金回答说，他希望死在被自己热爱的俄罗斯祖国的土地上。同年，在一家德文杂志上刊登了一篇所谓拯救克鲁泡特金的宣言。接着就在西方国家掀起了一阵喧嚷声，说什么克鲁泡特金的处境极其困难，还说什么他和他的女儿要求出国遭到了苏俄政府的拒绝，等等。克鲁泡特金得悉以后立即加以严词驳斥。1920 年 12 月20 日他写了一份声明说："到处都有那么一些革命的敌人，他们总是高兴地利用各种借口，来作为反对布尔什维克政府的根据。对这个政府我在很多问题上是不能赞同的；但是宣布并部分地实施了社会主义原则的这份光荣，却是属于它的。"[1] 1920 年 12 月 23 日，他给荷兰无政府主义者德·雷格尔写了一封信，对雷格尔早些时候邀请他去荷兰居住表示谢绝。他说，他和他的家人并不缺乏生活必需品。他还说：尽管俄国革命具有"集中制和权力主义的性质"，它仍然"显示出从资本主义社会过渡到社会主义社会的可能性"，这对战后的世界既是一种鼓舞，又是一种警告。[2]

我们认为，在评述克鲁泡特金对十月革命和苏维埃政权的态度时，指出他晚年的实际政治表现是很重要的。这比分析他的某些言论究竟是拥护或是反对十月革命可能更有意义。正因为克鲁泡特金没有参加任何反苏维埃的政治活动（当然也由于他的个人经历和社会声望），布尔什维克党和苏维埃政府始终对他表示尊重，并采取团结的态度。党和国家的领袖列宁还特地亲自会见他，并同他进行严肃、热情而又推心置腹的谈话。

---

① 苏联国立列宁图书馆手稿部档案材料；转引自 E. B. 斯塔罗斯津《关于列宁与克鲁泡特金的几次会见》，载《1968 年古文献学年鉴》，1970 年莫斯科版，第 229 页。

② 克鲁泡特金：《致德·雷格尔的信（1920 年 12 月 23 日）》，载马克西莫夫编《纪念克鲁泡特金逝世十周年国际文集》，1931 年芝加哥俄文版，第 200—201 页。

二　和列宁的会见

克鲁泡特金作为一个国际无政府主义运动的领袖和理论家，一个学者和一个反对沙皇专制统治的老革命家，列宁是早就知道的。1907年，克鲁泡特金流寓英国时曾经应邀参加在伦敦举行的俄国社会民主工党的第五次代表大会。我们不知道克鲁泡特金在那时是否会见过列宁并和他讲过话。不过克鲁泡特金作为会议的参加者至少应当听到过列宁在讲台上的发言。在十月革命以前，尽管列宁也曾经多年侨居国外。但是两人始终没有直接谋面。他们的会见是在十月革命胜利以后的莫斯科。列宁的一位亲密助手、从苏维埃政权建立起至1920年末担任苏俄人民委员会办公厅主任的邦契—布鲁耶维奇在回忆录中详细地记述了列宁和克鲁泡特金的一次会见。

这次会见是在1919年5月举行的。[①]邦契—布鲁耶维奇在此以前就与克鲁泡特金相识。4月末，他听说克鲁泡特金有事将要从德米特罗夫镇来莫斯科，便写了一封信给他："听说您准备来莫斯科。这有多好啊！弗（拉基米尔）·伊（里奇）向您问好，并对我说，他将非常高兴和您会晤。如您决定来莫斯科的话，请先给我一个电报，告诉我何日抵达。"[②]5月初，克鲁泡特金因为要在鲁勉采夫博物馆（即今之国立列宁图书馆）查阅研究资料而来到了莫斯科。他见到邦契—布鲁耶维奇后表示很愿意和列宁会见，因为他也有许多问题要和列宁面谈。会晤被安排在克里姆林宫邦契—布鲁耶维奇的住所里。

克鲁泡特金和列宁见面以后首先谈到了合作社的问题。他激动地对列宁说："弗拉基米尔·伊里奇，我是多么高兴地见到您啊！我和您是持着不同观点的人。在一系列问题上，在行动的方法和组织上，我们的看法是不同的，但我们的目标是一致的。您和您的同志们为了共产主义而正在从

---

① 据邦契—布鲁耶维奇的回忆，会见是在5月8—10日之间举行的；据 E. B. 斯塔罗斯津的考证，会见的确切日期应是5月3日，见他的《关于列宁和克鲁泡特金的几次会见》一文，载《1968年古文献学年鉴》，第228页。

② B. Д. 邦契—布鲁耶维奇：《列宁和克鲁泡特金的会见》，载《邦契—布鲁耶维奇选集》俄文版第3卷，第401页。

事的工作，对于我这颗已经衰老了的心来说是十分亲切而又感到愉快的。但是，你们压制合作社，而我却赞成！"①

合作社是克鲁泡特金在晚年颇为关注的一个问题。在他看来，合作社和工团一样，都是劳动者的一种互助形式。在合作社中，没有统治者和被统治者之分，不存在剥削和强权，而是所有的成员一律平等。因此，它是过渡到无政府共产主义社会的一种手段。他迁居德米特罗夫以后，对当地的合作社运动很感兴趣，多次参加合作社的活动，并且应邀在社员代表大会上讲话。他曾经兴奋地指出，在合作社中正在成长着"社会主义的幼芽"，甚至认为"合作社运动，特别是俄国农民的合作社运动，将在今后的五十年内成为共产主义生活的创造核心"。②在克鲁泡特金这种思想的影响下在十月革命以后的苏俄出现了一个新的无政府主义流派——无政府合作社主义，其共同发起人之一是克鲁泡特金的信徒和朋友阿塔别基扬。他们把合作社和苏维埃国家对立起来，主张把国家组织和管理生产的职能全部转移给合作社，甚至要求给予合作社发行货币的权力。③这种观点在当时显然是极其荒谬和十分有害的。

克鲁泡特金在和列宁的谈话中抱怨布尔什维克不赞成合作社，列宁立即响亮地回答："我们也是赞成的！但是我们反对那种隐藏着富农、地主以及一般所说的私人资本的合作社。我们只是想撕下假合作社的伪装，从而使广大的人民群众有可能加入货真价实的合作社。"克鲁泡特金接着说："我不想反对这一点。在有这种现象的地方当然是必须竭尽全力与之作斗争的，如同反对各种谎言和骗局一样。"④这位天真的老革命家显然不知道，当时在苏俄出现的一批合作社大多数还不能算是真正的社会主义性质的。合作社的成员主要是有条件缴纳股金的上层分子，广大的下层劳动群众则被排除在外。合作社内部的阶级斗争也很激烈，绝不是克鲁泡特金

---

① 邦契—布鲁耶维奇：《列宁和克鲁泡特金的会见》，载《邦契—布鲁耶维奇选集》第 3 卷，第 402 页。

② 《纪念彼得·阿列克谢耶维奇·克鲁泡特金文集》，1921 年莫斯科版，第 121 页。

③ 参见 C. H. 卡涅夫《俄国无政府主义的破产》，载《历史问题》杂志，1968 年第 9 期，第 74 页。

④ 邦契—布鲁耶维奇：《列宁和克鲁泡特金的会见》，载《邦契—布鲁耶维奇选集》第 3 卷，第 402 页。

所想象的那样人人都享有平等的权利。布尔什维克的政策是尽力支持下层群众入社，使它真正成为社会主义性质的劳动人民的集体经济。对于这种政策，克鲁泡特金是根本不懂的。

　　克鲁泡特金还和列宁谈到西方国家，如英国、法国和西班牙的合作社运动和工团运动。他认为，这些运动的意义是极为重大的，因为它们证明，没有国家权力的干预，人们是完全能够自由地组织起来进行生产活动并走向社会主义道路的。列宁驳斥了这种错误思想。他说："当然，合作社运动是重要的，但是如果它仅仅是一种工团式的运动，则是有害的。难道合作社运动的本质就在这里吗？难道单是一个合作社运动就能导致某种新制度吗？难道您认为资本主义世界会给合作社运动让路吗？它将千方百计地把合作社运动抓在自己的手里……资本将利用它能利用的千丝万缕，像蜘蛛网一般把您在合作社运动中如此地怀有好感的那种新生趋势死死地缠住，从而使那个合作社组织成为它的奴仆和附属品。"[1]列宁的这一大段话驳得克鲁泡特金哑口无言，使他不得不变换话题。不过有一点是需要指出的：尽管克鲁泡特金非常重视合作社运动和工团运动，他并没有把它们看作是无政府主义者主要的或是唯一的任务和目标。这是他和各种形式的改良主义者不同的地方。在他看来，无政府主义者的主要任务是搞社会革命。他说：工会与合作社是"一种把人们集合到一起的手段……它们不能完成社会革命；但是通过把成百万人集合起来，准备宣布他们对幸福生活的权利以及获得这一权利的办法，它们就能做到单靠宣传所做不到的事情"。[2]

　　克鲁泡特金在和列宁的谈话中严厉地指出了德米特罗夫地方干部工作中的缺点，批评了他们缺乏文化并且具有官僚主义作风。他说："当地的政权机关，和其他一切政权机关一样，官僚主义化了；当权者甚至是昨天的革命者，但却变成了官僚，他们企图任意摆布下属。在他们看来，全体老百姓都是他们的臣民。……这个政权本身对每个掌权者来说已经成为一种最大的灾难。"列宁十分谦逊地表示愿意接受批评。并且逐步改正各方

---

　　① 邦契—布鲁耶维奇：《列宁和克鲁泡特金的会见》，载《邦契—布鲁耶维奇选集》第3卷，第404页。

　　② 克鲁泡特金：《致马·奈特劳的信》（1895年4月5日），荷兰阿姆斯特丹社会史国际研究所收藏的奈特劳档案材料，转引自马·米勒《克鲁泡特金》，第177页。

面的错误和缺点，同时也明确地指出："尽管我们犯各种错误，我们仍将把我们的社会主义革命引向最后的胜利。"①

在会见快要结束的时候，列宁对克鲁泡特金说："我们需要有教养的群众。我们想以最大的印数来出版您的《法国大革命》一书。它对所有的人都是那么地有益。"克鲁泡特金听了很高兴，但是出于自己的信仰，提出"不能交给国家出版社去出版"。列宁对此表示理解，说准备找一家合作出版社来承担这项工作。克鲁泡特金满意地说："如果您认为这本书还有点意思，而且是需要的话，我同意出版一种普及本。大概会找得到一家愿意接受它的合作出版社的。"②这次会见就这样结束了。

据苏联史学家斯塔罗斯津的考证，除了邦契—布鲁耶维奇所记述的这次会见外，列宁还可能与克鲁泡特金会见过两次，一次是在 1918 年 10—12 月间，另一次是在 1920 年 8 月。③

1918 年 9 月 17 日，《消息报》发了一条关于列宁健康情况好转并于 9 月 16 日参加了党中央例行会议的简短报道。就在报道发表的当天，克鲁泡特金给列宁写了一封信，要求与他会晤，以便"谈一个非常重要的问题——关于'红色恐怖'和人质的问题"。④克鲁泡特金为什么这么焦急地要和列宁见面？因为 9 月 8 日在彼得格勒的《北方公社》报上公布了一批"头号人质"的名单，作为苏维埃政权回击反革命破坏和叛乱的一种措施。在名单中有一个名叫彼得·帕尔钦斯基的，是克鲁泡特金的好友。此人是一个工程师，曾创办煤炭辛迪加，与银行界关系密切，二月革命后任临时政府的工商部副部长。他鼓动企业主息工，与民主组织为敌，因而"臭名传遍了俄国"。⑤他在彼得格勒十月武装起义期间任冬宫卫队长，在工人、士兵赤卫队攻占冬宫时被捕。克鲁泡特金和列宁的这次会见可能是在 10

---

① 邦契—布鲁耶维奇：《列宁和克鲁泡特金的会见》，载《邦契—布鲁耶维奇选集》第 3 卷，第 402—403 页。

② 同上书，第 405 页。

③ 参见 E. B. 斯塔罗斯津《关于列宁和克鲁泡特金的几次会见》，载《1968 年古文献学年鉴》，第 226、228 页。

④ 苏联国家中央十月革命档案馆材料，转引自 E. B. 斯塔罗斯津《关于列宁和克鲁泡特金的几次会见》。

⑤ 《列宁全集》第 32 卷，人民出版社 1985 年版，第 209 页。

月 15 日列宁从哥尔克疗养地回到莫斯科以后举行的。会见时克鲁泡特金主要就"恐怖活动和人质问题"发表了意见，同时为帕尔钦斯基讲情，请求列宁下令释放他。12 月 3 日，列宁给当时在彼得格勒担任领导职务的季诺维也夫打了一个电报，要求，"立即"告诉他"有关帕尔钦斯基的材料"，并说如果不能对他实行大赦，那么是否可以把他作为一个学者和作家而采取家庭监禁之类的宽大措施。列宁在电报中虽然未直接提到克鲁泡特金，但是提到了克鲁泡特金的朋友，德国社会民主党人卡尔·莫尔。后者曾给列宁写信，请求释放帕尔钦斯基。[①]

　　克鲁泡特金和列宁的另一次会见可能是在 1920 年。这一年的 8 月 14 日，他给列宁写了如下的一张短笺："尊敬的弗拉基米尔·伊里奇：我非常需要和您见一次面，谈一谈关于目前正在审讯中的策略中心的事情。我不准备占你一刻钟以上的时间，因为知道您极其忙碌。请您费神告诉我，什么时间可以去看您。我身体很不好，是专门为了此事到莫斯科来的，想尽快地回到自己的窠里去。彼·克鲁泡特金。"[②]"策略中心"是一个以推翻苏维埃政权为目的的反革命组织，在 1920 年初被契卡粉碎，其领导骨干被捕。在被捕者中有克鲁泡特金的朋友，人民社会党的头头之一、历史学家兼政论家梅尔古诺夫。克鲁泡特金要求会见列宁是为了替他说情。关于这次会见没有史料记载。苏联史学家只是根据梅尔古诺夫后来写的回忆录来推论这次会见是举行了的。梅尔古诺夫回忆说，他最初被判处死刑，后来被改判为无期徒刑，最后又由于科学院和克鲁泡特金的斡旋，终于在被囚禁了一年以后获得自由。以上两次和列宁的会见，都没有确切的文字资料，因而会见究竟是否举行不能最后肯定。不过无论如何，克鲁泡特金曾经多次请求列宁对他的反苏维埃的朋友宽大处理则是无疑的。看来，克鲁泡特金在这方面获得了一定的结果。从这里也可以反映出列宁和苏维埃政权对克鲁泡特金的态度。列宁一贯坚持对无政府主义思想的批判。在第一次世界大战期间，他严厉地批判了克鲁泡特金的无政府沙文主义观点。

---

　　① 参见《列宁全集》俄文第 5 版，第 50 卷，第 214—215 页。

　　② 苏联国家中央十月革命档案馆材料，转引自 E. B. 斯塔罗斯津《关于列宁和克鲁泡特金的几次会见》，载《1968 年古文献学年鉴》，第 228 页。

尽管如此，列宁对克鲁泡特金仍持团结教育的态度，并且对他相当尊重。列宁还一再要求邦契—布鲁耶维奇关心克鲁泡特金的生活："请不要对他撒手不管，要关心他和他的家庭。只要他有需要，请立即把全部情况告诉我，然后我们来共同研究这一切，并给予他帮助。"①

三　患病与逝世

克鲁泡特金从莫斯科迁居德米特罗夫一事，引起了当时国内外一些不明真相和别有用心者们的一阵喧嚣，似乎他是被布尔什维克党流放到那里去的，据说还受到了监视和迫害。这一类的说法当然是毫无根据的。在克鲁泡特金生活在德米特罗夫的两年多时间内，苏维埃政府始终对他表示了关心和照顾。

1918 年 10 月 26 日，苏俄人民委员会办公厅给德米特罗夫苏维埃下达了一个指示，要求保证克鲁泡特金的生活不受任何干扰。根据这一指示，德米特罗夫苏维埃执委会立即给本镇各个有关部门发出通知，要求它们"对居住在德米特罗夫镇苏维埃街原奥尔苏非耶夫住宅内的彼得·阿列克谢耶维奇·克鲁泡特金公民的生活起居不予干涉"。② 同时，苏维埃政府还给克鲁泡特金颁发了一张证书，上面写道："老革命家彼得·阿列克谢耶维奇·克鲁泡特金在苏维埃街（旧名贵族街）居住的房子不得征用，亦不得允许他人搬入合住，这位有功绩的老革命家的财物及其安静必须受到苏维埃政权的特殊保护。"③

为了帮助克鲁泡特金解决物质方面的困难，苏维埃政府的教育部部长卢那察尔斯基曾经给克鲁泡特金的妻子索菲娅·格里戈里耶夫娜写过一封信。信中说："据说您的丈夫，我们极其尊敬的克鲁泡特金同志的情况很

---

① 邦契—布鲁耶维奇：《列宁和克鲁泡特金的会见》，载《邦契—布鲁耶维奇选集》第 3 卷，第 406 页。

② 苏联国立列宁图书馆手稿部档案材料，转引自 E. B. 斯塔罗斯津《关于列宁和克鲁泡特金的几次会见》，载《1968 年古文献学年鉴》，第 229 页。

③ 苏共中央马克思列宁主义研究院档案材料，转引自 E. B. 斯塔罗斯津《关于列宁和克鲁泡特金的几次会见》，载《1968 年古文献学年鉴》，第 229 页。

困难，为此我深感不安。教育人民委员部准备立即在改善尊敬的彼得·阿列克谢耶维奇一家的状况方面向您提供帮助。我们想为他在科学院领取一份定量配给品，使他有可能得到衣服、鞋子等，以及必要数量的木柴。如果您不会受到阻挠的话，我将即刻为满足他的这些需要而采取措施。这纯粹是一种保障，所以不需要您或者他提出申请。那种以为这样的帮助对您来说似乎是不愉快的奇谈怪论，是没有根据的。"①不管克鲁泡特金是否接受了卢那察尔斯基的提议，这封信所反映的苏维埃政府对克鲁泡特金一家的真诚关怀是无须多作说明的。

　　1920 年 3 月，国立莫斯科大学数理系地理教研室决定聘请克鲁泡特金为该教研室教授并到校授课。4 月 20 日，教研室学科委员会秘书米特罗凡·博德纳尔斯基受权给克鲁泡特金写了一封信，表达了教研室的意愿并征求他的意见。信中说："您可以讲授出您自己选择的任何有关地理学的课程，授课时间从秋天，即下一学年初开始。如蒙承诺，则请尽快通知我，以便在暑假以前办好学校聘任教员条例所要求的某些手续……我和地理教研室学科委员会全体同人，将因您不会拒绝在下一学年成为我校教员和我学科委员会的成员而感到荣幸和欣慰。"②克鲁泡特金对来自全国最高学府的这一盛情邀请感到很兴奋，但是考虑到自己年事已高，特别是健康情况不佳，不得不婉言谢绝。他在 4 月 26 日给博德纳尔斯基的复信中写道："请您费神转告莫斯科大学数理系地理教研室学科委员会：我对它邀我任教极为感动，如果健康状况允许的话，我将非常满意地承担讲授自然地理课程的任务。但是我遗憾地告诉您，我的健康状况（特别是经历了两个寒冬以后）不允许我从事对一个教授所要求的正常工作。我已经老了。"③5 月 22 日，他又给地理教研室主持人阿努钦教授写了一封内容大体相同的信。这位教授对克鲁泡特金在地质地理学研究方面的成绩有很高的评价。莫斯科大学对克鲁泡特金的邀请尽管不属于官方性质，但是也反映

---

① 苏联国家中央十月革命档案馆材料，转引自 E. B. 斯塔罗斯津《关于列宁和克鲁泡特金的几次会见》，载《1968 年古文献学年鉴》，第 229 页。原信无发出日期。

② 苏联国立列宁图书馆手稿部档案材料，转引自 H. П. 克赖涅尔《关于邀请克鲁泡特金到莫斯科大学地理教研室任教》，载《全苏地理学会通报》1968 年第 2 期，第 173 页。

③ 同上。

了苏维埃国家对这位居住在德米特罗夫镇的老学者的重视和关心。

　　克鲁泡特金在德米特罗夫居住时，个人的活动是完全自由的。他不仅可以自由地与本镇的居民交往，自由地进出莫斯科，还可以在家里接待国内外的来访者。例如在 1919 年他曾经会见美国无政府主义运动的领导人，俄国流亡者埃玛·戈德曼和亚历山大·贝克曼；在 1920 年他再一次会见了戈德曼，还接待了西班牙工联的代表维尔肯斯和伦敦《每日新闻》主编兰斯伯利等人。戈德曼在回忆录中颇为详尽地记述了 1920 年 7 月她和克鲁泡特金在德米特罗夫会见时的情形。她写道："我第一次访问克鲁泡特金是在白雪皑皑的三月。我到达他的乡间别墅时已是傍晚时分。这个地方那时显得荒凉而孤寂。而这一次访问时正值夏季。农村的空气清新而带着芳香；屋后的花园里一片翠绿，似乎在愉快地微笑。金色的阳光温暖而明亮地普照着大地。彼得没有出来，他正在午睡。他的夫人索菲娅·格里戈里耶夫娜来迎接我们。我们带着一些食品，请萨沙·克鲁泡特金娜转交给她父亲，还带来一个无政府主义小组赠送的几篮子东西。当我们正在打开这些珍爱的礼物时，彼得·阿列克谢耶维奇突然出现了。……他显得比我前次见到时更健康结实，而且更活跃。他当即领我们去看他的菜地。它几乎全是由索菲娅经营的，是全家主要的给养基地。彼得很为此而自豪。他大声地说：'您看怎么样？'，同时指着一棵很大的莴苣，继续说：'请看这是个新品种。它们都是索菲娅的劳动成果。'他看上去很年轻，很愉快，讲话时很轻松活泼。他的观察力，他的敏锐的感觉和丰富的人情味，是如此地令人精神振奋，以致使我忘却了俄国的苦难，个人的矛盾和疑虑，以及生活中的无情的现实。"[①]接着，主人向来访者坦率地谈了自己对十月革命的看法。戈德曼是克鲁泡特金的一个信徒和崇拜者。她远不是俄国革命和苏维埃政权的拥护者，但从她的回忆录中丝毫看不到苏维埃政府对克鲁泡特金的限制和监视。

　　应当承认，克鲁泡特金最后两年多的生活是相当艰苦的。这是由于当时整个国家面临着严峻的考验。在战争和饥饿的威胁下，全国人民都在作出巨大的牺牲。克鲁泡特金当然也不能例外。食品缺乏，燃料不足。由于

---

　　①　埃·戈德曼：《我对俄国幻想的破灭》，纽约 1923 年英文版，第 153—154 页。

照明条件不好，他晚上只能在一盏昏暗的煤油灯下伏案写作。在这种情况下，克鲁泡特金的健康情况日益下降，而且时常病倒。特别是到了冬季，卧病的时间更长。他是克服了很大的困难才熬过了 1918 年和 1919 年这两个寒冬的。尽管如此，他还是顽强地坚持工作。他的重要著作《伦理学》第一卷几乎全部是在和疾病的搏斗之中写成的。

克鲁泡特金在德米特罗夫生活期间，尽管健康状况不好，物质条件艰苦，但是始终充满着乐观主义的精神。他热爱工作，热爱生活，热爱学习。他在集中主要精力撰写《伦理学》的同时，十分注意和当地群众保持接触。他除了对德米特罗夫的合作社感兴趣外，还非常关心当地的文化事业。他竭力支持德米特罗夫地方志博物馆的建设，并且以自己的切身体会宣传博物馆对教育青年一代的重要作用。他还关心学校教育的发展，抱病参加当地的教师代表大会，还在会上讲了话。当天气暖和，身体情况较好的时候，他还兴致勃勃地到野外去进行地质考察，甚至还写成了《德米特罗夫县地质概况》一文。后来苏联政府在建造莫斯科运河时还曾经参考过这一作品中提供的资料。①

克鲁泡特金热爱学习的精神在当地居民中留下了很深的印象。至今在德米特罗夫图书馆中还保存着他的读者登记卡。据当时的女管理员回忆，她在帮他填写这张登记卡时问他："您多大年岁？"，回答说"76 岁"；再问他"曾在何处学习？"，回答说"彼得堡大学"。接下去要填的是"现在何处学习？"，管理员随手把这一栏划去了。可是克鲁泡特金连忙说："不，不，请把卡片递给我。"他接过卡片，亲自在这一栏中认真地填上："在自己家里并向生活学习。"②

1920 年的冬天又到了。从年底起，克鲁泡特金的心脏病频繁发作。1921 年 1 月，又患了肺炎，于是便卧床不起。1 月 17 日夜间，出现了严重的心绞痛，反复发作持续了好几个小时，还伴随着剧烈的气喘。克鲁泡特金的生命处在垂危之中。

苏维埃政府得知这个消息以后十分焦急。1 月 19 日，邦契—布鲁耶维

① 阿尼西莫夫：《彼·阿·克鲁泡特金在 1862—1867 年间的几次旅行》，第 156 页。
② 同上。

奇向列宁报告了这一严重情况。根据列宁的指示，以卫生人民委员谢马什科为首的七位医生立即坐专车去德米特罗夫给克鲁泡特金会诊。邦契—布鲁耶维奇也随车前往。他在回忆录中写道："（德米特罗夫苏维埃）执行委员会的代表在车站迎候我们。当得悉我们所有的人都要去看望卧病的彼·阿·克鲁泡特金，并且我们是受人民委员会主席弗·伊·列宁的直接派遣而来的时候，他们感到极为吃惊。看来，地方政府对彼得·阿列克谢耶维奇是抱有成见的。他们根本不知道他是一位老革命家，也不了解他是一位著名的作家、地理学家和无政府主义理论家。他们只是听说有一位昔日的公爵，住在这里一所旧贵族的别墅里，而且不知为什么还受到优待……我们不得不略为详细地向地方政府代表介绍彼得·阿列克谢耶维奇的全面情况，以便他们充分理解弗拉基米尔·伊里奇对他所表示的那种关怀和不安。"①

医生们给患者进行了仔细的会诊以后，于当天深夜和邦契—布鲁耶维奇一同返回首都。次日早晨，邦契—布鲁耶维奇及时地向列宁写了一份书面汇报，特别强调要给克鲁泡特金以包括食品在内的各方面的物质支援，并且开了一张病人所急需的物品单子。列宁在半小时以后亲自给邦契—布鲁耶维奇打电话，要他立即前去面谈情况。列宁见到邦契—布鲁耶维奇后不安地说："看来情况很严重"，接着又问道："他是不是在各方面都有了保证？我是说关于医疗方面。至于供应方面，当然必须立即采取措施。您的单子上什么都有了。您从来就是善于处理事务的人，这很好。但是我只是请求您亲自督促这一切工作，务必将所有的物品准备齐，包装好，并且派一个可靠的人送去，不要在途中给偷光了。"列宁讲完这些话后又一次仔细地读了一遍物品单子。第二天，经列宁核准并签署的单子上开列的全部物品被运到了德米特罗夫镇。②

1月下旬，克鲁泡特金的病情曾稍见缓和。1月23日，他给卫生人民委员谢马什科写了一封感谢信，说他的病已有所好转，并且已经能执笔写

---

① 邦契—布鲁耶维奇：《克鲁泡特金的患病和去世》，载《邦契—布鲁耶维奇选集》第3卷，第406—407页。

② 同上书，第409—410页。

信。他还说："你们是这么忙，工作是这么多，你们牺牲了不少宝贵的时间，而且可能还放弃了休息。这使我深为不安。"①可是事实上克鲁泡特金的病情并没有真正好转，相反的是日益加重。邦契—布鲁耶维奇在回忆录中写下了他和处于弥留之际的克鲁泡特金最后告别时的情景："他握住我的手，令人感动地感激大家对他的关怀，并请我向所有关心他的人，特别是向弗拉基米尔·伊里奇转达他的衷心的谢意。我不想使他过于疲劳，便急忙和他告别。彼得·阿列克谢耶维奇小声地对我说：'愿你们鼓起勇气进行战斗。祝你们获得全胜，但是永远不要忘记正义和高尚气度，不要复仇，无产阶级站得比这还高……'他突然抬起身来，把我拉到自己身边，有力地吻了我两次。"②

　　1921年2月8日凌晨3时，这位风云一时的著名的国际无政府主义运动的思想家和领袖人物终于因心力衰竭而在德米特罗夫住所安然去世，终年79岁。2月9日，《真理报》和《消息报》都在头版的显著位置发表了彼得·阿列克谢耶维奇·克鲁泡特金去世的消息和悼念文章。莫斯科工农兵苏维埃执委会主席团在讣告中称克鲁泡特金是"反对沙皇专制制度和资本主义政权的久经锻炼的老革命战士"。③布尔什维克党和苏维埃国家的著名活动家和马克思主义理论家斯克沃尔佐夫—斯切潘诺夫在《真理报》上发表了追悼文章。他写道："他（指克鲁泡特金——引者注）和1917年的十月变革并不志同道合，虽然他的《法国大革命》一书应当使他对这一伟大的历史进展有一个敏锐的目光。不过，他和他的某些早年一起从事社会活动的同龄人和同伙们，例如尼·瓦·柴可夫斯基完全不同，对这一伟大的变革并不抱有敌意。"④《贫农报》和一些地方报纸也都发表了克鲁泡特金去世的消息和悼念文章。

　　2月12日，专车将克鲁泡特金的灵柩运到莫斯科，存放在圆柱大厅。首都各工矿、企业和机关的数以万计的普通劳动者前来向遗体告别。克鲁

---

①　《消息报》1921年2月9日。
②　邦契—布鲁耶维奇：《克鲁泡特金的患病和去世》，载《邦契—布鲁耶维奇选集》第3卷，第408—409页。
③　《消息报》，1921年2月9日。
④　《真理报》1921年2月9日。

泡特金的一些生前好友在一旁轮流守灵，其中有的是专门为了参加葬礼而被政府从狱中暂释的。

2月13日，举行了隆重的安葬仪式。北京《晨报》记者瞿秋白详尽地记述了当时的盛况。他写道："我们到莫斯科开始工作时，第一事就是克鲁泡特金逝世。2月2日我们迁居于外交委员会公寓后，每天报载克氏的温度，派专车送医生到克氏那里去。等到9日已经听说克鲁泡特金去世了。12日我们到灵前悼念，13日一早去送殡……远远的就看见人山人海，各种旗帜招贴着。沿路有人发一张《克氏日报》，上面载有许多吊文传志，并且还有克氏死后无政府团体通告全欧全俄全世界的无线电稿，列宁批准暂释在狱无政府党人参与殡礼的命令。当日送殡的除种种色色无政府团体外，还有学生会，工人水手等联合会，艺术学会等，社会革命党，社会民主党少数派都有旗帜。最后是俄罗斯共产党，共产国际，还有赤军拿着俄罗斯社会主义联邦苏维埃共和国的赤色国旗。无政府主义者手持旗帜，写着无政府主义的口号，其余各团体也都张着'克氏不朽'的旗。人山人海拥拥挤挤之中，我远望着克氏的灵榇抬出来，面色还蔼然含笑似的……猛听得震天动地的高呼'万岁'声。一时人丛中挤得厉害，杂乱之中我只听得四方八面嘈杂的谈话和巡官的号令：'请诸位保持秩序，不要往上挤'……我好不容易挣扎着走出人丛，站着一旁，远远的见克氏的灵榇拥着黑黑默默一片人影，无数旗帜慢慢的往南去了。"[1]

群众送葬的队伍经过莫斯科的主要街道，来到克里姆林宫近处的新圣母公墓。根据死者本人的意愿，遗体将在这里，而不是在他家族的墓地进行安葬。参加葬仪并致悼词的有俄共（布）中央、全俄中央执行委员会、莫斯科苏维埃和第三国际执行委员会的代表，以及俄国、美国、瑞士、挪威等国的无政府主义组织的代表。墓地上放满了花圈。俄共（布）中央的花圈缎带上写着："献给一位备受沙皇政府和国际反革命资产阶级迫害的人"，苏俄人民委员会的花圈缎带上写的是"献给彼·阿·克鲁泡特金——为反对沙皇统治和资产阶级而斗争的老战士"。全俄中央执行委员

---

① 瞿秋白：《赤都心史》，载《瞿秋白文集》第1卷，人民文学出版社1954年版，第100—101页。

会和俄共（布）中央的代表巴维尔·尼古拉耶维奇·莫斯托文科在悼词中说："他（指克鲁泡特金——引者注）的同志们把死者的话写在今天展现在这里的一面旗帜上：'世界上没有比统治人的政权更为卑鄙的东西！'是的，我要以共产党的名义接着这句话来重复地说：没有比剥削劳动和压迫穷人的政权更为卑鄙的东西。但是，政权同时也是唯一的工具，我们掌有了它，就可以打击腐朽的旧势力，以便战而胜之，然后建设没有暴力、剥削、寄生和贫穷的新的生活秩序。死者处在一定的环境之下，是属于另外一代人并且有着另外的思想方法，因而不能懂得国家和政权的这种最后的作用。在墓前，我们不准备把我们的注意力集中在我们的分歧上面。死者留给我们的有益的遗产是极其巨大的；正是它，以一种强烈的迸发力，把我们——今天站在他墓前的所有的人，联结在一起。他留给我们的遗产中，首先是他那不朽的《一个革命家的笔记》，还有他的学术著作；而更主要的则是留给我们大家的对于他的精神面貌，作为一个新生活的创造者和普通劳动者的精神面貌的美好的回忆。"①

（原载《克鲁泡特金传》，中国社会科学出版社 1986 年版）

---

① 《真理报》1921 年 2 月 15 日。

19世纪中叶俄国进步舆论对中国时局的反应

19世纪中叶是中国近代史上一个动荡时期。1840年鸦片战争以后，西方殖民主义者继续加强对中国的侵略和掠夺，并变本加厉地向中国倾销鸦片。为此，英、法殖民主义者于1856—1860年对中国发动了第二次鸦片战争，企图进一步扩大侵略权益。清政府为维持统治，对外继续妥协退让，对内加重对人民的剥削与压迫。清政府的腐败无能使得社会和阶级矛盾日趋加剧。人民不堪忍受，不得不揭竿而起。1851—1864年，中国爆发了轰轰烈烈的太平天国起义。这是中国历史上规模最大、历时最久的一次农民革命运动。它持续了14年，波及18个省，最后在国内外反动派的联合围剿下遭到失败。

俄国社会对当时的中国时局相当关注。尽管总的来说掌握的材料不多，特别是缺乏第一手资料，但是俄国的各种报刊和有关的著述还是对中国时局作出了不少反应。它们的信息主要来自西方国家的一些著述和新闻报道，以及俄国来华的传教士、旅行者和外交官等人提供的评论和见闻。当然，这些反应因各个报刊和撰稿人的政治倾向不同而各异。本文只是对俄国的进步舆论，特别是革命民主阵营的代表的反应作一些介绍。从这些反应可以看到，在一个半世纪以前，不管中俄两国政府的关系怎样，两国人民的心是相连的。俄国人民对中国人民的命运和斗争所表示的理解、同情和支持是应当长留史册的。

俄国进步舆论严厉谴责了英国殖民主义者对中国的鸦片贸易，认为它不仅大量掠夺中国的财富，而且严重摧残中国人的身心。

早在40年代下半期，俄国革命家、空想社会主义者米·瓦·彼得拉舍夫斯基（М. В. Петрашевский）在其名著《俄语中的外来语袖珍词典》的"鸦片"一词的释文中，先是引述了一位英国作家对他在君士坦丁堡见到的鸦片吸食者的描写："他们的行动病态，语无伦次，精神萎靡，双目滞钝，脸部表情古怪而吓人。"然后接着写道："像这种情况在中国见到的更为过之而无不及。在那里，几十万人在受着鸦片的致命性毒害。……鸦片贸易将是英国在人类历史的记载上永远抹不掉的耻辱。在当今主持正义和人权的法庭严禁一个民族或国家觊觎另一个民族或国家的独立主权的时代，一个在智力发展的阶梯上站得比其他民族高的有教养而文明的民族，竟然手持武器，迫使一个外国政府允许它有对其整个民族进行肆意毒害和摧残的权利，这岂不是既不可思议和令人吃惊，而又极其恶劣吗？"①

在俄国革命民主派的机关刊物《现代人》杂志上，可以读到不少愤怒谴责西方殖民主义者对中国进行武装侵略和鸦片贸易的文章。例如，著名的革命民主派政论家弗·亚·奥布鲁切夫（В. А. Обручев）在他的《中国与欧洲》一文中写道："我们认为，鸦片贸易是一种不道德的行为。它是这个民族的奇耻大辱。……我们不能为之辩护，也不能对它宽恕。我们认为它的本质是赤裸裸的下流勾当。"②

1854 年，在圣彼得堡出版了 A. 罗切夫（A Ротчев）的著作《关于英国的实情和关于它在全球扩张的传闻》。该书面世后在社会上产生了很大的反响。作者在书中对英国在中国、印度和加拿大推行的殖民主义政策，特别是对英国在中国的鸦片贸易和暴力行为进行了有力的揭露和强烈的抨击。书中说："在与中国的冲突中，英国毫不犹豫地选择各种手段，不管它们是如何地残酷无情和不可容忍。可以说，它从来没有表演得如此地不加任何掩饰。"③需要指出的是，这位作者是自由派报纸《圣彼得堡新闻》和君主制度的喉舌《北方之蜂》报的撰稿人，不能称得上是当时的进步人士。可是《现代人》却利用该书的影响来进行自己的革命宣传。在 1854 年 12 月号和 1855 年 1 月号的杂志上，连续发表了两篇评介该书的文章。书评肯定了作者对英国当局的揭露，同时强调指出："鸦片贸易使中国每年失去大约 100 万人口。英国人的目标是要在精神上摧残和肉体上灭绝被

---

① 《彼得拉舍夫斯基派的哲学和社会政治著作》，莫斯科 1953 年俄文版，第 291 页。
② 弗·亚·奥布鲁切夫：《中国与欧洲》，载《现代人》，1861 年，第 LXXXV 卷，第 360 页。
③ A. 罗切夫：《关于英国的实情和关于它在全球扩张的传闻》，圣彼得堡 1854 年俄文版，第 189 页。

它征服的民族，为此它不择手段。作者（指罗切夫）对此感到义愤填膺。"①

俄国著名的批判现实主义作家伊万·冈察洛夫在1852—1855年间曾以俄国海军上将叶·瓦·波将金（Е. В. Путятин）的秘书身份乘坐巴拉达号战舰考察了包括中国在内的许多国家。回国后，他将旅途见闻写成了一部游记，先以报告文学形式在各杂志上发表，1858年成书出版。作者在上海目击了英国通过鸦片贸易对中国进行的掠夺和殖民主义者在中国的横行无忌，以及中国人民的反抗。作者怀着对中国人民的深切同情，记述了他亲眼见到的情景。

冈察洛夫以充满愤慨的心情写道："鸦片夺走了中国人的茶叶、生丝、金属、药材、染料，榨干了中国人的血、汗、精力、才智和整个生命！英国人和美国人冷漠无情地攫取这一切，大发横财，对已经开始沉寂下去的惯常的谴责不予理睬。听着这种谴责他们毫不脸红，而且互相推诿。……习惯奴役他人的英国民族，把厚颜无耻视为英雄本色。只要能够发财，管它倾销的是什么，就是毒药也在所不惜！"②

冈察洛夫还对英国殖民主义者的傲慢无理进行了无情的痛斥，同时对中国人民受到的侮辱表示了深切的同情。他写道："整个来说，英国人对待中国人以及其他人民，特别是对受他们统治的属国百姓，即使不是残酷无情，也是专横、粗暴、冷酷而又轻蔑的，使人看了就觉得痛心。他们不把这些人当作人看，而是当作一群供人驱使的牲畜。……他们从不掩饰对中国人的轻蔑。"接着他具体讲述了一个名叫斯托克斯的英国军官对中国人的傲慢行为："有一次，我们和他一起散步。一个中国人在前面走着，由于没有发现我们在他的身后，好长时间未能让路。斯托克斯伸手揪住他的辫子，不客气地把他拖向一旁。中国人先是一怔，接着面有愠色，却强作笑脸，目送着我们。世上没有任何一个民族比中国人更谦和、温良、彬

---

① 《评 A. 罗切夫：〈关于英国的实情和关于它在全球扩张的传说〉》，载《现代人》1854年，第 XLVIII 卷，第70页。

② 伊·亚·冈察洛夫：《巴拉达号三桅战舰》，1949年莫斯科俄文版，第411页；黑龙江人民出版社1982年中译本，第460—461页。

彬有礼的了。"①

　　众所周知，俄国伟大作家列夫·托尔斯泰也很关注中国。他曾多次提到他对中国历史和文化的兴趣，说他"对中国人民的特性及其生活方式一直怀着极大的尊敬"。② 1857 年第二次鸦片战争发生时他正在西欧一些国家游历。这是他第一次出国访问。所到之处年轻的托尔斯泰看到了资本主义社会的很多阴暗面，从而开始对资本主义感到失望。他在以旅居瑞士时的见闻为基础写成的短篇小说《琉森》（《Люцерн》）（发表于 1857 年）中，在揭露资本主义的自私本性的同时，对当时英国军队在中国的暴行进行了谴责。他写道："英国人又杀死了 1000 个中国人，因为这些中国人不想花钱买任何东西。"③ 他在 1857 年 4 月 30 日的日记中也表示了对英国军队在中国的侵略的愤怒之情。他写道："（在报上）读到了英国人在中国的极其恶劣的行为，便与一个英国老头争论起来……"④

　　俄国进步舆论对英、法殖民主义者发动的第二次鸦片战争进行了严厉的谴责。

　　19 世纪 50 年代初至 60 年代初《现代人》杂志的领导人尼·加·车尔尼雪夫斯基严正地谴责了英法联军对中国发动的第二次鸦片战争。他在 1860 年 3 月号的《现代人》上发表的一篇《政治评论》中写道："渤海的冲突触及了英国人的自尊性。他们无法忍受，便组织了远征军，进入了战争，虽然自己感到，战争是不道德的和破坏性的……而中国人在战争中是无辜的。"⑤车尔尼雪夫斯基在文章中援引了一大段英国下议院议员布赖特在讨论给远征中国的军队拨款时的发言。布赖特说：第一次鸦片战争是"所有可能发生的事件中最不道德的事件"，第二次鸦片战争则是英国人用借口和挑衅挑起的"一个欺骗"，而第三次战争（指 1859 年发生的那次战争）也是"不道德的和罪恶的行动"。⑥ 当然，布赖特只是站在激进反对

---

　　① 伊·亚·冈察洛夫：《巴拉达号三桅战舰》，1949 年莫斯科俄文版，第 410 页；中译本，第 458、459 页。

　　② 《托尔斯泰全集》，莫斯科俄文版，第 80 卷，第 90 页。

　　③ 同上书，第 5 卷，第 23 页。

　　④ 同上书，第 47 卷，第 125 页。

　　⑤ 《车尔尼雪夫斯基全集》，莫斯科俄文版，第 8 卷，第 73—74 页。

　　⑥ 同上书，第 73 页。

派的立场对政府提出批评，并不是出于对中国人的同情与支持。可是车尔尼雪夫斯基却利用他的言论来发表自己不能直接说出来的看法。我们知道，在沙皇政府严厉的书报审查制度下，这种做法是车尔尼雪夫斯基经常使用的。

车尔尼雪夫斯基对法国殖民军在第二次鸦片战争中对中国的侵略行为也进行了同样的揭露和批判。他在 1862 年 2 月号的《现代人》上发表的《政治评论》中谈到了第二次鸦片战争中法国远征军司令蒙托邦将军。众所周知，蒙托邦是掠夺和焚毁圆明园的罪魁祸首，后因侵略中国有功，被拿破仑授予"八里桥伯爵"称号。车尔尼雪夫斯基写道："这位将军是一个庸才，但他在指挥对中国的远征中大发横财。……据说，将军在中国抢走了价值 200 万法郎的财宝，而将其中价值十多万法郎的财宝占为己有。"①

俄国进步舆论对太平天国运动表示了热烈的同情与支持。它们真实报道了中国官场的落后腐败和中国劳动人民所受的苦难，认为这是导致起义的主要原因。

上面提到的奥布鲁切夫写的《中国与欧洲》一文中指出：饥寒交迫的中国人"经常倒毙在大路上。而官吏们对这种现象根本无动于衷。可以说，人的生命没有一个地方像在中国那样不值分文。即使是在比较好的年成，大多数人民还要靠吃野狗、死驴和老鼠肉度日"。作者还把中国的脚夫和俄国的纤夫类比。他写道："旅行者对中国脚夫们的力气感到吃惊。如果和我们的纤夫相比，那么他们所承受的痛苦显得更为深重。"② 1857 年《现代人》发表的一篇题为《传教士古克笔下的中华帝国》的文章中指出："中国穷人的数量很大……没有一个地方可以看到像在这个帝国那样有如此人口众多的贫民阶层……这或许就是中国革命迅速发展的原因。它正在中国不断蔓延，并且在人民群众中找到了越来越多的支持。"③

《俄国言论》杂志在 1861 年 1 月号发表的一篇时评中写道：中国官场

---

① 《车尔尼雪夫斯基全集》，莫斯科俄文版，第 8 卷，第 611、612 页。
② 弗·亚·奥布鲁切夫：《中国与欧洲》，载《现代人》，1861 年，第 LXXXV 卷，第 364 页。
③ 《传教士古克笔下的中华帝国》，载《现代人》，1857 年，第 LXIII 卷，第 267—268 页。

的"专横、欺骗和行政礼仪的虚伪达到了极端鄙俗可恶的程度"。①《俄国言论》还把中国皇帝与罗马教皇相比："他们两者都维护旧时的习俗，而这在现今秩序下是根本不可能的。……他们两者都认为自己比世界上所有统治者还要强大。……庇护九世和咸丰都不能容忍新事物。他们根据自己的想象立法，既不承认时代的要求，也不接受被统治人民的合理愿望。"②"中华帝国如此迅速地溃败的主要原因在于它的统治本质。一般来说，东方的政权是建立在宗教无为主义的基础之上的，在人民的生活中没有很深的基础。它可以很快地崛起，也可以顷刻间崩溃。"③

《俄国言论》在抨击中国政府的同时，对中国人民寄予了深厚的同情：中国皇帝和他的近臣们"只有一个愿望，只要北京保全和平安，便意味着整个帝国太平无事。即使其他城市遭到进攻，成千上万的百姓牺牲，他们也漠不关心，只要不碰着他们"。④英国《泰晤士报》曾为英法联军发动第二次鸦片战争辩护说："我们进攻中国不仅是为了被侮辱了的人权，而且还是为了给谋杀复仇。"对于这种妄言，《俄国言论》反诘道："你们是在惩罚谁？显然是可怜的士兵和无辜的百姓，而负有责任的政府却安安稳稳地待在北京。无论是咸丰帝，或是他的近臣，都听不到落在大沽炮台的枪炮声，也见不到阵亡的数千不幸的士兵。"⑤

在 1858 年的《现代人》上，发表了俄国著名东方学家伊·尼·别列津（И. Н. Березин）的题为《中国与欧洲的关系》的文章。文章以大量的篇幅（约占 13 页）正面介绍了太平天国的各种文稿和传单。在这些文件中起义领导人洪秀全号召农民坚强勇敢、团结一致、不惜牺牲地起来斗争。起义组织者向农民发出了如下的战斗号召："你们还要沉默多久？""为什么你们不勇敢地投入战斗并胜利归来？""如果你不参加起义，那么你把自己算作什么人民？""让所有的人都拿起钢刀和利剑，杀死所有的妖

①　《时评》，载《俄国言论》，1861 年，第 1 期，第 2 册，第 11 页。
②　《时评》，载《俄国言论》，1860 年，第 11 期，第 2 册，第 11 页。
③　《时评》，载《俄国言论》，1860 年，第 12 期，第 2 册，第 9 页。
④　《时评》，载《俄国言论》，1860 年，第 11 期，第 2 册，第 11 页。
⑤　同上书，第 11 页。

魔鬼怪!"①文章在介绍了太平天国的文件、传单和口号以后，开始分析为什么起义具有如此大的规模。在作者看来，原因在于"中国的改革者在自己的学说中加进了共产主义的教义。因为大多数人民是穷人，所以造反派很容易得到群众的支持。这些群众，不会失去什么，但有可能赢得很多"。② 值得注意的是《现代人》发表别列津这篇文章的政治意图。太平天国的革命文告和战斗口号，与当时俄国革命民主主义者所散发的号召农民起义的秘密传单的内容是相互呼应的，而后者是不能在杂志上公开谈论的。所以，《现代人》在介绍太平天国运动的同时，也利用它来进行了自己的革命鼓动。③

50—60 年代初俄国革命民主派的领军人物尼·加·车尔尼雪夫斯基对太平天国运动给予了很大的关注和支持。他在 1856 年第 8 期《现代人》上发表了《中国革命之解释》一文。从文章的题目就可以看出作者的立场。文章相当详尽地介绍了运动初期的情况。他写道："从 1850 年 10 月至 1853 年 3 月，太平军转战各地，经常击溃朝廷的军队，占领一个个城市，但是没有固定的地盘。他们从南到北，经过广西、湖南、湖北，于 1853 年 3 月 19 日在南京这个南方的都城，杀死了两万守城官兵。从此他们有了自己的地盘，包括中国中部地区的湖南、湖北、江西、安徽，并一直占领至今。占领镇江是他们得以控制大运河，同时也自然地控制了长江流域几百英里的地方。除南京外，武昌这个中国最大的城市也掌握在起义者的手中。"④ 尽管缺乏第一手资料，但作者关于太平军最初的进军路线和运动迅速发展的描述基本上是正确的。

车尔尼雪夫斯基认为，起义的原因是"旱灾、疫病、地震、战火、掠夺———一句话，所有由自然或社会原因引起的灾难"。作者还强调指出："尽管由满人主宰的政府从未在中国受到欢迎，但是与英国不幸的战争则

---

① 伊·尼·别列津：《中国与欧洲的关系》，载《现代人》，1858 年，第 LXXII 卷，第 490、491、499 页。

② 同上书，第 501—502 页。

③ 参见［苏］Ф. 别列柳布斯基《太平天国起义和〈现代人〉的革命鼓动》，载［苏］《新世界》杂志，1953 年第 3 期，第 312 页。

④ 《车尔尼雪夫斯基全集》，莫斯科俄文版，第 3 卷，第 758—759 页。

是引发暴乱和骚动的重要原因。"①

　　车尔尼雪夫斯基的战友尼·瓦·舍尔古诺夫（Н. В. Шелгунов）在1865 年写的一篇长文《中国的文明》中指出，中国人民由于深受专制制度压迫和沉重税收负担以及缺乏自由而揭竿而起。他在文章中叙述了太平天国起义的进程，同时指出：这一运动"显示了一种生命之光。它如果不是现在，那么是在或迟或早的不远的将来，将指明国内取得成功的改造的一条真正的道路。这是拉塞尔勋爵，或是热布中校都无法指出的道路。他们只会训练中国皇帝的士兵按欧洲方式进行操练和射击"。②

　　舍尔古诺夫在文中揭露了欧洲殖民者的真面目。他写道："欧洲说，需要结束旧的中国，并使它开始新的生活，但是欧洲同时又进行反对太平军的战争并支持旧中国政府。这个政府已经明显地无力在国内建设良好的制度。欧洲说，中国人自己无法苏醒并依靠自身力量获得新生，但是欧洲同时又反对人民意志和利益的代表太平军。"③

　　由赫尔岑和奥格廖夫主办的俄国革命民主派的国外刊物《钟声》报，主要关注的是俄国问题。但是我们也可以在它的版面上读到某些有关中国时局的反应。赫尔岑在 1859 年 4 月的一期《钟声》上发表的一篇文章在谈到英国的殖民侵略时愤怒地写道："公正地说，我不理解，为什么中国和波斯可以被不受惩罚地受到欺凌。"④一年多以后，赫尔岑在另一篇文章中写道："如果中国内部搏动起活生生的力量，而它们又是团结一致和健康有力，那么它们早就该把贪官污吏一扫而光了。"⑤赫尔岑不仅把中国的希望寄托在中国人民身上，而且对中国复兴的前景充满信心。他在 1862年 11 月发表的一篇文章中说："面对着太平洋，不能说一个小时以后它不会涌起惊涛骇浪，同样也不能说像中国或是日本那样的国家会永远继续闭关自守的生活方式。保不准在什么时候，一小块酵母会掉进千百万沉睡的

---

①　《车尔尼雪夫斯基全集》，莫斯科俄文版，第 3 卷，第 758 页。
②　《尼·瓦·舍尔古诺夫文集》第 1 卷，圣彼得堡 1895 年俄文版，第 113 页。
③　同上。
④　亚·伊·赫尔岑：《约翰·斯图亚特·穆勒和他的一本书》，载《钟声》1858 年 4 月 14 日。
⑤　亚·伊·赫尔岑：《战争》，载《钟声》1859 年 6 月 1 日。

人群之中，催醒他们走向新的生活。"①

　　太平天国运动在乌克兰族的伟大诗人塔·格·舍甫琴科
（Т. Г. Шевченю）的日记中也有所反映。1857 年，他在从流放地回来的船
上，偶然读到了一篇关于太平天国起义的文章，然后在自己的日记中写
道："在船长室的地板上我捡到一张揉皱了的旧报纸，是老相识《俄国残
疾人报》。由于闲着无事，便读起了上面的一篇小品文。文中谈到中国的
造反者，谈到他们的领袖洪（秀全）在进攻南京前的讲话。讲话的开头
是：'上帝与我们同在。魔鬼们能把我们怎么样？这些长得肥肥的官老爷
都是供屠宰的牲口，只配给我们的天父——至高无上的领袖和唯一的真神
作祭品。'"紧接着舍甫琴科写道："什么时候能够对俄国的大贵族大声地
说出同样的话呢？"②显然，诗人是把中俄两国受压迫农民的命运紧紧地联
系起来了。

　　俄国进步舆论在西方殖民者对中国的侵略和对太平天国运动热情支持
的同时，也批判了西方学者宣扬的种族主义思想，并对中国的古老文明和
悠久历史作了高度的评价与赞扬。

　　大概从 19 世纪初期开始，在欧洲盛行一种种族主义理论。这种理论
认为，人们在遗传上的体质特征与性格、智力和文化之间有着一种因果关
系，因此一些种族天生就比其他种族优越。随着殖民主义的扩张，这种思
潮不断泛滥，并且为殖民主义提供了理论根据。俄国进步舆论认为，任何
一个民族，任何一种文明都是平等的，都有其独立存在的权利。俄国进步
舆论在批判种族主义和谴责西方殖民者对中国侵略的同时，对中国悠久的
历史和文明表示了高度的尊重和赞扬。

　　早在 19 世纪 40 年代，俄国革命民主主义者的鼻祖维·格·别林斯基
就在一篇书评中指出："我们尊敬的作者认为，鉴于中国和印度是两个完
全孤立发展的国家，因此它们不可能也不应该在世界历史上有一席之地。
对于这样的观点，我们绝对不能苟同。……难道像中国这样伟大的国家，

---

①　亚·伊·赫尔岑：《终结与开端》，载《钟声》1862 年 11 月 1 日。
②　《塔·格·舍甫琴科选集》，莫斯科俄文版，第 5 卷，第 158 页。

可以被历史所无视而不与它建立任何关系吗？"①

尼·车尔尼雪夫斯基对种族主义思想进行了严厉的批判。他认为，黄种人和白种人都是同样的人种。他们的所有外表特征都不是本质的，与他们的智慧和性格没有任何联系。他在《论种族》一文中写道："无论如何不能认为，白种人和黄种人是两个不同起源的人种。中国人和我们都来自同一群祖先。他们不是一类特殊的人，而是与我们同一类的人。……我们从中国人那里看到的各种特点，并非中国人所独有，而是人们在这个历史与社会状态下所共同具有的品质。"② 车尔尼雪夫斯基特别赞赏中国人的勤劳。他说："中国人非常热爱劳动，并且很容易满足。这是他们普遍的性格。他们的先人很早就过着定居的生活，以自己的劳动为生，不依靠掠夺。他们深受压迫，并且相当贫穷。"③

在谈到中国的历史时，车尔尼雪夫斯基指出："中国历史与任何一个民族的历史在同样的状态下具有同样的特征。"④ 他在另一篇文章中表示坚决反对当时一些史学家所谓的中国历史"停滞不前"论。他说："这是一种谬见。中国的生活从来没有停滞过，正如欧洲和其他的国家一样。""翻开中国历史，算一下在这段时间里中国遭受了多少次外族入侵。中国历史不是停滞不前，而是因外族入侵而使得一系列的文明遭到破坏。在每次破坏以后，中国人都复兴了过来，或是恢复到原先的水平，或是超过它。"⑤

车尔尼雪夫斯基对中国古老的文明作了高度的评价与赞扬。他写道："近代欧洲开始认识中国的时候，它可能从中国人那里引进的不是某些看得见的发明，而是他们对于一般概念与习俗的经验和教导，好像曾经从古希腊和罗马引进的那样。在 17 世纪，甚至直到 18 世纪的第三个四分之一时，有相当的证据显示：欧洲人应当成为中国人的学生。作为例子，只要举出莱布尼茨和伏尔泰就足够了。在他们所写的不少文章中，洋溢着对中国文明恭敬和近乎崇拜的感情。"接着车尔尼雪夫斯基问道："中国文化中

---

① 《别林斯基文集》，三卷本，1948 年莫斯科俄文版，第 2 卷，第 234、235 页。
② 《车尔尼雪夫斯基全集》，莫斯科俄文版，第 10 卷，第 823 页。
③ 同上。
④ 同上书，第 824 页。
⑤ 《车尔尼雪夫斯基全集》，莫斯科俄文版，第 9 卷，第 891—892 页。

什么东西吸引着像莱布尼茨和伏尔泰这样的人呢？"他回答说："莱布尼茨主要对中国书面语言强有力的逻辑性为之神往；而伏尔泰则主要钦佩中国人的理性，认为中国人在评估事物和各种关系时是根据他们是否适宜和有利，而不是按照烦琐哲学或是唯心主义的准则。"①

车尔尼雪夫斯基认为，伟大的中国文明将对全人类文明的发展起到十分重要的作用。他满怀深情地写道："毫无疑问，中国民族很快将在欧洲的制度、习俗和概念的影响下开始改造自己的生活。但是，是否同样也可以确信，欧洲也将以受到中国文明的强大影响作为交换呢？当一个有着比今天所有的文明民族的人数总和还要多的民族参与到创建人类生活中来的时候，那么，按照自然规律，可以期待这个工作会进行得更富有成效。中国人将成为欧洲人有益的合作者，像在欧洲一个民族的工作永远对其他民族的进步有益一样。这将是一种为建立服务于今日欧洲文明的发展的新的文明而进行的新的工作。"②

我们高兴地看到，将近一个半世纪前，俄国伟大的革命思想家的预言，今天已经成为现实。随着中国的改革开放和具有本国特色的社会主义建设事业的进展，伟大而悠久的中华文明在世界范围内的影响和与其他各个文明的相互交流不断扩大，而中华文明本身也因从包括俄罗斯民族在内的世界各民族文明中吸取有益的养分而得到不断的丰富与发展。

（原载《世界历史研究所学术文集》，江西人民出版社 2008 年版；《穿越科学时空：齐赫文斯基诞生 90 周年纪念文集》，莫斯科 2008 年俄文版全文译载）

---

① 《车尔尼雪夫斯基全集》，莫斯科俄文版，第 9 卷，第 895—896、897 页。
② 同上书，第 896 页。

从评价帖木儿谈到加强中亚
各国史研究

　　帖木儿是中亚历史上著名的君主和征服者。他于 1336 年出生于撒马尔罕南部的渴石（今乌兹别克斯坦境内的沙赫里夏勃兹），是一位突厥化的蒙古族裔。在帖木儿青年时代，察合台汗国已经分裂为东西两部。东部占有天山地区，西部占有阿姆河与锡尔河之间的河中地带（Transoxinna）。今乌兹别克斯坦以及土库曼斯坦和哈萨克斯坦两国的一部分。14 世纪中后期，帖木儿在西察合台崛起，1730 年控制了河中地带，成为这一地区的君主，并定都撒马尔罕。此后，他开始向周边地区扩张。经过 30 多年的征战，终于建立了一个横跨欧亚的大帝国，其领土包括今天的伊朗、伊拉克、阿富汗、格鲁吉亚、原苏联境内的中亚诸国，以及土耳其和印度的一部分。1405 年帖木儿正准备进攻中国时，在行军途中病死于兀答剌儿（Otrar）（今哈萨克斯坦境内的奇姆肯特）。帖木儿死后，他的后代开始了夺权斗争，帝国开始分裂。大约经过了一个世纪，帝国被昔班尼率领的乌兹别克人所灭。

　　帖木儿的一生是叱咤风云的一生。他所建立的庞大帝国虽然存在时间不长，但却是中亚以至世界历史上的重要篇章。对帖木儿这一重要历史人物的评价历来不一。有人强调其骁勇善战，而且崇尚科学文化的一面；有人则突出其烧杀破坏，给被征服地区人民带来灾难的一面。我认为，对任何一位历史人物的评价总是应当一分为二的，对帖木儿也是如此。

　　他的扩张与征服，确实伴随着残酷的烧杀掳掠。他的统治，也离不开对人民的剥削与压迫。据史书记载，帖木儿在 1387 年攻占伊朗的伊斯法罕时，杀居民七万，以人头堆成金字塔；在 1398 年攻陷印度的德里时，在大肆杀戮的同时，把全城烧成一片废墟。这只是两个比较突出的例子而已。但是，在全面评价帖木儿及其帝国的历史作用和地位时，还应考虑以下一些情况：

第一，帖木儿在其帝国内建立了一套有效的政治体制，使全境统一在自己的控制之下；同时实行采邑制度，把土地分封给王室成员和文武百官以及原来的统治者。这样就改变了群雄割据、混战不息的局面，使社会比较安定，而且使封建生产关系有了进一步的发展。

第二，在帖木儿统治时期，帝国的经济比较繁荣，特别是工商业相当发达。帖木儿政权十分注意开发交通，在境内建立了完善的驿站制度。从首都撒马尔罕到帝国各地道路畅通，联系密切。这是经济繁荣的重要条件。在帖木儿远征中，从各地俘获和迁来大批能工巧匠，在河中地带定居。他们的精湛技艺推动了手工业的发展，据史书记载，当时仅在撒马尔罕一地就有匠人千余名在各种作坊中从事生产劳动。

第三，在这一时期，帝国的文化也有很大的发展。帖木儿崇尚科学文化，尊重知识分子。他每征服一地，总是把有学问的人保护起来，并且送到首都给予重用。在帖木儿的宫廷里聚集了不少文人学者。他们从事各种文化活动和科学研究。帖木儿本人虽未受过多少教育，但却具有多方面的知识。据说，他的历史知识之丰富，曾使与他交谈过的历史学家为之惊叹。他还善弈，有颇高的棋艺。撒马尔罕保留至今的不少当时的建筑和其他文物，都是帖木儿帝国时期文化繁荣的例证。

第四，帖木儿帝国对外往来频繁，国际贸易相当活跃。帝国的对外联系可以说是全方位的：北面经花剌子模可到钦察汗国，西面渡阿姆河经伊朗和伊拉克可到地中海沿岸诸国，东面则可达中国和印度。帖木儿帝国与我国明朝的密切交往是众所周知的。远在欧洲西南部的西班牙也不止一次地派遣特使前往帖木儿帝国访问。帝国首都撒马尔罕和其他一些城市如大布里士等是当时著名的国际贸易中心。各国商人在这里云集。无论是印度的香料和颜料，中国的丝绸和瓷器，还是北方国家的皮毛和格鲁吉亚的宝石，均经过这里运往各地。

以上表明，帖木儿及其帝国在中亚和西亚以至整个世界历史进程中是有过一定积极作用的。在对帖木儿这一历史人物进行评价时，不仅不能忽视上述各点，而且应当首先考虑这些情况。

为了对帖木儿及其帝国作出恰当的评价，必须全面、系统而又深入地研究这段历史以及与其相关的各种材料。总的来说，我国史学界目前对帖木儿和帖木儿帝国的研究是比较薄弱的。造成这种情况的原因是多方面的。其中主要的一点是长期以来受"西欧中心论"的影响。这种影响使我们在相当长的一段时期内把世界史的研究重点放在西方。最近一二十年来这种影响正在不断减弱和清除，但要把对东方世界历史的研究提到重要位置，还需要一定的时间。

另外一个原因也是不容忽视的。包括乌兹别克斯坦在内的原苏联境内的中亚诸国，从 19 世纪中叶起就被俄罗斯兼并。十月革命以后不久，它们又成了苏联的组成部分，名义上是独立的加盟共和国，实际上则和单一制国家的省份差不多。在这种情况下，研究俄国史和苏联史的时候，就很自然地把中亚各加盟共和国的历史给忽视了。我本人长期研究苏联史，但实际上研究的是以俄罗斯联邦为中心的中央的历史，对其他加盟共和国的历史只是附带地研究一下，没有作专门研究。苏联解体和中亚各国宣布独立后，这种情况正在改变。

今天，我有幸参加帖木儿诞生 660 周年的国际学术讨论会。我觉得，这项活动仿佛是在提醒我们，要尽快加强对包括乌兹别克斯坦在内的原苏联境内中亚各国历史的研究。乌兹别克斯坦和其他原苏联中亚国家都是我们的近邻（有些国家还与我国接壤），自古以来就与我国有着密切的关系。举世闻名的"丝绸之路"就在这个地区经过。在我国的史书中有关于这些国家的丰富的史料。研究中亚各国历史的重大现实意义也是显而易见的。随着国际形势的发展，中亚地区在世界经济和政治上的地位日益加强。目前，我国和乌兹别克斯坦以及其他中亚国家的友好合作关系正在不断发展。一条连接东西方的新的欧亚大陆桥正在构筑。这是当代的"丝绸之路"。我们深信，中国和乌兹别克斯坦以及中亚各国人民在历史上形成的传统友谊在新的条件下将更加发扬光大。我们历史学家要为此作出自己应有的贡献。

（在帖木儿诞生 660 周年国际学术讨论会上的发言，原载《东欧中亚研究》1996 年第 5 期）

重视和加强俄国史研究

——在全国社科院《加强周边国家史研究》研讨会上的发言

加强我国周边国家历史的研究，不仅具有学术价值，而且具有重要的现实意义。我今天要讲的是重视和加强俄国史研究。

先说几句题外的话。俄国史，我国很多人和很多著述中称俄罗斯史。虽不能说后者不准确，但我认为以称俄国史（История России）为好，或者说称俄国史更准确。俄国在俄文中是 Россия，其形容词"俄国的"为 Российский；俄罗斯在俄文中是 Русский，两个词意不尽相同，更不是同义词。前者主要作国名解，后者主要作民族和语言解：俄文、俄语，或俄罗斯人、俄罗斯族。而俄国是一个多民族的国家，除俄罗斯人外，还有不少少数民族。

在解体以前，苏联称自己国家的历史为"苏联史"（История СССР），包括苏联古代史、近代史、现代史。苏联解体以后，作为权宜之计，曾一度称"祖国史"（Отечественная история），不久就改称为"俄国史"（История России），包括俄国古代史、近代史、现代史、当代史。这样的变动是顺理成章的。但在我国学术界却出现了一些混乱：一些人称"俄国史"，一些人称"俄罗斯史"，不大统一。此外，还有"俄（苏）史"，"苏（俄）史"和"前苏联史"等称谓，都不妥当。我认为，最好统一称"俄国史"，好像称其他国家的历史，如"美国史"、"英国史"等一样。苏联史是俄国史的一个阶段，属俄国现代史。

现在言归正传。在我看来，重视和加强俄国史研究的理由如下：

首先，俄国是与我国接壤的最大、最重要的周边国家。我国的周边国家很多，并不都与我国接壤，并不是都有边境线。而俄国是与我国接壤的周边国家中最大、最重要的国家。我国与俄国的边境线长达 4300 公里，在苏联解体前甚至长达 7000 多公里。俄国地跨欧亚两大洲，从最东端的白令海峡到最西端的加里宁格勒，东西约有 10000 公里，共横跨十一个时区，领土面积有 1700 多万平方公里（苏联时期则是 2200 多万平方公里）。这么一个幅员辽阔的与我国接壤的周边大国，理所当然地要引起我们的重视。

其次，俄国的历史具有自己鲜明的、独特的个性。俄国是一个欧亚国家。它既是欧洲国家又是亚洲国家，但同时它又不完全是欧洲国家也不完全是亚洲国家。无论与西方国家相比，或是与东方国家相比，俄国的历史都具有自己明显的特色。这种特色表现在很多方面，主要可以列出以下六点：

第一，多数学者认为，俄国历史上没有经历过奴隶社会。虽然在公元 9 世纪时，在原始氏族公社逐渐解体以后，俄国也出现了一些奴隶，但由于当时国家的生产力发展水平较高，明显的标志是已经使用铁器而不是青铜器，再加上拥有异常丰富的自然资源，所以俄国并没有像西欧一些国家那样形成奴隶社会而是直接跨入了封建社会。一般认为，俄国最初的基辅罗斯就是一个早期的封建国家，它跳过了奴隶社会的生产方式。

第二，俄国的封建农奴制具有自己独特的特点。农奴制在很多亚洲、欧洲国家都存在过，而俄国的农奴制是最具特色的。俄国封建社会从公元 9 世纪的基辅罗斯时期算起，到 1861 年农奴制改革后封建社会基本解体，共有约一千年的历史。俄国农奴制的形成过程，从 15 世纪末即 1497 年伊凡三世颁布《法典》开始确立，到 17 世纪中即 1649 年的沙皇阿历克谢·米哈伊洛维奇颁布《全俄法典》最终确立，经历了约 150 年的历史。农奴制的特点是把农民固定在土地上。俄国的农奴制是通过很多非常规范的法典，一步一步地确立下来的。也就是说，俄国农民的人身自由逐步被牢固地限制在土地上的过程不仅很漫长，而且很清晰。所以列宁说过，俄国的农奴制比世界上任何一个文明国家的农奴制度更为强大、更为巩固、更为有力。可以这样说，虽然俄国的封建社会和其他国家相比，并不历时最长，但它的农奴制却是最强大、最具特色的制度。

所以，18 世纪末期主要西欧国家的封建社会开始衰落之时，在叶卡捷琳娜二世统治之下的俄国还是封建社会的黄金时期。西方的封建社会解体了，而俄国的农奴制社会仍方兴未艾。18 世纪初彼得大帝向西方学习的过程，实际上是一步一步巩固农奴制的过程，叶卡捷琳娜二世更是夯实和完善了农奴制，从而致使俄国的历史进程远远落后于西方欧洲国家。

19 世纪中叶俄国的封建农奴制危机加深，但当时的社会上却没有出现一个强大而有力的资产阶级，更谈不上发生资产阶级革命去推翻这个封建社会；最后只有靠最大的农奴主——沙皇自己通过自上而下的改革来废除农奴制，以谋取统治的稳定和经济的发展。因此，俄国保留了大量的封建农奴制残余。所以，俄国的农奴制可以说是世界上独一无二、最具俄国特色的一种制度。

第三，俄国的农村公社（村社）具有自己的特殊性。研究这个问题不仅具有重大的学术价值，而且具有现实意义，对我们了解当今俄国的农民、农村和土地关系也有一定的启发作用。村社在很多西欧国家都不同形式和不同程度存在过，但随着这些国家通过资产阶级革命或改革和资本主义的发展都已先后消失。但俄国村社的生命力很强。这与俄国资本主义的发展迟缓和不发达固然有关，但还有其他因素，包括村社的组织管理形式、农民的思想观念（如集体主义和平均主义传统）等在内。19 世纪末俄国总理大臣斯托雷平改革未能摧毁村社。斯大林的农业合作化有意或无意地利用了村社和农民的村社意识，但仍然没有彻底动摇村社，特别是农民的村社意识。所以村社问题也是俄国历史的一个与众不同的特点，很值得研究。

第四，俄国的军事力量非常强大，其对外扩张达到了相当大的规模甚至疯狂的程度。当 19 世纪西方列强已进入资本主义社会之时，还暂时处于封建社会的俄国却依靠强大的军事扩张成了欧洲的霸主，这也是俄国历史的一大特色。彼得大帝和叶卡捷琳娜二世就是大肆对外扩张的两位代表人物。大家都知道，普京总统非常崇拜这两位沙皇，当然，他并不是想恢复农奴制和封建社会，而是颂扬他们对俄罗斯的发展，包括领土扩张作出的卓越的贡献。我个人也认为，评价沙皇也得一分为二，这两位沙皇在俄罗斯历史上的地位确实是非常重要的。

第五，1861 年农奴制废除后俄国出现了两种发展前途，目前没有哪一个国家有这种特点。一种是按照西方道路，与西方国家一样，一步一步进入资产阶级民主社会。但因为俄国的封建社会很长，资本主义发展滞后，因而出现了第二种前途，就是跨越资本主义社会直接过渡到社会主义社会。众所周知，马克思和恩格斯对这第二种前途非常重视，并作过认真的研究，而且明确表示，俄国的第二种前途是存在的，是有可能的。只是当时马克思和恩格斯，尤其是马克思已到垂暮之年，没有多余的精力来继续专注研究这第二种前途。后来俄国十月革命取得了胜利，建立了世界上第一个社会主义国家——苏联，可是七十四年以后苏联解体了，因此有人认为，这恰恰证明了俄国是不可能存在第二种前途的。我认为，不管俄国将来如何发展，它不大可能完全照搬美国和西欧资本主义国家的模式，而是必然有自己的特点，即欧亚主义的特点。

第六，俄国在文学艺术、教育、科学、思想等方面是有很高水平的。18世纪我们不用说，仅仅19世纪的一百年时间里，俄罗斯出现了大批成就非凡、享有世界声誉的文学家、思想家、音乐家、画家和科学家，这种现象可以说是举世无双的。从普希金到契诃夫，从赫尔岑、别林斯基到车尔尼雪夫斯基，从格林卡到柴可夫斯基，从门捷列夫到巴甫洛夫，以及列宾、索洛维约夫等，可以说是不胜枚举。这些大家的作品和思想永远闪烁着耀眼的光辉，无论过去、现在或是将来必将影响世界上众多的人。

基于上述情况，我认为俄罗斯历史是具有自己鲜明特点的，它为世界历史进程的多样性提供了一个相当典型的范例，为我们的世界史学科进行比较研究、跨学科研究、全球史研究提供了一个很好的内容，应该得到我们史学研究者的高度重视。

再次，苏维埃俄国曾经是世界上第一个社会主义国家。这也说明我们有充足理由重视俄国史的研究。1917年的十月社会主义革命改变了整个世界的面貌，使社会主义从理论变为现实，对全世界的历史进程，包括世界社会主义的历史进程，产生了非常重大的影响，这种影响绝不会因为1991年的苏联解体而黯然失色。世界上第一个社会主义国家苏联，在其存在的七十四年中，有过胜利和辉煌，也有过失误和挫折。虽然它在1991年解体了，但在世界史上仍然是要大书特书的。它留下的经验和教训对世界社会主义，包括我们中国特色的社会主义的理论与实践有着重大的借鉴意义。

　　最后，今天的俄罗斯联邦是我国最重要的全面战略协作伙伴。这也是我们应该重视和加强俄国史研究的一大理由。今天的俄联邦对我国来说是最安全的周边国家，是我们最好的邻居、最好的伙伴、最好的朋友。并不是因为我是研究俄国史的才这么说，客观情况确实是这样。从 1949 年中华人民共和国成立到现在六十余年间，两国关系经历过结盟、对抗和战略协作伙伴三个阶段。历史经验告诉我们，现在的全面战略协作伙伴关系是两国相处最好的模式，其特点是不结盟、不对抗、不针对第三国。2006 年关于两国东段划界的补充协议签署并通过后，两国历史遗留的边界问题彻底解决。目前有媒体甚至把两国关系说成是"潜在的盟友"。这个用词我是不太赞成的，但它的意义是可以理解的。

　　再讲一讲目前俄国史研究中存在的问题：

　　一是基础研究薄弱。特别是通史（包括断代史）研究薄弱，能通晓俄国古代、近代、现代（即苏联时期）和当代史的人才甚少，著述也少见。没有深厚的基础研究功底，搞专题研究、比较研究或是跨学科研究都会比较困难。当然，它们是相互影响、相互促进的，但通史是基础。在现有的专业研究队伍中，专门从事 18 世纪前俄国史研究的学者可以说是凤毛麟角。

　　二是人才不足。我做了一个很粗略的调查。在 20 世纪 80 年代，真正搞俄国史研究的，保守一点说大约有 20 多人，但现在这些人都已经退休了，虽然其中有些人还在力所能及地做一些研究工作。第二代研究俄国史的目前大概也只有 30 多人，其中骨干大约 20 多人。从事俄国史和相关学科研究与教学（国际政治、国际关系、国际共运、科学社会主义专业）的人员中能招生的博导大约 14—15 人。按每年培养 1—2 人计，也不过 20 多人。问题还在于其中一部分，甚至大部分人毕业后不从事俄国史的研究或教学，而是其他工作。

　　三是在涉及俄国史和俄国问题研究的国际学术界和国际学术讲坛上，中国学者的声音不大。原因除中国学者在语言方面有弱点（大多数人只掌握一门俄语，而且口语和写作能力弱，而国外绝大多数同行除掌握俄语外，还掌握英语等其他语言）外，对国际学术界的前沿动态和研究理论与方法了解不足和借鉴不够，也使得中国学者无法顺畅地进行国际交流和对话。这同时也影响了我国俄国史研究的发展。

上述情况表明，我们目前的俄国史研究还远远跟不上需要，应该说还很落后。

对我们世界历史所来说，情况也不例外，甚至更差一些。20 世纪 80 年代，全国都看着世界历史所；现在，我们需要看着别人。世界历史的昔日风光似乎已经不再。所以我在这里强烈呼吁，必须切实重视和加强俄国史的研究，首先要在人员力量上来加强，然后做点扎扎实实的研究工作，从基础研究做起，特别要重视通史和断代史的研究，只有在此基础上做专题研究才能出精品。

（2012 年 5 月 12 日，原载中国世界史研究网）

当前苏联史研究中的几个方法论问题

　　第一个社会主义国家苏联的建立和兴亡是人类历史上的重大事件，在行将结束的 20 世纪的世界历史进程中产生了无可比拟的全局性影响。今天，苏联史研究已经成为国际学术界最热门的课题之一。对于正在建设具有本国特色社会主义的中国来说，研究苏联 74 年走过的既有凯歌行进，又有曲折反复的整个历程，全面总结其成功和失败的历史经验和教训，不仅有重要的学术价值，而且有很大的现实意义。

　　苏联解体以来，我国的苏联史研究呈现出崭新的局面，一反以往那种刻板的研究范式，学者们的思路开阔了，研究的范围拓宽了，分析问题的视角增多了，所使用的史料也更丰富了。出现了不少具有不同程度新意的著述。对此，1996 年应邀来华访问的俄国科学院俄国历史研究所所长萨哈罗夫通讯院士也有同感。他说，在访问期间，中国学者对苏联史研究的重视和取得的成果给他留下了深刻的印象。尽管如此，应当说我们目前的研究成果还是初步的。为了把我国的苏联史研究工作再向前推进一步，解决好以下几个方法论性质的问题是很重要的。

一　指导思想问题

　　我们的史学研究工作的指导思想原则是马克思主义的基本原理。对于苏联史研究来说，这一原则显得尤其重要。这是绝大多数研究工作者的共识。因为只有坚持这一原则，我们的工作才不会迷失方向，并且能取得有价值的成果。

　　以马克思主义基本原理作指导，在今天看来，主要应当体现在以下两点：

第一，要站在邓小平同志建设具有中国特色社会主义理论的高度，或者说是站在邓小平同志的社会主义观的高度去思考苏联历史上的一些重大理论和实践问题，特别是有关社会主义建设方面的问题。邓小平同志建设具有中国特色社会主义的理论是马克思主义基本原理与当代中国实际和时代特征相结合的产物。它虽然并未直接涉及苏联历史上的问题，但是是在总结我国社会主义胜利和挫折的历史经验的同时，又借鉴包括苏联在内的其他社会主义国家兴衰成败的经验教训的基础上形成和发展起来的。邓小平的社会主义观是对马克思列宁主义的社会主义观的继承和发展。因此，它对我们思考苏联社会主义建设中的许多问题无疑的会有重要的指导和启迪作用。古往今来所有优秀的历史学家都是站在他们时代的高度去审视历史的。邓小平的理论对当代中国学者来说便是这个高度的体现。

第二，要坚持根据确凿的历史事实，从当时具体的历史条件出发去研究苏联历史上所有的重大事件和评价各个重要人物。这是实事求是的态度，也是历史唯物主义的基本要求。苏联74年的历史，既有辉煌胜利的一面，又有挫折失败的一面，必须加以全面客观的评价。特别是对于20世纪30年代形成的苏联社会主义模式的分析，无论是它的形成过程和发展变化，或是它的积极作用和弊端缺陷，以及有关的领袖人物的理论和实践活动，都必须放到当时特定的时间和空间条件下去考察。对于苏联史上历次改革的成败得失的评价，也应该是这样。这特定的时空条件既包括时代背景、国际形势和本国的历史文化传统，也包括理论认识达到的程度。只有坚持这种实事求是的态度，我们的研究工作才能更符合历史实际和更接近真理。

以上两点要求从表面上看似乎有些矛盾，其实它们是并行不悖、相辅相成和缺一不可的。只有同时强调这两点，才能既实事求是地评价历史，又深刻地总结历史经验和教训，使我们的研究工作更好地为现实服务。

二 历史继承性问题

苏联是社会主义国家，无论是国家性质和社会制度，或是意识形态和其他很多方面，都与革命前的俄国和当今的俄罗斯联邦有根本的不同。但是，历史是不能被割断的，苏联是革命前俄国的继续。苏联历史进程中产生的很多现象，都程度不同或是直接间接地反映出俄国传统的影响。对于苏联历史与俄国传统的这种联系，我们的认识往往只局限在某些问题上，如对外扩张、大俄罗斯主义和高度集中的统治体制等，而且认识的深度也很不够，常常只是从表面现象上看问题。其实，俄国传统对苏联历史的影响是相当全面和深远的。这种影响既有消极的，也有积极的；不仅反映在政治、经济和民族关系上，也反映在思想、文化上，而后者则显得更为根深蒂固。例如研究苏联的农业问题和农民问题就应当深入考察俄国的村社及其集体主义传统；深入研究列宁主义就不能不考察俄国19世纪的各种革命思潮。这样的例子可以举出很多。由此可见，如果不深入研究十月革命前的俄国历史，首先是18—19世纪的俄国历史，苏联历史上的很多现象便不能得到充分的解释。

　　研究苏联历史不仅要和研究十月革命前的俄国历史结合起来，还应当和研究苏联解体以后五六年来的俄联邦历史和当前俄联邦的现状结合起来。这也是一个历史继承性的问题。跟踪考察近年来俄罗斯向新制度转轨过程中的种种问题，可以深化我们对苏联史的认识。例如研究今天俄罗斯为维护自己强国地位的对外战略有助于更深刻地理解苏联的外交政策；考察今天的车臣问题可以更好地剖析苏联历史上处理民族关系的得失和总结这方面的历史教训；等等。研究当代俄罗斯现状问题的学者都比较注重研究苏联历史，其实反过来也是一样的。研究俄罗斯当前的问题对研究苏联历史不仅大有裨益，而且可以说是不可或缺的。

三　薄弱环节问题

　　要把苏联史研究深入一步，应当注意加强薄弱环节的问题。目前我们苏联史研究中的薄弱环节不少，有些是比较大的。从纵向来看，我们的研究着重在列宁、斯大林和赫鲁晓夫时期，近年来又比较注意研究最后六七年，即戈尔巴乔夫时期的历史。应该说，对勃列日涅夫时期的研究是很不足的。勃列日涅夫在苏联执政达18年之久，比列宁、赫鲁晓夫和戈尔巴乔夫都长得多。苏联的综合国力在这个时期达到了顶峰，经济实力居世界第二位，仅次于美国，而军事力量则可以与美国平起平坐。另外，全国社会相对比较稳定，人民生活水平总体上说也比其他时期较高。与此同时，在勃列日涅夫执政后期苏联开始停滞和衰落，苏联高度集中的政治、经济体制出现空前的危机。当时急需进行改革，可是领导人却错过了改革的良机。因此，如果不加强对勃列日涅夫时期的研究，便不可能全面总结苏联的历史经验和教训，也不可能深入探索其演变的历史原因。

从横向来看，我们的研究长期以来着重在以俄罗斯为中心的中央的历史，而对苏联其他加盟共和国的历史则注意不足，甚至根本不加研究。苏联是一个多民族的联邦制国家。加入苏联的各共和国都是按民族标志组成的。这些少数民族都有自己独特的历史和文化传统，其中有些民族的历史要比俄罗斯更为久远。加入苏联的各少数民族共和国的地位和重要性，无论从宪法规定的内容来说，或是从实际情况来说都是很明显的。因此，在研究苏联史时，如果把加盟共和国的历史撇在一边，便不可能对整个苏联的历史进程得出一个全面的认识。

当然，在苏联史研究中还有不少其他大大小小的薄弱环节，这里只是举出两个比较突出的例子而已。

四   多学科的综合性研究问题

随着科学的发展，不同学科之间的关系日趋密切。近年来，在史学研究，特别是在专题研究中，运用相关学科的理论和方法的现象方兴未艾，并且有进一步发展的趋势。实践证明，开展多学科的综合性研究对于提高史学研究水平，繁荣历史科学是十分必要的。但是，在我们的苏联史研究中，这种做法还没有引起足够的重视。这一方面是由于认识上的问题，另一方面也由于研究工作者的素质和功力暂时还有局限。苏联解体以来，随着研究范围的扩大和研究思路的拓宽，单靠历史学本身的理论和方法来研究苏联历史已经显得不够。如果说这样的研究方法对考察政治史还能勉强适应的话，那么在分析经济史、社会史、文化史，或是民族关系史等方面的问题时便会发现难以深入下去。例如，为了把苏联民族问题和民族关系史以及苏联演变的民族因素研究得深透，必须运用民族学、宗教学、文化学等相关学科的理论和方法。不然，我们对一些重大问题认识便可能局限在就事论事的程度，最多也只能简单地从政治和经济的角度去进行分析，从而使我们找不到深层次的答案。因此，为了全面、深入地总结苏联历史发展中的经验和教训，使我们的苏联史研究跨上一个新的台阶，需要大力提倡多学科的综合性研究。

五　利用历史档案和外国学者的研究成果问题

80 年代末期开始，苏联和俄罗斯有关部门有选择地公开了大批历史档案，其中在各出版物上陆续发表的为数就很可观。这些档案材料揭示了很多鲜为人知的历史事件的真相，也澄清了一系列过去被片面阐述或歪曲了的历史事实，因而引起了国际学术界的极大关注和重视。我国已有人在着手收集、翻译、出版这些历史档案。这无疑是一项很重要而有益的工作。

从客观的实际出发研究问题是马克思主义的一个重要原则。因此，历史档案对我们研究工作的重要性是不容低估的。这些档案材料扩大了我们的视野，使我们有可能思考许多新的问题，或是修正许多原来的论点。今天，能否把这些新材料科学地引进我们的研究已经成为衡量我们的工作是否具有先进水平的标准之一。档案的重要性固然不言而喻，但是在使用档案时必须有一个科学的态度。应当看到，尽管档案本身是客观的，但公开什么档案和不公开什么档案，以及如何整理、发表这些档案，都是与档案部门以及档案的整理和注释者的政治倾向、学术观点不可分的。因此，在使用档案时仍然需要有一个正确的思想指导，并且进行实事求是的分析和思考，必要时还要与其他史料进行比较和参照。否则，即使有了档案，我们的研究工作也可能会发生种种偏差以至谬误。

除了档案以外，国外学术界的研究成果对我们来说也非常重要。只有充分吸收国外先进的研究成果，才能不断提高我们的研究水平。苏联解体以来，外国学者在苏联史研究方面发表了不少新作，其中不乏很有见地的客观著述。特别应当重视的是俄国学者的研究成果。俄国史学界在苏联解体前后的几年间曾有过一段所谓的"危机"时期。当时史学研究比较沉闷，活跃在史坛上的主要不是史学家，而是政论家。后者大都不作严肃的史学研究，而是通过某些片断的历史题材撰文直接为政治斗争服务。近年来这种情况逐渐有所改变，历史学家重新回到史坛，并且发表了不少有分量的著述，在不同程度和不同观点上反映了他们对祖国历史的反思。

由于目前俄国大多数史学家已不同程度地放弃了马克思主义的立场、观点和方法，因而我们在吸取他们的研究成果时要特别注意分析和鉴别。据前面提到的萨哈罗夫通讯院士的介绍，现在俄国史学界流派纷呈，按他的表达来说，主要的是三个基本流派："保守的斯大林主义"流派、"自由共产主义"流派和"急进民主派的反共产主义"流派，而其中占优势的是"自由共产主义"流派。[①] 由此可见，吸取俄国学者的研究成果必须是经过我们自己独立思考的。即使是相当严肃的研究成果，也不应是照单全收。对于其他国家学者的研究成果的态度也应当是这样的。长期以来我们曾吃过照搬照抄苏联学者观点的亏，今天我们已比过去聪明多了，难道还能重蹈覆辙，再吃照搬照抄外国学者观点的亏吗？这个道理是十分明白的。

以上五个问题是目前把我国苏联史研究提高一步的关键。当然也可能还有其他的问题。

我国的苏联史研究起步较晚，与一些国家相比在某些方面有一定的差距。但是，从苏联解体以后出现的新问题和新情况来看，也可以说我们现在与其他国家的学者处在同一条起跑线上。而且，我国学者在苏联史研究领域还有着一个特殊的优势。正如中国社会科学院前院长胡绳同志在一篇文章中所说的，在研究十月革命以后苏联70多年的历史并总结其经验教训时，"中国的学者可能处于特殊有利的地位。这是因为中国既曾和苏联长期十分亲密，又曾长期受到苏联大国沙文主义的欺压；而且中国既曾有照抄苏联模式的痛苦经验，又通过自己的努力摆脱了苏联模式的束缚，走出一条新的社会主义道路"。[②]所以，只要我们勤勤恳恳，全力以赴，注意

解决好上述五个方法论性质的问题，定能在研究工作中取得重大的突破和进展，把我国的苏联史研究从现有的基础上提高到一个新的水平。

（原载《东欧中亚研究》1997 年第 4 期）

俄国十月革命的历史必然性

发生在 1917 年 11 月（俄历 10 月）的俄国十月革命，已经过去整整 90 年了。这是世界历史上第一次由无产阶级及其政党领导的社会主义革命。十月革命胜利以后建立的苏维埃俄国（1922 年起称为苏联），是世界上第一个社会主义国家。它经历了将近四分之三个世纪的风风雨雨，其间有过胜利和辉煌，也有过艰难与曲折，最终于 1991 年末黯然解体。世界社会主义和俄国发展进程中的这一历史性悲剧令一些人重新提出一个老问题：十月革命是历史的必然，还是布尔什维克党及其领导人列宁策动的一次脱离实际的超前行动，或者说是一场"政变"？十月革命是"对二月革命的反动"，还是二月革命的继续和发展？紧接着的一个问题是：十月革命是不是苏联解体的"造因"和"原罪"？我们的回答是明确的：十月革命不是一个偶然事件，而是一场具有深刻的历史必然性与合理性的社会主义革命。十月革命胜利本身，以及苏联在历史上取得的举世公认的成就早已证明了这一点。苏联解体主要是苏共领导人戈尔巴乔夫推行了一条背离马克思主义的"人道的民主的社会主义"错误路线造成的恶果。它只是世界社会主义运动和俄国历史发展进程中的一个挫折。这一挫折尽管很严重，但是丝毫不能抹去十月革命的历史光辉。

一 列宁的"一国胜利论"是十月革命的理论基础

十月社会主义革命的胜利，是布尔什维克党及其领袖列宁对马克思主义的理论与实践勇于创新的伟大成果。马克思、恩格斯在自由资本主义时期，揭示了资本主义必然灭亡和社会主义必然胜利的规律。当然，社会主义取代资本主义是有条件的。在马克思、恩格斯看来，当时在一些发达的资本主义国家里，社会主义代替资本主义的物质存在条件业已具备，在那里，现代化大工业生产在国民经济中居主导地位，无产阶级人数在全国人口中占大多数，社会生产力的高度发展，已经达到了资本主义生产关系无法容纳的程度。因此，他们认为，社会主义革命只有在一些发达的资本主义国家才能发生。他们同时还认为，鉴于资本主义建立的世界市场"把全球各国的人民，尤其是各文明国家的人民，彼此紧紧地联系起来，以致每一国家的人民都受到另一国家发生的事情的影响"①，因而社会主义革命必须在几个发达的资本主义国家同时发生才能取得胜利。恩格斯直到逝世前不久仍坚持这一观点。他在 1892 年写的《社会主义从空想到科学的发展》一书的英文版导言中说："欧洲工人阶级的胜利，不是仅仅取决于英国。至少需要英法德三国的共同努力，才能保证胜利。"② 他在 1893 年写的一篇文章中又一次表述了同样的观点，他说："无论是法国人，德国人或英国人都不能单独赢得消灭资本主义的光荣。"③马克思恩格斯的这种"多国革命论"的思想的主要内涵是：只有发达的资本主义国家才能进行社会主义革命；而社会主义革命必须由这些国家中的几个国家的无产阶级同时行动，才能取得胜利。

　　列宁在 20 世纪初期新的历史条件下，根据他对帝国主义的经济、政治特征的潜心研究，突破了马克思、恩格斯的上述理论。他指出：在自由资本主义发展到垄断资本主义即帝国主义时代，由于资本主义政治、经济发展不平衡规律的加强，以及第一次世界大战造成的国际局势，社会主义可能在资本主义世界的一个薄弱环节，在少数甚至在单独一个资本主义国家首先取得胜利。列宁还进一步指出，基本上由于同样的原因，社会主义在几个资本主义国家同时取得胜利是不可能的。列宁在 1915 年写的《论欧洲联邦口号》一文中指出："经济和政治发展的不平衡是资本主义的绝对规律。由此就应得出结论：社会主义可能首先在少数甚至在单独一个资本主义国家内获得胜利。"④次年，他在《无产阶级革命的军事纲领》一文

---

① 《马克思恩格斯选集》，人民出版社 1995 年版，第 1 卷，第 241 页。
② 《马克思恩格斯选集》，人民出版社 1995 年版，第 3 卷，第 718 页。
③ 《马克思恩格斯全集》，人民出版社 1974 年版，第 39 卷，第 87 页。
④ 《列宁全集》，第 26 卷，人民出版社 1988 年版，第 367 页。

中又指出："资本主义的发展在各个国家是极不平衡的。而且在商品生产下也只能是这样。由此得出一个必然的结论：社会主义不能在所有国家内同时获得胜利。"①列宁在这里说的社会主义指的是社会主义革命。这是一种崭新的社会主义革命理论。它充分表明，马克思主义理论是一种随着时代的变化而不断发展的理论。

从这一崭新的理论出发，列宁对俄国的国情进行了具体的分析。列宁认为，在1861年废除农奴制以后，俄国资本主义有很大的发展，到20世纪初已经具备了帝国主义的各种基本特征。但是由于农奴制改革的不彻底，俄国在政治上和经济上仍保留着很多封建主义的残余，只能算是一个中等发达的资本主义国家。据近年来俄国学者提供的资料，俄国的工业生产在国民经济中只占40%左右，工人总人数大约只有1300万（其中血统工人仅为280万左右，其余为刚离开农村的第一代工人），约占全国总人口的7%。②俄国无产阶级人数虽少，但分布相对集中（约50%的工人集中在1000人以上的大企业中）。③俄国无产阶级所受的剥削比欧洲其他国家的无产阶级要深重得多，俄国工人受到资本家和封建地主的双重剥削和压迫。据当时的法律规定，成年工人每天劳动时间为11.5个小时。工人的月平均工资以1904年圣彼得堡的普梯洛夫工厂为例：一般工人为48.46卢布，工长为59.47卢布，壮工仅18.59卢布，而首都的最低生活费单身男工每月为21卢布，女工为17卢布，工人家庭为32—38卢布。④工人的经济状况可见一斑。另外，在列宁看来，社会主义革命的前提条件是否成熟，不仅要考虑经济条件，还要考虑政治条件。俄国无产阶级人数虽少，但它分布相对集中，组织性较强，与广大农民的联系密切，而且更重要的是有一个成熟的革命政党——布尔什维克党的领导。这些都是俄国工人阶级独具的优势。列宁还看到，已经进行了三年的第一次世界大战，给俄国带来了深重的灾难。俄国已经出现了有利的革命形势，不仅下层群众已经不能按老样子生活下去了，而且上层统治者也已经不能按老样子统治下去了。从国际范围

---

①　《列宁全集》，第28卷，人民出版社1990年版，第88页。

②　参见 А. А. 达尼洛夫、Л. Г. 科苏林娜《20世纪苏联历史》，莫斯科2002年俄文版，第24页。

③　同上。

④　同上书，第25—26页。

来说，两个帝国主义国家集团在战争中互相厮杀，削弱了力量，使得俄国无产阶级有可能在俄国这个帝国主义链条中的薄弱环节突破而取得革命的胜利。列宁在 1917 年 8 月所写的一篇文章中说："三年来的战争把我们向前推进了三十来年"；"战争异乎寻常地加快了事态的发展，令人难以置信地加深了资本主义的危机。"①当时社会主义者队伍中的一些教条主义者对在俄国发动社会主义革命和无产阶级夺取政权表示了怀疑和反对。他们攻击列宁和布尔什维克党的社会主义革命方针是"冒险主义的空想"。但是，列宁坚定而果断地认为，不能死抱着马克思主义本本上的教条不放，而是要抓住有利的形势，发动俄国无产阶级不失时机地夺取政权。

对于这一重大的策略思想，列宁后来在他的《论我国革命》一文中阐发得十分透彻。他在这篇文章中承认社会主义革命需要有达到一定发展水平的经济基础，但是认为，从俄国的实际情况出发，可以变更通常的历史发展顺序：先夺取政权，后建设物质文明。他写道："既然建立社会主义需要一定的文化水平，我们为什么不能首先用革命手段取得达到这个一定水平的前提，然后在工农政权和苏维埃制度的基础上赶上别国人民呢？"②他还进一步总结道："世界历史发展的一般规律，不仅丝毫不排斥个别发展阶段在发展形式或顺序上表现出特殊性，反而是以此为前提的。"③列宁提出这一理论表明：科学社会主义的发展和完善一直都伴随着对教条主义的批判。科学社会主义基本原理的长期坚持和实践运用，必须与具体的历史条件、具体的国情和具体的实践相结合。只有这样，才能真正发挥科学理论的指导作用，科学社会主义才具有生机勃勃的活力。由此可见，十月革命的胜利是列宁和布尔什维克党在帝国主义时代，结合俄国的具体情况，对马克思主义和科学社会主义理论创新和发展的结果。所以，十月革命绝不是一种偶然现象，它固然有其特殊性，而这种特殊性则是历史必然性的具体反映。

---

① 《列宁全集》，第 32 卷，人民出版社 1985 年版，第 109、108 页。
② 《列宁全集》，第 43 卷，人民出版社 1987 年版，第 371—372 页。
③ 同上书，第 370 页。

二　十月革命是俄国人民群众的唯一正确选择

1917 年 2 月①，俄国爆发了二月革命并取得了胜利，延续了约 300 年的罗曼诺夫王朝垮台，沙皇专制统治被推翻。这场革命从 2 月 18 日首都彼得格勒普梯洛夫工厂工人罢工开始，到 27 日取得决定性胜利，再到 3 月 2 日末代沙皇尼古拉二世宣布退位，共计 12 天时间。这是 20 世纪初俄国发生的第二次资产阶级民主革命。从整个短短的过程来看，应该说这基本上是一次群众自发性的革命，很难说是哪个政党直接和有计划地领导的。当然，布尔什维克党组织起了很大的作用。另外，二月革命的胜利与俄国无产阶级和革命群众在 1905—1907 年第一次资产阶级民主革命中得到的锻炼是分不开的，与布尔什维克党多年来在群众中进行的宣传鼓动和组织工作也是分不开的。革命发生并迅速取得胜利的主要原因是沙皇政府的极端腐败和工农群众难以忍受的苦难。特别是正在进行的帝国主义的世界大战，使全国出现了空前严重的危机，广大劳动群众不得不揭竿而起。

二月革命胜利以后，各个政党都立即采取措施，企图以自己的纲领和路线影响俄国政局的发展。2 月 27 日，资产阶级成立了杜马临时委员会，3 月 2 日，杜马临时委员会改组为临时政府。临时政府是正式执政的国家政权，掌握着全国各级权力机构，可以发号施令。政府总理是资产阶级自由化的地主贵族代表李沃夫公爵。外交部部长米留柯夫和陆海军部部长古契科夫，分别是资产阶级政党立宪民主党和十月党的领袖。政府中除社会革命党人克伦斯基一人外，均是资产阶级政党的头面人物。俄国的资产阶级政党极其软弱，它们的民主革命思想极不彻底，而且随时都准备与地主贵族阶级妥协。临时政府成立后，立即得到了美、法、英、意等国的承认。与此同时，2 月 27 日，在彼得格勒成立了工兵代表苏维埃，并选出了执行委员会，得到武装的工人、士兵（多数是穿了军装的农民）的支持。工兵代表苏维埃是体现了工人阶级和农民的革命民主专政的革命权力机关，拥有实权。其力量的来源是群众的拥护与支持，是武装的工人和士

_____

① 俄历，下同。从 1900 年 3 月起至 1918 年 2 月 14 日废除俄历以前，俄历比公历晚 13 天。

兵。它建立了 1 万多人的民警队伍；成立了粮食委员会和财政委员会，负责首都的粮食和其他食品供应，并管理国家银行和财政机关；还出版了自己的报纸《彼得格勒工兵代表苏维埃消息报》。如果没有苏维埃的同意与支持，临时政府的任何措施都无法得到实际的贯彻和执行。但是，在工兵代表苏维埃及其执委会中，小资产阶级政党的代表（孟什维克和社会革命党）占了多数。他们在理论上始终认为俄国的资产阶级民主革命应由资产阶级来领导，革命胜利以后应建立资产阶级政府。无产阶级可以进行合法斗争。因此，他们甘居次要地位。甘愿将权力让给资产阶级临时政府，把自己的任务限制在给政府提一些政治诉求，并对它进行"监督"，而相当一部分群众一时还看不清这些政党领导人的真正面目。他们不懂得俄国的特点。在俄国，资产阶级与地主贵族是密不可分的，与沙皇专制制度有着千丝万缕的联系。

这样，二月革命后的俄国政坛出现了一种特殊的现象，即"两个政权并存"的局面，其中一个是资产阶级临时政府，另一个是工兵代表苏维埃。之所以出现这种情况是因为小资产阶级（主要是农民）觉悟不高，对资产阶级抱有幻想，小资产阶级政党动摇，支持了资产阶级。"两个政权并存"局面表明：二月革命以后虽然沙皇统治覆灭了，但民主革命的任务还没有全部完成。布尔什维克党首先面临着争取群众、宣传和教育群众的任务，然后继续推进革命。

1917 年 4 月，列宁和布尔什维克党的其他一些领导人从国外流亡和国内流放地回到了俄国。列宁通过对当时俄国形势的分析认为，"两个政权并存"局面为革命的和平发展提供了条件。党的首要任务是千方百计地争取群众，号召"全部政权归苏维埃"，并实现从民主革命向社会主义革命的过渡。

从表面上看，或者说从纯粹的形式逻辑分析，二月革命以后的俄国面临着两种不同的选择和两种不同的发展前途。如果资产阶级临时政府占了上风，俄国有可能建立君主立宪和责任内阁制度，走资本主义的发展道路；反之，如果苏维埃占了上风，而且布尔什维克又在执委会中占了多数，那么就可能为俄国走向社会主义开辟道路。但是从实际情况和问题的具体内容进行分析，当时只可能有一种选择。关键的问题是革命群众最期盼的是什么。在他们认识到临时政府以及与它一鼻孔出气的小资产阶级政党不愿实现他们的要求以后，他们就坚决抛弃了它们，并站到了布尔什维克的一边。当时俄国劳动人民最迫切需要解决的是两个问题，一是和平，二是土地。他们起来革命，推翻沙皇的反动腐朽统治，其主要目的就是要解决这两个问题。可是资产阶级临时政府，包括稍后改组的两届临时联合政府，既不愿意给他们和平，也不愿意给他们土地。

在战争问题上，临时政府从其成立一开始就明确表示要把世界大战进行到底。3月4日，临时政府外交部部长、立宪民主党领袖米留可夫在发往国外的电报中声称："临时政府与盟国同心同德，继续对这次战争的胜利结束充满信心。"① 3月7日，立宪民主党机关报《言语报》写道："如果任何时候'一切为了战争'的口号都具有伟大意义，那么现在，'一切为了战争'就意味着一切为了新的民主繁荣，一切为了新政策的巩固，无论是国内政策，还是对外政策。"②众所周知，4月18日米留可夫向盟国再次表示要把战争进行到底的照会，激起了首都工人、士兵的强烈抗议，从而引发了临时政府的第一次危机。米留可夫和陆海军部部长、资产阶级的十月党领袖古契科夫被迫辞职。

临时政府对战争的态度是从捍卫俄国资产阶级的利益出发的。在这一点上资产阶级与沙皇政府完全一致。3月中旬，米留可夫在接见法国记者时说得很清楚："政府的更迭没有改变我们的追求。我们比任何时候更希望取得君士坦丁堡，它对于我们的经济自由是必需的。"③

关于土地问题，临时政府虽然口头上承认这是当前的主要经济问题，但在实际行动上竭力拖延问题的解决，并再三要求农民"保持忍耐"，等待立宪会议召开以后来讨论解决。临时政府明令禁止农民起来夺取地主土地。农业部长盛加略夫甚至明确宣布，不经全国法律的许可就擅自解决土地问题是越轨行动。

临时政府的这种态度也是从资产阶级的利益出发的。资产阶级的基本

① 《克伦斯基等目睹的俄国1917年革命》，三联书店1984年版，第201页。
② ［俄］《言语报》，1917年3月7日。
③ ［俄］《言语报》，1917年3月12日。

立场是不彻底消灭地主土地所有制，只是主张把皇室、修道院和一部分地主土地收归国有，而另一部分从事"文明经营"的地主土地不在此列。收归国有的土地分给农民，为此农民要交纳赎金和土地税。这充分反映了俄国资产阶级与地主阶级千丝万缕的联系。资产阶级不让农民起来夺取土地还因为担心这种行动会触及正在前线战斗的上层军官的利益，从而影响他们的作战情绪。

临时政府在上述两个重要问题上的态度与广大工农群众的利益和愿望是根本相悖的，因而注定无法得到他们的拥护和支持。

再来分析一下小资产阶级妥协派政党在上述两个问题上的立场。2月27日，在彼得格勒苏维埃成立大会上没有讨论战争和土地这两个迫切需要解决的问题。3月1日，彼得格勒苏维埃执委会代表团与国家杜马临时委员会达成的关于成立临时政府的协议中也没有谈到战争、土地问题以及工人八小时工作日的问题。社会革命党作为主要的小资产阶级政党，早在其成立初期就提出土地社会化的纲领。其主要内容是没收地主的全部土地，将它转归全社会所有，然后由自治机构平均分配给农民使用。但是这个纲领仅仅停留在理论上，而不是在行动上。党内居多数和主导地位的领导人支持临时政府的观点，反对农民起来夺取土地，说什么这样会影响农村生活的正常秩序，给将来合理分配土地造成障碍。为了缓和农民群众的反抗，他们居然提出让地主的休闲地和其他一部分土地交出来由土地委员会出租给农民，然后由土地委员会把农民所缴的地租扣除国家税收和其他支出以后交给地主。这种"解决"地主土地所有制的方案，与立宪民主党的方针如出一辙。[①]

在战争问题上，社会革命党人口头上呼吁交战国劳动人民团结起来，迫使本国政府放弃掠夺性的要求，但同时又号召在前线继续进攻，说只要战争还在继续，就必须保证"与盟国战线的战略统一，使军队做好充分的作战准备"，因而不允许在战争中进行不服从政府命令的"蛊惑宣传"。[②]

---

① 参见陈之骅主编《苏联史纲》，人民出版社1991年版，第6页。

② 参见社会革命党第三次代表大会通过的《关于对战争的态度》的决议。转引自李永全《俄国政党史——权力金字塔的形成》，中央编译出版社2006年版，第173页。

　　孟什维克在战争和土地问题上的立场以及对临时政府的态度，与社会革命党基本上是一致的。特别在这两个政党的领导人参加了 5 月份以后先后成立的两届临时联合政府以后，情况更加如此。

　　布尔什维克党对上述两个问题提出了明确的方针。关于战争问题，布尔什维克党认为，虽然沙皇政府已经被推翻，但俄国进行的战争仍然是帝国主义性质的非正义战争。只有"把国家政权转到无产阶级手中，才能保证停止战争"。因此，交战国劳动人民的任务是"变帝国主义战争为国内战争"。① 关于土地问题，布尔什维克主张"没收地主的全部土地。把国内一切土地收归国有，由当地雇农和农民代表苏维埃支配"。②由于临时政府的倒行逆施和小资产阶级政党领导人对政府的妥协，布尔什维克在群众中的影响不断扩大。布尔什维克党及时利用了临时政府的三次危机，积极领导和组织群众进行斗争。彼得格勒 7 月游行遭到临时政府的血腥镇压以后，广大群众终于看到了临时政府和与它沆瀣一气的小资产阶级领导人的真面目，从而纷纷站到了布尔什维克一边。在粉碎了 8 月底发生的反革命将领科尔尼洛夫的叛乱以后，全国各地越来越多的群众表示支持布尔什维克，终于使布尔什维克党在苏维埃中占据了多数。这时，列宁和布尔什维克党看到时机已经成熟，毅然决然地发动了彼得格勒十月武装起义，一举推翻了资产阶级临时政府，取得了十月革命的伟大胜利。

　　综上所述可以清楚地看出，十月革命不是"对二月革命的反动"，而是二月革命的继续和发展，是俄国工农群众通过自己的切身体会和理性思考以后作出的正确选择。这也是当时可能的唯一的正确选择。一般所谓的历史选择，主要是人民的选择，不是某个政党的选择，也不是某个领袖人物的选择。政党，只有当它代表了人民的利益，反映了人民的愿望并得到了人民的拥护与支持的时候，才能发挥推动历史的作用。杰出的历史人物也是一样。这是历史唯物主义的基本原理，也是十月革命历史必然性的一个有力的证明。

---

① 《列宁全集》，第 29 卷，人民出版社 1985 年版，第 160 页。
② 同上书，第 115 页。

三　十月革命中布尔什维克党与左派社会革命党的合作

二月革命胜利以后，社会革命党有很大的发展。党员数字达到了 70 万①（而当时布尔什维克只有大约 8 万人②）。社会革命党不仅在工兵代表苏维埃中有很大的影响，而且控制着农民代表苏维埃中央执委会以及大部分省和县的执委会。随着队伍的扩大，社会革命党内部明显地分化为左右两派。右派与资产阶级妥协，全力支持临时政府的各项政策；而左派则主张"全部政权归苏维埃"，同时要求立即没收地主土地，实行土地社会化，并且立即停止战争，给人民以和平。社会革命党左派的观点，与右派的路线大相径庭，而与布尔什维克党在民主革命时期的要求则是基本一致的。

在社会革命党 1917 年 6 月举行的第三次代表大会以后，左派社会革命党人建立了"左派组织局"。1917 年 11 月，左派召开了自己的第一次代表大会，正式成立了左派社会革命党并通过了党章。他们反对与临时政府合作。左派社会革命党的领导人之一斯皮里多诺娃曾明确表示："左派社会革命党人对政权的态度同布尔什维克一样，认为唯一可以挽救俄国的办法是将权力转交苏维埃。"③与右派相比，左派人数较少，也没有自己的正式纲领，但他们要求不是在口头上，而是在行动上立即实现社会革命党的纲领中关于土地社会化的要求，即废除土地私有制，将土地交给中央及地方自治机构管理，并平均分配给农民使用，从而证明了自己是小资产阶级民主派的真正代表。

布尔什维克党及其领袖列宁认识到了与左派社会革命党人合作的重要性和必要性，因而采取了一系列的主动行动。1917 年 4 月间先后举行的布尔什维克第七次全体代表会议和彼得格勒布尔什维克党组织的代表会议都提出要与左派社会革命党人联合行动。这种呼吁在七月事件以后又进一步

---

① 参见［苏］阿斯特拉罕《1917 年的布尔什维克和他们的政敌》，1973 年列宁格勒俄文版，第 233 页。

② 参见《俄国社会民主工党第七次（4 月）全俄代表会议记录》，1958 年莫斯科俄文版，第 149 页。

③ 转引自李永全《俄国政党史——权力金字塔的形成》，中央编译出版社 2006 年版，第 243 页。

加强。这种联合行动不仅出现在上层，而且更多地出现在下层，包括地方各级苏维埃和苏维埃执委会，以及其他群众组织和普通党员之中。这些联合行动有利于提高广大群众的觉悟，使得有更多的人理解与支持布尔什维克的路线和方针。列宁曾多次指出这种合作的重要性。直到1917年9月27日，在给芬兰陆军、海军和工人区域委员会主席伊·捷·斯米尔加的信中，列宁再一次强调联合左派社会革命党人的迫切性。他说："马上开始实现同左派社会革命党人的联盟，只有这个联盟能使我们在俄国建立巩固的政权。"①

左派社会革命党人在十月革命的关键时刻支持了布尔什维克党。他们积极参加了彼得格勒、莫斯科和其他一些地方的武装起义。在10月12日成立的彼得格勒苏维埃的军事革命委员会已知的80多名委员的名单中，除包括列宁、斯大林、托洛茨基、斯维尔德洛夫等人在内的51名布尔什维克外，还有21名左派社会革命党人。在该委员会第一次全体会议上选出的负责日常工作的5人常务局中，3名是布尔什维克，2名是左派社会革命党人——巴·叶·拉季米尔和格·恩·苏哈里科夫。巴·叶·拉季米尔还当选为这个常务局的第一任主席。②

布尔什维克党要实现与左派社会革命党人的合作，就必须对它们作出一定的妥协和让步。尽管这种妥协和让步不是原则性的，但有时是相当大的。众所周知的事实就是在列宁起草的苏维埃政权的《土地法令》中写进了社会革命党关于平均使用土地的要求。

在争取左派社会革命党人参加苏维埃政府（人民委员会）的问题上，布尔什维克也作出了很大的让步。根据12月9日布尔什维克党与左派社会革命党人达成的协议，有7名左派社会革命党人进入了人民委员会，他们中的5人（普罗相、柯列加耶夫、施泰因贝格、特鲁托夫斯基、卡列林）分别担任了邮电、农业、司法、地方自治、国家产业部人民委员，还有2人（阿尔加索夫、布里利安托夫）担任无住所人民委员（分管内务和

---

① 《列宁全集》，第32卷，人民出版社1985年版，第260页。
② ［苏］Г. Н. 戈利科夫、М. И. 库兹涅佐夫主编：《伟大十月社会主义革命百科全书》，1997年俄文版，第448页。

财政）。① 此外，在人民委员会的各个职能部门也有不少左派社会革命党人在供职。特别是在全俄非常委员会（契卡）这样的特殊机构的 20 名委员中，有 7 名是社会革命党人，其中 1 名还担任了副主席。

由于布尔什维克的这种正确政策，左派社会革命党人彼得格勒十月武装起义胜利以后的几个月内，在建立苏维埃政权的过程中与布尔什维克继续进行了很好的合作。这种合作特别表现在解散立宪会议和农民代表苏维埃与工兵代表苏维埃合并等问题上。列宁对这种合作有很高的评价。他在全俄苏维埃第三次代表大会上说："代表农民的真正愿望和真正利益的政党，是左派社会革命党。""我们同左派社会革命党人结成的联盟，是建筑在坚固的基础上的，这个联盟不是一天一天地在巩固，而是每时每刻地在巩固。"②即使在 1918 年 3 月，左派社会革命党人因为反对签订布列斯特和约而退出了苏维埃政府以后，两党的合作也还继续保持。当时仅仅是 7 名部长退出人民委员会，而在中央和地方各级苏维埃和苏维埃执委会中仍有不少左派社会革命党的代表在工作。综上所述，可以这样说：如果没有左派社会革命党的支持与合作，在十月革命的进程中可能会遇到更多的困难和曲折。

十月革命中布尔什维克党与左派社会革命党的合作归结起来有以下几个特点：

第一，这种合作没有任何组织形式，也没有正式的文字形式的共同遵循的纲领。即使在左派社会革命党人同意参加布尔什维克党领导的苏维埃政府时，两党也没有建立正式的联盟关系。两党的合作是基于对一些重大问题的共同看法。因此，这种合作是不够稳定的，而且经常是因地、因时而异，能否取得成功往往取决于双方谈判的情况，其中包括布尔什维克党政策的灵活性。

第二，布尔什维克党在与左派社会革命党领导人商谈合作时，特别注意对它影响下的基层组织和广大群众直接做工作，通过事实耐心地教育他

---

① 参见［俄］C. Л. 克拉维茨主编《俄罗斯大百科全书·俄罗斯卷》，2004 年俄文版，第 928—929 页。

② 《列宁全集》，第 33 卷，人民出版社 1985 年版，第 264、265 页。

们，提高他们的政治觉悟，而这一工作不仅促进了两党的联合行动，还加强和扩大了布尔什维克党在群众中的影响。

第三，这种合作的时间很短，到1918年夏季，合作已基本上不复存在。

布尔什维克党与以左派社会革命党为代表的各民主力量的成功合作虽然时间短暂，但其理论意义是重大的。这实际上是一个统一战线的问题，是任何一个无产阶级政党在革命中都要遇到的问题。布尔什维克党与左派社会革命党的合作表明，布尔什维克党及其领袖列宁在这方面所采取的政策和策略是正确的，是从俄国国情，特别是当时国内的阶级关系和各政党的力量对比情况出发的。二月革命以后，资产阶级已经站到了反革命的立场上，而小资产阶级及其政党则动摇于资产阶级和无产阶级之间。由于它们当时还有相当大的群众基础，特别是在农民中有很大的影响，因此无产阶级政党应当而且必须千方百计地团结、争取、教育它们，特别是它们之中的左翼，并联合它们协同作战，以保证革命的胜利。所以，列宁和布尔什维克党与左派社会革命党人合作的政策无疑是符合革命发展的客观要求和顺应历史潮流的。至于后来布尔什维克党与左派社会革命党的决裂则是由多方面的原因造成的。这是一个需要进行专门研讨的课题。

四　十月革命的伟大历史意义

最近，在十月革命90周年前夕，俄国17位知识界知名人士发表了一份公开声明，其中谈到了他们理解的十月革命的重大意义。声明说：

在很多国家的历史上都曾经发生过劳动人民反对资本主义的运动。但只有在我们俄国，这种运动具有如此深远的意义。它使20世纪的俄国成为世界发展的震中。在这里，所有当时世界上的基本问题都交织到了一起，并且需要为解决资本主义的主要弊端——劳动与资本的矛盾找出路。只有俄国工人具有足够的意志与决心找到解决这一矛盾的出路：这就是不仅推翻资本主义，而且开始向更进步的社会制度——社会主义过渡。

十月革命继巴黎公社之后使社会下层——工人、农民和反映了他们利益的知识分子上台执权。它创建了苏维埃这一更为民主的政权形式。它给了被战争折磨得痛苦不堪的人民期待已久的和平，给了他们土地和实现民族自决的可能性。它还提高了千百万劳动者的社会创造力，从而有力地表明，不只是"精英"有能力成为历史的主体和创造者。

十月革命的结果使世界出现了两大对立的社会制度。这在很多方面决定了此后人类的发展。在十月革命的影响下，出现了民族解放运动，开始了资本主义对自己体制的改革。在俄国革命的推动下，发生了各殖民帝国的瓦解，以及早已失去生命力的君主制度的彻底覆亡。

十月革命提出了超民族和超宗教信仰的联合思想——社会解放和公正的思想。在这一思想的基础上，历史上第一次出现了各平等民族的自愿联合——苏联。①

这 17 位人士并不自称为马克思主义者，大概也并不是俄共党员。但是他们的观点很发人深思。他们作为十月革命故乡的著名历史学家和学者，在经历了苏联解体引起的种种思考以后，对祖国的历史仍然保持着一种客观的、实事求是的态度。他们对十月革命重大意义的认识值得我们重视，对我们有很大的启发。

我们过去认为，现在仍然认为，俄国十月革命是 20 世纪世界历史上一个重大事件，具有划时代的意义。这种意义并不因为苏联解体而大打折扣，也不因为资本主义仍在发展和社会主义运动受到挫折而黯然失色。我们至少可以从以下三个方面揭示它的伟大意义：

第一，十月革命的胜利解放了深受资本主义和封建农奴制残余剥削与压迫的俄国各族劳动人民，在占世界面积六分之一的土地上建立了工农当家作主的国家，并且开辟了社会主义的发展道路。几百年来，俄国各族人民，首先是占人口大多数的劳动农民，在没有土地、没有政治权利，甚至没有人身自由的沙皇专制统治下挣扎呻吟。从 19 世纪初期开始的 100 年以来，俄国三代革命家为了推翻沙皇统治，振兴祖国，进行了艰苦卓绝的斗争。第一代是发动了 1825 年十二月党人起义的贵族革命家。他们背叛了自己所属的阶级，奋起为解放农民而斗争。由于没有与群众相结合，他

---

① http://alterrativy.ru/ru/369，2007.6.7.［俄］A. B. 布兹加林主办的《必择其一》（Альтернативы）网站。

们可歌可泣的斗争遭到了失败。但是他们唤醒了以平民知识分子为代表的第二代革命家。他们信奉空想社会主义，崇尚农民革命。他们的宣传鼓动和革命斗争震动了沙皇政府，使它不得不自己起来进行农奴制改革。这种自上而下的改革极不彻底，农奴制残余依然严重存在。但是改革还是促进了资本主义一定程度的发展。由于俄国资产阶级的软弱和它与贵族地主阶级的密切关系，彻底推翻沙皇制度和资产阶级统治的任务就历史地落到了第三代革命家——无产阶级革命家的肩上。十月革命的成功标志着俄国各族人民长达一个世纪的反对沙皇和资产阶级斗争的历史性胜利，同时为把小农经济占优势的落后的俄国改造成先进的现代化的社会主义工业化强国创造了重要前提。

第二，十月革命的胜利开创了世界社会主义运动的新阶段，是世界社会主义运动的一个历史性飞跃。科学社会主义在19世纪40年代诞生以来的70年间，世界各国的社会主义者为了实现这一美好的理想，进行了不屈不挠的斗争。从1848—1849年的欧洲革命风暴，到1871年巴黎公社的伟大创举，从各国群众性的无产阶级革命政党的建立到第一国际、第二国际的宣传和组织活动，世界社会主义运动不断发展壮大，社会主义思想日益深入人心。但是直到十月革命以前，社会主义始终只是作为一种意识形态和社会运动而存在。十月革命的胜利和苏维埃政权的建立，使社会主义从理论变成了现实，使社会主义从一种运动变成了一种活生生的社会制度和政治实体。它极大地鼓舞了全世界工人阶级和劳动人民以及各个被压迫的民族，使它们的斗争有了一个坚强的后盾和一个成功的榜样，同时也明确地宣告了第二国际机会主义领导人鼓吹的"和平过渡"和"民主社会主义"的改良路线的彻底破产。尽管十月革命是俄国历史发展的产物，带有一定的特殊性，但它的基本经验对其他各国，特别是对经济不发达的国家来说，有一定的普遍意义。中国革命就是在俄国十月革命的强烈影响下发展起来并取得胜利的。

第三，十月革命的胜利打破了资本主义一统天下的局面，改变了人类历史的进程，开创了从资本主义向社会主义过渡的新时代。从今天看来，这个新时代是一个漫长而曲折的历史过程。在这个过程中，社会主义和资本主义两种制度将会在相当长的时期内同时存在，相互竞争，既矛盾斗争，又合作借鉴。但是社会主义必然要取代资本主义的总趋势不会改变。20 世纪 70 年代以来资本主义世界出现的新情况、新发展，不能消除资本主义社会的基本矛盾。世纪末期发生的苏东剧变只是社会主义发展过程中的一个挫折，并不意味着社会主义的历史已经终结。现实社会主义国家经过改革出现的进展，特别是中国建设具有本国特色社会主义的事业取得的重大成就，充分证明了这一点。邓小平同志在苏东剧变以后的 1992 年仍然坚信当今时代的特点。他说："社会主义经历一个长过程发展后必然代替资本主义。这是社会历史发展不可逆转的总趋向，但道路是曲折的。"①因此，目前社会主义和资本主义两种制度共存的态势并未根本改变十月革命开创的新时代的基本特征，也绝不能改变十月革命在世界社会主义运动和俄国发展进程中的历史地位和否定其历史必然性。

（原载《中国社会科学内刊》2007 年第 4 期）

---

① 《邓小平文选》，第 3 卷，人民出版社 1993 年版，第 382—383 页。

苏联红军的建立

军队是国家政权的重要组成部分。十月革命胜利以后，布尔什维克党和苏维埃政府立即着手组建一支新的人民武装——工农红军。这项工作在反对外国武装干涉和国内战争开始以后显得特别紧迫起来。正是在这场激烈的战争中，一支以无产阶级政党领导的、以捍卫社会主义祖国为己任的群众性的正规红军从无到有、从小到大，逐步形成和发展。

一　由志愿兵制向义务兵制的转变

苏维埃政府最初是根据志愿的原则招收红军战士。1918 年 1 月 15 日，人民委员会发布了关于组建红军的法令。法令指出："工农红军由劳动群众中最有觉悟和有组织的分子组成。""俄罗斯共和国 18 岁以上的全体公民"均可入伍。志愿参军者"必须有部队委员会或拥护苏维埃的社会民主组织，或党和工会组织（至少有这些组织的两名成员）的介绍。""军人集体加入红军时要求全体人员作连环保证，并按名逐一通过。""红军战士的生活完全由国家包干，此外每月还发给 50 卢布。"① （1918 年 6 月 15 日起提高到单身汉每月 150 卢布，有家属者每月 250 卢布）②1918 年 1 月 15 日，人民委员会还通过了《关于成立组建工农红军全俄委员会的法令》。这个委员会受军事人民委员部领导，由这个部和赤卫队总参谋部的各两名代表组成，下设组织宣传、组建和训练等八个部门。③委员会的领导人是 K. C. 叶列梅耶夫和 H. И. 波德沃伊斯基。第一支红军队伍——工农红军

---

① 《苏维埃政权法令汇编》，第 1 卷，1957 年莫斯科俄文版，第 356 页。
② B. M. 扎哈罗夫主编：《苏联武装力量 50 年》，莫斯科 1968 年俄文版，第 27 页。
③ 《苏维埃政权法令汇编》，第 1 卷，第 357—358 页。

第 1 旅是 1918 年 2 月在彼得格勒组成的，开始时约有 2500 人。第一批红军战士主要来自大工厂和城防部队，都是比较优秀的无产阶级分子和革命士兵。1918 年 2 月 23 日，刚刚诞生的红军部队为保卫彼得格勒，在普斯科夫和纳尔瓦地区胜利地击退了德国军队的进攻。这一天后来便被定为红军建军节。

组建红军的工作虽已顺利开始，但是志愿兵制度却很快暴露出自己的缺陷。在这种制度下兵源有限，难以保证有计划的增员，不能使红军形成一支群众性的革命大军。同时，这种制度也不利于红军在编制、训练、纪律等各方面的正规化。到 1918 年 5 月，红军大约有 30 万人。[1]到 6 月，把原来的赤卫队，以及游击队和征粮队都算上，总共也只有 45 万人。[2]而当时红军所面临的装备精良、训练有素的国内外敌人至少有 70 万人。为了在尽可能短的时间内建立一支有足够数量的正规工农红军，首先必须改志愿兵制度为劳动人民普遍的义务兵制度。

1918 年 4 月 8 日，人民委员会颁布了建立各级地方兵役局的法令。法令规定兵役局的主要任务是统计、登记所有有义务服兵役的公民，对他们进行训练和征召，同时负责组建和管理地方部队，保障部队的供应。在 1918 年内，全国共建立了 7 个大区兵役局、39 个省兵役局、385 个县兵役局和大约 7000 个镇兵役局。[3]4 月 22 日，全俄中央执行委员会通过了对劳动者进行普遍军事训练的法令，规定全体年满 18—40 岁的劳动人民都要参加 96 个小时（8 个星期，每天 2 小时）不脱离生产的军训，以获得最起码的军事知识。1918 年 5 月 29 日，全俄中央执行委员会通过了征召义务兵的决定。这标志着苏俄建军路线的一个重大转变。决定指出，由志愿兵制向义务兵制的转变，是建立一支强大的、群众性的正规军队的需要，也是由国家所面临的紧急状态所决定的；动员广大工人和贫苦农民参军、击退国内外反革命势力的进攻和捍卫社会主义祖国是当前的头等重要任务。

---

① П. А. 日林、Н. Н. 阿佐夫采夫：《无产阶级革命的军事经验》，载齐赫文斯基主编《伟大十月的历史经验》（论文集），1986 年莫斯科俄文版，第 140 页。

② 苏共中央马克思列宁主义研究院：《苏联国内战争史》，第 3 卷，第 370 页。

③ В. М. 扎哈罗夫主编：《苏联武装力量 50 年》，第 34 页。

考虑到在全国范围内进行普遍动员有一定困难，苏维埃政府决定先在一些重点地区进行局部动员。1918 年 6 月 12 日，人民委员会宣布在伏尔加流域、乌拉尔和西西伯利亚地区的 51 个县进行征兵。凡 1893—1897 年间出生的劳动青年均在应征之列。6 月 17 日和 29 日，人民委员会又先后颁布法令，征召莫斯科、彼得格勒两大城市及其城郊 1896 年和 1897 年出生的青年工人入伍。征兵工作总的来说进展得比较顺利，特别是在城市中。在农村，由于一部分农民的政治觉悟不高以及富农分子的煽动破坏，工作遇到一些困难。为此，党和苏维埃组织不得不进行认真的宣传教育工作。

1918 年 7 月 10 日，全俄苏维埃第 5 次代表大会通过了关于建立群众性的正规工农红军的决议：它确认并赞同俄共（布）和苏维埃政府为建立一支强大的工农武装所采取的路线、方针和具体措施。决议肯定了由志愿兵制向义务兵制转变的必要性。决议指出，这支新型的革命武装必须是有集中统一领导的，并且训练有素、装备精良，有铁的纪律。决定赞同在红军中建立政治委员制度，强调了党对部队的领导和政治工作的重要性。

在苏维埃第 5 次代表大会决议的指引和鼓舞下，建军工作进展得很快。1918 年 10 月 3 日，列宁在全俄中央执行委员会和莫斯科苏维埃联席会议上提出要建立一支 300 万人的军队。他说："一支军队建立起来了，这是决心作出一切牺牲来捍卫社会主义的工人和贫苦农民的红军。这支军队在同捷克斯洛伐克军和自卫分子的战斗中壮大起来，经受了锻炼。基础已经打好，应当赶快盖高楼了。……现在我们需要一支 300 万人的军队。我们能够有这样一支军队。我们一定会有这样一支军队。"[1]为了实现列宁提出的目标，共和国工农国防委员会于 12 月 18 日通过了在近期把红军扩充至 150 万人的计划。经过了几次动员，这一计划在 1919 年 3 月胜利完成。[2]红军队伍迅速增长的一个重要原因是从 1919 年秋冬开始，大批中农参加红军。这是布尔什维克党制订并执行了正确的中农政策的结果。现在，红军的核心力量虽然仍是工人，但从数量上说，农民已占了大多数。

---

① 《列宁全集》，第 35 卷，人民出版社 1985 年版，第 100 页。
② 参见苏共中央马克思列宁主义研究院《苏联国内战争史》，第 3 卷，第 542 页。

　　在组建红军过程中，红海军和苏维埃空军的建设工作也在逐步开展。1918 年 1 月 29 日，人民委员会发布了关于组建红海军的法令。1918 年 8 月 2 日，人民委员会决定拨款 2500 万卢布组建伏尔加河小舰队，以加强东方战线的战斗力。一开始，这支舰队仅有 3 艘驱逐舰，还有一些炮艇、汽艇和驳船。从克琅施塔德调来一批优秀的水兵作为骨干。费·费·拉斯科尔尼科夫被任命为舰队司令，政治委员是尼·格·马尔金。不久，这支舰队的驱逐舰增加到 6 艘，还配备有 75 门大炮和 200 挺机枪。与此同时，北德维纳河、奥涅加河、楚德湖、阿斯特拉罕—里海、亚速海、沃尔霍夫—伊尔明湖等小舰队也相继建立。这些舰队规模都非常小。1918 年 9 月，设立了共和国海军司令的职位，统帅全国的海军力量。12 月，在共和国革命军事委员会下设海军部，领导海军的组建和管理工作。总的来说，当时红海军的力量是很薄弱的。在 1919 年，能投入战斗的只有 2 艘主力舰、2 艘巡洋舰、24 艘驱逐舰、6 艘潜水艇、12 艘扫雷艇、11 艘运输舰以及其他一些舰艇。

　　1918 年 5 月，建立了共和国工农空军总局，主持组建空军和指挥空军战斗的工作。接着又建立了莫斯科、雅罗斯拉夫尔、乌克兰、南方等空军分局。8 月，在共和国革命军事委员会下设立空军野战部，由 1911 年入党的飞行员 A. B. 谢尔盖耶夫任部长。1918 年夏季，在工农空军部队中大约共有 260 架各式战斗机。1918 年 9 月，全军被编成 61 个大队。它们在解放伏尔加河地区的战斗中作出了贡献。到 1918 年底，苏维埃空军已拥有战斗机 435 架，飞行员 269 名。

　　苏维埃正规工农红军是在反对外国武装干涉和白卫势力的战火中诞生的。在捍卫十月革命成果的三年内战期间，红军不断壮大。1918—1921 年共组建了 22 个集团军（其中 2 个骑兵集团军）和两支舰队。[1]到 1921 年 1 月 1 日，共和国武装力量已达 550 万人。[2]

①　《苏联军事百科全书》，第 3 卷，莫斯科 1977 年俄文版，第 20 页。
②　《苏联国内战争和军事干涉百科全书》，1983 年莫斯科俄文版，第 124 页。

二　红军的指挥管理系统和政治思想工作

为了建立一支群众性的正规红军，必须有一个集中统一的军事领导系统和管理机构。1918 年 3 月 4 日，根据人民委员会的决定成立了最高军事委员会，负责领导全国各个军事机关和指挥全军的战斗行动。最高军事委员会由一名军事领导人和两名政治委员组成。前者由米·德·邦契—布鲁耶维奇担任。他是一位测量学家，曾在沙皇军队中担任高级职务，是最早转到苏维埃政权方面的一批旧军事专家中的一个。政治委员由 1902 年入党的老布尔什维克克·伊·舒特柯和左派社会革命党人普·佩·普罗相担任。3 月 18 日，普罗相因反对签订布列斯特和约而辞职。19 日，人民委员会宣布改组最高军事委员会，由托洛茨基任主席，委员人数增至 6 人，其中有尼·伊·波德沃依斯基和埃·马·斯克良斯基等。与此同时，还改组和新设了一些中央军事机关，例如 1918 年 4 月成立最高军事检察院，5 月成立全俄总参谋部等。从 1918 年 3—5 月，全国设立了 11 个军区①，每个军区都成立参谋部和管理局。这些军事机构的建立，促进了建军工作和作战工作的开展。

1918 年 4 月 22 日，全俄中央执行委员会通过《关于工农红军中任职程序》的决定，废除了指挥干部选举制，代之以严格的委派制，规定各级指挥人员一律由上级任命。②这是一项重要的决定，旨在克服军队中的极端民主化和无政府主义倾向，加强军队的纪律和秩序，提高部队的战斗力，对于建立一支正规红军有重大的意义。

在建军最初阶段，除了军事人民委员部外，还有一些政府部门也从事建军工作，如交通人民委员部组建交通保卫部队，贸易与工业人民委员部组建边防部队，粮食人民委员部组建征粮部队。这种各自为政的现象不仅使全国缺乏统一的建军计划，而且影响对军队的集中统一领导。1918 年 8

---

① 莫斯科、雅罗斯拉夫尔、奥廖尔、乌拉尔、伏尔加河沿岸、白海、北高加索、土耳其斯坦、西西伯利亚、中西伯利亚和东西伯利亚。

② 《苏维埃政权法令汇编》，第 2 卷，莫斯科 1959 年俄文版，第 153—155 页。

月 19 日，人民委员会发布法令，规定今后除军事人民委员部外各部门均无权组建军队，已建立的队伍一律移交军事领导部门统一指挥和管理。

在战争局势进一步危急和红军队伍迅速扩大以及大批旧军事专家参加红军的形势下，为了加强对部队工作的集中统一领导，全俄中央执行委员会于 1918 年 9 月 2 日决定成立新的最高军事领导机关——共和国革命军事委员会，取代 3 月间成立的最高军事委员会。共和国革命军事委员会是全国武装力量的最高领导机关，执掌全部军权。军事人民委员部和其他所有军事领导机构，包括全俄总参谋部、全俄军事委员局、中央供应局、军事立法委员会、最高军事检察院等均受其管辖。在成立共和国革命军事委员会的同时，设立共和国武装力量总司令的职位，负责指挥全军作战部队，部署各条战线的战斗。总司令是共和国革命军事委员会的当然成员。他必须向革命军事委员会汇报全部工作。他所发布的各项命令必须同时有军事委员会委员的签署。共和国革命军事委员会主席由全俄中央执行委员会确定，委员（包括总司令）由人民委员会任命。托洛茨基被任命为共和国革命军事委员会主席。约·约·瓦采齐斯被任命为总司令。他原是沙俄军队中的一名上校，十月革命一开始就支持革命，参加了赤卫队并积极投身于红军的创建工作，曾任著名的拉脱维亚步兵师第一任师长和东方战线司令员等职。共和国革命军事委员会的成立，标志着红军集中统一领导的加强。

为了加强对作战指挥的领导，设立了共和国革命军事委员会野战参谋部。原来的全俄总参谋部仍然保留，主要负责动员以及部队的组建、训练和教育工作。此外，在共和国革命军事委员会下还设立了军事革命法庭。

根据共和国革命军事委员会 1918 年 9 月 11 日的命令，全国各战线和各集团军都相应地成立战线革命军事委员会和集团军革命军事委员会，统一领导本战线和本集团军的全部工作。委员会由司令员和两名政治委员组成。司令员一般均由旧军官担任；政委则为具有军事工作经验的共产党员，由党中央提名。司令员发布的各项命令必须同时有政委的签署。

红军从建军起就确立了政治委员制。这是无产阶级革命军队的特点，是实现共产党对军队领导的重要保证。但是在建军初期，政治工作机构比较混乱。这是由历史的原因造成的。十月革命胜利以后，各部队的政治委员并不由党组织派遣，而是由全俄中央执行委员会和地方各级苏维埃派遣。因此，当时存在很多政治工作机构。1918 年 4 月 8 日，成立了全俄政治委员局，把派遣和领导政委的工作统一了起来。1918 年下半年，在各战线、各集团军以及前线的绝大多数师都普遍建立了政治部。据统计，到1918 年 12 月，红军中的各级政治委员大约有 7000 人。此外，在红军中还建立了大约 1500 个基层党支部。这些政治部门和党的组织，在保证实现党的军事路线和完成各项战斗任务中起了重要的作用。

在建军的最初阶段，部队政治部门和党组织的职能并不明确。它们不恰当地干预部队的行政事务，甚至具体的作战部署，从而与指挥干部发生矛盾。另外，在集团军和师两级，既设政治部，又有党委会，发生了党的工作重叠现象，也为处理好党政关系增加了复杂性。1918 年 8 月 25 日，俄共（布）中央通过关于部队党的工作的决议，取消了党组织要"监督军队的全部生活"的职能，指出党组织的主要任务是做好政治思想和文化教育宣传工作。同年 12 月 5 日，根据党中央的指示，共和国革命军事委员会通过《关于战线和集团军革命军事委员会政治部的条例》，宣布撤销集团军和师两级党委，将它们的职能交给政治部。《条例》还明确指出，政治部既是服从于军事指挥部门的军事行政机关，又是服从于党并且联合军队中的共产党员的党的机关。1919 年 1 月，党中央通过《前线与后方红军部队党支部工作指南》，规定党支部的主要任务是执行上级党的领导机关的全部决定，对党员进行共产主义教育，在红军战士中开展政治思想工作，对违反党纪现象作无情的斗争，有力地支持政委和指挥员加强部队纪律。党支部不应干预指挥人员的行动和决定，必须全力维护与加强政委和指挥员的威信。在采取了上述一系列措施以后，红军中的党政关系基本理顺。

至 1918 年年底，红军已建立了一个初步的政治工作系统。政治工作的最高领导机关是全俄军事委员局，以下依次是战线、集团军和师的政治部以及各级军事委员，最后是基层党支部。1919 年 3 月俄共（布）第八次代表大会决议撤销全俄军事委员局，建立共和国革命军事委员会政治部，由一名党中央委员任主任，其职级与共和国革命军事委员会委员相当。这就进一步加强了党中央对全军政治工作的直接领导。

红军队伍的不断扩大，特别是大批中农参加红军对部队的政治思想工作提出了更高的要求。为了克服部队中存在的自由散漫、纪律松弛现象和游击习气，全俄中央执行委员会制订并颁布了一系列部队条令，例如《内部勤务条令》、《边防勤务条令》（1918 年 11 月）、《战地条令》（1918 年 12 月）、《队列条令》、《纪律条令》（1919 年 1 月）等。学习和执行这些条令，对于加强部队的正规化建设和提高部队的战斗力具有重大意义。1918 年末，给全军战士颁发了《红军战士手册》，上面印有苏俄宪法和人民委员会有关法令中规定的红军战士的义务和权利，以时刻提醒战士为苏维埃祖国尽忠和献身。为鼓励士气，1918 年 8 月 3 日军事人民委员部发布了授勋令，对于在战斗中有功的部队授予"全俄中央执行委员会荣誉红旗"。9 月 16 日，全俄中央执行委员会决定对"在直接战斗行动中表现出特殊英勇和勇敢的"指战员授予共和国红旗勋章。第一个红旗勋章授予了瓦·康·布柳赫尔，以表彰他在 1918 年 7—9 月率领乌拉尔军完成从白河经乌拉尔山脉到达孔古尔地区与东线第 3 集团军胜利会师的 1500 公里长征。

三　关于吸收旧军事专家的争论

建设一支群众性的正规红军，需要大批指挥人才。他们必须忠于社会主义祖国，而且具有军事指挥知识和能力。这样的人才主要靠苏维埃政权自己来培养。对于这一点，以列宁为代表的党和政府领导人在思想上是很明确的，在行动上也是这样做的。

从建军工作一开始，苏维埃政府就在莫斯科、彼得格勒、喀山、图拉、维亚特卡和弗拉基米尔等地创办了一批军事干部学校。到 1918 年年底，全国共有军校 63 所；1920 年 11 月，增至 153 所。[1] 1919 年 1 月 1 日，在各类军校中学习的学员有 13000 余人，其中大约 1/3 是共产党员。[2] 1918 年 12 月创建工农红军总参谋部学院，专门培养高级指挥人员，第 1 期招收

---

① IO. A. 波利亚科夫主编：《从资本主义向社会主义过渡》，1981 年莫斯科俄文版，第 171 页。
② 苏共中央马克思列宁主义研究院：《苏联国内战争史》，第 3 卷，第 543 页。

学员 183 名。与此同时，还建立了炮兵、工程兵、军医和军事经济学院。据统计，整个国内战争时期共培养了将近 40000 名各级红军指挥人员。此外，还有大约 25000 名指挥人员是直接从部队中培养的。[1] 1920 年毕业的各类军校学生共计 27000 人，是 1918 年、1919 年两年毕业生总和的一倍。[2]至国内战争末期，新培养的各级指挥人员约占红军全部指挥人员的 66%。[3]

　　培养红色军官的工作尽管进展比较顺利，但是仍然不能满足红军迅速发展和国内战争频频升级的需要。因此，必须尽可能地吸收曾在沙俄军队中服役的旧军事专家来工作。这是布尔什维克党和苏维埃政权执行的一项重要政策。1918 年，共有 37000 名旧军事专家被征召，其中 14000 名是军医、军医士和军事官员。[4] 据托洛茨基估计，1919 年初红军中的旧军官约有 3 万人。[5] 1918—1920 年中期，全军约有 5 万旧军官（包括将官），1 万多军事官员，4 万多军医人员，合计约 10 万人以上，其中相当一部分人在各中央军事机关和各级部队中担任领导职务[6]。他们之中有少数人背叛了苏维埃政权，给革命事业带来了很大危害，例如 1918 年 7 月东线司令员穆拉维约夫在辛比尔斯克煽动部队叛乱，给红军造成严重损失；乌法部队司令员马欣叛变投敌，使捷克斯洛伐克军团得以占领该城；1918 年 11 月南线参谋长柯瓦列夫斯基和司令员助理诺索维奇为敌军提供情报，使红军进攻受挫等。[7] 但是，绝大多数旧军事专家是忠诚的。他们为红军的建设和内战的胜利尽了力，特别是在提供指挥作战经验和传授军事技术方面作出了很大贡献。红军中的一些著名高级将领，除前面已经提到的邦契—布鲁耶维奇和瓦采齐斯外，还有如亚·伊·叶哥罗夫、谢·谢·加米涅夫、米·尼·图哈切夫斯基、瓦·伊·绍林等人都曾是旧军官。在捍卫苏维埃政权的战斗中，不少旧军官英勇牺牲。

---

① ΙΟ. А. 波利亚科夫主编：《从资本主义向社会主义过渡》，第 171 页。
② В. М. 扎哈罗夫主编：《苏联武装力量 50 年》，第 120 页。
③ ΙΟ. А. 波利亚科夫主编：《从资本主义向社会主义过渡》，第 171 页。
④ В. М. 扎哈罗夫主编：《苏联武装力量 50 年》，第 62 页。
⑤ 列·托洛茨基：《我的生平》（下），华东师范大学出版社 1982 年版，第 495 页。
⑥ ΙΟ. А. 波利亚科夫主编：《从资本主义向社会主义过渡》，第 170 页。
⑦ 苏共中央马克思列宁主义研究院：《苏联国内战争史》，第 3 卷，第 357—358、330、570、572 页。

可是，俄共（布）和苏维埃政府关于广泛吸收旧军事专家的正确政策受到了党内、军内一些人的怀疑和抵制。原"左派共产主义者"，东方战线革命法庭庭长弗·哥·索凌认为，吸收旧军事专家担任红军各级指挥员是对党的无产阶级军事政策的背离。①第 10 集团军的高级军官，后来的"民主集中派"分子阿·扎·卡缅斯基认为，使用旧军事专家是给予"尼古拉的反革命分子"过分的权力。②诸如此类的论调不一而足。它们在党内和军内从上到下引起了很大的争论。关于使用旧军事专家的争论还涉及其他一些重大问题，如政治委员和党组织的职权问题；指挥员应该由上级任命还是由选举产生；部队要不要实行集中制的管理；部队要不要有严格的纪律等。所以，关于旧军事专家问题的争论实质上也是对整个军事路线的争论。

这场争论在 1919 年 3 月 18 日开始举行的俄共（布）第八次代表大会上达到了顶点。在这次代表大会上，有一批代表激烈反对党中央的军事路线。他们被称为"军事反对派"。这个反对派的人数相当多，其中有些是原来的"左派共产主义者"，为首的是弗·米·斯米尔诺夫、格·伊·萨法罗夫、格·列·皮达可夫、安·谢·布勃诺夫、叶·米·雅罗斯拉夫斯基等。菲·伊·戈洛晓金和克·叶·伏罗希洛夫也属于"军事反对派"。

在代表大会全体会议上，党中央委员、南方战线革命军事委员会委员索柯里尼柯夫代表党中央作了关于军事问题的报告。接着，斯米尔诺夫作副报告，集中阐发了"军事反对派"的观点。他竭力反对使用旧军事专家，因为阶级本性决定了他们在政治上是不可靠的。他认为，旧专家只能起咨询作用，不能当指挥员。他要求给政委"更为广泛的权力，更多地参加军队管理"。他说："经验表明，政委必须参与管理，把政委的职能限制在监督上是不可能的。我本人在这个问题上的观点是必须赋予革命军事委员会成员在作战问题上以表决权。"③他反对在部队中制定严格的纪律和执行各种"条令"，因为这样会助长指挥员的"特权"，压制军内"民主"，

---

① 弗·哥·索凌：《作战部队中的指挥员和政委》，1918 年 11 月 29 日《真理报》。
② 阿·扎·卡缅斯基：《早已到时间了》，1918 年 12 月 25 日《真理报》。
③ 《俄共（布）第八次代表大会记录》，1959 年莫斯科俄文版，第 156、157 页。

从而恢复"农奴制统治"和沙皇军队的秩序。他要求在建立起"军事和指挥方面都完全可靠的指挥队伍以前",在部队中实行集体管理制度。他还对共和国革命军事委员会和其他中央军事机关的工作提出了尖锐的批评。

因为要求发言的代表很多,大会决定成立专门的军事问题小组进行讨论。在小组讨论时,"军事反对派"提出了一个全面阐述自己的军事路线的提纲。参加小组会的 57 名有表决权的代表中,有 37 人支持这一提纲,其余 20 人支持中央的观点。①少数派退出了会议,要求把问题再转到全体会议上去继续讨论。

3 月 21 日,代表大会举行秘密的全体会议,继续讨论军事问题。②雅罗斯拉夫斯基汇报了小组讨论的情况。共和国革命军事委员会委员谢·伊·阿拉洛夫作了关于军事形势的报告。他在谈到建立一支正规红军的紧迫性时,着重指出了旧军事专家的积极作用。他还谈到部队党的工作和政治工作的重要性及对中农进行思想教育的必要性。"军事反对派"代表戈洛晓金、伏罗希洛夫等也发了言。斯大林在发言中强调了部队必须有严格的纪律。他表态说:"斯米尔诺夫提出的草案是不能采纳的,因为这个草案只能破坏军队的纪律和取消建立正规军的可能性。"③在对党中央提出的和"军事反对派"提出的两个决议草案进行表决时,赞成前者的 174 票,赞成后者的 95 票(有表决权的代表共 301 名)。考虑到反对的人数较多,大会决定由两派的 5 名代表(多数派 3 名,反对派 2 名)组成协商委员会,进一步交换意见。协商委员会对中央的草案作了一些修改,在某些问题上搞了一点妥协,制定了一个新的决议草案,最后被一致通过。这个决议案明确指出,建军必须坚持阶级原则,不能建设一支所谓"全民的军队";指挥人员必须由上级任命,不能采取选举制;必须更广泛地吸收旧专家参加红军,当然,他们应在"政委的监督下"进行工作;必须抓紧从工农中培养新的指挥干部。决议还责成党中央采取措施,切实改进军事领导机关

---

① 《俄共(布)第八次代表大会记录》,第 539 页。
② 关于军事问题小组会议和这次全体会议的记录(除列宁在 3 月 21 日的发言外)至今未公开发表。
③ 《斯大林全集》,第 4 卷,人民出版社 1956 年版,第 222 页。

的工作。

列宁在 3 月 21 日的全体会议上发了言。他的态度非常鲜明，但措辞是温和的。他强调指出了党在建军中的领导作用，认为反对派指责中央放弃了对军事部门的领导是没有根据的。他阐述了吸引旧军事专家的必要性，并具体指出了他们在建军中所起的积极作用。他强调红军必须有集中的领导和铁的纪律，批判了集体指挥军队和选举产生指挥员的错误政策。他在表彰各战线的指战员和政治工作人员的战功（例如第 10 集团军在察里津取得的胜利）的同时，严肃地批评了他们的游击习气和对旧专家作用的忽视。

"军事反对派"的观点是小资产阶级极左思潮的表现。这种思潮在当时的苏俄有着广泛的社会基础。值得注意的是，列宁和俄共（布）中央的大多数在制定军事政策时头脑比较清醒，采取了一种务实的态度。他们从当时的国情出发，特别是从国内战争的紧迫形势出发，明确地认识到要在较短的时间内创建一支正规化的革命武装，没有大批旧军事专家的参加与支持是不行的。这种认识和当时的"战时共产主义"思想与政策并不合拍。相反，这与当时列宁和俄（共）布在文化教育领域以及对知识分子的政策比较一致。从这一点也可以看到"战时共产主义"政策并没有覆盖全国各个领域和各个方面。

四　托洛茨基在红军组建中的作用

众所周知，托洛茨基是俄国革命史上一个有重大争议的人物。列宁逝世以后，他与斯大林的激烈斗争延续了许多年，最后以托洛茨基的彻底失败告终。对托洛茨基的评价在国内外史学界始终存在分歧。在苏联，对托洛茨基的研究一直是一个"禁区"。不过在笔者看来，无论对托洛茨基如何盖棺定论，他在十月革命和国内战争期间，包括在组建苏俄红军中所起的积极作用，是应该予以肯定的。在这一时期，他无疑是列宁的一位亲密战友。

1918 年 3 月布列斯特和约签订以后，托洛茨基被正式免去外交人民委员的职务。与此同时，他被任命为军事人民委员和最高军事委员会主席。

这一职务上的变动，与其说是由于他在布列斯特谈判中所持的特殊立场以及他反对和约的签订，不如说是由于党和列宁对他的重视与信任。当时，新生的苏维埃国家面临着国内外敌人日益严重的武装威胁。一场殊死的战争行将爆发。军事工作成了全国和全党的头等大事。托洛茨基正是受命于这样一个重要时刻。毋庸置疑，这除了表明他深受党和列宁的信赖外，还反映了他在党和国家领导机构中的重要地位。

托洛茨基上任以后，立即雷厉风行地工作起来。首先是抓红军的组建。他认为，为了建立一支正规红军，必须有一个集中统一的指挥管理体系，必须吸收旧军事专家，必须制定严格的部队纪律。这些观点与列宁的思想和党中央的建军路线是完全一致的。1918 年 9 月 2 日，最高军事委员会改组为共和国革命军事委员会，并且设立共和国武装力量总司令的职务，从而向建立正规化的军事指挥体系迈出了重要一步。在这个问题上托洛茨基的思想与列宁也是一致的。1918 年 8 月，旧军官亚·伊·叶戈罗夫给列宁、托洛茨基和波德沃伊斯基打电报，建议"任命向人民委员会负责的总司令，各方面军及其司令员均受总司令指挥；成立总司令的司令部和参谋机关"，"授予军事将领以全权"，以克服"现行的双重体制和缺乏统一的状况"。①托洛茨基接电以后立即对列宁表态说："叶戈罗夫的电报是绝对正确的。其实，这些问题我也想过不止一次，困难在于人员的选择。"②9 月 6 日，托洛茨基被任命为共和国革命军事委员会主席，继续担任全国军事部门的最高领导人。他在整个国内战争期间，一直在这个关键性的岗位上工作。

在党的第八次代表大会上，托洛茨基受到了"军事反对派"的猛烈攻击。其实，"军事反对派"的矛头所向，既是托洛茨基个人，又是党中央的军事路线。因此，列宁在会上对托洛茨基表示了明确的支持。

在八大召开以前，托洛茨基考虑到前线形势危急，建议部队的代表都不要参加大会。但是部队代表不同意，坚持要参加大会。党中央全会在 3

---

① J. M. 迈耶编：《托洛茨基收藏文件集（1917—1922 年）》，第 1 卷，1964 年海牙版，第 93—97 页。

② 同上书，第 103 页。

月 14 日和 16 日两次讨论了这个问题，最后决定同意部队代表的意见，但批准托洛茨基不出席会议，到局势严重的东方战线去。①这并不表明党中央不重视托洛茨基，或是企图以此在党内制造一种不利于托洛茨基的舆论。党中央的这一决定一方面确实考虑到前线的需要；另一方面也可以看出是列宁的一种有意的安排，目的是在战局严重时刻避免党内、军内矛盾激化。事实上，索柯里尼柯夫在会上代表党中央所作的军事工作报告，就是根据托洛茨基拟定的提纲写成的。报告中谈到了三个有争论的问题，即吸收军事专家问题、选举指挥人员问题和部队中党支部的权限问题；还谈到了培养新的指挥干部和制定各种部队"条令"问题。在这一系列问题上，报告人都阐发了托洛茨基的正确观点。②在 3 月 21 日晚上的全体大会上列宁在批评"军事反对派"代表戈洛晓金时指出："戈洛晓金同志在这里发言时说：中央委员会的政策军事部门没有执行。您提出这样的指责，您作为党代表大会上的一名重要发言人，可以指责托洛茨基，说他不执行中央委员会的政策，但这是一种狂人的指责。您一点根据也拿不出来。"③托洛茨基本人后来也谈到了在八大上他所得到的支持。他说："列宁批评了反对派的攻击，热情地捍卫了我所执行的军事路线。"④

"军事反对派"在部队政治工作问题上对军事领导部门和托洛茨基本人提出批评是有其客观原因的。到 1919 年年初的时候，红军虽已有了一个初步的政治工作系统，但部队政治工作还没有完全走上正轨。除了政治工作人员与指挥人员的关系需要正确协调外，还要解决好政委与党的组织的关系。在红军建设初期，政委是由各级苏维埃派遣的，他们是政府的代表。有相当一部分政委不是共产党员。据一个统计材料说，在 1919 年下半年内派出的 501 名政委中，只有 300 人是党员，其余的是党的同情者、左派社会革命党人、孟什维克国际主义者、社会革命党最高纲领派分子，

---

① 参见苏共中央马克思列宁主义研究院《苏联共产党历史》，第 3 卷，第 2 分册，1968 年莫斯科俄文版，第 276 页。

② 参见《俄共（布）第八次代表大会记录》，第 144—152 页。

③ 《列宁全集》，第 36 卷，人民出版社 1985 年版，第 172 页。

④ 列·托洛茨基：《我的生平》（下），第 495 页。

无政府主义者，以及无党派人士等。①关于如何处理指挥员、政委和党组织三者的关系，明确各自的职责权限，单靠一些原则性的文件是不够的，还需要在实践中摸索，总结经验，统一认识。

所以，"军事反对派"在这方面有意见，不是由于托洛茨基不重视政治工作所造成的。相反，托洛茨基在工作实践中，深感党的工作者的重要性。1918年10月，在南方战线形势特别危急的情况下，他给列宁打电报，要求"至少派几十名第一流的党的工作者"到南线。②同年12月，他给列宁和共和国革命军事委员会委员斯克良斯基打电话说：驻扎在雅罗斯拉夫尔的北方方面军"司令部人员中没有高级党的工作者。革命军事委员会成员尼基季病了，政委图尔察恩不是党员。……必须向雅罗斯拉夫尔至少派一名党的工作者"。③

托洛茨基并不是一个职业军人。他虽然曾在不同的战线进行指挥，但在作战方面的成就并不十分突出。1919年4—6月，托洛茨基在东线指挥红军对高尔察克军队的反攻。乌发解放以后，托洛茨基建议停止追歼东线敌军，把东线红军主力调到南线作战，遭到军内一些人的反对。最后党中央否决了托洛茨基的方案。接着，在党内、军内矛盾加剧的背景下，党中央于7月初解除了托洛茨基的得力助手——瓦采齐斯的共和国武装力量总司令职务，并改组了共和国革命军事委员会。托洛茨基对此十分不满，提出辞职。党中央政治局和组织局经过讨论，作了一个专门的决议，拒绝托洛茨基的辞呈，同时决定调他到南线指挥战斗。1919年7—10月，托洛茨基在南线期间，为组织对邓尼金军队反攻进行了准备，但是最后在制定反攻方案时又与新任共和国武装力量总司令谢·谢·加米涅夫发生分歧。托洛茨基便于10月转到西北战线，指挥彼得格勒保卫战。托洛茨基坚持不放弃彼得格勒，得到了列宁的支持。因为指挥这次保卫战有功，托洛茨基获得了一枚红旗勋章。1920年8月，他又领导了对波兰的战争，但并没有什么突出的表现。

① 约·埃里克森：《苏联最高指挥部：1918—1941政治军事史》，1962年伦敦英文版，第42页。
② J. M. 迈耶编：《托洛茨基收藏文件集（1917—1922年）》，第1卷，第153页。
③ 同上书，第213页。

托洛茨基在国内战争期间，有不少时间是在前线度过的。他在自传中曾详尽地描写了载着他到各战场巡回视察的那辆流动火车。哪里有需要，这辆列车就驶向哪里。这原是沙皇政府交通大臣的专列，被托洛茨基改为一个流动的军事行政机关和参谋部。这里不仅有办公室，还有印刷所、电报站、无线电台、图书室和汽车库等。托洛茨基在这里"听取下级报告，召集当地的军政首长开会，审阅电报文件，口授命令和文章"。①列车还出版小报，提供国内外新闻和各条战线的战况，以及供应军需物品等。据托洛茨基本人的统计，这辆列车在内战期间"开赴前线共计36次，行程10万零5千公里"。②作为国家军事部门的最高领导人，托洛茨基主要不是坐在机关办公室里工作，而是深入到各条战线就地解决建军和作战中的各种具体问题。这种实干作风表明了他在内战中的贡献，也使他在党内、军内赢得了威信。

（原载《苏联史纲（1917—1937）》，人民出版社 1991 年版）

---

① 列·托洛茨基：《我的生平》（下），第460页。
② 同上书，第461页。

十月革命和国内战争时期的旅俄华工

　　20 世纪初，大量中国工人、农民因生活无着流亡欧洲，其中一部分人到了俄国。据统计，从 1906 年至 1910 年流入俄国的华人达 55 万人，在这期间虽有 40 万人陆续回归，但滞留俄国的人数仍有 15 万人之多。1914 年第一次世界大战爆发以后，为了弥补后方劳动力的不足，沙俄政府强迫中国北洋政府给俄国自由招募华工的权力。在大战期间，俄国招募的中国劳工至少在 20 万人以上。据法国陆军部档案馆藏法国驻北京武官 1916 年 7 月给本国政府的报告，仅在 "1915—1916 年俄国已招工 5 万 8 千人，而且很快将达 9 万人"。他们主要来自东三省、直隶（今河北、京津）和山东。① 1917 年，在俄国西部前线对德作战的中国劳工达到 15 万人。到十月革命前夕，在沙俄的华工总共约有 30 万人。华工在沙俄受着特别残酷的剥削和压迫。他们中的很多先进分子认识到，只有支持俄国人民推翻沙皇政权，才能获得自己的自由与解放。十月革命以前就有人投入到俄国革命运动中去，不少人还加入了工人赤卫队。在十月革命时，他们积极参加了夺取冬宫的战斗和莫斯科十月武装起义。

　　十月革命胜利以后，苏俄劳动人民和红军反对外国武装干涉和国内反革命的斗争，赢得了各国人民深切的同情与支持。不少外国人直接参加了战斗。在这支强大的国际主义者队伍中，有成千上万的旅俄华工。据中国北洋政府的档案资料，大约有 3 万华工参加了红军。②据上海《申报》估计："约计华侨曾入红军者 5 万余人，军官亦不下千人。"③苏联学者认为，

---

　① 转引自陈三井《华工与欧战》，台北 1986 年版，第 33、31 页。
　② 北洋政府陆军档案：《黑龙江督军兼省长孙烈臣致国务院电，1919 年 12 月 1 日》。
　③ 《申报》1921 年 9 月 26 日。

在红军中大约有四五万中国工人。①这些华工为捍卫十月革命的成果献出了自己宝贵的鲜血和生命。特别值得一提的是，在 1919 年年初，大约有 70 多名华工在彼得格勒斯莫尔尼宫担任列宁的警卫，著名的国际主义战士李富清是他们的小组长。李富清生于 1900 年，原籍山东，15 岁到沈阳做工。1916 年，俄国人在沈阳招工，便报了名。到俄国后，被派在沙俄军队里做工，战后加入了布尔什维克领导的游击队。1919 年，李富清和 70 多名中国战士，被调到彼得格勒，担任了列宁的卫士。战友们给他起了个俄文名字叫"瓦西里"。②

红军中最早的一个中国营是 1918 年 1 月在德涅斯特河流域的蒂拉斯波尔地区建立的。创建人和营长是孙富元。他是中国东北人，家境贫苦，父亲曾在中国边防军中服役。孙富元青年时期就参加了祖国的民族解放斗争，到俄国以后投入了布尔什维克领导的革命运动，并加入了布尔什维克党。这个营归红军蒂拉斯波尔大队的领导，开始时大约有 450 人左右，多数是当地的伐木工人。中国营的战士和苏俄战士一起，在极其艰苦的条件下与德奥军队作战。这个营的老战士徐墨林回忆说：

"我们参加的这支队伍是蒂拉斯波尔大队，队长是犹太人，名叫雅基尔，副队长是中国人，名叫孙富元。……这一天是 1918 年 1 月 3 日，我一辈子也忘不了它。不久，我们的队伍从蒂拉斯波尔向叶卡捷琳诺斯拉夫出发，走到拉兹杰尔纳雅车站附近，奥国兵从西方攻上来了。我们的人大都是新入伍的，第一次碰上敌人，不免慌了手脚。队伍乱了，过了两个小站才又重新集合起来。这一次光是中国战士就死伤了 40 多人。后来又与白匪军遭遇了许多次以后，大家才逐渐有了战斗经验，并且越打越精彩了。"③

---

① 苏联科学院亚洲人民研究所：《为苏维埃政权而战斗的中国志愿者》，莫斯科 1961 年俄文版，第 3 页。

② 1924 年列宁逝世，瓦西里作为莫斯科军事学校的代表，为列宁守灵。他怀着万分沉痛的心情，默默地向伟大的革命导师告别。1933 年，他随同许多华侨从苏联回国。回国后，曾在新疆伊犁、塔城暂住，后来到呼图壁县落户。新中国成立后，瓦西里在驻呼图壁县的新疆生产建设兵团工二师疗养院当炊事班班长。1957 年，作为中国劳动人民参观团的成员赴苏联访问。出国前，在北京受到毛泽东、周恩来等领导人的亲切接见。

③ 徐墨林：《在苏联国内战争的战场上》，载《红旗飘飘》第 4 辑，中国青年出版社 1957 年版，第 134 页。

这支队伍一面作战,一面撤退。在 4 个月的时间里,穿越了整个乌克兰,最后到了莫斯科。在这艰苦的长途征战中,中国战士经受了革命战争的严峻考验,不少人英勇献身。仅在顿河岸的米古林斯卡亚和喀山斯卡亚车站(今罗斯托夫州北部)一仗,中国营就损失 220 多人。到达首都以后,孙富元及其中国营的名声大振。根据俄共(布)的指示,孙富元于 1918 年 5 月 8 日在《真理报》上发表号召书,宣布扩大中国营。[①]很多华工前来报名。6 月,新的中国营在莫斯科成立。列宁亲自关心这个营的重建工作。9 月,该营被编入红军特种旅莫斯科第 21 团,开赴南线诺沃霍佩尔斯克地区作战。11 月 15 日,南方战线革命军事委员会政治部在一份通报中写道:"中国营里大约有 500 名中国国际主义者。他们遵守纪律,刻苦耐劳,在战斗中坚毅不拔……即使多次受伤也总是在稍事包扎以后继续战斗。这对普通红军战士产生了很大的影响。"[②]1918 年末,在诺沃切尔卡斯克附近的一次战斗中,孙富元英勇牺牲。

1918 年春天,在弗拉基卡夫卡兹(今奥尔忠尼启则市)成立了包其三(一译包清三)领导的中国营,开始时约有 100 名战士。营长包其三 1887 年生于沈阳。当他还是孩子时就被一个俄国军官带到高加索。曾在梯弗里斯上中学,后来到彼得格勒。1917 年 11 月参加赤卫队。国内战争结束后在中亚地区任红军穆斯林骑兵师师长。1924 年回到中国参加第一次国内革命战争。包其三的中国营归捷列克共和国军事人民委员部领导,曾在北高加索地区多次参加重大战役,特别是在 1918 年 8—9 月的弗拉基卡夫卡兹和格罗兹内两城的保卫战中立下了很大的战功。中国营还参加了解放纳尔切克和莫兹多克的战斗。1919 年初邓尼金部队大举进犯高加索时,中国营和红军大部队一起进行了 500 公里艰苦的长途行军。在严冬季节,穿过卡尔梅克草原,终于胜利抵达阿斯特拉罕。中国营所属的 292 德尔宾特团团长雅科文科在回忆录中写道:

"中国人是一批出色的战士。无论出现什么严重情况,他们都是能使

---

① 苏联科学院亚洲人民研究所:《为苏维埃政权而战斗的中国志愿者》,第 142 页。

② 《外国劳动人民与苏俄各族人民的战斗合作(1917—1922)》(文件汇编),莫斯科 1957 年俄文版,第 441 页。

人放心的。他们从不动摇，永不后退……我记得1919年年初通过卡尔梅克草原到阿斯特拉罕的那次极其艰难的转移。我们走了一个多月。零下20—25度的严冬，草原上刺骨的寒风，没有任何处所可以躲避风雨或是休息一下。……当时有些人因为没有力气，甚至把步枪都扔了。严冬和伤寒无情地夺走了大批战士的生命。……但是当我们抵达阿斯特拉罕时，发现中国人不仅没有在途中丢一支枪，反而捡起了别的连队中牺牲了的战士的武器。他们甚至捡起了几十挺重机枪。"①

中国营原来约有500人，到阿斯特拉罕后只剩下150人左右。他们积极投入了基洛夫领导的阿斯特拉罕保卫战。连长刘法来在战斗中壮烈牺牲。中国营在阿斯特拉罕经过整编后，于1919年5月末随同292团被调至顿河前线与邓尼金的"志愿军"作战。

在乌拉尔地区，最早的中国人队伍是在彼尔姆建立的。1918年7月，正当东方战线形势危急的时候，一支由250名华工组成的中国营奉命开赴前线。他们和红军战士一起，在彼尔姆登上汽艇，沿卡马河而下。在巴尔达附近与白卫军发生激战。政委郭旺成被俘后惨遭杀害。此后，在卡马河畔的叶洛沃村又与白军遭遇。中国战士与苏俄水兵并肩战斗，不少人英勇献身。今天，在卡马河边当年战斗过的地方耸立着一块方尖碑，上面写着："这里安葬着鲁斯洛号汽艇上的水兵和中国国际营的战士，他们在1918年为捍卫苏维埃政权而献出了生命。"②

1918年10月，在乌拉尔地区成立了另一个中国营。战士中多数是彼尔姆、阿拉帕耶夫斯克和纳杰日丁斯克的华工，还有一部分是曾在布留赫尔领导的南乌拉尔部队中服役的中国战士。这个中国营的领导人任辅臣，生于1884年，1904—1905年日俄战争期间就与驻中国东北的沙俄军队中的革命者有接触。1910年秘密加入布尔什维克党。第一次世界大战期间到达俄国，是华工的领袖人物之一。中国营后来经过整编，成为红军第3集团军第29步兵师所属的中国团。这个团曾被命名为"红鹰团"，它先后参加了叶卡捷琳堡、维尔霍图尔斯克和彼尔姆等地的战斗。在楚索沃（彼尔

---

① H. A. 波波夫：《他们与我们一起为苏维埃政权而战》，1959年莫斯科俄文版，第92页。
② 同上书，第112页。

姆东北约 100 公里处）附近，中国团为争夺一座铁路桥与高尔察克军队浴血奋战，取得了胜利。在战斗中中国团伤亡 600 余人，但因此而威名远扬。[①] 1918 年 11 月当高尔察克在东线北路发动新的进攻时，中国团奉命在新图林斯克村阻击敌人。敌军凭借人多势众，把中国团和前来增援的两个红军团紧紧围住。中国战士坚持战斗，最后仅 62 人突围，死伤约 100 人。团长任辅臣在战斗中英勇牺牲，时年 34 岁。1918 年 12 月 28 日，《公社社员报》发表了对他的悼念文章，其中写道："任辅臣同志在中国战士中有重大的影响。他把这种影响和威信全部奉献给了苏维埃俄国。……作为一个世界革命的真诚战士，他以自己的生命表明了对伟大事业的忠诚。……任辅臣同志是为全世界被奴役者的事业而献身的异国人民的儿子，他的英名将永远留在革命战士的心里。"[②] 列宁对任辅臣的壮烈牺牲十分关注。苏维埃政府特地派遣一个班的战士将任辅臣的妻子张含光及子女接到莫斯科。1919 年年底列宁专门接见了他们母子四人，称赞任辅臣是一位卓越的指挥员和优秀的布尔什维克，同时高度评价中国工人阶级的国际主义精神。[③]

在保卫彼得格勒的战斗中，中国战士也立下了赫赫战功。1919 年 5 月，当尤登尼奇军第一次进犯彼得格勒时，红军 461 团所属的中国营在楚多沃车站的战斗中英勇杀敌。这个营的基本队伍是普斯科夫附近林场的伐木工人，1918 年 4 月就组织起来，开始时约有 300 人，领导人是刘供量。这个营的一名副排长周瑞回忆说："到 1919 年 10 月 26 日止，中国营先后完成了 17 次战斗任务。在历次战斗中，同志们都表现了高度的顽强、勇敢和艰苦奋斗的精神。"[④] 参加彼得格勒保卫战的还有红军第 45 步兵师所属的中国支队。它在沃洛索沃车站的战斗中给白军以沉重的打击。在沃洛索沃的烈士墓中，至今长眠着 9 名在这次战斗中献身的中国战士。红军第 6 步兵师所属的中国支队，曾在伊若尔和罗曼诺夫斯克一线重创尤登尼奇部

① 参见姚信诚《我是一个红军战士》，载《红旗飘飘》第 4 辑，第 127—128 页。

② 苏联科学院亚洲人民研究所：《为苏维埃政权而战斗的中国志愿者》，第 166—167 页。

③ 1988 年，苏中友协正式邀请任辅臣的儿子任栋梁夫妇访问苏联，他们作为最尊贵的客人在当年任辅臣战斗过的地方进行了参观访问。1989 年，苏联总统戈尔巴乔夫访问中国时，代表苏联政府追授任辅臣一枚红旗勋章。

④ 周瑞：《苏联红军"中国营"的诞生和成长》，载《红旗飘飘》第 4 辑，第 146 页。

队，保卫了彼得格勒的安全。1927 年十月革命 10 周年之际，列宁格勒苏维埃曾给一批红军中的中国指战员授勋，表彰他们在 1919 年彼得格勒保卫战中的英勇业绩。

在解放西伯利亚和远东地区的战斗中，中国战士作出了更为重大的贡献。红军第 5 集团军第 35 师所属的著名的国际团中，大约 65% 的战士是中国人。第 5 集团军中还有一个中朝混合团，其中大部分也是中国人。他们与日本干涉军和自卫部队英勇作战，功勋卓著。

大批中国工人在西伯利亚和远东的游击队里作战。滨海地区维亚泽姆区游击大队长科瓦尔回忆说：在远东几乎没有一个游击队里没有中国同志在战斗。① 远东地区中国游击队的一个卓越领导人是孙继五（一译孙季武）。他生于 1878 年，黑龙江人，曾参加义和团运动，1902 年逃亡到沙俄，在哈巴罗夫斯克做工，1918 年参加布尔什维克党 ②。这年 6 月，他组织了一个中国赤卫营。这支队伍不断袭击敌人的军营、武器库，破坏铁路、桥梁，有力地配合正规红军作战。外国武装干涉者公开以重金悬赏提拿孙继五，以打垮中国游击队。

在黑龙江流域和外贝加尔地区，活跃着一支被称作"老头队"的游击队，其中绝大多数是中国人，领导者是陈柏川（俄国名字为亚历山大·伊凡诺维奇·奥尔洛夫）。他是 1910 年到沙俄的，曾在布拉戈维申斯克的码头上做苦力，后来又给富农当长工。1918 年 5—6 月间，他和 50 多名中国人参加了穆辛领导的游击队。中国人被编成一个排，陈柏川任排长。次年春穆辛牺牲，游击队改组成好几个分队，其中一队叫"老头队"，以中国人为主，陈柏川任副队长。1919 年年底，这支队伍在黑龙江沿岸别斯赫列博夫卡、尼科拉耶沃、别洛戈尔卡、梅德维捷沃等地作战，给敌人以沉重的打击。③ 1920 年春天，"老头队"向赤塔进军。陈柏川率领的中国游击

① Г. Ф. 科瓦尔：《与中国兄弟并肩战斗》，载《这些日子的光辉永不磨灭》，1958 年莫斯科俄文版，第 147 页。

② 关于孙继五的经历参见《苏联国内战争和军事干涉百科全书》，1983 年莫斯科俄文版，第 542 页。

③ 参见陈柏川《西伯利亚的日日夜夜》，载《红旗飘飘》第 4 辑，第 155—163 页。关于陈柏川的革命活动详见他写的回忆录《阿穆尔的风雪》，中国青年出版社 1960 年版。

战士参加了解放布拉戈维申斯克的战斗，并首先冲入市内。这次队伍还参加了解放哈巴罗夫斯克的战斗。[①]

红军队伍中的旅俄华工是伟大的国际主义者。他们把捍卫苏维埃俄国的斗争当作全世界无产者的共同事业，因而甘愿牺牲自己的一切，以至生命。1920 年 8 月，阿穆尔工农军队里的中国战士在致阿穆尔州劳动人民非常代表大会的信中写道："我们将竭尽全力，为支持人民的苏维埃政权，为捍卫苏维埃而流尽最后一滴血。我们中国公民，拿起武器帮助俄国的无产阶级和人民政权，是因为我们看到了正是俄国无产阶级，向全世界指明了与资本作斗争的道路；只有这样，真理与和平才能在全世界取得胜利。"[②]这段话，说出了曾经为捍卫十月革命成果而与红军并肩作战的旅俄华工的共同心声。旅俄华工积极参加捍卫新生的苏维埃政权的战斗，并为此献出了自己宝贵的鲜血与生命，是中苏关系史上重要的一页。

1958 年 11 月，苏联几位史学家来到中国，提出要寻找当年与苏俄军队并肩而战的中国战士。在中苏友好协会和各级人民政府的努力下，他们找到了 12 位还健在的老人。他们当中最大的已 85 岁，最小的也已 61 岁，分别居住在沈阳、北京、上海等地。老战士们对当时浴血奋战的情景记忆犹新。他们表示如果条件允许，一定要再到当年战斗过的地方看一看，并由衷地祝愿中苏两国人民的友谊万古长青。

（原载《苏联史纲（1917—1937）》，人民出版社 1991 年版）

①　И. 巴比切夫：《在远东参加内战的中国朝鲜劳动者》，1959 年塔什干俄文版，第 56 页。

②　М. С. 卡皮察（贾丕才）：《苏中关系》，1958 年莫斯科俄文版，第 30 页。

论"战时共产主义"政策

苏联是世界上第一个社会主义国家。它开辟了人类社会发展史上一个崭新的阶段。苏联历史发展中的经验和教训，对于我国和其他社会主义国家具有一定的借鉴作用。由此可见，研究苏联史兼具基础理论研究和应用研究双重性质，因而应当引起我们更多的重视。

在苏联史研究中，过去有一个时期我们受苏联的影响很深，几乎一切照抄照搬。后来我们又曾一度完全无视和全盘否定苏联学者在这方面的研究成果。近年来，我们接触了不少西方资产阶级学者和苏联持不同政见者的著作，有些学者便开始受它们的影响。我们认为，对外国学者的著作，既不能全盘否定，也不能盲目跟从。苏联史是一门政治性非常强的学科。持不同立场、观点和方法的研究者，对同一问题可以得出迥然不同或是完全相反的结论。关于"战时共产主义"问题便是其中之一。因此，我们必须以马克思列宁主义、毛泽东思想为指导，从具体的历史事实出发，进行实事求是的研究，得出自己的结论。只有这样，我们才能在研究中有所突破和创新，同时使苏联史研究真正为我国的社会主义现代化建设服务。

一 "战时共产主义"政策的实施

1918 年 3 月布列斯特和约签订以后，新生的苏维埃共和国只获得了短短几个月喘息时间。从 1918 年夏天开始，英、美、法、日等 14 个国家对苏俄进行武装干涉。在它们的支持下，国内反革命势力在不少地方发动武装叛乱，建立反革命白卫政府。国内外敌人勾结在一起，妄图把历史上第一个无产阶级专政的国家扼杀在摇篮里。

外国武装干涉和国内战争，使苏维埃国家处于极其危险的情况之中。在战争开始阶段，大约有四分之三的国土被帝国主义国家和白卫军队占领。苏俄政府同全国各主要粮食、原料、燃料产区的联系被切断。全国出现大饥荒。大批工厂停产。彼得格勒和莫斯科的工人每天只能得到八分之一磅面包。刚刚建立的红军得不到必需的给养。富农和其他反动分子乘机破坏。他们垄断粮食，组织怠工，发动暴乱，甚至谋刺列宁。在这种极端困难的条件下，为了动员全国的人力物力，战胜强大的阶级敌人，苏俄党和政府果断地采取了一系列非常措施。这些措施被总称为"战时共产主义"政策。

"战时共产主义"政策是从1918年夏开始逐步实行的，大体上分为三个阶段：1918年夏至1919年年初为开始实行到初具特征的阶段；1919年年初至1910年年末为继续发展的阶段；1910年年末至1921年春为高潮阶段。高潮阶段的一些政策由于群众的日益不满而未能得以执行。因此高潮阶段实际上又是尾声阶段。

"战时共产主义"政策的主要内容有以下几项：

第一，余粮收集制。这是"战时共产主义"政策最突出的一个内容。这项政策的实施有一个过程。最早是实行粮食专卖。1918年5月13日，人民委员会颁布了《粮食专卖法令》，规定农民必须把除种子和个人消费以外的全部余粮，按规定价格卖给国家，由粮食人民委员部负责收购，严禁私人粮食贸易。国家组织了大批工人征粮队下乡。这样，国家收购的粮食虽有所增加，但仍不够城市的需要。粮食黑市贸易仍很活跃。为了尽可能多地收购粮食，1918年10月30日颁布了《农产品实物税法令》，规定农民必须先向国家缴纳一定数额的实物税，然后再由国家收购余粮。但是，粮食仍不够供应城市。于是，1919年1月11日颁布了《关于在各产粮省份收集余粮和饲料交国家支配的法令》（即余粮收集制法令），规定由粮食人民委员部把国家必需的粮食总额硬性逐级分摊到产粮各省、县、乡，直到每一农户，然后由国家收购，还严格规定了交售余粮的期限。法令还规定，"除了粮食人民委员部规定的国家摊派任务外，经省粮食委员会批准还可以增征一定数量本地居民所需的粮食和谷物饲料"。[①]因为指标

---

①　苏联科学院经济研究所编：《苏联社会主义经济史》第1卷，三联书店1979年版，第476—477页。

较高，农民交售的实际不仅是余粮，还有一部分种子和口粮。国家付给农民的是不断贬值的纸币。因此农民实际上是把粮食无偿地交给国家了。正如列宁后来所说："我们实际上从农民手里拿来了全部余粮，甚至有时不仅是余粮，而是农民的一部分必需的粮食，我们拿来这些粮食，为的是供给军队和养活工人。其中大部分，我们是借来的，付是都是纸币。我们当时不这样做就不能在一个经济遭到破坏的小农国家里战胜地主和资本家。"①这种硬性摊派的办法从1919年下半年起还陆续扩大到其他农产品，包括肉类、油料和棉花等。余粮收集制法令规定对贫农不征或少征，对中农适当征收，对富裕农户多征。但由于总的指标高，这一阶级原则很难得到贯彻。为了完成余粮收集任务，列宁号召每一个党组织、工会组织和工人集体，从其成员中抽出十分之一或五分之一有觉悟的工人参加征粮队。从1918年到1920年全国共建立了2700个征粮队，参加的工人达8.2万人。②每个征粮队还配备了武器。由于采取了余粮收集制这种高度强制性的措施，国家得到了较多的粮食。1918—1919年度共收集粮食10790万普特，1919—1920年度为21250万普特，1920—1921年度为36700万普特，分别为1917—1918年度收购总数（7340万普特）的147%、289.5%和500%。③余粮收集制是在帝国主义武装干涉和国内战争的形势下，国家经济遭到严重破坏，工厂开工不足，城乡之间没有正常的商品流转的情况下，不得不采取的措施，也是唯一可能采取的措施。后来列宁说："余粮收集制不是'理想'，而是一种痛苦的和可悲的需要。相反的看法是危险的错误。"④

　　第二，将全部工业（包括中、小工业）收归国有。大工业国有化，首先是银行和大型重工业企业的国有化，是十月革命胜利以后就完成了的。但根据列宁在1918年春提出的建设社会主义的计划，苏维埃政权并不急

---

①　列宁：《论粮食税》，《列宁全集》1986年版，第41卷，第208页。

②　参见苏联科学院经济研究所编《苏联社会主义经济史》第1卷，三联书店1979年版，第478页。

③　参见《苏联经济的发展》，1940年莫斯科俄文版，第153页，转引自苏联科学院经济研究所编《苏联社会主义经济史》第1卷，三联书店1979年版，第484页。

④　列宁：《〈论粮食税〉的几个提纲（1921年3—4月）》，《列宁全集》1986年版，第41卷，第376页。

于把所有大企业都收归国有。当时列宁提出了一个通过国家资本主义走向社会主义的计划，这个计划在列宁的《苏维埃政权的当前任务》一文中有全面的概括。他说：现在要"暂停""对资本家采取'赤卫队式的'进攻"，代之以"苏维埃的方法"，这主要是在企业中实行"工人监督"和"全民计算"；[①] 1921 年列宁在回顾 1918 年 3、4 月间的情况时又说：当时"我们的任务与其说是剥夺剥夺者，不如说是计算、监督、提高劳动生产率和加强纪律"。[②] 但这一计划被 1918 年夏天全面爆发的国内战争所打断。在"战时共产主义"政策开始执行后，苏维埃政府决定将全部大工业国有化。1918 年 6 月 28 日，人民委员会通过了一个重要的法令，将固定资产总额在 20 万—100 万卢布的大工业收归国有。此后，在 1919—1920 年间，政府又颁布了一系列法令，先后将各类工业按部门全部收归国有。这样就有相当数量的中型企业被收归国有。1920 年 11 月 29 日，最高国民经济委员会颁布《对拥有五名雇佣工人以上的企业实行国有化的法令》，宣布将雇工 5 人（有机械动力）和 10 人（无机械动力）以上的小工业收归国有。至 1920 年年底，全国国有化企业已有 37000 家之多。至此，基本上实现了包括中、小企业在内的全国工业企业的国有化。

第三，对工厂企业的领导实行高度集中的总管理局体制。1917 年 12 月，在人民委员会下设了最高国民经济委员会，同时在各地成立地区国民经济委员会。1918 年 3 月，为了对国有化企业实施领导，在最高国民经济委员会下成立一系列总管理局（如 1918 年 4 月成立的煤炭总管理局、5 月成立的石油总管理局等）随着国有化的迅速发展，1919 年 12 月，地方国民经济委员会被撤销，从而大大压缩了地方机构和企业的自主权。同时，总管理局的数量不断增多，权力不断集中。1920 年全国共有 52 个总管理局。总管理局体制的特征是中央对企业实行集中的垂直领导，它不仅给企业规定年度计划，而且规定季度计划甚至月度计划，企业只能根据月度计划编制每昼夜、每小时的产品和品种表。企业的生产经营活动也被控制得

---

① 列宁：《苏维埃政权的当前任务（1918 年 4 月）》，《列宁全集》1985 年版，第 34 卷，第 160、161 页。

② 列宁：《在莫斯科省第七次党代表会议上关于新经济政策的报告》（1921 年 10 月），《列宁全集》1987 年版，第 42 卷，第 221 页。

很死，生产所需物资由国家计划调拨，产品由国家包销，价格由国家规定，职工工资也由国家定额和包发。

第四，取消私人贸易。1918 年 11 月 21 日，人民委员会颁布《关于组织对居民的各种食品、个人消费品和家庭日用品供应的法令》（即贸易垄断法令）。这是商业国有化方面的决定性步骤。法令规定居民的各种生活必需品，包括食糖、糖果、茶叶、食盐、火柴、布匹、靴鞋、胶皮套鞋、肥皂等，全部由国家与合作社经销，禁止私人贸易。1920 年中，进一步取缔了各类小商小贩。

第五，实行口粮和各种生活必需品的定量供应和实物工资。从 1918 年 7 月起，各城市开始实行定量供应口粮（即所谓"阶级口粮制"）。分配的标准分为若干类：从事体力劳动的工人、哺乳母亲、四口以上的家庭主妇、1—12 岁的儿童，按第一类标准供应；职员、学生、三口以上的家庭主妇、12 岁以上的儿童，按第二类标准供应；自由职业者和剥削分子按第三类标准供应。1918 年年底莫斯科的供应量是：第一类平均每人每天三分之一磅面包，1.75 磅土豆；第二类为十六分之一磅面包，1.5 磅土豆。① 供应量一开始是很少的，后来逐步有所提高。1920 年年末开始供应量不仅大为提高，而且更加稳定。每个劳动者每月的基本定量是：烤面包 30 磅，肉或鱼 4 磅，食糖 0.5 磅，蔬菜 20 磅，食盐 1 磅，肥皂 0.25 磅，代咖啡 0.25 磅等。② 从 1919 年年底起，对最重要的工业部门，包括军工部门的工人，实行高于一般标准的"专用供应"。享受这一标准的人共有 64.2 万人，到 1921 年 3—4 月间增加到 370.86 万人，占全部工人的一半以上。③ 后来，定量供应由口粮逐步发展到各种生活必需品。由于货币严重贬值，为了保证工人生活，实行了实物工资，如在公共食堂免费就餐，按供应卡免费供应食品日用品等。实物工资比重的不断提高，以及国家为劳动者免费提供房屋居住、燃料饲料、报刊邮电、交通运输等，使货币的作用逐渐减小以至接近于消失。

---

① 参见苏联科学院经济研究所编《苏联国民经济史》第 1 卷，三联书店 1979 年版，第 498 页。
② 同上书，第 500 页。
③ 同上书，第 499 页。

第六，实行义务劳动制。要求凡是有劳动能力的成年人必须参加劳动，同时强迫剥削阶级分子参加体力劳动。强制贯彻"不劳动者不得食"的原则。政府可以招募公民完成不同的社会工作，而不论其担任何种经常性工作。

以上就是"战时共产主义"政策的主要内容。这些强制性的非常措施，在反对外国武装干涉和国内战争中起到了积极作用，有力地保证了新生的苏维埃政权取得战争的胜利。

二　对"战时共产主义"的评价和一些思考

从 20 世纪 30 年代中期到 50 年代末，在苏联史学界占优势的观点是对"战时共产主义"给予全面肯定。持这种观点者强调说，"战时共产主义"是苏俄在极端艰苦的内战条件下被迫采取的措施。在当时，党和新生的工农政权除此之外别无任何选择。正是因为采取了这些政策，第一个无产阶级专政国家才得以保全。持这种观点者并不认为"战时共产主义"政策是科学的共产主义政策。但他们只是强调"战时共产主义"政策对取得内战胜利的作用，而对它们的消极影响则往往缄默不言，或者轻轻一笔。这种观点虽不能被认为完全错误，但却是很片面的。它阻碍了对"战时共产主义"作深入的研究，全面吸取其经验和教训。

近一二十年来，在苏联学术界出现了全面评价"战时共产主义"的趋向，主要表现在加强对它的消极方面的研究和分析。很多原始资料表明，在执行"战时共产主义"政策过程中有不少地方是做得过了头的，因而带来了严重的消极后果，如耕地面积缩减、工业减产等。有些研究者还提出了这样一个问题：既然"战时共产主义"政策是内战时期被迫采取的非常措施，那么为什么在内战基本结束以后，在 1920 年年末至 1921 年年初时还制订了不少"战时共产主义"的色彩更重的政策呢？（如 1920 年 12 月 29 日全俄苏维埃八大通过的《关于加强和发展农业措施的决议》、1920 年 11 月 29 日最高国民经济委员会关于将私人工业残余实行国有化的决定、1920 年 12 月至 1921 年 1 月人民委员会发布的一系列促使工资全部实物化以及实行共产主义分配原则的法令等）。这些政策虽然大部分未能付诸实施，但却反映了当时领导上有一种直接过渡到共产主义的思想。

苏联学者研究"战时共产主义"的新动向也引起了我国学术界的注意。大部分中国学者认为，应当对"战时共产主义"的功过得失进行全面评价，只有这样才能还历史的本来面目。但是在具体评价上，包括对"战时共产主义"功过得失的看法，存在着较大的分歧。归纳起来大致有以下几种具有代表性的观点：一种观点认为"战时共产主义"的"功劳"是有限的。"战时共产主义"即使在当时历史条件下也是有严重错误的，回避和抹杀这一点就不是实事求是的态度。有的学者甚至认为"战时共产主义"是"农业社会主义的变种"，其表现是：崇尚落后的自然经济，轻视商业；企图在小农经济占优势的基础上，借助国家法令和政治强力来统一管理全部生产、流通和分配；企图在普遍穷困和匮乏的基础上借助消费品的平均分配来消灭一切差别。另一种观点是持肯定或基本肯定态度，认为"战时共产主义"是一种"功劳"。它不是人为地超越客观历史阶段，而是战争条件下的现实需要。它的错误不是路线错误，而是在执行一定政策过程中所犯的错误。还有一种观点认为，"战时共产主义"应该分为两个阶段：从 1918 年 6 月至 1919 年年底的阶段，主要是由于战争需要；从 1920 年至 1921 年年初的阶段，则是企图以战时的非常措施来尝试"直接过渡"到社会主义。

笔者认为，围绕着对"战时共产主义"的评价，有一些问题是值得思考的：

第一，列宁有没有"直接过渡"的思想？

这是一个具有重大理论意义和现实意义的问题。它不仅对研究早期苏联史，而且对研究马克思列宁主义思想发展史都至关重要。一些学者认为，列宁对于一个存在多种经济成分的落后国家必须逐步过渡到社会主义这一点一直是很明确的。如前所述十月革命胜利以后，特别是在反对外国武装干涉和国内战争全面爆发以前的 1918 年春，列宁已经提出并大体制定了一个从资本主义向社会主义过渡时期的方针和计划。他明确认为，在俄国这样一个小商品经济占优势的落后的国家不可能立即向社会主义过渡，而是要经过一个较长的过渡时期。在这个时期党和苏维埃国家的一个重要政策是要同资产阶级实行某种妥协，搞国家资本主义。他说：国家资本主义是"社会主义最充分的物质准备，是社会主义的前阶，是历史阶梯上的一级"。①国内战争打断了这一计划。由此可见，列宁当时并没有"直接过渡"的思想。他只是在总结"战时共产主义"的经验教训时才谈到"直接过渡"。在笔者看来，在一个小农占优势的落后国家如何建设社会主义的问题，在马克思、恩格斯的思想宝库中并没有现成答案。列宁是经过了一段实践和探索才得出正确结论的。因此，列宁对这个问题的认识有一个探索过程。在这个过程中，列宁即使曾一度有过"直接过渡"的想法，但后来还是把它否定了，最后终于提出了一整套由资本主义向社会主义过渡的正确理论方针——新经济政策。新经济政策与列宁在 1918 年春提出的方针基本上是相衔接的，只是它更明确、更具体、更深刻。

第二，"战时共产主义"只是反对外国武装干涉和国内战争时期的部分主要经济政策，不是全部经济政策，更不是党和苏维埃国家在那一时期的整个路线。

在笔者看来，"战时共产主义"只是内战时期（1918—1920 年）经济政策的一个重要组成部分，仅仅是一部分临时性紧急措施，不反映当时苏联社会经济发展的全部内容，更不是 1918—1920 年间的党和苏维埃国家的全部政策。我们可以从以下几方面来证明这一点：

1. 1918—1920 年间，小商品经济、商品货币关系和私人贸易并非百分之百地消失了。苏联史学家 И. А. 尤尔科夫新近的研究成果指出，布尔什维克党在思想上并没有取消货币的方针。1919 年 3 月党的八大通过的党纲第 15 条明确写道："在从资本主义向共产主义过渡初期，在没有充分组织起共产主义的产品生产和分配之前，消灭货币是不可能的。"②尤尔科夫认为，"苏维埃政权从来没有颁布过任何取消货币的法令，也没有排除货币流通和禁止货币作为交换手段的法令"。③

---

① 列宁：《大难临头，出路何在？》（1917 年 9 月 10—14 日），《列宁全集》，第 32 卷，人民出版社 1985 年版，第 219 页。

② 《苏联共产党代表大会、代表会议和中央全会决议汇编》中文版，第 1 分册，第 547 页。

③ И. А. 尤尔科夫：《国内战争年代（1918—1920）苏维埃国家的财政支出和商品货币关系》载［苏］《历史问题》1981 年第 10 期，转引自吴恩远《"战时共产主义"研究中值得注意的几个问题》，载《世界史研究动态》1983 年第 9 期。

2. 即使在"战时共产主义"的高潮阶段也采取了不少非"战时共产主义"性质的措施，如在分配方面反对平均主义，对劳动好的企业和个人进行现金和物质奖励，同时减少怠惰人员的口粮等，并颁布了相应的法令，如 1920 年 6 月 8 日的《关于劳动奖励》法令和 1920 年 10 月 23 日的《实物奖励暂行条例》等。在 1920 年 11 月 23 日颁布的《租让制法令》，宣布允许"吸收工业发达国家的技术和资金，以便使俄国恢复周围整个世界经济原料基地之一的地位"。

3. 在农村并非大规模地组织集体经济。1918 年年底集体化农户只占全国总农户的千分之一，1919 年年底占千分之三，到 1920 年年底也只占千分之五。[①]

4. "战时共产主义"政策主要涉及经济领域，在其他领域，包括思想文化和科教领域并未受到"战时共产主义"政策的影响。相反，当时党和苏维埃政权的文化政策总体上说是相当宽松的。例如列宁非常重视旧知识分子，包括旧军事专家。在 1919 年 3 月举行的党的八大上，列宁多次发言，明确指出：要在较短时间内建立一支正规红军，没有大批旧军事专家的参加与支持是不行的。列宁还特别尊重知识产权。1919 年 6 月 30 日，人民委员会发布了《关于发明条例》，其中着重指出："被承认为有益的发明……必须给予特别报酬，对此报酬不得征税"；"发明权保留给发明人，并由发明事务委员会向发明人颁发证书加以证明。"在物质生活极其匮乏的战争条件下，为了支持科学家的创造性劳动，1919 年成立了全俄科学家生活改善委员会。同年 12 月 23 日，人民委员会通过《关于改善科学家生活状况》的特别法令。法令规定：在提高国民经济的生产效率和振兴文化工作的部门中，"给最优秀的专家特殊供应"；"免除这些专家各种与他们的科学工作无关的劳动义务和军事义务"；"为这些专家的科学工作创造住房条件，保证他们得到起码的、为科学工作所绝对必需的方便。"在文化建设方面，党和政府与当时颇有影响的所谓"无产阶级文化派"进行了坚决的斗争。这是一种极"左"思潮。它拒绝和否定一切历史文化遗产，排斥所有非无产阶级出身的知识分子，认为只有无产阶级出身的文化

---

① 参见苏联科学院经济研究所编《苏联国民经济史》第 1 卷，三联书店 1979 年版，第 392 页。

人才能创造"无产阶级文化"。显然，以上政策措施与"战时共产主义"政策是并不合拍的。

第三，关于"战时共产主义思想"的问题。

近年来，苏联有些学者提出，应当把"战时共产主义政策"和"战时共产主义思想"区别开来："战时共产主义"政策在当时是必需的，而"战时共产主义"思想，也就是"直接过渡"思想则是错误的。这些学者认为，在内战时期确实有些干部有"战时共产主义思想"，他们指望通过"战时共产主义"政策在短时期内"直接过渡"到社会主义和共产主义。苏联 20 年代的一些极"左"分子（包括当时的一些党的领导人），特别是"左派共产主义者"、"工人反对派"就是"战时共产主义思想"的鼓吹者。他们认为，"战时共产主义"是"向共产主义过渡的正确道路"。例如著名的"左派共产主义"理论家列甫·克里茨曼在 1926 年出版的《伟大俄国革命的英勇时期（试论所谓的"战时共产主义"）》一书中对"战时共产主义"倍加赞扬，称它为"对于未来的预见，未来闯到现代来了"[1]。另一个"左派共产主义者"普列奥布拉任斯基认为，当时出现的通货膨胀是"摧毁商品货币关系"、过渡到共产主义的好办法，因此主张多发纸币，说什么钞票印刷机是"袭击资本主义的机关枪"。布哈林则认为，"战时共产主义""不仅是一种非常措施，而且是由资本主义向共产主义过渡的里程碑"。他在 1920 年写的《过渡时期经济学》一书中否认商品生产和市场经济在过渡时期的作用。托洛茨基及其追随者也鼓吹说，"战时共产主义"政策是"无产阶级国家唯一可行的和长期的经济政策"。[2]这些极"左"观点显然也是违反马克思列宁主义的。

还有些干部是在"战时共产主义"政策的实施过程中滋生了一种幻想，以为这样的强制政策不仅能捍卫苏维埃政权，而且能建立社会主义和共产主义的经济关系，因而把这种政策当作正常的建设社会主义政策。这种思想也属于"战时共产主义思想"。但也有人不同意他们的观点，认为

---

① 列甫·克里茨曼：《伟大俄国革命的英勇时期（试论所谓的"战时共产主义"）》，莫斯科 1926 年版，第 77 页，转引自苏联科学院经济研究所编《苏联国民经济史》第 1 卷，三联书店 1979 年版，第 321 页。

② 参见苏联科学院经济研究所编《苏联国民经济史》第 1 卷，三联书店 1979 年版，第 320 页。

不能把思想和政策区分开，把思想的鼓吹者和政策的制订者截然分开是说不过去的。这些观点都有一定的启发性，值得进一步研究。

（原载《苏联东欧研究资料》1983 年第 5—6 期合刊，本书发表时作者补充了一些具体资料）

新经济政策的实质及其历史地位

一　新经济政策的主要内容

1921 年 3 月，俄共（布）中央决定停止执行"战时共产主义"政策，向新经济政策过渡。这个"新"是针对"战时共产主义"说的。

新经济政策的基本内容有以下几点：

1. **废除余粮收集制，实行粮食税**。党的第十次代表大会决议指出，立即以粮食税代替余粮收集制；粮食税的数额应当低于余粮收集的数额；粮食税采取累进制，对贫苦农民免征或少征；税额在春播以前公布，秋收时不再变动；允许农民自由处理余粮。根据这些精神，人民委员会及时作出了一系列的决定，规定 1921—1922 年度的余粮税额要比上年度余粮收集总额低得多，其中粮食由上年度的 42300 万普特降为 24000 万普特，减少了 43.3%，油料减少了 50%，肉类减少了 74.5%，亚麻纤维减少了 93.3%，等等。

从 1921—1922 年度开始，粮食税共实行了三年。第一年度是对各类农产品（共十八类）分别规定实物税额；第二年度是以粮食（小麦或黑麦）为单位，规定统一的实物税，也就是说各类产品的实物税均折合小麦或黑麦支付；第三年度允许农民按自己的意愿以实物或货币纳税。从 1924—1925 年度起，一律改征货币税。作为国家向农民征购形式的粮食税停止实行，国家所需粮食和农产品都通过市场收购。这样就进一步扩大了农民经营土地的自由，提高了他们的生产积极性。

2. **准许农民出租土地和雇工**。由于国内战争造成的破坏和农村普遍出现的分家，无耕畜和无农具的农户增多。为了提高农业生产，1922 年 5 月 22 日，根据联共（布）十一次代表大会决议精神，全俄中央执行委员会颁布法令，允许农民出租土地和雇工。法令规定土地出租期限不得超过三年，租来的土地只准租地农户本身耕作，雇工只能充当辅助劳力，雇主本人及其家庭成员应与雇工共同劳动。1925 年 4 月党中央全会又通过决议，放宽了对租地与雇工的限制。出租期限延长至十二年，租来的土地可以由雇工耕作，国有土地也可以租与私人，期限可超过十二年。1927 年下半年起开始收缩。1928 年 7 月 18 日中央执行委员会和人民委员会将出租期限缩短为六年。12 月 15 日，中央执行委员会决议禁止把土地出租给富农。1930 年 2 月 1 日，中央执行委员会和人民委员会决定停止执行出租土地和雇工的法令。

从 1922 年起至 1925 年，农村租地和雇工逐年发展。据统计，租赁土地的农户在 1922 年占总农户的 2.8%，1923 年为 3.3%，1924 年为 4.2%，1925 年为 6.1%；全国出租的土地 1923 年为 300 万俄亩，1924 年为 450 万俄亩，1925 年为 700 万俄亩；使用雇工的农户 1922 年占总农户的 1%，1923 年仍为 1%，1924 年和 1925 年分别为 1.7% 和 1.9%。1926 年，农村雇佣劳动力共有 170 万人，1927 年达到 184 万人。

3. 允许私人占有中、小工业。1921 年 7 月 7 日，人民委员会颁布《关于手工业和小企业的决定》，允许私人开设不超过 20 名工人的小企业。1921 年 12 月 10 日，全俄中央执行委员会颁布法令，将职工人数不超过 20 人的国营小企业解除国有化发还给原主。私营工业获得最大发展的时间是在 1921 年下半年和 1922 年，在绝对量上的增长持续到 1925—1926 年度。私营工业工人的人数在 1925 年占总工人数的 4.5%。

4. 恢复自由贸易，重建商品货币关系。恢复自由贸易以后，开始实行的是商品交换。农民可以将剩余的粮食和农产品自由交换成需要的其他农产品和日用工业品。1921 年 3 月 27 日，俄共（布）中央和国家粮食人民委员部分别通过了有关商品交换的条例，规定在地方范围以内，在生产者个人之间或生产者与国家之间（通过合作社），可以自由进行实物交换。这种交换是不通过市场，不需要货币的。列宁在 1915 年 5 月说："应当把商品交换提到首要地位，把它作为新经济政策的主要杠杆。"[①] 列宁在这里

---

① 《列宁全集》第 32 卷，人民出版社 1985 年版，第 424 页。

说的就是这种实物交换。但这种形式很快被突破了。商品交换变成了通过市场和中介人的货币交换，而且打破了地方范围的限制。列宁在 1921 年 10 月指出："商品交换失败了。所谓失败了，就是说它已经变成了商品买卖"，"商品交换作为一种制度已经不适应实际情况，实际情况奉献给我们的不是商品交换而是货币流通、现金交易"。① 因此，列宁认为必须再退却，再向后退。1921 年 12 月俄共（布）第十一次全国代表大会确认了这一退却。会议的决议指出，应当把利用市场和商品货币关系作为向社会主义过渡时期的一项基本任务。

5. 进行工业管理体制的改革。 从 1921 年 8 月开始，废除"战时共产主义"时期的总管理局体制。最高国民经济委员会除了对全国工业进行计划调节以外，只直接管理一部分大型的重点企业，其余企业都下放给地方的经济机构领导。1920 年由国家直接管理的企业有 3.7 万多家，体制改革以后只剩下 4500 家，仅占原来的 12% 左右。同时，还将一些国营企业联合组成托拉斯，进行独立经济核算。1923 年全国共有 478 个托拉斯，其中 133 个属中央管理，345 个属地方管理。经过这样的体制改革以后，加强了地方和企业的自主权，调动了它们的生产积极性。

6. 实行租让制和租赁制。 租让制是国家资本主义经济的一种形式。租让就是将一些有利于整个国民经济的恢复和发展的、但是国家暂时又无力经营的企业，按照一定的条件，通过签订相应的合同租让给外国资本家经营。早在实行新经济政策之前，列宁就考虑并提出了租让制的问题。1918 年 5 月，列宁在给一个美国商人写信时曾附去一份苏俄政府外贸部门拟订的发展苏美经济关系计划，其中提到美国和其他国家可以通过租让的形式参加苏俄的煤矿和水力资源的开发以及铁路建设。同年 7 月，人民委员会拟定了一个引进外资条件提纲。国内战争爆发使这项工作没有得以开展。战争结束以后，人民委员会于 1920 年 11 月 13 日公布了《租让法令》。1921 年 3 月党的十大在决定向新经济政策过渡时确认了租让政策。《租让法令》中明确规定了租让原则，如租让企业的所有权属于苏维埃国家，承租者必须遵守苏俄的一切法令并完成规定的生产计划，同时注意改善职工

---

① 《列宁全集》第 42 卷，人民出版社 1986 年版，第 73、79 页。

的生活，租让企业所在地不应成为外国势力范围，租让企业的产品苏维埃国家可优先购买，等等。当然，法令也作了一些可以使承租者有利可图的规定。

总的来说，租让制形式在新经济政策时期并未得到充分的发展，在整个国民经济中所占的比重很小。从 1921—1929 年租让企业在全国生产中所占的比例平均在 1% 左右，最高时也只有 3%。租让的部门主要是北方地区的森林，巴库地区的油田，乌拉尔和西伯利亚地区的矿山，以及铁路水运建设等。主要承租者是美、英、德、瑞、日五国的资本家。他们的投资额占 80% 左右。到 1924 年 5 月 1 日为止，全国共有租让企业 70 家，其中工业 31 家，外贸 23 家，交通运输 8 家，农业 7 家，建工 1 家。在工业租让企业中，主要是生产资料生产部门的。租让企业的生产总值，虽然所占比例很小，但是引进了当时国外的先进技术设备和管理经验，培养了工程技术人员，推动了国民经济的技术改造。

实行租让政策除了租让企业外，还包括其他一些方式，如与外国资本家搞合营企业和签订技术援助协定，目的都是引进外资。在新经济政策初期，以搞租让企业和合营企业为主，到 1925 年以后开始搞技术援助协定。1929 年时，全国较大的技术援助协定共有 70 个。

租赁制是将已经国有化了的一部分中小企业租给私人或合作社经营的一种制度，是国家资本主义的另一种形式。1921 年 7 月 5 日，人民委员会通过了出租最高国民经济委员会新管辖的企业的决定。根据这个决定，在已倒闭和政府暂时无力经营的工厂中选出了 12507 家供出租。这些工厂都是小厂，其中 70% 左右是食品加工工厂。规定原业主也可承租。租期一般在五年以下，最长的是六年。和租让制一样，租赁制也没有得到很大的发展，而且到 1922 年 3 月基本上已停止实行。据 1922 年年初的统计，在承租人中，私人和原业主占 57.7%，合作社占 32.2%，国家机构占 4.1%；到 1923 年 7 月止，全国出租企业总数约有 5000 个，工人总数为 75000—78000 人。1923 年 1 月时，租赁企业总数和国营工业大致相等，但租赁工业工人仅占全国工人总数的 8.5%。

以上就是新经济政策的主要内容。由于实行了新经济政策，苏联的国民经济得到了比较迅速的恢复和发展。

新经济政策是在一个有着多种经济成分的、小农经济占优势的落后国家里建设社会主义所必须经过的一个阶段。这是列宁经过反复的思考和实践，把马克思主义的基本原理创造性地运用到俄国的结果，是列宁对马克思主义的重大发展。

二　新经济政策的实质

1. 巩固工农联盟。无产阶级夺取政权以后，对于既是劳动者又是私有者的广大农民不能进行剥夺。余粮收集制的一个重要教训正是在这里。布尔什维克党依靠工农联盟取得了社会主义革命的胜利，又依靠它捍卫并巩固了新生的苏维埃国家。但是，由于实行了余粮收集制等一系列强制性的政策，广大农民的经济利益遭到了很大损害，工农联盟的基础逐渐被削弱。内战结束以后，主要建立在政治基础上的工农联盟发生动摇。1921 年喀琅施塔得的叛乱充分反映了这种动摇。列宁及时地看到了这一点，认识到必须立即从经济基础上来加强工农联盟。列宁写道："新经济政策的实质是无产阶级同农民的联盟，是先锋队无产阶级同广大农民群众的结合。"[1] 他又写道："关于以实物税代替余粮收集制的问题，首先而且主要是一个政治问题，因为这个问题的本质在于工人阶级如何对待农民。"[2]

2. 利用商品货币关系。列宁在十月革命以前和苏维埃国家建立之初就提出要改造和利用旧的商品货币关系，为建设社会主义服务。在"战时共产主义"期间，特别是在它的后期，商品货币关系从不断削弱到名存实亡。新经济政策不仅允许自由贸易，而且要重建商品货币关系。这也就是说要利用市场和通过市场来发展生产，逐步战胜资本主义成分，建立社会主义经济。这是一种长期的迂回过渡的措施。列宁指出："为了逐渐发展强大的工农联盟，除了在工人国家的领导和监督下发展商业并逐步提高农业和工业的现有水平外，就没有任何别的出路。我们绝对必须走这条道

---

① 《列宁全集》，第 42 卷，人民出版社 1986 年版，第 347 页。
② 《列宁全集》，第 41 卷，人民出版社 1986 年版，第 50 页。

路。我们新经济政策的基础和实质全在于此。"①

3. 实行国家资本主义原则。关于国家资本主义的含义,可以有两种理解。一种理解是把国家资本主义看作是一种经济成分,是国家(或是社会)和私人的所有制的结合,如租让企业、租赁企业和各种形式的合作社等。另一种理解是:国家资本主义意味着国家对私人资本主义经济进行各种形式的监督和调整。这两种理解并不相互排斥。不论从哪一种理解来看,实行国家资本主义的目的都是保证资本主义因素服从于无产阶级政权,并受其限制和利用,以便逐步过渡到社会主义制度。所以列宁指出:"新经济政策的真正实质在于:第一,无产阶级国家准许小生产者有贸易自由;第二,无产阶级对于大资本的生产资料,运用了资本主义经济学中叫做'国家资本主义'的一系列原则。"②

关于新经济政策的分期,目前在研究者中还没有完全一致的看法。但是,不论看法如何不同,有一点是可以肯定的,就是新经济政策在执行过程中并不是一成不变的,而是有时政策界限放宽一些,有时则收缩一些。这种政策界限的变化在城市和农村有时不尽一致。关于新经济政策实行到什么时候终止的问题,也有各种说法。比较多数的研究者认为,到 1928年左右,新经济政策在各方面都已基本停止执行。在农村,1927 年 12 月党的十五大决定向富农进攻,并提出采取各种限制农村资本主义发展的新办法来引导农民经济走向社会主义的方针。1929 年 12 月,斯大林又进一步提出"从限制富农剥削趋向的政策过渡到消灭富农阶级的政策"。③1930 年年初,废除租地法和农村雇佣劳动法。从 1929 年起,为了给加速工业发展积累资金,工农业产品价格之间的"剪刀差"又继续扩大。在城市,党的十五大提出限制私商以后到 1929 年私人工商业已经基本上被排挤掉了。1929 年签订了最后一个租让条约。1931—1932 年间又逐步恢复了总管理局体制,重建了中央对全国工业的高度集中的领导。今天,有不少研究者认为,斯大林社会主义模式的主要弊病与过早地结束新经济政策

---

① 《列宁全集》第 42 卷,人民出版社 1986 年版,第 335 页。
② 同上书,第 368 页。
③ 《斯大林全集》第 12 卷,人民出版社 1956 年版,第 147 页。

是有很大的关系的。这也就是当前对新经济政策的研究之所以受到我国和不少其他国家的学者重视的原因之一。

三　新经济政策的历史地位

1. **新经济政策是一个过渡时期的政策。**新经济政策问题在 20 世纪 70 年代末期，曾经备受我国学者的关注。后来这种关注逐渐减弱。近年来，对这个问题的研究又热了起来。究其原因，在我看来主要有两个：一是有的人认为，中国特色社会主义的理论与实践与当年苏联的新经济政策类似，因而把两者直接进行类比。二是有的人认为，在 20 年代末 30 年代初，斯大林终止执行新经济政策是一个重大的错误，其目的是为了把苏联拉回到"战时共产主义"时代去。在他们看来，新经济政策应当和必须长期实施下去，而且似乎是越长越好。

1921 年开始实行的新经济政策无疑是布尔什维克党对在俄国建设社会主义的成功探索。在它实施的十来年时间里，苏联经济取得了明显的恢复和发展。但是也应当承认，列宁由于逝世过早，对很多有关的问题来不及思考和阐发。与此同时，新经济政策本身也有其明显的缺陷和局限性。

首先，我们应当给新经济政策一个正确的历史定位：它是一个过渡时期的政策。早在苏维埃政权建立之初，列宁就指出，要在落后的俄国建设社会主义社会必须经过一个过渡时期，并且已经着手制定具体的政策。但是由于发生了国内战争和外国武装干涉，苏俄政府不得不推行"战时共产主义"政策。这一政策的核心内容是余粮收集制，即国家把必需的粮食和饲料总额逐级分摊到各产粮省、县、乡直至每个农户，然后按规定价格收购。因为指标较高，国家从农民手中购去的不仅是余粮，还包括一部分种子和口粮，而付给农民的只是不断贬值的纸币。农民的全部粮食实际上是无偿地交与国家了。除了余粮收集制，"战时共产主义"政策还包括将全部工业（包括中、小企业在内）收归国有；取消商业自由，实行国家贸易垄断；实行生活必需品的定量供应和实物工资等。

显然，"战时共产主义"是一种权宜之计。尽管当时布尔什维克党内确有一些人想通过"战时共产主义"直接过渡到社会主义，布哈林便是他

们的典型代表。但这种直接过渡的方针，与列宁关于在落后的俄国建设社
会主义社会必须经过一个过渡时期的思想是不符合的。

在这里，我想顺便提一个值得商榷的问题：国内有少数学者在提到
"战时共产主义"时，总是把它译为"军事共产主义"。我觉得，这样的
译法很不妥。据苏联著名历史学家 И. Т. 吉姆佩尔松的考证，列宁是在
1921 年 4 月《论粮食税》一文中作历史回顾时第一次使用"战时共产主
义"一词的。在此之前无论是在列宁的，或是党的文件中都没有使用过这
个词。列宁使用这个词仅仅是强调它的"条件性和形象性"；而且"主要
是在涉及余粮收集制时才使用这个词"。① "战时共产主义"的俄文原文是
военный коммунизм。据我所知，关于这个词的中译，中央编译局在编译
《列宁全集》时，是经过仔细推敲并反复研究讨论的。我国绝大多数学者
都采用这个具有权威性的译法（英文译为 war communism，有时还译为
wartime communism，德文译为 Kriegskommunismus，都是一样的道理）。如
果把它译成"军事共产主义"，便会被误读为这是一种常态，甚至是一种
模式，而不是在特定时期，即国内战争时期的一系列非常态的临时措施。

如果说在战争时期，工人和农民为了捍卫苏维埃政权还可以忍受"战
时共产主义"政策，那么在战争基本结束后，情况就不一样了。广大农民
对余粮收集制强烈不满。一部分工人也产生动摇，罢工不时出现。反革命
分子利用这种不满到处煽动闹事，在一些地区甚至掀起了反对苏维埃政权
的动乱。

列宁及时看到了这一点，果断地提出必须结束"战时共产主义"，改
行新经济政策。在列宁看来，新经济政策正是俄国从资本主义向社会主义
过渡所必需的也是最好的方针政策。这也是列宁总结了"战时共产主义"
的教训的结果。他在 1921 年举行的俄共（布）第十次全国代表大会上说：
"在一个小农生产者占人口大多数的国家里，实行社会主义革命必须经过
一系列特殊的过渡办法，这些办法在工农业雇佣工人占大多数的发达的资

---

① 参见［苏］И. Т. 吉姆佩尔松《"战时共产主义"：政策·实践·思想体系》，莫斯科 1973
年俄文版，第 211、212 页，转引自吴恩远《"战时共产主义"研究中值得注意的几个问题》，载《世
界史研究动态》1983 年第 9 期。

本主义国家里，是完全不需要采用的。在发达的资本主义国家里，有在几十年中形成的农业雇佣工人阶级。只有这样的阶级，才能够在社会上、经济上以及政治上成为直接向社会主义过渡的支柱。只有在这个阶级相当成熟的国家里，才能够从资本主义直接向社会主义过渡，而不需要采用全国性的特殊的过渡办法。……俄国的情况不同，这里产业工人仅占少数，而小农则占大多数。"① 所以我们说，新经济政策是过渡时期的政策。这个定位对我们正确理解新经济政策是至关重要的。

　　新经济政策的主要内容是以粮食税取代余粮收集制，实行中、小工业的非国有化，恢复自由贸易，重建商品货币关系等。其实质是依靠物质利益来刺激广大劳动者，首先是劳动农民发展生产的积极性；利用商业、市场和商品货币关系来建立城乡之间的经济联系；承认多种经济成分并存，允许私人经济在一定范围和程度上恢复和发展，充分发挥私人经济和各种形式的国家资本主义经济，特别是后者的积极作用。事实表明，实施新经济政策使苏联的国民经济得到了明显的恢复与发展，从而为进一步开展社会主义建设创造了基本条件。这说明列宁关于在落后的俄国建设社会主义必须经过一个过渡时期的理论经受了实践的检验。它对一切发展中国家具有重要的普遍意义。正是在这一意义上，邓小平对新经济政策作了充分肯定和高度评价。

　　2. 新经济政策是一种"退却"，是建设社会主义的一种"迂回"的方法。从"战时共产主义"和"直接过渡"的视角来看，新经济政策是一种"退却"。列宁始终强调对社会主义美好未来的追求，在他看来，新经济政策是布尔什维克党通过多种经济成分并存和国家资本主义，以及利用资本主义商业办法向"社会主义过渡"的措施。列宁在实行新经济政策的时候特别强调："我们现在退却，好像是在向后退，但是我们这样做是为了先后退几步，然后再快跑，更有力地向前跳。仅仅是在这样一个条件下，我们才在施行我们的新经济政策时向后退却……以便在退却之后开始

---

　　① 《关于以实物税代替余粮收集制的报告》，《列宁全集》第41卷，人民出版社1986年版，第50—51页。

极顽强地向前进攻。"① 1921 年 11 月，列宁在《论黄金在目前和在社会主义完全胜利后的作用》一文中又指出："我们已经退到了国家资本主义。……这次必要的退却进行得愈自觉，愈协调，成见愈少，那么，我们就会愈快停止退却，而随后的胜利进击就会愈有把握，愈迅速，愈波澜壮阔。"②

新经济政策的成就和理论意义是毋庸置疑的，但是也存在着明显的缺陷和局限性。首先，新经济政策只是一系列经济政策，列宁和布尔什维克党当时未能同时制定出与其相适应的政治和思想文化等方面的政策来与之配套。因此，它不可能是一种真正意义上的制度模式。从新经济政策本身来看，它存在着很多矛盾，其中主要的是分散经营与国家对经济进行宏观调控的矛盾，因而在执行过程中缺乏一贯性，经常出现左右摇摆现象，时松时紧。例如，1924 年提出要消灭私人批发商，建立国营批发商与私人零售之间的直接联系，从而使新经济政策的实施范围有所缩小；1925 年政策有所调整，不仅鼓励私人工商业的发展，而且放宽了对农村租佃关系的限制；1926 年又收紧政策，开始号召与"耐普曼"作斗争。

另外，在执行新经济政策过程中，特别是在后期，城乡阶级分化和阶级斗争加剧，社会出现新的动荡。工农群众，特别是农民，开始对新经济政策表现出不满。近年来，俄罗斯历史学家用社会史的方法，对新经济政策时期的社会情绪、社会文化和社会心理进行了广泛的研究。他们根据很多档案材料，发现大多数农民由于对传统的村社制度的留恋和平均主义思想，对新经济政策产生着抵触情绪。

3. 新经济政策不是，也不可能是"永恒"的。列宁并没有设想或是预测过新经济政策大概要实行多少年。不过，既然是过渡时期的政策，总有一个大致的期限问题。在列宁的言论中我们看到，他时常说新经济政策是"长期"的。但到底如何理解这个"长期"？既然是一种"退却"，就不可能是永远的。列宁在 1921 年 5 月举行的党的第十次代表会议上《关于粮食税的报告的总结发言》中说："奥新斯基同志接着讲到了期限问题，

---

① 《列宁全集》第 43 卷，人民出版社 1986 年版，第 296 页。
② 《列宁全集》第 42 卷，人民出版社 1986 年版，第 252 页。

这一点我倒是有保留的。所谓'认真地和长期地'，就是 25 年。我不那么悲观。我不想预测依我看究竟要多长时间，但是我认为，他说的多少有点悲观。我们能估计到 5—10 年的情况，就谢天谢地了。"① 这次代表会议通过的《关于新经济政策问题的决议草案》中写道："党认为这是一个要在若干年内长期实行的政策。"② 按照俄文的表述，"若干年"，或是"几年"，在多数情况下应该是个位数。1922 年 11 月 20 日，他《在莫斯科苏维埃全会上的讲话》中又说："社会主义现在已经不是一个遥远将来，或者什么抽象图景，或者什么圣像问题了。……我们把社会主义拖进了日常生活，我们应当弄清这一点。这就是我们当前的任务，这就是我们当今时代的任务。……只要我们大家共同努力，不是在明天，而是在几年之中，无论如何会解决这个任务，这样，新经济政策的俄国将变成社会主义的俄国。"③

斯大林在 20 年代末至 30 年代初终止执行新经济政策，不能说是他对列宁和列宁主义的背叛。终止执行新经济政策是当时苏联面临的严峻的国际、国内形势所决定的。在国际上，资本主义国家的包围、封锁和战争威胁日益咄咄逼人，为了备战，必须大力发展重工业和尽快实现国家工业化；在国内，富农囤积了大量粮食，国家粮食收购不上来。据统计，1927 年 12 月国家的粮食收购数仅为上年同期的 42%。④ 粮食短缺严重影响了工业，特别是重工业的发展和城市居民的日常生活。在商业领域，"耐普曼"的投机倒把和兴风作浪使市场出现严重混乱。

这种国内外形势，使得新经济政策在其实施后期，当它本身的缺陷和局限性带来的有关矛盾，和党内的意见分歧出现激化时，便很容易被其他新的模式所取代。斯大林社会主义模式正是在这种客观背景下应运而生的，这是社会主义制度不断创新的必然诉求。从此，苏联由资本主义向社会主义的过渡时期基本结束，开始了全面建设社会主义的发展阶段。苏联在 30—40 年代取得的重大成就，包括"工业化的奇迹"和卫国战争的胜

---

① 《列宁全集》第 41 卷，人民出版社 1986 年版，第 324 页。
② 同上书，第 327 页。
③ 《列宁全集》第 43 卷，人民出版社 1986 年版，第 302 页。
④ 参见［苏］《苏共历史问题》1990 年第 3 期，第 66 页。

利，充分证明了斯大林社会主义模式在其形成初期所具有的优越性和生命力。

最后我们可以总结一下：列宁从来没有把新经济政策看作是一个全面建设社会主义的计划或蓝图。在列宁看来：（1）新经济政策只是向社会主义过渡时期的政策，这个时期是长期的，但这个"长期"不是社会主义建设的那个"长期"；（2）新经济政策实质上是一种改良主义的政策，正如列宁所说："所谓改良主义的办法，就是不摧毁旧的社会经济结构——商业、小经济、小企业、资本主义，而是活跃商业、小经济、小企业、资本主义，审慎地逐渐地掌握它们，或者说，做到有可能只在使它们活跃起来的范围内对它们实行国家的调节。"① 列宁反复强调新经济政策是一项退却政策，这是不得已而为之的行为，其目的是"在日后最终转入进攻"。② "退却"指的是过渡时期的政策，"进攻"指的是全面建设社会主义。

我们这样说，丝毫不否认新经济政策的重大理论价值、它的历史和现实意义，以及它对苏联的发展所起的历史作用和对一切经济不发达国家进行社会主义改造的普遍意义。但它毕竟是一种由资本主义向社会主义过渡时期的政策，不是社会主义时期的政策，也不是我们所说的"社会主义初级阶段"的政策。我们可以说它是"长期"的，但它不可能、也不应当是"永恒"的。如果新经济政策是"永恒"的，那么我们，乃至全世界，都永远建不成社会主义。邓小平的重大贡献在于他把新经济政策的某些精神成功地运用到我国的社会主义初级阶段。但是，如果把今天我们具有中国特色社会主义的理论和实践与当年苏联的新经济政策画等号显然也是不符合历史唯物主义的。

[第一、二部分原载《苏联东欧研究资料》1983 年第 5—6 期合刊（1983 年 11 月）；第三部分原载《马克思主义研究》2012 年第 11 期]

---

① 《列宁全集》第 42 卷，人民出版社 1986 年版，第 245 页。
② 同上书，第 228 页。

苏维埃政权建立前后苏共几次党内斗争

从苏维埃政权建立到 20 世纪 20 年代末，苏联党内发生过好多次激烈的斗争。它们反映了党的一些主要领导人对一系列重大的政治经济问题的不同观点和政策上的分歧意见。客规地研究这些斗争的过程，有助于我们更好地总结第一个社会主义国家建设中的历史经验和教训。

一　在布列斯特和约问题上的斗争

苏维埃政府成立以后，立即向参加第一次世界大战各国提出就签订公正、民主的和约进行谈判。协约国集团拒绝和谈。苏俄便与德奥集团单独进行谈判。谈判于 1917 年 12 月 3 日起在布列斯特举行。苏俄的首席谈判代表开始时是越飞，后来改由外交人民委员托洛茨基担任。谈判首先就停火达成了协议，接着便进行和平谈判。德方要求俄国割让 15 余万平方公里领土和赔偿 300 亿金卢布，作为议和的条件。为了赢得喘息的时间，保全和巩固苏维埃政权，列宁同意接受这些条件，提出了《关于立即缔结单独的割地和约问题的提纲》。列宁的意见受到了党内领导机构中多数人的反对。以布哈林为首的一批"左派共产主义者"坚决拒绝媾和，要求和德国进行"革命战争"。托洛茨基及其支持者则提出了"不战不和"的建议，既不同意签订和约，也不继续作战，并宣布复员军队。

1918 年 1 月 24 日，党中央开会研究和谈问题。列宁和布哈林的方案都遭到了否决，托洛茨基的方案以 9 票对 7 票被认可。在这种情况下，列宁又提出"尽量拖延和约的签订的方案"，得到了多数人的赞同。会后，托洛茨基去布列斯特与德方继续谈判。德方坚持原来的条件，并且声明如果不立即接受条件便要恢复军事行动。托洛茨基打电报请示列宁如何对付德方的最后通牒。列宁在和斯大林联名发出的复电中只是说"我们的观点您是知道的"。① 于是，托洛茨基向德方作了不战不和的声明，然后中止了谈判。

德国见苏俄拒绝接受条件，便发动了大规模的进攻。苏俄面临极其危急的形势。列宁一方面动员全国军民奋勇抵抗，一方面继续努力说服党内立即签订和约。2 月 18 日，党中央再次开会。列宁关于立即接受德方条件签订和约的提案以 7 票赞同，6 票反对和 1 票弃权被通过。这关键性的一张赞成票是托洛茨基投的。投赞成票的其余六人是列宁、季诺维也夫、斯维尔德洛夫、斯大林、斯米尔加和索柯里尼柯夫。投反对票的是布哈林、洛莫夫、乌里茨基、越飞、克里斯廷斯基和捷尔任斯基。弃权的是斯塔索娃。于是，苏俄立即通知德方表示愿意缔约。可是德方并未立即答复，继续在前线进攻，三天以后才表示同意议和，但提出了比原来更为苛刻的条件。这就引起了俄共党内的继续争论。"左派共产主义者"的调门更高了，坚决主张把"革命战争"进行到底。列宁认为，即使条件再苛刻，也要立即议和，并以辞职给中央施加压力。结果，列宁的提案以 7 票赞成，4 票反对和 4 票弃权被通过。托洛茨基及其支持者越飞、捷尔任斯基和克里斯廷斯基投了弃权票。托洛茨基表示，他们是反对接受德方的条件的，但如果列宁因此辞职，势必使党分裂，所以投弃权票。布哈林则声明拒绝服从决议，因为它实际上不反映多数人的意见。3 月 3 日，按照德方提出的条件草拟了和约。在 3 月 6—8 日举行的党的七大，和 3 月 14—16 日举行的苏维埃四大上批准了这个和约。在这两次大会上，"左派共产主义者"继续大吵大嚷地宣传自己的观点，要求否决和约，但是没有得到多数人的支持。

布哈林在布列斯特和约问题上的错误是极其严重的。它不仅使苏俄付出了更为惨重的代价以换取和平，而且在党内开了进行派别活动的先例。这是布哈林一生中所犯的一个最大的错误。这是不能翻案的。布哈林本人后来也承认了这一错误，并作了检讨。1926 年布哈林为《格拉纳特百科全书》写的自传中说："在我的政治生活的最主要阶段中，我认为有必要

---

① 《列宁全集》第 33 卷，人民出版社 1985 年版，第 339 页。

指出布列斯特时期，那时我领导了'左派共产主义者'，犯了极大的政治错误。"但是，布哈林的错误主要是认识上的问题。他当时错误地认为西欧（特别是德国）革命已经成熟，只要苏俄人民进行革命战争，就会促使德帝国主义垮台。根本的问题在于布哈林对社会主义革命能在一国取得胜利的信心不足。列宁对布哈林进行了十分严厉的批评，但还是认为他并不是主观上愿意犯这种错误，说他"本来是向这间房里走，却走进那一间房里去了"。[①]　因此，列宁并未对布哈林一棍子打死，而是教育他，帮助他。

托洛茨基的错误也是很严重的。但是不能把他的错误与布哈林的错误等同起来。托洛茨基虽然在指导思想（对社会主义在一国胜利的看法）上与布哈林有共同之处，但他没有号召进行"革命战争"。他执行党的决议，珍惜党的团结，没有开展派别活动。列宁虽然对他进行了严厉的批评但还是信任他的。在他辞去外交人民委员的职务以后，立即任命他为最高军事委员会主席。

二　在工会问题上的斗争

这场斗争从 1920 年 10 月起到 1921 年 3 月止；历时四个月。它不仅在党的中央委员会内开展，而且扩大到了各个地方组织。在斗争过程中党内出现了好几个大大小小的派别，给党的团结统一和整个党的事业带来了严重的危害。

斗争的最初阶段是在上层组织中进行的。1920 年 11 月，托洛茨基在全俄工会第五次代表会议的党员会上作了讲话，提出了工会应当和国家经济机关融合起来，使工会迅速国家化。为此，应当使工会成为一个强制性的组织（即所谓"拧紧螺丝钉"），并且清洗一批老的工会干部（即所谓"整刷"）。这些观点引起了激烈的争论。党中央立即举行全会讨论工会问题，托洛茨基和列宁分别提出了两个对立的提纲。列宁的提纲得到了多数中央委员的支持。会上出现了以布哈林为首的"缓冲集团"，认为工会问题还要进一步讨论，暂时先不将分歧公之于众；为此取消原定的列宁在工

---

① 《列宁全集》中文版，第 27 卷，人民出版社 1990 年版，第 68 页。

会代表会议上的报告，改由季诺维也夫作一个"实事求是的非争论性的报告"。会议通过了这一提议（列宁投反对票），并成立了一个五人委员会（季诺维也夫、托姆斯基、李可夫、鲁祖塔克、托洛茨基），来继续研究工会问题。会后，托洛茨基拒绝参加五人委员会的工作，而且擅自把分歧公开。他在一些工人集会上的讲话和发表的小册子中重申了他的观点。为了回击托洛茨基，列宁发表了《论工会、目前局势及托洛茨基同志的错误》的演说，[①] 对托洛茨基和布哈林的观点进行了批判，认为工会应当是一个教育组织，是共产主义的学校。

斗争的第二阶段是向地方组织扩展。首先表态支持列宁的是季诺维也夫领导的彼得格勒党组织。于是，中央正式宣布在全党展开争论，各组织都有权发表关于工会问题的纲领，并且可以按不同纲领选举出席即将举行的党的第十次代表大会的代表。在列宁的主持下，起草了第十次代表大会关于工会问题的决议草案，由包括八名中央委员在内的十个人署名，故称《十人纲领》。

托洛茨基和布哈林的"缓冲集团"联合了起来，提出了一个联合纲领，在签署人中也包括八名中央委员。这个纲领基本上反映了托洛茨基的观点，只是在语句上略为婉转一些。"工人反对派"和"民主集中派"也分别发表了自己的纲领。"工人反对派"的纲领认为，"国民经济的最高管理权属于工会选出的生产者全俄代表大会"，各级经济机关的领导人应由各级工会提名或选举。"工人反对派"要使国家服从工会，使国家工会化。他们还把工会看作无产阶级的唯一组织，抹杀党作为无产阶级先锋队对国民经济的领导作用。他们的观点是无政府工团主义思潮在党内的反映。"民主集中派"的纲领同样反对党对国民经济和工会组织的领导，反对企业中的一长制和严格的组织纪律。他们以反对官僚主义为名，实际是要求"绝对民主"和党内有派别活动的自由。此外，还有一些小派别，如伊格纳托夫派等，也发表了自己的纲领。各地党组织纷纷集会，对各个纲领进行辩论。就全国范围来说，支持各反对派的人数和组织很少。

斗争的最后阶段是在十大上。正式提交大会辩论的只有三个提纲——

---

① 参见《列宁全集》中文版，第40卷，人民出版社1986年版，第1—25页。

十人纲领、托布联合纲领和"工人反对派"的纲领，分别由季诺维也夫、托洛茨基和施略普尼柯夫作报告。表决结果，拥护十人纲领的336票，拥护后两个纲领的分别为50票和18票，2票弃权。以十人纲领为基础的决议以绝对多数的票数通过。关于工会问题的斗争到此告一段落。

这次斗争从辩论的内容来看，工会问题并非当时党所面临的主要问题。论争分散了党的精力。

这个责任主要应由托洛茨基承担。论争是由他挑起的，也是由他首先使之公开化的。他还带头进行派别活动。列宁认为，如果托洛茨基不这么做，而仅仅对工会的作用和任务有不同的看法，那就只是一个小小的错误。列宁既批判了托洛茨基、布哈林等反对派的错误，同时又注意研究他们观点中的合理成分。例如列宁在谈到"工人反对派"时说："在这个反对派里哪怕有一点健康的东西，都应当尽力加以利用，以便把不健康的成分淘汰出去。我们还不能十分顺利地同官僚主义进行斗争，实行彻底的民主，因为我们还软弱无力；谁能够在这方面帮助我们，那就应当吸收他。"[1] 在列宁的建议下，党的十大选举施略普尼柯夫为中央委员。列宁说："吸收'工人反对派'的同志参加中央委员会，这是表示同志式的信任"；"这在党内，可说是最高的信任了。"[2] 列宁正确处理党内斗争的态度，是一个光辉的榜样。

三　列宁逝世前后的党内斗争

1922年5月下旬，列宁第一次发病。1922年3月10日起到逝世止，列宁一直没有直接处理党和国家的领导工作。

在列宁患病期间，托洛茨基和列宁没有发生过重大的分歧。在有些问题上他们的观点还是比较一致的。例如在维护外贸垄断问题和处理格鲁吉亚问题上，托洛茨基是支持列宁的，并在列宁没有出席的中央会议上捍卫了列宁的立场。尽管如此，当时托洛茨基在党内威信和地位已大大下降，

---

[1]　《列宁全集》第41卷，人民出版社1986年版，第32页。
[2]　同上书，第99页。

这和他在工会问题辩论中的表现当然不无关系。另外，反对托洛茨基的力量（主要是斯大林、季诺维也夫和加米涅夫）当时比较一致。斯大林在1922年担任了党的总书记。而布哈林，在工会问题以后就转而支持斯大林了。这和布哈林的思想转变（主要反映在对新经济政策的支持上）是有联系的。正是在这种背景下出现了党内又一次大争论。

争论的起因是1923年秋出现的工业品销售危机。在如何摆脱这个危机的问题上，党内发生了意见分歧。托洛茨基及其支持者出来指责党内的多数派的政策。1923年10月8日，托洛茨基给中央写了一封信。10月10日，他又发动他的支持者（主要有皮达可夫、普列奥布拉任斯基等）发表了一份致中央政治局的声明，即《46人政纲》。12月，托洛茨基又发表了题为《新方针》的小册子。托洛茨基和他的支持者提出的主要论点有：

1. 产生销售危机的原因在于计划工作有问题。托洛茨基提出所谓"工业专政"的思想，主张优先发展工业，以牺牲农民的利益来增加工业积累。普列奥布拉任斯基还提出了他的"社会主义原始积累论"，认为社会主义的积累既然不能靠掠夺殖民地，便只得依靠国营企业本身和剥削城乡私人经济。

2. 党和政府内存在官僚主义，老一辈革命者有可能思想僵化，甚至蜕化。因此必须重视青年一代。"青年是党的最可靠的晴雨表"。托洛茨基在《新方针》中写道："只有老一代和青年一代在党内民主的范围内经常相互影响，才能保持老近卫军这一革命因素。"

3. 政治局多数派没有倾听少数派的意见。《46人政纲》认为，党内形成了"一派专政"，因此"党在很大程度上不再是那种生气勃勃的独立集体"，出现了"书记阶层和'默默无闻的普通人'之间的分裂"。托洛茨基认为不应把所有不同意见都称之为小集团活动。

党中央对托洛茨基及其支持者进行了回击，把托洛茨基的信和《46人政纲》印发全党进行辩论。绝大多数地方组织都支持中央。在莫斯科的斗争比较激烈，但托洛茨基派最后还是占了下风。支持托洛茨基的有少数大学生和机关的党组织。

1924年1月，党中央全会宣布反对派的活动具有派别活动的性质。1月16—18日举行的党的第十三次代表会议总结了这次争论，斯大林作了报告。会议决议指出："现在我们面前的这个反对派不仅企图修正布尔什维克主义，不仅公然背离列宁主义，而且是一种十分有害的小资产阶级倾向。"会议结束后三天，列宁就与世长辞了。在1924年5月召开的党的第十三次代表大会上，托洛茨基仍当选为政治局委员。新当选的政治局委员是布哈林。接着，托洛茨基于1924年秋发表《论列宁》和《十月的教训》两本小册子。斯大林发表了一系列文章对托洛茨基进行批判。1925年1月，托洛茨基被撤销军委主席职务，由伏龙芝接替。

在这次论争中，托洛茨基提出的解决销售危机的办法是错误的，以牺牲农民的利益、扩大"剪刀差"的办法来发展工业是违反列宁新经济政策指导思想的。托洛茨基还有不少言论也是错误的，如笼统地说老干部蜕化和无原则地吹捧青年等。但托洛茨基提出要"发扬党内民主"和"克服官僚主义"，不管他的主观意图如何，还不能说是"反党"。总的来说，当时这场斗争的性质还不是敌我矛盾。

四　反对新反对派和托季联盟的斗争

新反对派又称列宁格勒反对派，为首的是季诺维也夫和加米涅夫。他们在1925年4月党的第十四次代表会议以后成为全党主要的批判对象，可是在几个月前的反托洛茨基斗争中还和斯大林站在一起。

关于新反对派的两名主要领导人的经历，一般的书中提得不多，我们在这里作一简单介绍。季诺维也夫，1883年生于叶利萨维特格勒，不到20岁时就投身于工人运动。1901年入党。1903年站在布尔什维克一边。就在这一年他会见了列宁，从此和列宁连续共事达二十年之久。在1905—1907年革命时期任彼得堡党委成员，1907年在党的第五次代表大会上当选为中央委员，革命失败后出国流亡。在国外期间，在列宁领导下参加党报《无产者报》和《社会民主党人报》的编辑工作，并和列宁一起出席1910年第二国际哥本哈根大会。1912年在党的布拉格代表会议上再次被选为中央委员，会后与列宁一起移居波兰克拉科夫，参加以列宁为首的党中央常务局工作。第一次世界大战期间，与列宁合著《战争与社会主义》一书，还合编《反潮流》文集。1915年与列宁一起出席齐美尔瓦尔德国际社会主义党人会议。1917 年二月革命后回国，领导彼得格勒苏维埃工作，并任《真理报》主编。七月危机后，与列宁一起隐蔽在彼得格勒郊区拉兹里夫。1917 年 10 月当选为政治局委员。十月革命前后在举行武装起义和成立所谓"清一色社会主义者政府"两个问题上犯过错误，受到了列宁的尖锐批评。但列宁后来又说，在武装起义问题上不要过多追究他和加米涅夫的个人责任。① 1919 年担任共产国际第一任主席。在十月革命后的几次党内斗争中都站在列宁的一边。

加米涅夫，1883 年生于莫斯科一个进步知识分子家庭，1901 年中学毕业后进莫斯科大学法律系学习，积极参加学生运动，同年入党。1908 年出国，担任《无产者报》编辑，并多次出席国际会议，包括 1910 年第二国际哥本哈根大会和 1912 年巴塞尔大会。1914 年回到彼得堡，领导《真理报》和第四届国家杜马布尔什维克党团的工作。同年，和其他布尔什维克杜马代表一起被沙皇政府逮捕，并被流放到西伯利亚。被捕后在 1915年审讯时声称不同意列宁提出的"使本国政府在帝国主义战争中失败"的口号，这是一个很大的错误。1917 年二月革命后回到彼得格勒。在 1917年党的四月代表会议上当选为中央委员。1918 年任莫斯科苏维埃主席，1922 年又兼任莫斯科人民委员会第一副主席。列宁在 1917 年隐蔽在拉兹里夫时曾给加米涅夫写信，说如果他被害，就请加米涅夫出版他的《国家与革命》一书。在列宁生前，经列宁同意，加米涅夫开始出版《列宁全集》。列宁在患病期间，将自己的个人档案交给加米涅夫保存。后来在这些材料的基础上成立了列宁研究院，加米涅夫任院长。

新反对派的主要观点，从季诺维也夫在 1925 年 12 月党的十四大的副报告中可以看出以下几点：

1. 新经济政策不是社会主义，只是通向社会主义的道路。如果把新经济政策认作社会主义就是对它理想化了。当时俄国的社会制度既不是资本主义，也不是社会主义，而是国家资本主义。列宁说的国家资本主义不是指具体的一种成分，而是指新经济政策的全部手段。目前的国营经济是社会主义类型的，但不是完全社会主义的。因为它与市场的自发势力，与

---

① 《列宁全集》第 36 卷，人民出版社 1985 年版，第 615—618 页。

2200万个个体农户联系着，而个体经济又不断地在产生着资本主义。因此，在俄国谁战胜谁的问题还未解决，不能掩盖阶级斗争和社会主义因素与资本主义因素之间的真正冲突，当然也不能称指出这些情况的人们为"失败主义者"。

2．应当对富农采取更严格的限制。新经济政策实施五年来农村发生了很大的分化。富农虽然只占农户的3%—4%，实际数字约为150万人（和雇农大致相等），但他们的经济比重和政治意义却很大。他们在城市中有耐普曼、高级职员和一部分知识分子的支持，还有国际资本主义做后台。新反对派不同意布哈林提出的"发财吧！"的口号，更不同意他的支持者说的这个口号是"新经济政策的新阶段"，以及"要继续扩大新经济政策"的提法。目前在农村可以再适当作一些让步，但让步的目的是为了拉平战线，展开进攻。

3．反对在农村大量发展党员。党应当把最优秀的农民吸收进来，但必须严格地、少量地、有选择地吸收。主要发展对象应当是优秀的无产阶级分子，特别是直接生产者。

4．在俄国这样一个农民国家中，要最终建成并巩固社会主义，必须有西方无产阶级的支持。俄国有足够的经济政治条件建设社会主义，但"我们的社会主义建设将最终在国际范围内完成"。

新反对派的观点是过左的。以斯大林为代表的党中央多数派的政策基本上是正确的，是符合列宁提出的新经济政策精神的。但新反对派也提出了一些可供参考的见解，至于它们的正确程度如何，还有待研究。我们读到的书上对他们提出的具体政策措施介绍得很少，只是笼统地说他们不相信列宁提出的社会主义在一国能够取得胜利的理论。这样是不利于研究深入开展的。

社会主义在一国胜利的问题，确实是一个重大的问题、关键的问题。这个问题可以分为两部分：一是社会主义革命，即推翻资产阶级政权和建立无产阶级专政的斗争能否在一国胜利？二是社会主义制度能否在一国最后确立？对于前一问题，列宁不仅在理论上作了明确的、肯定的回答，而且通过领导十月革命的胜利在实践中证实了自己的理论。这是列宁在新的历史时代对马克思主义的伟大发展和贡献。至于后一问题，列宁由于逝世过早而未能进行全面的论述和实践。我们只是在他的《论合作制》一文中读到这样的话：俄国具备"建成完全的社会主义社会所必需的一切"。① 虽然如此，从列宁晚年的思想来看，他对社会主义制度能在俄国一国建成是并不怀疑的。

在一国建成社会主义的问题上，斯大林的认识是有过变化的。他在1924 年 5 月《论列宁主义基础》一书的初版中说："为了推翻资产阶级，一个国家的努力就够了，这是我国革命的历史给我们说明了的。为了获得社会主义的最后胜利，为了组织社会主义生产，单靠一个国家的努力，特别是像俄国这样一个农民国家的努力就不够了，——为了达到这个目的，就必须有几个先进国家中无产者的共同努力。"② 这个提法和季诺维也夫的思想是比较接近的。但是到了 1924 年 12 月，斯大林改变了上述的提法。他在《十月革命和俄国共产党人的策略》一文中强调指出俄国能依靠自己的力量在一国建成社会主义，但同时又指出"为了有免除旧制度恢复的完全保障，必须有几国无产者的共同努力"。③

新反对派在党的十四大上遭到批判后，季诺维也夫仍当选为政治局委员，加米涅夫仍为政治局候补委员。但是，党中央改组了列宁格勒省委，撤了季诺维也夫的书记职务，由基洛夫任省委书记。

1923—1924 年间季诺维也夫和加米涅夫曾积极批判托洛茨基。托洛茨基的《十月的教训》发表后，他们甚至要求开除托洛茨基出党。但党的十四大以后，季诺维也夫、加米涅夫和托洛茨基很快联合起来，组成了托季联盟，或称联合反对派。这种联合并非偶然，因为他们本来就有不少共同的观点，特别是他们都对社会主义能在一国胜利表示怀疑。

托季联盟是在 1926 年夏天出现的。他们在列宁格勒、莫斯科等地方党组织中进行派别活动。1926 年 7 月，党中央和中央监委举行联合全会。会议对托、季进行批判，并指控他们"向外国共产党提供党内情况"。会议决定将季诺维也夫开除出政治局。会后不久又撤销了他共产国际主席的

---

① 《斯大林文集》，人民出版社 1985 年版，第 188 页。

② 《斯大林全集》第 8 卷，人民出版社 1954 年版，第 60—61 页。

③ 同上书，第 61—62 页。

职务。

1927 年夏，托季联盟发表所谓《83 人政纲》，继续反对中央的方针政策。10 月，托洛茨基和季诺维也夫均被开除出中央委员会。与此同时，中央决定将《83 人政纲》印发全党进行辩论。11 月，反对派在莫斯科和列宁格勒组织了反对中央的示威游行，于是中央决定将托洛茨基、季诺维也夫开除出党。12 月，党的十五大批准了这一决定，并且进一步将 75 名托季联盟的成员开除出党，其中有加米涅夫、皮达可夫、拉狄克、拉科夫斯基、斯米尔加等。十五大以后，季诺维也夫、加米涅夫等发表声明，承认错误并表示要与托洛茨基划清界限，因而于 1928 年被恢复党籍。1932 年季诺维也夫和加米涅夫再次被开除出党，1933 年再次回到党内。1934 年 12 月基洛夫在列宁格勒被刺。据苏联当时公布的材料说，凶手供认是受季诺维也夫等人的指使。1935 年季诺维也夫被捕，并以"地下反革命小组的主要组织者和最积极的领导人"的罪名被判十年徒刑。1936 年又重审此案，季诺维也夫因犯"卖身投靠法西斯间谍机关"和领导"暗藏的白卫组织"罪被判死刑，3 月 15 日被枪决。加米涅夫也于 1936 年被枪决。

党的十五大以后，对托洛茨基及其支持者的处理是很严厉的，大批人被捕和遭流放。1928 年 1 月，托洛茨基被送至哈萨克斯坦，在阿拉木图住了一年。1929 年 2 月，托洛茨基和他全家被送至奥德萨，然后从那里被送上船驱逐出国境。托洛茨基先是住在土耳其的太子群岛，后又迁至挪威，最后到了墨西哥。

五　反右倾斗争

以斯大林为首的党中央粉碎了托季联盟以后，从 1928 年起在政策上急剧地向左转，不久就开始了农业全盘集体化和消灭富农的运动，并且基本上停止了新经济政策的执行。

1927 年发生了粮食收购危机。1926 年全国共收购粮食 4.28 亿普特，1927 年虽然普遍丰收，但只收购到 3 亿普特。党中央认为，出现危机的主要原因在于富农拒绝交售粮食。1927 年 12 月起中央接连发出好几个指示，要求采取非常措施。1928 年 1—2 月，斯大林本人还亲自视察了西伯利亚的一些产粮地区。农村政策中的极左措施在政治局内引起了布哈林、李可夫和托姆斯基等人的反对。1928 年 6 月，布哈林给斯大林写了一封信，认为极左措施正在形成一条新的路线，这是不符合党的十五大精神的，"使党从思想上迷失了方向"。斯大林立即召开政治局会议，争论的结果使农村政策暂时有所放宽。

但是，分歧并没有消失。1928 年 10 月 19 日，斯大林在莫斯科党委会和监委会联席会全会上作了《论联共（布）党内的右倾危险》的讲话，主要是批评地方上的右倾，在谈到中央时只说，"在中央的成员中也有一些对右倾危险采取调和态度的因素，固然这些因素是极少的"①，而且没有点名。11 月，召开中央全会。斯大林提出要开展反对托洛茨基主义和反对右倾机会主义两条战线上的斗争，并指出后者是主要危险。在谈到右倾机会主义时，斯大林点了外贸人民委员弗鲁姆金和莫斯科党委第一书记乌格拉诺夫的名，同时又强调说在反右倾问题上，"全体政治局委员是团结一致的"。②

1928 年年末至 1929 年年初，矛盾继续发展。据说，1929 年 1 月 30 日布哈林发表了一个声明。2 月 9 日政治局和中监委主席团联席会议对此进行了讨论。布哈林、李可夫、托姆斯基提出辞职（李可夫很快收回了辞呈）。政治局不同意他们辞职，但责成他们执行党的决议，并与弗鲁姆金等划清界限。1929 年 4 月，举行党中央和中监委联席全会，斯大林作了《论联共（布）党内的右倾》的报告，对"布哈林、李可夫、托姆斯基集团"进行了批判。联席全会决定撤去布哈林和托姆斯基担任的共产国际、《真理报》和全苏职工会中的领导职务，并警告说，如果他们继续坚持错误，就将被开除出政治局。李可夫仍留任苏联人民委员会主席。

在 1929 年 11 月举行的中央全会上，李可夫宣读了布哈林、李可夫和托姆斯基三人的声明，说他们原来曾主张以另一种方法去执行党的总路线，现在看到党采取的政策已取得了很大的成功，因而他们与中央多数同志的分歧已不复存在。全会撤销了布哈林的政治局委员职务，并对李可

---

① 《斯大林全集》第 11 卷，人民出版社 1955 年版，第 203 页。
② 同上书，第 249 页。

夫、托姆斯基和乌格拉诺夫提出了严重警告。全会以后，三人再次表示承认错误。

布哈林集团和以斯大林为首的党中央多数派的分歧表现在一系列问题上，主要的有：如何优先发展重工业以及发展的速度和资金来源的问题；对富农是通过行政手段进行强制性的剥夺还是通过经济手段进行限制以至逐步消灭的问题；随着社会主义建设的发展，阶级斗争是日益尖锐，还是渐趋缓和的问题；等等。关于这些问题，近年来我国研究者已发表了不少文章，我们在这里不加详述。值得注意的是，布哈林在这次斗争中遭到批判的某些论点，在不久前曾经是他用来批判新反对派的论点。

对布哈林及其支持者提出的理论和方针政策，特别是对"发财吧！"的口号和"和平长入社会主义"的观点如何评价，在我国学术界还没有一致的看法。但从目前发表的文章来看，较多的研究者倾向于认为，布哈林提出的一些做法，可能比斯大林实际上所做的更符合列宁关于在小农国家向社会主义过渡的理论（当然，布哈林的理论是没有经过实践检验过的）。如果这样，布哈林也就不可能是富农代理人。至于布哈林"当然不是间谍或恐怖分子"，那是连苏共的一位负责官员也早已承认了的。

（原载《苏联东欧研究资料》1983 年第 5—6 期合刊）

俄国和中国革命中统一战线
问题的某些比较分析

一

俄国十月革命和中国革命中无产阶级政党与其他民主力量的合作是由革命前夜的社会阶级关系和各社会政治力量的对比，以及革命的性质和任务所决定的，是革命发展的客观要求。

20 世纪初期的俄国，总的来说只是一个中等发达的资本主义国家。封建农奴制度残余严重，存在着多种经济成分，其中小农经济占有极大的比重。尽管它有高度集中的垄断资本主义经济，具备了帝国主义的一切基本特征，但是就全国范围来说，现代工业还是不够发达的，工人阶级的人数较少，据苏联学者统计，1917 年全国工人总数为 1500 万人，其中大工业企业的工人为 432 万。工人总数约占全国人口总数的 10%。[①] 不久前，一位苏联史学家指出，在统计俄国工人阶级人数时，应当考虑到成年工人家属这一因素，因为他们的革命性丝毫不比工人本人低。据这位史学家估计，如果加上成年工人家属，那么俄国在 1917 年革命前夕的工人数大约占全国总人口的 25%。[②] 我们且不去评论这种统计方法是否合理，只是指出，即使从这样一个增加了的比例数字来看，俄国工人阶级还远没有达到全国总人口的大多数。

[①]　苏联科学院苏联历史研究所：《1907 年至 1917 年 2 月的俄国工人阶级》，莫斯科 1982 年俄文版，第 246 页。

[②]　［苏］《历史问题》1987 年第 6 期。

　　当然，我们并不因此认为俄国革命的客观条件是根本不成熟的（而且，除了客观条件外，很多有利的主观条件也在起着重大的作用），① 我们更不因此认为俄国无产阶级本来就不应当发动革命，而是等待自己的人数占了全国总人口的大多数时才起来夺取政权。我们只是想说明这样一点：在俄国由于资本主义发展的落后性，以及有着广大的受压迫、受剥削的城乡小资产阶级劳动群众，特别是农民，作为革命领导阶级的无产阶级及其革命政党，不管愿意不愿意，都必须与小资产阶级民主力量联合行动，否则革命便断然不能取胜。

　　另外，从革命的性质和任务来看，我们所得出的结论也是如此。十月革命就其性质来说是社会主义革命，但是它必须同时完成资产阶级民主革命的任务。1917 年二月革命只是推翻了沙皇专制统治，并没有彻底废除封建地主土地所有制，也没有消除俄国境内各少数民族受到的歧视和压迫，人民大众的基本政治权利也没有实现。十月革命的一个特点是民主主义革命任务和社会主义革命任务交织在一起，而且往往是结合在一起同时进行的，阶段性也不十分明显。它不是一次像马克思、恩格斯谈到的那种"纯粹"的社会主义革命。指出这一点非常重要。因为它决定了革命中无产阶级及其革命政党的阶级联盟和政治联盟方面的政策。俄国资产阶级由于本身的软弱以及对封建地主阶级千丝万缕的关系，不可能实现民主革命的任务。这一重任便历史地落到了无产阶级和城乡小资产阶级身上。很显然，在二月革命胜利以后，小资产阶级的革命性并没有过时。因此，无产阶级不能把小资产阶级民主力量全部当作消极的或是可有可无的暂时的"同路人"，而是应当在革命中千方百计地团结它们，教育它们，联合它们协同战斗。这是不以任何人的意志为转移的客观规律。

　　在中国革命中我们也发现了类似的情况。旧中国是一个半封建半殖民地的社会。帝国主义、封建主义的统治阻碍了中国资本主义的发展，中国民族资产阶级天生的软弱和国际条件的影响，注定了中国革命要由年轻的中国工人阶级来领导。1913 年中国工人阶级的人数大概只有 60 万至 70

---

　　① 　参阅陈之骅《论俄国革命和中国革命中的某些主观条件》，《中国研究》，伦敦—新德里英文版，1987 年第 2 期。

万，1919 年增加到 200 万人左右，[①] 到 1939 年为 250 万—300 万人。[②] 如果考虑到当时全中国人口大约有 1 亿的话，那么工人阶级人数所占的比例便完全是微不足道的。在这种条件下，工人阶级要领导全国人民夺取革命的胜利，必须与占全国人口绝大多数的被压迫的各阶级以及国内一切民主力量联合行动。

半封建半殖民地的社会性质决定了中国革命必须分两步走：第一步是民主主义革命，其任务是推翻帝国主义、封建主义和官僚资本主义的统治，建立一个独立、民主、统一的人民共和国；第二步是社会主义革命，其任务是消灭私有制度，逐步实现社会主义和共产主义。在民主主义革命期间，除工人阶级外，农民阶级、民族资产阶级都是革命的动力。工人阶级政党除了与小资产阶级民主力量合作外，还与资产阶级中的一部分——民族资产阶级进行合作，在一定时期内甚至还与资产阶级中的另一部分——大资产阶级中的某些力量进行合作，共同抵御外国帝国主义者的侵略。正是这种广泛的合作保证了中国革命的胜利，使统一战线成为中国革命的"三大法宝"之一。由此可见，统一战线不是哪一位革命领袖凭空想出来的一种政策，而是由革命的性质和任务所决定的客观要求。

二

在俄国革命和中国革命的进程中，由于无产阶级政党及其领袖认识到了必须联合其他民主力量这一客观要求，具体制定并执行了相应的正确政策，促使革命取得了胜利。

俄国二月革命胜利以后，在俄国政治舞台上除了布尔什维克党以外，主要的民主力量是孟什维克和社会革命党，而尤以后者的活动更为活跃，也更具有代表性。因为孟什维克尽管在 1912 年已经从俄国社会民主工党中分裂出来，但长期以来都被看作是无产阶级政党内部的一个派别。社会

---

① 凌耀伦等：《中国近代经济史》，重庆出版社 1982 年版，第 361 页。

② 毛泽东：《中国革命和中国共产党》，《毛泽东选集》（一卷本），人民出版社 1967 年版，第 607 页。

革命党在 1902 年成立的时候是一个人数不多的、以知识分子和青年学生
为主的组织。它一方面继承了 19 世纪革命民主主义者的农民革命思想和
空想社会主义理论，另一方面又具有民粹派世界观和革命策略的全部特
征。社会革命党纲领中提出的土地社会化要求（即消灭土地私有制，将土
地交给农村公社管理并平均分配给农民使用），集中地反映了农民在民主
革命中最大的要求和愿望。因此，社会革命党在城乡小资产阶级，特别是
在农民中享有很高的威信。

　　二月革命胜利以后，社会革命党有很大的发展。据苏联史学家斯皮林
的估计，二月革命后社会革命党的党员数达到 40 万；[①] 据另一位苏联史学
家阿斯特拉罕的估计，总数有 70 万。而当时布尔什维克的人数据苏联权
威著作多卷本《苏联共产党历史》的统计是 35 万。社会革命党不仅在工
兵代表苏维埃中有很大的影响，而且控制着农民代表苏维埃中央执委会以
及大部分省和县的执委会。在 1917 年 11 月进行的立宪会议选举中，社会
革命党得到了 58% 的选票，而布尔什维克党只得到 25% 的选票。[②] 随着革
命运动的进展和党的队伍的发展和扩大，二月革命以后社会革命党内部的
分化进一步加剧。右翼与资产阶级实行妥协，全力支持资产阶级临时政府
的各项政策；而左翼则要求立即没收地主土地，实行土地社会化，并且立
即停止战争，给人民以和平，还主张建立把资产阶级排除在外的"清一色
的社会主义者政府"。左翼的观点与右翼的与资产阶级妥协的路线大相径
庭，而与布尔什维克党在民主革命时期的要求则是基本吻合的。我们不能
因为左派社会革命党人最终也走上了反苏维埃的道路而贬低了他们当时所
表现的革命性，左派与右派的分歧是原则性的分歧：左派虽然没有自己的
正式纲领，但他们要求不是在口头上，而是在行动上立即实现社会革命党
的纲领，从而证明了自己是小资产阶级民主派的真正代表。

　　布尔什维克党及其领袖列宁认识到了与小资产阶级民主力量合作的重
要性和必要性，因而采取了一系列的主动行动。二月革命后在两个政权并

---

　　① 斯皮林：《俄国国内战争中的阶级与政党》，莫斯科 1968 年俄文版，第 49 页。
　　② 参阅列宁《立宪会议选举和无产阶级专政》，《列宁全集》，中文第二版，第 38 卷，第 2—8
页。

存的形势下，布尔什维克提出了"全部政权归苏维埃"的口号。这明显地意味着布尔什维克要与其他民主力量合作，因为当时布尔什维克在苏维埃中还没有占多数，而占多数的是孟什维克和社会革命党。可是，它们的右翼坚持要与资产阶级合作。于是，布尔什维克便不得不争取与它们的左翼合作。1917 年 4 月间先后举行的布尔什维克第七次全体代表会议和彼得格勒党组织的代表会议都提出要与左翼民主派联合行动。这种呼吁在七月事件以后又进一步加强。如果说这种联合行动在上层未能达成协议的话，那么在下层以及在普通党员之间却程度不同地结出了硕果。我们可以举出一系列地方苏维埃和苏维埃执委会，以及其他群众组织中布尔什维克与左派社会革命党进行合作的事实。这些联合行动提高了广大群众的觉悟，使得有更多的人支持布尔什维克的路线和方针，值得注意的是，在科尔尼洛夫将军叛乱以后，列宁还曾经一度提出要通过各民主力量合作的方式实现和平转移政权。[①]

　　无产阶级要与其他民主力量合作，就必须对它们作出一定的妥协和让步。尽管这种妥协和让步不是原则性的，但有时是相当重大的。众所周知的事实就是在列宁起草的苏维埃政权的《土地法令》中写进了社会革命党关于平均使用土地的要求。另外，在争取左派社会革命党人参加苏维埃政府（人民委员会）的问题上，布尔什维克也作出了很大的让步。由于布尔什维克的这种正确政策，左派社会革命党人在十月革命的关键时刻支持了布尔什维克党。他们不仅参加了彼得格勒、莫斯科和其他一些地方的武装起义，而且在苏维埃政权建立以后的几个月内与布尔什维克党进行了很好的合作。这种合作特别表现在解散立宪会议和农民代表苏维埃与工兵代表苏维埃合并等问题上。可以这样说，如果没有左派社会革命党的支持与合作，十月革命的进程中可能会遇到更多的困难和曲折。

　　在中国革命中，统一战线问题显得尤为突出。在革命的各个阶段，中国共产党都采取主动行动，包括作出必要的让步，以便与各民主力量结成广泛的统一战线，对付强大的敌人。中国革命史上的两次国共合作充分证明了这一点。

---

　　① 　参阅列宁《论妥协》，《列宁全集》第 23 卷，人民出版社 1990 年版，第 130—136 页。

　　1923 年举行的中国共产党第三次代表大会确定了与孙中山领导的中国国民党合作的方针和政策。1924 年在共产党的帮助下，孙中山在广州召开了国民党第一次全国代表大会。共产党的一些主要领导人也参加了大会。大会接受了共产党提出的反对帝国主义、封建主义的主张，同意共产党员以个人身份参加国民党，大会决定了联俄、联共、扶助农工三大政策，通过了由共产党人参与起草的《宣言》，并且重新解释了三民主义。新三民主义虽然没有彻底的土地革命纲领，并且还有其他方面的局限性，但与中国共产党民主革命阶段的纲领基本相同，因而成了国共两党合作的政治基础。这次国共合作促进了中国革命的新高潮，保证了北伐战争的胜利进军。第二次国共合作促进了抗日民族统一战线的最终形成。在这次合作中，共产党也表现了极大的主动性，并且作出了重大的让步，其中包括将共产党领导的抗日民主政权由苏维埃共和国改为陕甘宁边区政府，政府成员按共产党员、进步力量、中间势力各占三分之一的原则组成；并且停止没收地主土地，改行减租减息。抗日民族统一战线保证了抗日战争的胜利，促进了中国革命的发展。

　　应当指出，在联合战线内部，由于各种力量所代表的阶级和集团的利益不同，以及它们的策略原则和世界观的不同，经常会产生一些摩擦、矛盾以至斗争，这是很自然的。在俄国和中国都有这种情况。解决这些问题的关键在于无产阶级政党能否采取原则性和灵活性相结合的政策。这里一个很重要的因素是考虑到革命所面临的国际、国内的复杂情况，以及大多数群众的觉悟程度。无产阶级政党既要代表最大多数群众的长远利益，又要反映他们正当的现实需求。在俄国革命中，从 1917 年 3 月至 1918 年 6 月这段时间里，布尔什维克党之所以能和左派社会革命党人合作得很好，就是因为它执行了这种正确的政策。在中国革命的各个阶段，统一战线之所以能够成为革命胜利的"法宝"，也是因为中国共产党执行了正确的政策。特别需要指出的是中国共产党没有把统一战线看作是一种权宜之计，而是真心实意地认识到必须团结、教育一切民主力量，为了共同的革命目标而并肩战斗。

三

综上所述，可以看出：在无产阶级政党必须与其他民主力量合作以推进革命这个问题上，从客观的背景和总的战略策略来看，俄国革命与中国革命有很多共同之处；但是，如果我们作进一步的具体比较，便能发现这两个国家的统一战线有着各自的特点。

第一，在中国，无产阶级政党与其他民主力量的合作通常有一种组织形式，还有共同制订的纲领，而且是在全国范围内进行的。例如 1924 年的第一次国共合作，其组织形式为改组后的国民党。在共产党帮助下孙中山所重新解释的三民主义和《国民党第一次全国代表大会宣言》便是国共两党合作的政治基础和各民主力量的共同纲领。至于抗日战争期间实现的第二次国共合作，虽然由于统一战线内部成分复杂而没有像第一次合作时那样的组织形式和共同承认的正式纲领，但两党都公开发表了正式的宣言或声明，承认这种合作。在中国民主革命取得全国胜利前夕和中华人民共和国成立以后，中国共产党和其他民主力量合作的主要组织形式是中国人民政治协商会议。它在 1949 年通过的《共同纲领》曾在新中国成立初期起过国家临时宪法的作用。但是，在俄国革命中布尔什维克党与民主力量的合作则没有任何组织形式，也没有正式的文字形式的共同遵循的纲领。即使在左派社会革命党人同意参加布尔什维克党领导的苏维埃政府时，两党也没有建立正式的联盟关系。两党的合作往往只是基于某种默契，或是出于对一些问题的共同看法。因此，这种合作是不够稳定的，而且经常是因地、因时而异，能否取得成功往往取决于双方谈判的情况。

第二，中国共产党与其他民主力量的合作，较多地是通过争取这些力量的上层领导或代表人物，然后通过他们去影响群众，提高群众的觉悟，使群众逐步认识到共产党的路线和方针的正确性。从这个意义上说，合作是自上而下的。而在俄国，布尔什维克党主要直接对民主力量的基层组织和广大群众做工作，并以此去影响他们的领导人，促使领导人与布尔什维克联合行动，因此，这种合作可以概括为自下而上的合作。

第三，中国的统一战线不仅存在于民主革命时期，而且存在于社会主义革命和建设时期，甚至直到今天。其间由于共产党内极左路线的干扰，这种合作在一段时期内受到了消极的影响，但后来不仅恢复了合作，中国共产党还进一步阐发了与各民主党派"长期共存，互相监督"的方针，提出要与它们"肝胆相照，荣辱与共"。而在俄国，布尔什维克党与以左派社会革命党为代表的各民主力量合作的时间很短，到1918年夏季，这种合作已基本上不复存在。

布尔什维克党与各民主力量决裂的原因是非常错综复杂的。从民主力量方面来说，主要原因在于它们本身的蜕化。它们本来就有的动摇性使它们最终站到了反革命的立场上，并且与外国干涉势力相勾结，阴谋以武力推翻苏维埃政权。与此同时，我们也应当指出另一方面的原因。在苏维埃政权建立的最初几个月里，布尔什维克党与左派社会革命党合作得很好。1918年3月，左派社会革命党因为反对签订布列斯特和约而退出了苏维埃政府。因此有的史学家把这个和约看作是两党关系破裂的原因。其实，这并不是真正的原因。当时仅仅是七名部长退出人民委员会。在中央和地方各级苏维埃和苏维埃执委会中仍有左派社会革命党和其他小资产阶级政党的代表。而且，对退出政府的行动，在左派社会革命党内是有不同意见的。促使民主力量与布尔什维克党最终决裂的原因是后者的过激的农村政策。1918年5月，全俄中央苏维埃执委会通过了粮食专卖法令，6月又通过了建立贫农委员会的法令。左派社会革命党不同意布尔什维克解决粮食危机的方法，主张提高粮价、恢复自由贸易，认为出售余粮的小农不是苏维埃政权的敌人。他们还担心贫农委员会的建立会缩小苏维埃政权在农村的社会基础，使无产阶级脱离劳动农民。可是，布尔什维克不愿意对左派社会革命党作丝毫让步，并且对它进行激烈的批判。这样，两党便由合作关系转向了敌对关系。

第四，在俄国，经过多次分化剩下的一些支持苏维埃政权的民主党派最后都被布尔什维克集体吸收入党。例如左派社会革命党中的一部分反对参加反苏维埃叛乱的党员于1918年9月间分别建立了"革命共产主义党"和"民粹主义共产主义者党"。它们虽然人数不多，但都保留着社会革命党的特征。这两个党大约在1920年宣布与布尔什维克党合并。从此，俄国小资产阶级民主力量的政治组织便从政治舞台上全部消失；在苏联终于形成了一党制。而在中国，执政的共产党对所有的民主党派坚持执行"长期共存，互相监督"的方针，非但允许它们保持自己的面貌，而且支持它们有计划地发展自己的组织。中国共产党采取这种方针是有充分的理论根据的。即使在社会主义改造完成以后，各民主党派仍有其存在的社会基础和客观必然性。这社会基础便是社会主义的物质利益结构。由于社会主义社会中生产还不够发达，在工农两个阶级之间，以及两个阶级内部各阶层之间还存在着物质利益的差别和矛盾。另外，社会上各个不同阶层和集团还有思想文化水平方面的差别。所以，共产党与其他各民主党派在社会主义条件下的长期合作对推进社会主义建设具有很重要的意义。此外，考虑到各民主党派对海外和港、澳、台地区的关系和影响，它们对祖国的和平统一大业也将起积极的作用。

以上不同之处之所以存在，是因为中俄两国的国情不同。中国革命是在十月革命的强烈影响下发生的，但是中国革命不是俄国革命的翻版，而是具有自己的特点的。通过上述比较分析，这些特点便显得更为清楚了。

（原载中国社会科学院近代史研究所主编《社会变革比较研究论文集》，社会科学文献出版社 1992 年版）

勃列日涅夫执政初期的政策调整

1964 年 10 月 14 日，苏共中央举行了一次历史上有名的全体会议。它标志着赫鲁晓夫执政时期的结束和长达 18 年之久的勃列日涅夫执政时期（1964—1982）的开始。

在这次中央全会召开之前，苏共中央主席团于 10 月 12 日和 13 日先后举行了两次会议。前一次是背着赫鲁晓夫举行的，他当时还和米高扬一起在皮聪大休假。在这次会议上，以勃列日涅夫为首的大部分主席团成员为密谋推翻赫鲁晓夫作了最后部署。在后一次会议上，主席团成员们以突然袭击的方式迫使赫鲁晓夫同意"自愿退休"。会议是由赫鲁晓夫本人主持的。与会者对他进行了激烈的指责和批评。赫鲁晓夫一开始时作了一些反驳，但最后还是屈服了，并在事先为他准备好的辞职声明上签了字。这次主席团会议通过了一个决议，指出赫鲁晓夫的主要问题是没有遵守集体领导的原则和接受中央委员会的监督，"在实现苏共 20、21 和 22 大决议所制订的路线中犯了一系列重大错误"，为此，根据赫鲁晓夫的"年龄和健康状况"和"本人所作的声明"，决定解除他中央第一书记、中央主席团委员和苏联部长会议主席的职务。[①]

由此可见，10 月 14 日的苏共中央全会实际上只是一种形式，因为一切事情都已由此前的两次中央主席团会议准备好了。十月中央全会由勃列日涅夫主持。他在会上作了一个简短的发言。会上作主题报告的是苏斯洛夫。据谢列平回忆，"报告大约持续了两个小时，报告稿只有他（指苏斯洛夫）自己有"。[②] 苏斯洛夫在报告中列举了赫鲁晓夫在内外政策方面所

---

① ［俄］《历史档案》杂志 1993 年第 1 期。

② ［俄］B. 舍卢季科：《列昂尼德·勃列日涅夫：对他的回忆、思考与评论》，顿河—罗斯托夫 1998 年俄文版，第 189 页。

犯的各种错误，特别指出了他在工农业生产和管理以及以生产原则改组党组织等方面的改革中的唯意志论错误和由此造成的严重后果。最后报告人宣读了上述中央主席团会议的决议和赫鲁晓夫本人签署的声明。经过表决，中央全会一致同意解除赫鲁晓夫的职务并选举勃列日涅夫为中央第一书记。[①]

应当承认，采取这样的方式来撤换党和政府的最高领导人是很不正常的，难怪一些历史学家把它称之为一场"宫廷政变"。但是同样应当承认，勃列日涅夫及其一班人之所以能够如此容易地迫使赫鲁晓夫下台也不是偶然的。赫鲁晓夫执政 11 年来确实犯了不少错误。尽管他在内外政策上特别是在管理体制方面提出了一些值得重视的新思路，并采取了一系列改革措施，但由于指导思想上的错误和实践中强烈的唯意志色彩，改革并未取得实际的成果，反而使国内的政治、经济出现很大的困难。广大干部和群众对此非常不满。在思想理论领域的"解冻"，虽然有其值得肯定的一面，但是由于搞过了头，因而引起了党内外的思想混乱和资产阶级自由化思潮的抬头。勃列日涅夫正是在这种问题成堆、亟待解决的形势下开始执政的。因此，他上台以后首先抓的是政策调整。

一　领导体制和干部政策的调整

勃列日涅夫上台以后在领导体制方面采取的第一个重大调整措施是恢复统一的党组织。在 1962 年 11 月举行的苏共中央全会上，根据赫鲁晓夫的提议通过了按生产原则改组中央和地方党的机关的决议。从此，统一的苏联共产党及其各级组织都建立了两个平行的委员会，即领导工业生产的党委会和领导农业生产的党委会。与此相适应，各级苏维埃以及各级政府有关部门，甚至职工会和共青团等群众组织也都一分为二，分别管理工业生产和农业生产。这一改组不仅造成了机构职能和领导体制方面的混乱，从而削弱了党对生产和其他各项工作的领导，也引起了干部队伍的动荡。党的各级干部对此普遍感到不满，几乎是怨声载道。一般认为，这是促使

①　参见［俄］《历史档案》杂志 1993 年第 1 期，第 7—17 页。

赫鲁晓夫被赶下台的一个重要的直接原因。

1964 年 11 月 16 日，勃列日涅夫上台刚满一个月，就召开苏共中央全会，着重就中央主席团委员波德戈尔内所作的报告讨论了按生产原则改组党以后出现的各种问题，最后通过了《关于把州、边疆区工业党组织和农业党组织合并的决议》。决议指出："为了加强党及其地方机关在共产主义建设中的领导作用，更加顺利地解决每个州、边疆区及共和国经济发展和文化发展的任务，认为必须恢复按地区生产特征建立党组织及其领导机关的原则。""在原被分为工业党组织和农业党组织的州和边疆区，恢复统一的州、边疆区和党组织"，"建立统一的边疆区、州的党委会"；"把集体农庄国营农场生产管理局党委会改组为区党委会，集中对各级党组织，包括该区的工业企业和建设单位党组织的领导，撤销以前在农业地区、州中心和共和国中心建立的工业生产（地区）党委会"。① 全会决议还特别指出，这一措施是遵循 1961 年苏共 22 大通过的苏共党章中规定的要根据地区生产特征来建立党组织的原则采取的。在恢复统一的党组织的同时，对苏维埃、共青团、工会等机构也采取了同样的措施。这样就把两年前赫鲁晓夫推行的所谓按生产原则改组党的机关的改革全部推翻，恢复了原来的统一领导体制。这一果断而及时的措施在当时无疑是正确的，受到了各级干部的拥护和支持。这是勃列日涅夫及其领导班子在执政初期进行政策调整所取得的第一个比较重要的成果。

这次中央全会以后，在党的报刊上发表了一系列文章，以具体的事实说明划分工业党组织和农业党组织所造成的各种消极后果。例如《真理报》发表的题为《忠于列宁的组织原则》的社论指出："把党组织分为工业的和农业的，引起了许多困难和麻烦。改组同生活发生了矛盾。生活表明，实际上不可能划清工业党组织同农业党组织的活动范围。用所谓生产原则代替按地区生产特征建立党组织的原则，客观上使党政机关和经济组织的职能、权利和义务相互混乱，使党委代替了经济机关。……不仅如此，在许多极其重要的经济建设单位，这种改组还削弱了党的机关对生产

---

① 《勃列日涅夫时期苏共中央全会文件汇编（1964 年 11 月—1976 年 2 月）》，商务印书馆 1978 年版，第 11—12 页。

活动的影响。"①《共产党人》杂志发表的题为《提高党的领导作用和战斗
性》的社论指出：改组"对劳动人民代表苏维埃的活动产生了极其不良的
影响，它们的作用降低了。这一点特别影响到区苏维埃和村苏维埃。它们
实际上已没有可能积极参与经济建设问题"。② 为了统一全党的思想，在
1965 年 3 月召开的主要讨论农业问题的苏共中央全会上，再一次批评了所
谓按生产原则改组党组织的做法。很多与会者发言揭露由此而出现的严重
后果，例如亚美尼亚共产党中央第一书记扎罗比扬说：按生产原则改组党
组织以后，"发生了职责混淆的现象，造成了农业党委和工业党委的很多
矛盾"。③ 格鲁吉亚共产党中央第一书记姆日阿瓦纳泽说："1962 年把党机
关和苏维埃机关按生产原则分开，是同我们党章的要求相违背的。这在当
时是很清楚的，这种企图是病态的虚想的结果。""我所遇到的党中央委员
当时对这个问题都表示愤怒，他们对赫鲁晓夫说，这会使工作复杂化，不
能这样做，但是他不想听任何人的意见。"④ 勃列日涅夫在会上总结说，事
实证明，1964 年 11 月中央全会通过的关于恢复统一的州和边疆区党组织
问题的决议是完全正确的，它"结束了由于臆想出来的、生活证明是行不
通的改组而造成的党组织人为分离现象"。⑤

　　勃列日涅夫上台后在领导体制方面进行调整的第二个重大措施是恢复
按部门原则组织工业管理。在 1965 年 9 月召开的苏共中央全会上专门讨
论了这个问题，并通过了相应的决议。决议要求恢复"按部门原则组织工
业管理，按工业部门成立联盟兼共和国部和全联盟部"。⑥ 根据中央的这一
决议，苏联最高国民经济委员会以及各共和国和经济区的国民经济委员会
被撤销，重新建立了中央部门领导系统。这一措施显然是对 1957 年赫鲁
晓夫工业管理体制改革的一种否定。有些学者把这一措施看作是对传统的
中央计划体制的回归，因而是一种倒退。这样的评价不无道理，但却过于

① ［苏］《真理报》1964 年 11 月 18 日。
② ［苏］《共产党人》1964 年第 16 期。
③ 《苏共中央 1965 年 3 月全会速记记录》，莫斯科俄文版，第 225 页。
④ 同上书，第 94 页。
⑤ 同上书，第 4—5 页。
⑥ 《勃列日涅夫时期苏共中央全会文件汇编》，商务印书馆 1978 年版，第 63—64 页。

简单化。因为赫鲁晓夫的工业管理体制改革，只是把"条条专政"改为"块块专政"，并未从根本上摆脱传统的高度集中的计划体制，最多是在思路上有这种倾向，而具体措施则不符合当时的实际情况，因而很快就遭到了失败。所以勃列日涅夫开始执政以后，立即恢复到原来的状况。至于勃列日涅夫未能采取另一种新的符合实际的措施来改革高度集中的中央计划体制，调动地方和企业的积极性，那是另外一个问题。不能因为这一点而否定纠正赫鲁晓夫错误的意义。而且，勃列日涅夫也没有否定调动地方和企业积极性的重要性。在上述 1965 年 9 月中央全会的决议中强调指出：要"把中央的部门性管理同共和国和地方的广泛的经营主动性结合起来"。① 关于这一点，柯西金在全会上所作的报告中说得更具体。他说："近年来部门性管理原则遭到了破坏，使生产和技术发展受到了一定损失。提出的措施可以纠正这种局面。然而，在实行部门性管理原则的同时，还应该实行地区性原则，应该考虑到在综合发展国民经济以及各共和国和全国各地区经济方面规定的跨部门的任务，应该扩大共和国的经营权力。"② 根据中央全会的这一决议，苏联最高国民经济委员会、各共和国国民经济委员会和各经济区国民经济委员会被撤销，重新建立了中央部门领导系统。众所周知，这次全会是部署苏联"新经济体制改革"的一次会议，而在以后的若干年内这一改革取得了比较明显的成绩。由此可见，在 1965 年的具体条件下，纠正赫鲁晓夫的错误，恢复按部门组织工业管理的做法，不能简单地予以否定。

在 1966 年 4 月召开的苏共第 23 次代表大会上，对 1961 年苏共 22 大通过的苏共章程进行了部分修改，其中比较重要的是取消了党章第 25 条。这一条文对各级党委（包括中央主席团）和党委书记在每次换届选举中必须更新的人数作了硬性的规定。苏共 23 大关于修改党章的决议指出："考虑到在这些问题上所作的规定，经实践证明是不正确的，在苏共章程中继续保留而且规定更新和更换党的机关的成员和党组织书记的比例条文是不合适的。因此取消党章第 25 条。对第 24 条作如下补充：在选举一切党的

---

① 《勃列日涅夫时期苏共中央全会文件汇编》，第 64 页。

② 同上书，第 80 页。

机关（从基层到苏共中央委员会）时，应遵守党的机关的成员要经常更新、党领导要新陈代谢的原则。"① 应当指出，1961 年苏共 22 大通过的党章中的有关规定的出发点是积极的，但硬性规定统一的比例并不恰当，因为各地的情况不尽相同。这种规定的结果造成在每次基层党组织选举时有大批书记（其中不乏比较优秀的干部）因两年任期已满而离职，更换率高达 60%（在以前一般只更换 30%—35%）。这对基层党组织的稳定产生了不利的影响。苏共 23 大取消了硬性规定，代之以原则性的要求，这对于苏共这样一个大党的章程的条文来说并没有什么不合适。问题是在后来的实践中，党章中载明的关于党的领导成员要经常更新的这一原则性要求并未得到认真的贯彻执行。

二 在斯大林评价问题上的调整

勃列日涅夫开始执政刚半年，就赶上苏联卫国战争胜利 20 周年纪念日（1965 年 5 月 10 日）。勃列日涅夫要在克里姆林宫举行的纪念大会上发表讲话。在这个讲话中要不要提到斯大林？如何提？对于这个十分尖锐的问题在当时党的最高领导班子中的意见并不一致。据当时参与报告起草的布尔拉茨基的回忆：绝大多数领导人主张对斯大林作积极的评价。有的人甚至说得很具体，认为文章中应当谈到斯大林粉碎了反对派，确保了社会主义的胜利，保证了列宁的工业化、农业集体化以及文化革命计划的实现，这些都为卫国战争的胜利和社会主义阵营的建立创造了前提条件。持这种观点的领导人以苏斯洛夫和谢列平为代表。谢列平甚至还提交了一份书面意见，阐述他的观点。还有一些领导人认为在评价斯大林时应当根据 1956 年 6 月 30 日发表的《关于克服个人崇拜及其后果》一文中的提法，这一派以米高扬和波诺马廖夫为代表。安德罗波夫则主张在报告中回避斯大林问题，而且根本不提斯大林的名字。②

---

① 《苏联共产党第 23 次代表大会主要文件汇编》，生活·读书·新知三联书店 1978 年版，第 329 页。

② 参见［俄］费·布尔拉茨基《领袖和谋士》，东方出版社 1992 年版，第 324、329—330 页。

　　面对这一棘手的问题，经过中央主席团反复讨论，最后勃列日涅夫采取了一个折中的做法。这个做法在报告的开头部分指出："在非常的情况下……组成了以联共（布）中央总书记约·维·斯大林为首的国防委员会来领导反击敌人的一切行动。共产党及中央委员会和国防委员会在动员我国所有力量方面做了巨大的工作"；而在报告的结语部分又强调："我们将始终不渝地实现在第 20 次和第 22 次代表大会决议和苏共纲领中的总路线。"① 在整个报告中，斯大林的名字只被提到一次。即使这样，这句话也赢得了全场的热烈鼓掌。② 按照计划，为了纪念卫国战争胜利 20 周年，苏共中央马克思列宁主义研究院要发表一份宣传提纲。这份提纲是由该研究院院长波斯彼洛夫领导的，有苏联武装力量政治部主任叶比雪夫和苏共中央科教部部长特拉佩兹尼科夫参加的一个小组起草的，其中有不少称赞作为"伟大统帅"的斯大林的地方，并且暗示他在卫国战争中的作用遭到了赫鲁晓夫的歪曲。当这份提纲初稿拿到苏共中央主席团讨论的时候，多数委员认为对斯大林的评价不当，但又没有修改方案，因而主席团决定不发表它。对此，罗·麦德维杰夫这样写道："这一提纲中包含的观点意味着在实际上为斯大林恢复名誉，但是它在苏共中央主席团会议上被否定了。"苏共中央在这个问题上采取了一种低调的态度。③

　　1967 年是十月革命 50 周年，勃列日涅夫在庆祝大会上要做报告，报告稿曾于 10 月 13 日和 27 日两次在政治局会议上讨论。在第一次讨论时，委员们倾向于在报告中不提任何人名，但在第二次讨论时又提出是否提斯大林名字的问题。波德戈尔内、波利扬斯基、柯西金和苏斯洛夫反对提斯大林，勃列日涅夫也同意这个意见。④ 结果报告中只提到马克思、恩格斯、列宁和毛泽东四个人的名字（毛泽东是从反面的意思上提到的），而没有提斯大林的名字。

　　还有一件事也可以说明勃列日涅夫上台执政以后在评价斯大林问题上

　　① 参见沈志华、于沛等《苏联共产党九十三年——1898 年至 1991 年苏共历史大事实录》，当代中国出版社 1993 年版，第 617 页。

　　② 参见［俄］罗·麦德维杰夫《个人与时代：勃列日涅夫政治肖像》第 1 卷，第 169 页。

　　③ 同上书，第 168 页。

　　④ ［俄］《通报》1996 年第 4 期。

的谨慎态度。1969 年是斯大林诞辰 90 周年。① 当斯大林在世时，1929 年、1939 年、1949 年逢到他整十年生辰时都开展了庆祝活动。② 1959 年，由于众所周知的原因没有搞这类活动，但是《真理报》还是在 12 月 21 日发表了一篇编辑部文章。到了 1969 年党内外有不少人要求发表正式的纪念文章，以便对斯大林作比较明确的重新评价。在这种情况下，党中央不能不表态，认为"根据劳动人民的一些来信和提出的问题判断，如果在斯大林 90 岁生日之际在我们的报刊上不发表有关文章和材料，就有可能使人产生错误的理解从而为各种歪曲性的观点提供依据"。③

12 月 13 日中央政治局通过决议，责成中央书记处起草纪念文章。17 日，文章草稿在政治局会议上进行了讨论。根据俄国新近发表的关于这次会议的记录可以看出，在开始时委员们对是否要发表纪念文章以及如何写的问题意见不尽一致。例如波德戈尔内就认为，"如果在报上发表文章，那就应当写谁以及有多少人被他（指斯大林）处死了"。他认为，"这样写是不需要的，但是不这样写却是不正确的。现在大家都已经平静下来了，没有人再要求和敦促我们写这样的文章"。因此他认为这样的文章"除了害处以外不可能给我们带来其他任何结果"。谢列斯特不同意上述意见。他认为应当发表纪念文章。至于如何写，他认为"应当从主要的和原则性的问题出发。对我们来说，最珍贵的是历史的真实，不应当去迁就任何事和任何人。斯大林有错误，就写这些错误；当然也有积极的方面，关于这一方面显然是无可争议的。应当说，这就是历史。历史既不应美化，也不应歪曲"。

波诺马廖夫在会上指出，发表这样的文章还应考虑到对国际共产主义

① 关于斯大林的出生日期一般都作 1879 年 12 月 21 日（新历），其实他的确切出生日期应当是 1878 年 12 月 6 日（俄历，新历为 12 月 18 日）。有关证明这一点的档案材料，发表在《苏共中央通报》杂志 1990 年第 11 期。

② 在 1929 年、1939 年、1949 年斯大林的生日时，《真理报》都出版专号，发表大量文章以示庆祝。1939 年生日时，斯大林获得了社会主义劳动英雄称号。1949 年生日时又获得了列宁勋章，当时斯大林周围的一些人还建议为庆祝这一日子而设立并颁发"斯大林勋章"，勋章的图案也已由两位艺术家设计好了，但最后未付诸实行。

③ 俄罗斯联邦总统档案馆，ф.5，оп.，1，д.1414а，л.2.，转引自〔俄〕《通报》1996 年第 4 期。

和工人运动会产生什么样的影响，例如，哥穆尔卡和卡达尔会说些什么？他说："如果要写文章，那就应当反映真实，也就是说要写正反两个方面。但是否需要这样做，我不知道。"

安德罗波夫认为，发表这样的文章在国际上不会产生什么不良的后果。他说，"这是我们内部的问题，我们可以作出决定"。他还说，有一次在与卡达尔的谈话中，卡达尔问他："你们为什么不把伏尔加格勒再更名为斯大林格勒？这毕竟是历史名字啊！"由此可见，他认为不需要考虑国外的反应。

苏斯洛夫认为，这样的文章全国都在等待着，更不用说是格鲁吉亚了；再说 10 年前斯大林诞辰 80 周年时《真理报》也发表了编辑部文章。

最后，勃列日涅夫做了总结性的表态发言。他说一开始他并不主张发表纪念文章，但是和不少州委书记谈话，以及听了这次会上大家的发言以后，他觉得发表文章还是利大于弊。"因为我们之中没有人对他（指斯大林）的革命贡献提出争议，而且任何时候都不会提出这样的争议，同时也没有人怀疑过而且至今也不怀疑他的严重错误，特别是最后时期。"他主张"在苏共中央对这一问题的理解和已有的代表大会（指 20 大）的决议和中央相关的决议精神的基础上，以一种平稳的调子写这篇文章"。这样就可以"使每个人都知道，我们不害怕直截了当和明确地说关于斯大林的真话，指出他在历史上所具有的地位；同时也可以使人们不要因为某些将帅在他们回忆录中所写的内容而以为我们将改变党中央的路线"。①

在这次政治局会议上，马祖罗夫还提出了另外一个问题。他认为在斯大林诞辰 90 周年之际，"应当考虑在他的墓上设置胸像。"② 他说，有一次胡萨克在瞻仰了列宁遗容并看了斯大林墓以后问他："为什么在斯大林墓上没有胸像？这是不对的，当时就应该放上的。"不久以后，在 1970 年终于在墓前放置了斯大林的胸像，是雕塑家 H. B. 托姆斯基的作品。

所有以上材料表明：勃列日涅夫上台以后，在评价斯大林的问题上确

---

① 以上材料均见《1969 年 12 月 17 日苏共中央政治局会议记录》，载［俄］《通报》1996 年第 4 期，第 146—150 页。

② 斯大林逝世后，他的遗体曾与列宁的遗体并列安放在红场上的列宁—斯大林陵墓中。1961 年苏共 22 大后，遗体从陵墓中移出火化，骨灰埋在克里姆林宫墙下。

实进行了比较重大的调整。当然，由于这个问题本身的高度敏感性（不仅在国内，而且在国际上），勃列日涅夫及其领导班子所采取的措施是相当谨慎的。这一调整的基本倾向是纠正赫鲁晓夫在斯大林评价问题上"攻其一点，不及其余"的、不实事求是的批判和不顾政治后果的草率做法，代之以比较符合历史实际的、一分为二的态度。但是这并不意味着勃列日涅夫完全否定了他的前任对斯大林的所犯错误的揭露和批判，也不意味着勃列日涅夫完全为斯大林平了反。在勃列日涅夫上台以后，甚至可以说直到他执政的最后时期，在各种不同的场合，他都表示要继续执行苏共 20 大和 22 大的路线。在他执政的整个时期，苏共没有正式为斯大林恢复名誉，特别是没有翻斯大林"大清洗"运动的案，也没有恢复 20 大以前那种把马、恩、列、斯并列的情况。不仅如此，勃列日涅夫还继续为斯大林"大清洗"运动的受害者平反，如 1967 年 9 月为被斯大林整体流放的克里米亚鞑靼人平反，以及为乌克兰、乌兹别克和哈萨克一些少数民族的领导人和知识分子恢复名誉等。还有一个情况也是可以说明问题的。1977 年 5 月，苏联最高苏维埃主席团通过了苏联国歌歌词的修改稿，其中把原来的"列宁—斯大林的党引导我们从胜利走向胜利"一句改为"列宁的党和人民的力量引导我们走向共产主义的胜利"。① 关于勃列日涅夫有没有给斯大林翻案的问题，以激烈批判斯大林著名的"持不同政见者"历史学家罗·麦德维杰夫说得很清楚。他在 90 年代初写的一本著作中明确写道："1969 年 12 月没有为斯大林恢复名誉，以后也没有。"②

三　在理论上的调整

勃列日涅夫上台以后，在理论问题上也作了一些调整，旨在纠正赫鲁晓夫时期的偏差。

---

① 参见 ［俄］M. 格勒尔、A. 涅克里奇《俄国历史（1917—1995）》第 2 卷，莫斯科 1996 年俄文版，第 270—271 页。苏联国歌是 1944 年制定的，由 A. 亚历山大罗夫作曲，C. 米哈尔科夫作词。1956 年起，由于歌词中有斯大林的名字，国歌只奏不唱。

② 罗·麦德维杰夫：《个人与时代：勃列日涅夫政治肖像》第 1 卷，莫斯科 1991 年俄文版，第 236 页。

首先是关于所谓"全民党"和"全民国家"的问题。这是赫鲁晓夫1961年在苏共22大上提出来的。尽管这两个概念提出以后在苏联理论界有不同的理解和看法，但由于当时占主导地位的思想是强调阶级调和，否定和淡化阶级斗争以及突出"向共产主义过渡"，因而多数理论家都着重在"全民性"方面做文章。

勃列日涅夫开始执政以后，继承了"全民党"和"全民国家"的理论，但同时又在阐释和宣传上作了某些调整。这种调整从做法来说是比较谨慎的，但就其内容和倾向来说则具有一定的原则意义。

苏共22大在提出"全民国家"的理论时认为，"全民国家——这是社会主义国家发展中的新阶段，是社会主义国家组织转变为共产主义自治的道路上的极重要的里程碑"。[①] 同时还指出："工人阶级专政不再成为必要是先于国家消亡的。作为全民组织的国家将保存到共产主义取得完全的胜利。"[②] 这就是说，全民国家已不再是无产阶级专政的国家，而是在共产主义社会建成以前的一种新的国家形式，从而淡化和取消了无产阶级专政。勃列日涅夫上台以后，在保留"全民国家"的提法的同时，强调它是"无产阶级专政的继续"，它和无产阶级专政是"同一类型的国家"。例如1964年11月6日，勃列日涅夫在庆祝十月革命47周年大会上说："我们的全民国家是无产阶级专政国家的自然发展。"[③] 1967年6月苏共中央发布的关于十月革命50周年的提纲中又说："全民国家……继续无产阶级专政的事业，即建设共产主义，并且同其他社会主义国家一道在国际舞台上进行反对帝国主义的阶级斗争。"1970年6月7日《真理报》在一篇文章中这样写道："全民国家是无产阶级专政国家的直接继续。无产阶级专政国家和全民国家是建立在共同的社会主义经济基础上的同一社会主义类型的国家"，"无产阶级专政国家的任务和职能在全民国家的任务和职能中得到了合理的继承和发展"。[④] 从以上的论述可以明显看出对无产阶级专政的

---

① 尼·谢·赫鲁晓夫：《苏联共产党中央委员会向苏联共产党经22次代表大会提出的总结报告》，载《苏联共产党第22次代表大会主要文件汇编》，三联书店1962年版，第352、245页。

② 同上书，第245页。

③ 《勃列日涅夫言论》第1集，上海人民出版社1974年版，第16页。

④ 《全民国家与民主》，[苏]《真理报》1970年6月7日。

重视，也是提醒人们不要忘记无产阶级专政。关于"全民党"的理论，也有类似的变化。当苏共 22 大提出"全民党"的时候，党的理论家们强调的是党的全民性，认为苏联共产党已由工人阶级的政党转变为全民的政党。勃列日涅夫上台以后，强调苏共既是全民的党，又是工人阶级的党，也就是说苏共并未失去它的无产阶级性质。1971 年苏斯洛夫在一篇文章中写道："苏共过去是，现在仍然是工人阶级的政党、全体苏联人民的政党，它代表着苏联人民的切身利益。"① 勃列日涅夫也说："在共产党已成为全民党的时候，它绝没有失去自己的阶级性。就其性质而言，苏共过去是，现在仍然是工人阶级的政党。"②

　　勃列日涅夫上台以后在理论上所做的一个具有重大影响的调整是提出了"发达社会主义"。"发达社会主义"这个概念是在勃列日涅夫 1967 年庆祝十月革命 50 周年大会的报告中第一次出现的。他在这个报告中宣称，经过 50 年的奋斗，苏联已经建成了"发达社会主义社会"，并且明确地指出："在我国建成的发达社会主义社会，是'各尽所能，按劳分配'的原则占统治地位的社会。社会主义生产关系保证着整个国民经济在现代技术水平上有计划地稳定地发展。"他还指出，必须"更充分地利用发达社会主义社会所开辟的可能性"。③

　　显然，"发达社会主义"是一种新的提法，是为了纠正赫鲁晓夫时期急于向共产主义过渡的那种完全脱离实际的浮夸宣传。不过在勃列日涅夫的上述报告中并未对"发达社会主义"的概念作任何理论上的阐发。这可能是由于当时还来不及这样做，也可能是为了先试探一下学术、理论界的反应。从近几年发表的有关历史档案以及不少理论和宣传工作者的回忆录中，我们没有发现当时苏共中央或中央有关部门对这一重大问题进行专门研究和讨论的情况。

　　1968 年 5 月，苏斯洛夫在莫斯科纪念马克思诞生 150 周年大会上所作

---

　　① 米·安·苏斯洛夫：《工人阶级在共产主义建设中的领导作用》，[苏]《工人阶级和当代世界》1971 年第 4 期。

　　② 列·伊·勃列日涅夫：《苏共中央总结报告和当前党的对内对外政策任务》，《苏联共产党第 25 次代表大会主要文件汇编》，三联书店 1976 年版，第 86 页。

　　③ 《勃列日涅夫言论》第 3 集，上海人民出版社 1974 年版，第 190、198 页。

的报告中对"发达社会主义"社会进行了理论上的论证。他指出："社会主义阶段根据生产力的发展水平，生产关系的完善程度和具体的历史环境，又有它自己的几个成熟阶段。""社会主义不是短暂的阶段，而是共产主义社会发展中整整一个历史时期。在成熟的社会主义社会中，社会主义经济规律及其优越性得到了最充分的表现。"他接着说，在苏联已经形成的"发达社会主义"社会，"正在充分显示着本身的优越性"。[①] 苏斯洛夫在这里把社会主义看成是一个完整的历史时期，并且强调了它的长期性，因而它必然要分成几个不同的阶段。这种分析，为"发达社会主义"的概念提供了理论根据，同时也为"发达社会主义"的内涵作了原则性的界定——"发达社会主义"是漫长的社会主义时期的一个阶段，还不是共产主义。

　　在上述报告中，作为苏共领导人中的主要理论家，苏斯洛夫尽管没有对"发达社会主义"进行更多的论证，但已经把它提到了理论高度。此后，勃列日涅夫以及其他苏联领导人又曾多次提到这个概念，但在 1971 年 3 月之前苏联理论界并未对这个问题作进一步阐发，也没有展开讨论。1971 年 3 月，苏共第 24 次代表大会召开。勃列日涅夫在向代表大会所作的中央总结报告中再次明确地提出苏联已经建成了"发达社会主义"社会，并且把"发达社会主义"这一概念和列宁过去的提法联系起来。他说：从 30 年代后半期社会主义在苏联取得了胜利以来，"国民经济、社会主义的社会关系以及广大人民群众的文化和觉悟都达到了不可估量的更高的水平。苏联人民以忘我的劳动建成了发达的社会主义社会，弗·伊·列宁在 1918 年曾把这种社会作为我国的未来而论述过"。[②] 1971 年 12 月，苏斯洛夫在全苏高等学校社会科学教研室主任会议上发表讲话中指出："苏共第 24 次代表大会给我们科学工作者规定的主要任务是：从理论上研究发达的社会主义社会的根本问题，科学地论证发达的社会主义社会逐步长入共产主义的途径和方法。"[③] 此后，苏联理论宣传界对"发达社会主

　　① 《苏斯洛夫言论选》下集，上海人民出版社 1976 年版，第 780、782 页。
　　② 《苏联共产党第 24 次代表大会主要文件汇编》，三联书店 1976 年版，第 59 页。
　　③ 《苏斯洛夫言论选》下集，上海人民出版社 1976 年版，第 951—952 页。

义"的研究和讨论便在全国范围内积极地开展起来。1977 年 10 月苏联通过了新宪法，在它的序言中对"发达社会主义"的概念作了明确的说明，并强调指出"发达的社会主义是通往共产主义道路上的一个合乎规律的阶段"。① 勃列日涅夫在 1977 年苏共中央 10 月全会上所作的《关于苏联宪法（根本法）草案及全民讨论的总结》报告中说："苏联现在已经建成了发达的社会主义——这是新社会的成熟阶段，在这个阶段上正在根据社会主义内在固有的集体主义原则完成对全部社会关系的改造。由此而为发挥社会主义各项规律的作用和显示社会主义在社会生活各个领域的优越性提供了广阔的天地。"②

从以上的引述可以看出，"发达社会主义"的提出，是为了把苏联社会的性质限定在社会主义的阶段上。不过，这是作为一个完整而又漫长的社会主义时期的"发达"阶段，也就是成熟阶段或高级阶段。把当时的苏联社会说成已经建成了"发达社会主义"，在今天看来仍然是不符合实际情况的，是一种超越阶段的理论。即使在当时，也有不少理论家不能接受。但是无论如何，这对赫鲁晓夫时期对苏联国情的估计是退后了一步，与当时认为苏联将很快进入共产主义的宣传相比，毕竟也是一种理论上的调整。在勃列日涅夫执政时期曾经先后担任过《共产党人》杂志主编和《真理报》总编辑的维克多·阿法纳西耶夫院士在苏联解体以后所写的回忆录中说："'发达社会主义'是向现实、向抛弃赫鲁晓夫那一充满空想的'全面展开共产主义建设时期'提法的方向跨出了明显而重要的一步。那个所谓的'时期'纯属幻想。"③ 罗·麦德维杰夫对"发达社会主义"的评述是比较客观的。他首先从理论上对提出"发达社会主义"的概念作了肯定。他说："'发达社会主义'理论是勃列日涅夫在十月革命 50 周年纪念大会上提出来的……按照勃列日涅夫提出并被很多理论著述详尽阐发的这一新理论，社会主义不再是'不成熟的共产主义'加上'资本主义残余'，而是一种在社会本质上具有完整的特征和原则的社会制度。因此，

---

① 《苏维埃社会主义共和国联盟宪法（根本法）》，三联书店 1978 年版，第 62 页。

② 同上书，第 86 页。

③ ［俄］维克多·阿法纳西耶夫：《〈真理报〉总编辑沉浮录》，东方出版社 1993 年版，第 61 页。

它的结构基础不是共产主义社会关系，而是具有独自的要素、原则和规律性的社会主义社会关系。这种把社会主义与其他各种社会经济形态并列的理论无疑是合理的和有良好作用的。"[1] 接着他又说："但是，这种认为在我国似乎已建成了'发达社会主义'的新理论，从一开始就与现实情况相矛盾……如果在苏联已经建成了社会主义，那么我们应当有政治上成熟的社会和高度发展水平的科学和技术，以及良好而发达的文化和民主体制，等等，而根据60年代以至以后的10年的实际情况，并不能得出这样的判断。"[2]

（原载《苏联兴亡史纲》，中国社会科学出版社2004年版）

---

[1]　罗·麦德维杰夫：《个人与时代：勃列日涅夫政治肖像》第1卷，第182页。

[2]　同上书，第183页。

勃列日涅夫时期苏联的主要问题和历史教训

一　研究勃列日涅夫时期的重要性

勃列日涅夫执政时期是苏联历史上的一个重要时期。这个时期长达 18 年之久（1964—1982），占整个苏联历史的近 1/4，比列宁（1917—1924）、赫鲁晓夫（1953—1964）和戈尔巴乔夫（1985—1991）执政时期都长得多，而仅次于斯大林时期（1924—1953）。当然，勃列日涅夫时期的重要性主要还不在于它的时间较长。在这个时期，苏联的综合国力达到了顶峰，经济实力跃居世界第二位，仅次于美国，而军事力量则足以与美国平起平坐；人民的物质和文化生活水平比苏联历史上其他各个时期都高。另外，在这个时期，苏联社会主义模式，特别是它高度集中的政治、经济体制，已经成为束缚社会生产力和整个国家进一步发展的沉重桎梏，进行根本性的改革已经刻不容缓；而进行改革的客观条件则比以往任何时期都更为成熟。可是，以勃列日涅夫为首的苏联领导人错过了这个有利时机，未能坚持进行切实有效的改革。这就使苏联这个曾经取得过辉煌成就的第一个社会主义国家，从发展的顶峰跌落下来。研究勃列日涅夫执政时期 18 年的历史进程，剖析这一时期，特别是其后期存在的各种问题，对于揭示后来苏联发生剧变的历史原因和教训具有十分重要的意义。

关于勃列日涅夫时期的苏联，我们目前的研究还非常薄弱。在我国学术界近年来发表的关于苏联历史和苏联剧变问题的著述中，一般都着重研究斯大林时期和戈尔巴乔夫时期，也有不少是研究赫鲁晓夫时期的。学者们对这些时期的兴趣是可以理解的。斯大林时期是苏联社会主义模式，包括它高度集中的政治、经济体制的形成和巩固时期，这个时期苏联取得的举世瞩目的成就和社会主义建设理论与实践方面出现的种种问题和错误，对于以后苏联的发展产生了重大的影响。赫鲁晓夫时期当然远不如斯大林时期那么辉煌，但这个时期提出的反对斯大林个人崇拜，由此而出现的一系列国际国内政策调整，以及意识形态领域的变化与动荡却震动了苏联国内外，并引起了各国学者激烈的争论。而戈尔巴乔夫时期是苏联由衰而亡的时期，是剧变发生的时期，其重要性是不言而喻的。相比之下，关于勃列日涅夫时期的著述却如凤毛麟角。迄今为止，在我国学术界不仅还没有一本有关的专著问世，而且论文和资料性的东西也不多见。

对勃列日涅夫时期的研究之所以薄弱，其原因是多方面的，至少可以举出三点。

第一是对这个时期的特点和重要性估计不足。勃列日涅夫执政时期是苏联由盛而衰的关键时期，不对这个时期的各种问题进行深入的研究，便无法全面总结苏联社会主义建设的历史经验和教训，也无法科学地揭示苏联剧变的深层次原因。但是，正如上面所谈的，目前我国学术界关注的主要热点并不在勃列日涅夫时期。在一部分学者看来，要揭示苏联剧变的原因，主要应研究斯大林时期；而另一部分学者则认为主要应研究戈尔巴乔夫时期和赫鲁晓夫时期。还有一些学者则简单化地认为，勃列日涅夫取消了赫鲁晓夫所推行的改革路线，恢复了所谓的斯大林体制，因此只要把斯大林时期的问题弄清楚，勃列日涅夫时期的问题也就会迎刃而解。所有以上看法都反映了对勃列日涅夫时期的特点和重要性估计不足。

第二是研究的难度较大。这种难度表现在两个方面：一方面，这个时期虽然长达 18 年，但是从国内发展的进程来看，缺乏激动人心和引人注目的重大事件，从总体上可以说是风平浪静。要透过这种平静和稳定的表象去揭示被掩盖着的矛盾和问题，并剖析其性质，是比较困难的，特别是这一时期的很多政策具有一定的矛盾性；另一方面，在这一时期的对外政策领域发生过一些重大事件，如武装干涉捷克斯洛伐克、出兵阿富汗和苏美争霸等，这些事件从一开始就受到苏联国内外普遍的关注。有关这方面的著述发表了不少，近年来还公布了一批有关的历史档案。不论这些著述的科学性和客观性如何，给学者们的一个表面印象是这些问题已经谈得够多了，难以再深入一步或是提出一些新的见解。

　　第三是资料相对比较少。无论是包括历史档案在内的第一手资料，或者是外国学者，首先是俄国学者的新著都不多。据一些俄国史学家解释，近年来俄国关于勃列日涅夫时期的著述不多的原因，除了不少历史档案还没有解密以外，还由于某些历史问题在当前还具有不同程度的政治敏感性。新材料的不足对我们深入研究这一时期的问题增加了困难。

　　为了加强对勃列日涅夫时期苏联的研究，我们必须有一个正确的指导思想。这种指导思想应当是马克思主义的基本原理。在今天来说，首要的是要站在邓小平同志建设有中国特色社会主义理论的高度，或者说是站在邓小平同志的社会主义观的高度，去思考和审视勃列日涅夫时期苏联在社会主义建设中的理论与实践问题。正如江泽民同志在中国共产党第15次全国代表大会的报告中所指出的："邓小平理论坚持以马克思主义的宽广眼界，对当今时代特征和总体国际形势，对世界上其他社会主义国家的成败，发展中国家谋求发展的得失，发达国家发展的态势和矛盾，进行正确分析，作出了新的科学判断。""它是在总结我国社会主义胜利和挫折的历史经验并借鉴其他社会主义国家兴衰成败历史经验的基础上，逐步形成和发展起来的"。这里两次提到的"其他社会主义国家"，显然首先和主要是指苏联。由此可见，邓小平理论虽然并未直接涉及苏联历史上的问题，包括勃列日涅夫时期的问题，但它对我们从事这方面的研究无疑地具有重要的指导和启迪作用。古往今来所有优秀的历史学家都是站在他们时代的高度去审视历史的。邓小平理论对当代中国学者来说便是这一高度的体现。只有这样，我们的研究成果才能既符合历史的实际，又能为建设有中国特色社会主义的理论与实践服务。

　　以马克思主义基本原理作指导还要求我们要根据确凿的历史事实，从当时具体的历史条件出发去客观地分析和评价勃列日涅夫时期的各种问题。这是实事求是的态度，也是历史唯物主义的基本要求。要做到这一点，就必须克服概念化和片面化的研究方法，更不能先有一个框框，然后把各方面的问题都用这个框框去套。在20世纪60—70年代，我们曾经把勃列日涅夫时期的苏联称作"社会帝国主义"，认为在那里已经出现了"资本主义复辟"。80年代以来，这样的提法在我们的著作中已经逐渐不见了，但它的影响至今尚未完全消失。今天在苏联已经发生了剧变的情况下，在回顾苏联整个历史进程的时候，说勃列日涅夫时期苏联的整个国家制度的性质已经由社会主义蜕变为资本主义，显然是根据不足的。当然，这一时期对外政策中的侵略扩张和霸权主义行径，确实与社会主义国家的主旨相悖；但是以"社会帝国主义"这种提法来概括这一时期苏联的整个对外政策，显然是不行的。对勃列日涅夫时期苏联的另一个概括是说这是一个"停滞"时期。这是戈尔巴乔夫上台以后提出来的。"停滞"的提法并不是完全没有道理，因为在勃列日涅夫执政后期，传统的政治、经济体制日趋僵化，教条主义日趋发展，各级领导部门因循守旧、故步自封、官僚主义和贪污腐败之风盛行，权力高度集中和党内外缺乏民主空气等现象，确实使社会政治生活出现了严重的停滞。但是如果把勃列日涅夫执政的整个时期，包括前期和后期，简单地说成是"停滞"时期，把这一时期的各个方面，包括政治、经济、文教、宗教、民族关系、军事和外交等领域都说成是处于"停滞"状态，则是不符合实际的。所以，我们在研究勃列日涅夫时期的历史进程和这一时期存在的问题时，切忌从概念出发，要打破各种老的、新的框框，实事求是地进行历史的、客观的分析。只有这样才能得出正确或比较正确的结论。这才是马克思主义的态度。

二　勃列日涅夫时期的主要问题

勃列日涅夫是在一次被称为"宫廷政变"的行动以后开始执政的。在1964年苏共中央十月全会上，勃列日涅夫及其一班人通过事先密谋和突然袭击的方式，迫使赫鲁晓夫"自动"退休。这种做法当然是很不民主，也是很不光彩的。但是勃列日涅夫及其一班人之所以能比较容易地取得夺权的胜利也并非偶然。

赫鲁晓夫在其执政的11年间，尽管在内外政策上提出了一些新的思路，并且采取了一系列改革措施，但由于指导思想上的错误和实践中强烈的唯意志论色彩，改革并未取得积极的成果。特别是在他的执政后期，国内的政治和经济都出现了很大的困难。工业管理体制反复无常的变化，不仅没有从根本上触及传统模式，反而使得广大干部和群众无所适从。农产品收购和自留地政策上的忽左忽右，严重影响了农民的生产积极性；随意地合并集体农庄和把集体农庄改变为国营农场，完全脱离了当时农村的实际，反映了急于向共产主义过渡的思想。这些失误造成了1963年严重的农业危机。1961年苏共22大通过的新党章中对各级党组织委员的更换比例作出的硬性规定对基层组织的稳定产生了不利影响。1962—1963年间采取所谓的"按生产原则"改组党的领导机构的做法，削弱了党对各项工作的领导，而且造成了干部队伍的混乱，引起了各级干部很大的不满。很多学者不无道理地认为，这是使赫鲁晓夫下台的一个直接原因。赫鲁晓夫在苏共20大上提出的揭发和批判对斯大林的个人崇拜，以及由此而来的所谓"解冻"运动，固然有其值得肯定的一面，但是却引起了党内外的思想混乱和资产阶级自由化思潮的抬头。正如毛泽东说的"揭了盖子，又捅了娄子"。[①] 在对外政策上既要与美国争霸，又不敢碰硬，甚至出现了1963年的"古巴导弹危机"这样的事件，使国家在全世界面前出丑，损害了社会主义国家的尊严。勃列日涅夫就是在这样一种背景下开始执政的。指出这些情况，对于分析勃列日涅夫时期的历史进程，包括这一时期出现的各种问题是很重要的。

勃列日涅夫时期，特别是在其后期，存在的问题很多，这里只是就对后来苏联演变产生重要影响的几个问题作一些简要的分析。

1. 经济体制改革半途而废，国家实力由盛及衰。

勃列日涅夫时期的经济总的来说是有发展的，特别是在20世纪60年代后期和70年代初期，经济形势相当不错。第八个五年计划（1966—1970）的顺利完成，可以说是勃列日涅夫上任后烧起的"三把火"，给全国人民以很大的振奋。这五年内社会生产总值的年均增长率达到了7.4%，从而使前三个五年计划期间增长速度连续下降的趋势得到了制止。第九个五年计划（1971—1975）期间年均增长速度有所下降，但仍达到6.4%。全国工业生产总值从1965年的2294亿卢布，上升到1970年的3473亿卢布和1975年的5112亿卢布。农业生产总值则由1965年的883亿卢布，上升到1970年的1084亿卢布和1975年的1128亿卢布。粮食产量明显提高，从赫鲁晓夫执政时期的"七五"计划（1961—1965）期间的年均产量

———————————

① 吴冷西：《忆毛泽东》，新华出版社1995年版，第6页。

1.303 亿吨增加到"八五"期间的 1.676 亿吨和"九五"期间的 1.861 亿吨。单位面积产量 1965 年为每公顷 9.5 公担，1970 年增加到 15.6 公担，1978 年又增加到 18.5 公担，与 1965 年比较几乎翻了一番。生产的发展提高了人民的生活水平，一般都认为，70 年代中期是苏联历史上人民生活最好的时期。生产的发展，使苏联的经济水平与美国的差距逐步缩小。1975年苏联的工业总产值已达到美国工业总产值的 80% 以上，而农业总产值则达到了 85%，[①] 从而使苏联成为欧洲第一和世界第二经济大国。这一时期苏联国力的增强与西伯利亚地区大量油气田的开发成功也有一定关系。恰好这个时期在国际上石油价格暴涨，因而使苏联得以通过出口石油换来大量外汇。据估计，在 1974—1984 年间，苏联在这方面的收入共达 2700亿—3000 亿美元。有些学者往往从消极方面来看待这个问题，认为大量的石油外汇收入掩盖了苏联经济体制的矛盾，因而它所带来的繁荣是虚假的。这种分析多少是失之偏颇的。体制的矛盾和弊端是早就存在的，主要问题在于领导人未能正确认识和对待它们，不在于"石油美元"的掩盖不掩盖。当然要说"掩盖"也未尝不可，但是说繁荣是虚假的则未免站不住脚，因为石油产量和出口量的激增是客观事实，油价上涨则是一种有利机遇，并非巧取豪夺。再说，勃列日涅夫执政时期的经济增长也不是单靠出口石油取得的。70 年代中期，也是苏联军事力量的极盛时期。这是片面发展军事工业的结果，造成了经济结构的畸形发展，给国家和人民带来了沉重的负担。但从另一个角度来说，军事力量是国家实力的重要组成部分，而正是在这个时期社会主义的苏联成了与美国平起平坐的军事大国和使美国感到畏惧的头号敌人。

　　勃列日涅夫执政前期经济的发展，主要应归功于经济体制的改革和政策的调整。从 1965 年开始，在苏联部长会议主席柯西金主持的"新经济体制"改革，可以说是苏联历史上在列宁领导下制定的"新经济政策"之后最为成功的一次改革。改革的核心内容是减少中央的指令性计划指标，改进管理方法与扩大地方和企业的自主权；同时通过利润提成方式加

---

　　① 以上统计数字均引自陆南泉、张础、陈义初等编《苏联国民经济发展七十年》，机械工业出版社 1988 年版，第 30、123、234—235、251—252、258、82 页。

强对企业和职工的物质刺激。当然，它没有，也不可能触及传统的社会主义计划经济体制。这在今天看来是极其平常和很不彻底的改革，但在当时却取得了比较明显的效果。当时在柯西金领导下工作，在苏联解体前夕担任过苏联部长会议主席的尼·雷日科夫在他1991年出版的回忆录中对这次改革作了很高的评价。他写道："柯西金1965年的经济改革明显地推动了原地打转的国民经济。仅在随后的5年，工业生产就增长了50%，劳动生产率提高了32%（上一个五年计划期间共提高23%），消费品（即'乙类'产品）生产的增长幅度终于同过去一直被特别重视的'甲类'产品生产的增长幅度相等。"[①] 雷日科夫在这里提到的一点是很重要的。就是说在第八个五年计划期间，虽然优先发展重工业的方针没有变，但甲、乙两类工业发展的速度已经十分接近。统计资料表明：从1966—1970年，工业生产总值年均增长8.5%，其中甲类产品增长8.6%，乙类增长8.4%[②] 这种情况在苏联工业发展史上是罕见的。

勃列日涅夫上台以后，在进行工业体制改革的同时，在农业方面也采取了一系列改革和政策调整措施。1965年苏共中央三月全会根据勃列日涅夫所作的报告通过了《关于进一步发展苏联农业的刻不容缓的措施》的决议。接着就陆续出台了调整农业政策的一些决定和法令，其中包括提高农产品收购价格、收购计划5年一定、减低农业税率、放宽宅旁园地限制以及国家每年拨专款补贴农庄庄员养老金等。这些措施在一定程度上改进了农业管理，加强了对农庄庄员的物质刺激。从1965—1975年间，曾先后三次大幅度地提高农产品的收购价格。应该承认，所有这些措施对农业生产的发展起到了较好的促进作用。

这一时期的国民经济虽然有所发展，但同时也存在很多问题。首先是发展的速度明显地呈下降趋势。在"八五"计划以后的三个五年计划期间，无论是社会生产总值，还是国民收入总值和工业生产总值的年平均增长率均直线下降。其次是经济增长大都是在传统工业部门，而新兴工业部

---

① ［俄］尼·伊·雷日科夫：《改革：背叛的历史》，《政党与当代世界》1993年第4—5期合刊。

② 参见陆南泉、张础、陈义初等编《苏联国民经济发展七十年》，机械工业出版社1988年版，第126页。

门（如微电子工业等）开发较少。第三是生产效益不断下降。这是国民经济发展中最为突出的问题。生产效益不高主要表现在高投入、低产出以及依靠外延扩大再生产的粗放经营。第四是在勃列日涅夫时期出现的一个新问题是生产和消费之间的矛盾。苏联历史上一般都实行高积累、低消费的方针。但是在勃列日涅夫时期，由于居民收入提高较快，出现了国民收入中用于消费的比重增加和积累率降低的情况。出现上述各种问题的原因很复杂，其中最为根本的一条是高度集中的计划经济体制不仅没有改变，反而进一步强化。"新经济体制"改革并未根本触动这种传统体制，但是即使这样的改革也半途而废。勃列日涅夫及其集团深恐改革会影响社会的稳定和动摇他的权力基础，因而逐步取消了各种改革措施，还组织了对"社会市场经济"理论的批判。这样就使得传统体制更加强化，使它固有的弊端进一步加重。在勃列日涅夫时期对世界上正在蓬勃发展的高新技术之所以未能及时引进，有些新技术即使引进了也未能很快应用到生产上去，这也是与传统体制所起的阻碍作用分不开的。在高度集中的计划体制下，企业采用新技术的积极性不高，因为这样做不仅要承担风险，而且即使成功了也只能成为领导部门提高计划指标的依据，而企业并不能得到多少好处。科技的落后直接影响了集约化方针的实现，使经济未能实现增长方式的改变。这仅是传统体制弊端加重的一个方面的例子而已。

除了体制这一根本性的因素以外，还有两个消极因素在勃列日涅夫时期也是特别突出的。一是产业结构的畸形发展。在勃列日涅夫执政的 18 年中，尽管已经意识到了要加强消费品生产的问题，但实际情况是重工业的生产总值在整个工业生产总值中所占比重一直保持在 73%—75%。这个数字大大超过了斯大林时期。统计资料表明，18 年中只有 1968 年、1969 年和 1970 年三年重工业的增长速度略低于轻工业的增长速度。[1] 与此同时，工业的发展并没有很好地为农业服务。1975 年的材料表明，为农业提供的机器设备仅占机器制造和金属加工工业总产值的 2.5%。[2] 二是军备

---

① 参见陆南泉、张础、陈义初等编《苏联国民经济发展七十年》，机械工业出版社 1988 年版，第 124、125 页。

② 江流、陈之骅主编：《苏联演变的历史思考》，中国社会科学出版社 1994 年版，第 122 页。

竞赛对国民经济的重大压力。这方面的具体数字我们将在后面谈到。总的来说，苏联军事力量最强大的时期，同时也是苏联国民经济负担最为不堪重负的时期。可以说，苏联作为军事超级大国的地位是全国人民付出巨大代价换来的。

由于以上情况，在勃列日涅夫执政的后期，苏联经济出现了日益衰退的现象，国家的实力逐渐由盛而衰。到了 80 年代初，苏联经济已经濒临危机的边缘。

2. 政治体制日趋僵化，特权阶层开始形成。

勃列日涅夫开始执政以后，对被赫鲁晓夫搞乱了的传统体制进行了一系列的调整。第一个措施是苏共中央 1964 年 11 月全会决定废除按生产原则划分党组织（即所谓"工业党组织"和"农业党组织"）的做法，立即恢复各个州和边疆区的统一的党组织。接着对苏维埃、工会和共青团的组织也采取了同样措施。1965 年 9 月，苏共中央全会又决定恢复"按部门原则组织工业管理，按工业部门成立联盟兼共和国部和全联盟部"。根据这一决定，各地的国民经济委员会被撤销，重新建立了中央部门领导系统。同年 12 月，苏共中央全会决定把党和国家监察机关改组为人民监察机关。1966 年 4 月召开的苏共 23 大取消了 1961 年 22 大通过的关于干部按比例定期轮换的硬性规定。上述措施的推行，使苏联传统的政治体制和干部队伍得到了巩固和稳定，在一定时期内调动了干部的积极性。

在进行领导体制调整的同时，在政治思想领域和一些具体政策上也进行了某些调整，其中包括纠正赫鲁晓夫时期全面否定斯大林的做法。尽管如此，在勃列日涅夫时期并没有取消苏共 20 大关于反对斯大林个人崇拜的提法，没有重新把斯大林与马、恩、列并列，也没有正式为斯大林恢复名誉。1967 年提出的所谓"发达社会主义"理论，尽管仍然是一种超越发展阶段的理论，但与赫鲁晓夫 1961 年提出的在 20 年内建成共产主义的急进、浮夸口号相比，毕竟也不失为是一个小小的调整。在民族问题上，勃列日涅夫继续赫鲁晓夫开始的为卫国战争期间被斯大林强行迁徙的少数民族平反，包括 1967 年 9 月为克里米亚鞑靼人平反以及为一些被斯大林镇压的乌克兰、乌兹别克和哈萨克等少数民族领导人和知识分子恢复名誉。在宗教方面，采取了比赫鲁晓夫时期宽松的政策，包括在 1965 年改组宗教事务部门，强调维护教会的合法权利和依法管理宗教，1970 年批准俄罗斯东正教召开新的全俄宗教会议，特别是在 1977 年的苏联新宪法中把原来宪法中关于人民有"反宗教宣传的自由"，改为有"进行无神论宣传的自由"等。上述调整促进了社会的稳定。再加上第八个五年计划顺利完成带来的经济上的发展，使得在 60 年代后期和 70 年代初期全国出现了一个比较好的形势。

但是，勃列日涅夫及其领导集团没有利用这种形势，抓住机遇进一步对传统的政治、经济体制进行改革，推进社会主义建设；相反地变得自满起来，把稳定看成了目的，把维持现状看作实现稳定的手段，从而使固有的因循保守观念和教条主义思想不断发展，最终使传统的领导和管理体制由稳定逐渐转变为僵化。

政治体制僵化首先表现在权力的不断集中。恢复部门领导的最初目的是为了解决地方主义的抬头和管理上的混乱状态，但在后来的实践中却造成了权力的进一步集中和行政命令体制的加强。联盟和联盟兼共和国部从 1965 年的 29 个增加到 80 年代前期的 160 个。这些部门主要通过布置各种计划指标和下达文件的方式进行领导。据统计，到 80 年代初，管理国民经济的各种命令、指示和其他大小法规竟达到 20 万种之多[1]。它们几乎为企业全部活动规定了详尽的细则，使地方和企业不敢也无法越雷池一步，严重地影响了生产者的积极性。行政命令体制的加强必然导致国家机构的臃肿和官僚主义作风的增长。苏联部长会议所属的 64 个部和 20 多个国家委员会及直属机构的正副部长级领导干部达到 800 多人。以黑色冶金工业部为例，这个部共有正副部长 19 人，其中部长 1 人，第一副部长 3 人，副部长 15 人。一件普通公文的传阅，经常要几个星期，甚至一两个月。[2]

权力集中的一个重要表现是党政不分和以党代政。尽管很多党的文件和国家法规对党政权限进行了划分，但在实践中却是党包揽一切，各级苏维埃形同虚设。勃列日涅夫执政时期，在党代会和党中央全会上曾经多次研究过加强苏维埃作用的问题，并且制定了一系列相应的法令，如 1968

---

① 参见［俄］A. H. 博哈诺夫等《20 世纪俄国史》，莫斯科 1996 年俄文版，第 581 页。

② 参见江流、陈之骅主编《苏联演变的历史思考》，中国社会科学出版社 1994 年版，第 51 页。

年的《关于村镇劳动者代表苏维埃的基本权利和义务》，1971 年的《关于市和市辖劳动者代表苏维埃的基本权利和义务》和《关于区劳动者代表苏维埃的权利和义务》以及 1972 年的《苏维埃的代表地位法》，等等。在这些法令中虽然明确规定了各级苏维埃的作用和职权，但是在实践中并未得到真正的落实。1981 年，当时负责党的工作的政治局委员契尔年科曾经这样说过："党的一些部和主管部门的领导人往往因急于解决问题而撇开苏维埃，对完全属于苏维埃管辖的问题作出决定，而某些苏维埃领导人也习惯于把直接属于自己职权范围内的问题送交党的领导。"①

权力的不断集中导致个人专断的出现和加强。勃列日涅夫上台初期比较重视集体领导，也比较注意到地方和基层去了解情况并研究工作。在宣传上也强调所谓的"三驾马车"，把勃列日涅夫与部长会议主席柯西金和最高苏维埃主席团主席波德戈尔内并列。大致从 70 年代中期开始，由于苏联国力的增强和国际地位的提高，勃列日涅夫逐渐提高和突出自己的地位并不断加强个人的权力。1977 年勃列日涅夫取代波德戈尔内而兼任最高苏维埃主席团主席，与此同时柯西金的实权也遭到很大的削减。"三驾马车"已不复存在，勃列日涅夫独揽了全国的党政军大权。这时对勃列日涅夫的个人崇拜也开始出现。他特别喜欢别人对他吹捧。宣传媒体在报道 1981 年苏共 26 大时曾经这样写道：勃列日涅夫在会上作报告过程中被"78 次掌声、40 次长时间的掌声和 8 次暴风雨般的掌声"所打断。

政治体制的僵化还反映在领导干部的老化和事实上的终身制。稳定干部队伍在一定时间内曾有过积极作用，但当稳定走向了极端的时候便必然出现领导干部老化的现象。这种老化不仅体现在年龄上，更重要的是体现在思想上。整个干部队伍缺乏新生力量和改革精神。他们无所作为，安于现状，脱离群众，脱离实际。曾经在勃列日涅夫时期先后担任过《真理报》和《共产党人》杂志主编并与这位最高领导人有过密切交往的维克多·阿法纳西耶夫院士在其回忆录中这样说："我头脑中有两个勃列日涅夫，一个是 1976 年夏季以前，即在他身患重病之前的勃列日涅夫；另一

---

① 转引自江流、陈之骅主编《苏联演变的历史思考》，中国社会科学出版社 1994 年版，第 165 页。

个是那个不幸的夏季以后的勃列日涅夫。前一个勃列日涅夫是一个精力充沛、活跃、有所作为的人。……应该说他在莫斯科领导苏共中央的最初一段时间干得还是蛮不错的。后一个勃列日涅夫则是重病缠身、不爱活动、少言寡语、不善思索的人。他的敏感和感伤达到了病态的程度，尤喜阿谀奉承、贪图荣誉奖赏和礼品。在5年时间里竟获得三枚苏联英雄金星勋章！"① 以下数字足以反映勃列日涅夫执政时期，特别是后期最高领导班子老化和实际上终身制的情况：1976年苏共25大选出的中央委员中连任的占83.4%，如果去掉逝世的中央委员，连任的比例达到90%。26大选出的中央政治局和书记处成员，是25大的原班人马。从1965—1984年间，大部分政治局委员的任期达15年以上，中央委员12年以上。中央委员会中任期最长的达25年和34年。80年代初，政治局委员的平均年龄为70岁。②

随着体制的僵化、权力的集中和社会的相对稳定，在勃列日涅夫执政后期最终形成了一个特殊的社会群体，即所谓"特权阶层"。这个群体的成员主要是各级党政军机构、群众团体和企业、农庄的领导干部，首先是高级领导干部，以及一小部分有特权的高级知识分子。他们是一个既得利益集团。一些西方和当代俄国学者简单地称其为"新阶级"。有些学者认为，"特权阶层"在斯大林时期已经出现。看来，这样的观点是不符合历史情况的。在当时确有一部分领导干部和高级知识分子的工资比较高，还享有其他一些特殊待遇。但是高薪和某些特殊待遇并不等于"特权"；而且这些人为数较少，也不是在全国普遍存在，构不成一个"阶层"。更主要的是当时处于革命与战争时期，国内物质条件还不富裕，共产主义和集体主义理想在广大群众和干部的思想上还是非常神圣美好和金光灿灿的。斯大林对各级干部的不断清洗和卫国战争的艰苦斗争也使得干部队伍无法稳定。所以，在斯大林时期还不具备产生"特权阶层"的主客观条件。这一群体是在赫鲁晓夫时期开始出现的。这时干部已不再像斯大林时期那样

---

① ［俄］维·阿法纳西耶夫：《〈真理报〉总编辑沉浮录》，东方出版社1995年版，第68—69页。

② ［俄］A. H. 博哈诺夫等：《20世纪俄国史》，莫斯科1996年俄文版，第581页。

因自己的地位和命运随时可能出现不测而提心吊胆，多少有了一些安全感。但这一时期频繁的党内斗争和赫鲁晓夫主观随意性的体制改革，以及关于干部轮换的硬性规定，使得这一队伍经常处于变动状况。因此，在这一时期特权者作为一个阶层也尚未形成。到了勃列日涅夫时期，特别是其执政后期，一方面由于体制的僵化和干部队伍的稳定，特别是事实上的终身制得以确立；另一方面由于党内外民主法制和群众监督机制的破坏和削弱以及资产阶级腐朽思想对干部的侵蚀，"特权阶层"终于开始形成。据俄国学者最近估计，当时这个阶层有 50 万—70 万人，加上他们的家属，共有 300 万人之多，约占全国总人口的 1.5%。①

　　这个"特权阶层"成员的主要特征是：第一，他们掌握着各级党政军领导机构和企业、农庄的绝对领导权。第二，多数人文化程度较高，受过高等教育，有高级专业技术职称，经常去西方国家访问。第三，这些人已不是当年的无产阶级革命家，马克思主义对他们来说只是口头上说说的东西，社会主义、共产主义理想在他们头脑中已经淡薄。第四，他们不以享有比一般规定的高级干部待遇还要大得多的特权为满足，而且以各种方式侵吞国家财产。他们中的不少人把自己领导的企业、农庄当作资本，从事半合法的和非法的生产经营活动，获取大量利润。据估计，在 20 世纪 80 年代初期各种不同类型的"影子经济"的收入已达到数十亿卢布之巨。②

　　这个"特权阶层"对苏联社会产生的消极影响主要在于它因循守旧，不想或反对进行任何实质性的改革，深恐因此而失去自己的既得利益。因此，这个"特权阶层"中的大多数人想方设法维持国家的现状，在主观上并不想直接搞垮苏联和在苏联复辟资本主义。但正是这种为维持现状所做的努力，使苏联走向了危机的边缘。"特权阶层"的另一个重要消极影响在于它完全脱离了广大群众，使共产党人在人民中失去了往昔的革命形象，也使共产党和社会主义的威信极大地下降。而反共反社会主义势力正是利用了这一点。

　　3. "持不同政见者"运动的困扰和意识形态工作中的失误。

---

　　①　[俄] A. H. 博哈诺夫等：《20 世纪俄国史》，莫斯科 1996 年俄文版，第 571 页。
　　②　同上书，第 584 页。

　　"持不同政见者"运动的兴起和发展是勃列日涅夫时期苏联社会政治生活中的一个重要特点。苏联著名的"持不同政见者"罗·麦德维杰夫曾经给"持不同政见者"下过一个定义："所谓持不同政见者是这样一些人，他们对于任何社会（包括苏联在内）所赖以依存的意识形态、政治、经济或道德基础多少持有不同的见解。不仅如此，他们还公开表明自己的观点，并以这样或那样的方式将这些观点表达出来。"① 由此可见，持不同政见者是一个非常广泛的群体，它包括形形色色的出于不同动机和目的而对当权者和政府持有不同程度的不同意见，并提出各种不同政治主张的人。苏联的"持不同政见者"是在赫鲁晓夫批判斯大林和搞"解冻"的背景下出现的。因此后来人们把这些人统称为"20 大的产儿"。例如著名的"持不同政见者"索尔仁尼琴便是在那个时期登上文坛的。他的"大胆揭露个人崇拜时期独断专行"的小说《伊凡·杰尼索维奇的一天》于 1962 年在赫鲁晓夫本人的支持下在《新世界》杂志公开发表，从而使他名扬国内外。不过在赫鲁晓夫时期，"持不同政见者"基本上还只是一种思潮和一些单个的人，还没有形成一个运动。"持不同政见者"运动是在勃列日涅夫时期兴起和发展起来的，而且成为整个时期困扰苏联领导的一个社会政治问题。

　　"持不同政见者"运动并不是统一的，它大体上有以下几种类型。第一是民族主义运动，主要表现为一些少数民族，特别是乌克兰人、爱沙尼亚人、格鲁吉亚人和亚美尼亚人，要求有更多的民族自主权，乃至要求脱离苏联而独立；还表现为已经被平反了的鞑靼人要求重返自己的家园，以及犹太人和日耳曼人要求移居国外等。在民族主义运动中还包括俄罗斯人要求恢复民族古老的思想文化传统，摈弃"从西方移植来的"马克思主义，走俄罗斯独特的社会发展道路。第二是宗教运动，主要表现为包括基督教洗礼派在内的一些教派要求传教自由和东正教会要求恢复并加强活动等。第三是独立工会运动，要求工会摆脱共产党的领导，并且有组织罢工和各种反政府的政治活动的自由。第四是社会民主主义改革运动，主要发生在共产党内部，被称为是"持不同政见者"运动中的左翼。他们一般不

---

① ［苏］罗·麦德维杰夫：《论苏联的持不同政见者》，群众出版社 1984 年版，第 1 页。

要求推翻现行制度，而是要求"彻底批判斯大林主义"，扩大党内外的民主和自由。第五是人权运动，又被称为"西方派"运动，要求实行西方资本主义式的自由、民主、人权和多党制等。这第五类型的运动与其他各个类型的运动交织在一起，因而影响面最广，牵涉的人也最多。总的来说，"持不同政见者"运动不仅类型众多，而且队伍分散，参加者的具体观点和反对苏维埃政权的程度也不一致，但它们共同的基本倾向和主要内涵是政治自由化。

"持不同政见者"运动几乎存在于整个勃列日涅夫时期，只是时起时伏而已。这一运动之所以发生并持续不断是有其原因的。首先，从国内的因素来看，主要是这一时期，特别是 70 年代中期以后，党和政府的工作中积累了不少问题，很多政策包括民族政策、宗教政策和知识分子政策等未能得到真正落实；苏联传统体制的积弊日益加重，改革特别是政治体制改革已经刻不容缓。可是以勃列日涅夫为首的领导人对此却无动于衷，采取了以不变应万变的态度。人民群众对此意见很大，对改革的期盼也日趋强烈。但是由于党内外的民主遭到遏制，人民没有切实和通畅的渠道可以表达意见。"持不同政见者"正是在这样的背景下出现的。尽管他们在不同程度上提出了超越体制改革的要求和采取了一些违反正常情况的表达意见方式，但在客观上和一定意义上反映了人民群众对政府的不满和对改革的要求。特别要指出的是这一时期在对外政策上发生的两大错误，一是1968 年武装干涉捷克斯洛伐克的改革，二是 1979 年武装入侵阿富汗。这两个事件引起了全国人民激烈的批评，同时也激发了"持不同政见者"运动的先后两次高潮。

"持不同政见者"运动同时也有其国际方面的背景。无视或低估了这一点都是错误的。西方资产阶级自由化思想的渗透和反共势力的推波助澜，是不以人们的意志为转移的客观存在。西方一些敌对势力不喜欢社会主义制度，总是想方设法要破坏这一制度，并对它进行和平演变。勃列日涅夫执行的"缓和"政策在客观上又为西方提供了有利条件。特别是在1975 年欧洲安全与合作会议上"赫尔辛基协定"签订以后，西方国家更是公开地以"关注苏联人民的人权状况"为名，向苏联施加压力和影响，企图以西方的价值观把苏联套住，因而对"持不同政见者"运动给予了多种形式的支持，甚至煽动。例如在西方势力的支持下，在莫斯科和苏联其他一些大城市相继成立了"监督苏联履行欧安会文件条款公众小组"一类的组织，从而使"持不同政见者"运动的规模和影响进一步扩大。

　　"持不同政见者"运动的发展和持续不断，反映了当时苏联领导人在政治思想工作中的种种问题和失误。勃列日涅夫上台以后，加强了对意识形态工作的领导，这在一开始的时候对社会的稳定起到了一定程度的积极作用。但以后的实践表明，勃列日涅夫时期的政治思想工作是软弱无力的，没有达到预期的目的。究其原因，首先在于指导思想上的教条主义。以这一时期对"发达社会主义"理论的大力宣传为例，当时的宣传家甚至党的领导人在宣传中把苏联这个"发达社会主义"社会描绘得几乎是白璧无瑕，希望以此来加强群众对社会主义祖国的热爱和对共产主义未来的向往。为此，宣传家们大谈已经取得的成就，而对存在的困难和问题则缄默不言。这种严重脱离实际的空洞的说教，只能加剧群众的思想混乱甚至引起逆反心理。再例如，在大力宣传资本主义制度的剥削本质和腐朽没落的同时，完全无视当时一些发达资本主义国家在社会和经济发展中出现的种种新情况和新问题，也没有注意紧密联系苏联人民的思想实际做深入细致的工作。由于当时苏联与西方资本主义国家贸易、文化交流和人员来往的扩大，人们对资本主义的了解已完全不像斯大林时期那样了。于是，这样的宣传教育便成了"瞎子与聋子的对话"，其效果是可想而知的。

　　政治思想工作软弱无力的又一个原因是方式方法上的形式主义和简单化。在勃列日涅夫时期，党、国家、各个部门以及大专学校关于加强思想教育工作的各类决议和文件多如牛毛，可是在实际上却没有得到贯彻落实。光说不做，空谈盛行，这是勃列日涅夫执政后期的一种典型的风气。这在政治思想工作领域中同样也表现得非常突出。另外，在政治思想工作中的简单化倾向也相当普遍，遇到问题时不作具体的分析，不是有针对性地去做思想工作，而是千篇一律地设法把矛盾堵住，不作针对性的解释与诱导。这就使得存在的问题不仅得不到解决，反而加深了矛盾。"持不同政见者"运动之所以一直未能平息下去，而且得到了一部分群众直接或间接的同情，与当时政治思想工作的软弱无力是分不开的。

　　在对待"持不同政见者"运动的态度和具体处理上也存在问题。首先是没有区别对待。"持不同政见者"运动很不统一，不仅有多种不同的类型，而且每一类型内部又有不同的情况，其成员的观点和反对苏维埃政权的程度及国际背景也不尽一致。少数民族和宗教界的"持不同政见者"运动还涉及比较敏感的政策问题和历史遗留问题。还有些所谓的"持不同政见者"实际上是针对党和国家在体制、方针、政策方面存在的问题提出批评，称不上是"持不同政见者"。可是党和政府并未对"持不同政见者"严格地加以区别对待，而是采取基本上相同的行政手段来解决。尽管在处理的方式和规模上与斯大林时期不同，但打击面还是过宽，以致树敌较多，也给西方舆论界提供了更多的反苏宣传"炮弹"。在处理"持不同政见者"运动时，还有一个问题是未能针对性地提出一套自己的人权理论和有关加强社会主义民主、自由的政策和措施，以教育群众，同时抵消或减弱西方反苏宣传的影响。

4. 霸权主义的对外政策拖垮了经济，损害了社会主义国家的形象。

勃列日涅夫时期对外政策的基本特征是在全世界范围内搞霸权主义。这与一个社会主义国家的立国宗旨是不相容的。

霸权主义集中表现在与头号资本主义国家美国的争夺上。这一争夺决定着整个对外政策的全局。勃列日涅夫时期的苏美争霸与赫鲁晓夫时期的苏美争霸不完全相同。赫鲁晓夫从他倡导的所谓"三和路线"出发，把苏美合作和与西方搞缓和放在第一位，而把与美国的争夺和对抗置于从属地位。赫鲁晓夫时期苏联与美国的对抗从总体上看是有限的，有时是被动的，同时又是比较软弱的。这一方面是由于意识形态方面的原因，主要表现在淡化乃至否定国际范围内的阶级斗争；另一方面也由于苏联当时的国力相对还比较弱，不足以与美国进行激烈的对抗和平等的争夺。因此，赫鲁晓夫要大力发展核武器，希望以此为捷径在军事力量上迅速超过美国，从而加强与其争夺的实力。这固然与赫鲁晓夫迷信核武器有关系，但也确实反映了当时苏联军事力量以及整个国力与美国的差距还相当大。如果说赫鲁晓夫时期与美国的对抗和争夺多少带有被动性质的话，那么到了勃列日涅夫时期，这种对抗与争夺便转变为主动。这在一定程度上说明勃列日涅夫对国际范围内的阶级斗争估计得比赫鲁晓夫要严重一些，同时也反映了勃列日涅夫时期，特别是70年代中期苏联的综合国力有了明显的提高。

勃列日涅夫不仅注意发展战略核武器，同时也重视发展常规武器，最后终于达到了在军事力量上与美国平起平坐的程度。这是争霸和扩张的资本。如果没有这种资本，主动的争夺便无从谈起。

勃列日涅夫也提倡与西方"缓和"和"和平共处"，而且调门比赫鲁晓夫更高，实际行动也更积极，所取得的成果也更实在。这种"缓和"势头在20世纪70年代上半期达到了高潮，1975年欧安会"赫尔辛基协定"的签署便是一个集中的表现。需要指出的是，勃列日涅夫时期的"缓和"只是一种手段，是为争霸服务的。"缓和"的一个目的是促进国内局势的稳定；再一个目的是需要与西方搞贸易和得到西方的技术以发展经济。只有国内安全和国家经济力量的增强才能更好地与美国争夺。如果说，在赫鲁晓夫时期"缓和"是第一位，争夺是第二位的话，那么在勃列日涅夫时期两者的位置倒了过来。当然，这个时期与美国的争夺和对抗是有张有弛的。一般来说，60年代后半期是有限的争夺和对抗时期，70年代则是主动的争夺和对抗时期，尽管70年代前期缓和有明显的进展，但并不因此而减弱争夺和对抗的势头。到80年代初期，由于美国采取了强硬政策和苏联国力的削弱，对抗和争夺的形势已使苏联处于不利的地位。

与东欧盟国的关系是勃列日涅夫时期外交的另一个重要方面，其基本特征是加强控制。在这方面比赫鲁晓夫时期要严厉得多，武装干涉捷克斯洛伐克的改革是一个突出的表现；提出所谓的"勃列日涅夫主义"更是企图从理论上论证控制东欧的合理性。社会主义国家之间的关系应当是平等和相互支持的，不存在谁对谁发号施令的问题。任何国家，不论其国力多强和国际地位多高，都不能以任何借口和采取任何形式干涉另一个国家的内部事务。这是无产阶级国际主义的起码要求。勃列日涅夫时期的苏联在与东欧盟国的关系中违背了这一原则，从而给社会主义事业带来了严重的危害，同时也对苏联本身产生了多方面的消极影响。

勃列日涅夫时期的东欧政策对东欧国家造成的后果是两方面的。一方面损害了这些国家的独立和主权，束缚了它们进行体制改革和结合本国国情建设社会主义的主动性和创造性。另一方面对东欧各国也提供了大量物质上的援助和支持，从而不同程度地促进了这些国家的经济和社会的发展。如果没有这种援助和支持，一些国家不仅在经济上，而且在政治上都可能会遇到更大的困难。另外，勃列日涅夫对东欧国家的控制也并非所有时候都像对付"布拉格之春"那样严峻。在一定条件下和一定时期内也有某种容忍和宽松。例如对 20 世纪 60 年代后期和 70 年代前期匈牙利在卡达尔领导下进行的改革就是如此。当然，这与匈牙利领导人对改革的小心谨慎态度也有关系。这场改革及其取得的显著成果受到了全国人民的欢迎与支持，也为国际上所注目。因此，匈牙利人民至今还怀念卡达尔这位共产党领导人。尽管如此，勃列日涅夫时期的东欧政策从其主流和总的倾向来看仍是大国沙文主义的。

勃列日涅夫时期的霸权主义外交是世界范围的。这一时期在第三世界扩张的规模和强度明显地超过了赫鲁晓夫时期。为了与美国争夺世界霸权，勃列日涅夫领导集团可以说是不遗余力，而且采取了各种手段，其中既包括所谓的经援、军援和政治、文化等领域的渗透，也包括通过代理人进行武装干涉，甚至本国军队直接入侵。这种扩张和争夺行动，在 20 世纪 70 年代后期达到了相当激烈的程度，1979 年出兵阿富汗使这种行动发展到最高潮。为了赢得这场战争，不仅投入了大量的财力，也使成千上万的普通苏联士兵献出了鲜血和生命。勃列日涅夫领导集团在对第三世界进行扩张时是打着"支持民族解放运动"的旗号的。其实这不过是对武力输出革命和明目张胆的扩张行为作掩护而已。为了显示这种行动的正义性，还宣传说这一地区的一系列国家已经或正在走上"以社会主义为方向"的发展道路，事实证明，这种理论是对科学社会主义概念的歪曲，其结果只能是把社会主义庸俗化。

勃列日涅夫时期推行的霸权主义对外政策日益拖垮了苏联的国民经济。首先是军费支出不断增加。1963—1973 年军费总额为 6740 亿美元，平均年增长率为 3%。此后，增长率又逐年提高。1971 年军费支出为 740 亿美元，1973 年增至 860 亿美元，1975 年又增至 1023 亿美元，1980 年为 1750 亿美元。[①] 在 70 年代，每年的军费开支约占全部国民收入的 20%—25%。80 年代初期，在苏联大约有 500 万至 800 万人在军工企业中工作，

---

① 参见江流、陈之骅主编《苏联演变的历史思考》，中国社会科学出版社 1994 年版，第 342 页。

而美国只有 220 万人左右。① 其次是国民经济的畸形结构进一步加重。军工生产的发展使工业内部的比例更不合理，使得苏联的产业结构成为名副其实的"超重型结构"，从而严重影响了轻工业和农业的发展。由此可见，勃列日涅夫时期的霸权主义对外政策在表面上看似乎提高了苏联的国际地位，而实际上却使苏联的国民经济受到了严重的破坏，并且损害了社会主义国家在全世界人民心目中的形象，实在是大大得不偿失的。

三 勃列日涅夫时期的主要历史教训和对这一时期的总体评价

关于勃列日涅夫时期的历史教训，前面谈这一时期存在的问题时已多有论及，这里再集中概括为以下两点：

1. 勃列日涅夫时期一个主要历史教训是苏共领导人在社会主义的政治经济体制亟待改革的时候没有进行切实的改革，也没有认识到改革的必要性和紧迫性。

苏联高度集中的政治经济体制是在二三十年代形成并在战后初期进一步巩固起来的。当时的世界是处于革命和战争的时代。在当时特定的国际、国内条件下这种体制曾起过积极的作用。尽管其固有的弊端在开始时就已见端倪，但在当时还不是主流。正是这一体制的动员力和组织力保证了苏联社会主义经济的高速增长和工业化的实现，也保证了卫国战争的胜利和战后国民经济的迅速恢复。到了勃列日涅夫时期，情况有了很大的变化。首先是时代特征的变化。第二次世界大战结束以后，特别是在六七十年代之交，随着新一轮世界科技革命的开始和发达资本主义国家经济、政治的发展与相对稳定，以及资本主义殖民体系的瓦解和第三世界的兴起，以革命与战争为特征的时代主题逐渐被以和平与发展为特征的主题所取代。与此同时，苏联的国际、国内情况，包括人民群众的心态和对社会主义的认识与斯大林时期相比已经大不相同，与赫鲁晓夫时期也不一样。在这种新的条件下，苏联传统体制在很大程度上失去了形成时期的那种生命

---

① 参见江流、徐葵、单天伦主编《苏联剧变研究》，社会科学文献出版社 1994 年版，第 191 页。

力，而其缺陷与弊端则暴露得比历史上任何时期都明显和严重，可以说已经到了非改革不可的时候。可是勃列日涅夫领导集团并没有认识到这种紧迫性，贻误了改革的时机，特别是没有把已经初见成效的柯西金主持下的经济改革坚持下去，再进一步深化，并且逐步扩大到政治领域。这一重大的历史性错误最终把苏联引向了危机的边缘。

勃列日涅夫领导集团之所以未能认识到改革的迫切性并付诸行动，除了对稳定、改革和发展三者的关系缺乏正确的认识以外，主要的原因在于思想上的教条主义。他们在时代特征和苏联国内外情况已经发生了历史性变化的情况下，仍然抱着二三十年代的社会主义观不放，把那时形成的传统社会主义模式的特征看成是社会主义的本质特征和神圣不可侵犯的教条。把高度集中的体制进一步凝固化和绝对化，对"市场社会主义"进行批判就是这种教条主义的一个表现。"发达社会主义"理论的提出并被载入1977年通过的苏联新宪法更是教条主义思想路线的突出反映。正如我们在前面所说，"发达社会主义"理论的实质仍是一种超越发展阶段的思想。应当指出，改革之所以被贻误与集党、政、军大权于一身的勃列日涅夫个人也有很大关系。他本来就是一个能力不强和缺乏远见的领导人，到了执政后期，特别是在1974—1975年之交患了两次中风以后，更变得暮气沉沉、求稳怕乱。他贪图安逸，盲目乐观，而且刚愎自用，听不进任何不同意见，可以说基本上已经失去了一个革命领导人应有的素质和品格。

2. 勃列日涅夫时期另一个主要历史教训是一个社会主义国家决不能推行霸权主义的对外政策，也不能与以美国为首的资本主义国家搞大规模的军备竞赛。

推行霸权主义对外政策、搞大规模军备竞赛的结果，不仅拖垮了经济，影响了人民生活水平不断提高，而且严重有损于社会主义的威信，从而为苏联以后的演变埋下了种子。这种政策的一个重要的思想根源也是教条主义。社会主义制度最终要战胜资本主义制度，这是社会发展的客观规律。但是这并不是立即可以实现的，而且在时代的主题已经由革命和战争转变为和平与发展的条件下，两种社会制度斗争的形式也已经出现了变化。原来那种"战争引起革命，革命制止战争"的斗争形式，已经开始被社会主义国家以自己的经济发展和社会进步来显示社会主义优于资本主义从而吸引各国人民走社会主义道路的斗争形式所代替。与此相适应，社会主义国家和资本主义国家之间的竞争也从以军事领域为主转向以经济领域为主。可是勃列日涅夫领导集团没有认识到这种变化，仍然固守着原来的观念和教条，因而造成了十分严重的后果。霸权主义的另一个思想根源是把武装输出革命与无产阶级国际主义混淆起来。社会主义国家应当无条件地支持各国人民的革命斗争，包括民族解放运动在内。这是社会主义国家应尽的义务。武装输出革命的结果只能是干涉别国的内政，造成这些国家内部更大的混乱，勃列日涅夫时期霸权主义外交政策再一个思想根源是大俄罗斯沙文主义传统的影响。这是沙皇俄国长期遗留下来的一种与社会主义格格不入的恶劣传统，可是苏联好几代领导人均未能完全摆脱这种影响。勃列日涅夫也不例外。在以上种种错误思想的支配下，勃列日涅夫时期的霸权主义和扩张主义不断膨胀，最后的结果是搬起石头砸自己的脚。

勃列日涅夫执政时期的 18 年是苏联历史上的一个重要阶段。对于这个历史阶段的总体评价应当采取一分为二的态度。尽管这个时期存在很多严重的问题，但不能加以全盘否定。无论是从极左的观点或是从右的观点出发，把勃列日涅夫时期的苏联看成是漆黑一团，都是不符合历史情况，因而也是不正确的。现在，国内外学术界有不少人把勃列日涅夫时期笼统地称为"停滞时期"，从而加以全盘否定。经查阅有关资料，"停滞"一词最早见于戈尔巴乔夫 1986 年 2 月在苏共 27 大所作的政治报告，不过他当时说的是在勃列日涅夫执政的最后几年国内出现了"停滞现象"。但不久在"民主派"的一些报刊上就把整个勃列日涅夫执政时期说成是"停滞时期"。从此一些学者们也就跟着这样说了。这是后来广泛流行的历史虚无主义较早的表现。实际情况是，这一时期苏联的综合国力、经济发展、人民生活水平和国际地位方面都比以前有很大的提高。即使是在政治、社会领域，也并不是完全没有出现过进步的现象和值得肯定的地方。如果说勃列日涅夫执政的 18 年是苏联逐步走向衰落的 18 年，那么这主要是从总的发展趋势而言的，不是说勃列日涅夫一上台就出现了衰退。从一定意义上说，这 18 年也是由盛而衰的 18 年。因为在 70 年代中期苏联的国家实力和国际影响可以说达到了鼎盛的程度。当然，这种鼎盛与十月革命取得成功时期，或是 30 年代的"工业化奇迹"时期和 40 年代卫国战争赢得胜利以及战后迅速恢复时期不同。那时是社会主义作为人类历史上一种崭新的社会形态初露锋芒和生机勃勃的时期，是这一新生的社会制度的优越性显示得最突出和对各国人民的吸引力最强的时期。勃列日涅夫时期的鼎盛主要是指综合国力而言的，而且其持续的时间较短，不久就从实力的顶点跌落下来。显然这是其体制的弊端已经达到非常严重程度的必然结果。

关于这一时期的路线，苏联著名的政论家和学者费奥多尔·布尔拉茨基在其一本著作中曾经写过这样一段话："勃列日涅夫执政头几个月，就显露出他作为政治领袖的主要特点。他是个极其谨慎的人，在其政治生涯中从不采取冒失的举动，人们都称他是'见风使舵的领袖'，他从执政开始就采取中间立场。他没有走向任何一个极端：既没有接受具有 20 大精神的改革纲领，也没有接受新斯大林主义。"① 这一段话虽然说得比较笼统，而且其中所谓"中间立场"的提法也并不很确切，但却具有一定的启发意义。特别是如果考虑到这位作者曾长期担任苏联最高领导人的政策顾问，了解赫鲁晓夫和勃列日涅夫执政时期很多重大事件的内幕的话，这段话便显得更有分量和值得思索。勃列日涅夫确实没有接受 20 大的主要精神和取向，但他对赫鲁晓夫时期所制定的内外政策、路线和方针并没有完全采取反其道而行之的态度。另外，勃列日涅夫又确实力图维护斯大林时期形成的那种体制，但他没有也不可能回归到斯大林时代。因此，不能把勃列日涅夫时期和赫鲁晓夫时期对立起来，也不能把勃列日涅夫时期和斯大林时期等同起来。这正好说明了历史传统是无法割断的和历史的发展是不可能完全重复的这样一个普通的道理。

总的来说，勃列日涅夫执政时期是苏联各方面的矛盾不断加深的时期，是传统的社会主义体制亟待改革而又未能进行改革的时期，也是对以后苏联的演变产生了重大影响的时期。但是这并不等于当时的苏联已经处于无可挽回地注定要失败的境地。从 20 世纪 80 年代初期的形势来看，苏联 60 多年积累起来的国家实力尚未耗尽；经济发展虽然连年滑坡，但还没有停止增长；上层建筑，包括党、政、军各级权力机构并没有完全失

---

① ［苏］费·布尔拉茨基：《领袖和谋士》，东方出版社 1992 年版，第 328 页。

控；各少数民族与俄罗斯主体民族之间那种与离心力长期并存的凝聚力尚未消失；全国大多数人民和共产党员的社会主义信念也还没有泯灭。这些情况都表明，如果勃列日涅夫的继任者能够在马克思主义理论指引下，坚持共产党的领导，制定出一条适合本国国情的改革路线并且坚定不移地贯彻执行的话，苏联这个多民族的社会主义大国是完全能够重新振兴的。

（原载《东欧中亚研究》1998 年第 6 期）

苏联解体前夕的历史虚无主义

　　苏共垮台和苏联解体的原因是多方面的，有历史的、现实的，有内部的、外部的，有政治的、经济的、意识形态的，等等。但最为直接、最为关键的一个原因是戈尔巴乔夫推行了一条背离马克思主义的"人道的民主的社会主义"错误的"改革"路线。这条路线最终毁灭了党，同时瓦解了苏联。戈尔巴乔夫推行错误路线的表现也是多方面的。从意识形态领域来看，很重要的一点是大搞历史虚无主义，以"重新评价"历史为名，歪曲、否定苏共的历史，否定苏共领导下进行的社会主义革命与建设的历史，进而否定苏联的社会主义制度，从而造成了党内外的思想混乱，同时为国外敌对势力西化、分化苏联提供了可乘之机。这股历史虚无主义的逆流，在苏共垮台和苏联解体中起到了其他因素不可替代的催化剂的作用。

一

　　最初遭到否定的是勃列日涅夫时期的历史。因为如果不算安德罗波夫和契尔年科一共不到三年的短暂执政时期的话，勃列日涅夫时期是戈尔巴乔夫执政之前的最后一个历史时期，只有否定这段历史，才能显示戈尔巴乔夫"改革"的必要性和迫切性。历史虚无主义者把勃列日涅夫时期简单地说成是一个"停滞时期"，毫无成就可言。当然，在勃列日涅夫时期，主要是在他执政的后期，苏联党和国家确实出现了很多问题，最突出的是体制改革半途而废，政治、经济体制和思想意识日益僵化，领导干部腐败和严重脱离群众，以及对外扩张和大国沙文主义。这些问题都是应当认真总结的。但是，这一时期苏联历史的进程并非一团漆黑。勃列日涅夫执政期前期的业绩应该说是很不错的。他上台以后，很快对赫鲁晓夫时期的草率改革进行了一系列的调整，其中包括取消把党划分为"工业党"和"农业党"，恢复了统一的党的组织，同时推行了"新经济体制改革"。这是被公认为苏联历史上最成功的一次改革，其结果使得1966—1970年生产总值年均增加达7.4%[1]，五年中工业生产增长了50%，而且消费资料生产增长的速度终于赶上了生产资料增长的速度。[2] 对斯大林的评价基本上采取一分为二的态度，既反对全盘否定斯大林，也批判他在一些重大问题上失误，包括"大清洗"运动在内，并且继续平反历史上的冤假错案。总的来说，勃列日涅夫执政的18年中，经济发展的年均速度虽然不断滑坡，但始终保持着增长。统计资料表明：1971—1975年年均增长率为6.4%，1976—1980年为4.2%，直到80年代初，年均增长率仍然保持着3.6%。[3] 勃列日涅夫时期是苏联综合国力最强的时期，正是在这个时期，苏联成为世界两个超级大国之一。另外，这个时期社会比较稳定，人民的文化和物质生活水平是苏联历史上最高的。虽然在勃列日涅夫执政后期经济改革停步不前，同时还存在其他很多问题，但从整体来说，这是一个在发展中孕育着严重危机的时期，不能简单地说它是一个"停滞时期"而把18年的历史完全抹黑。

当然，历史虚无主义者主要还不是针对勃列日涅夫时期，而是针对斯大林时期。原因很简单，因为正是在这个时期，苏联建成了社会主义基本制度，实现了国家工业化和农业集体化，取得了卫国战争的伟大胜利和战后国民经济的迅速恢复。所以，要否定苏联社会主义建设的伟大成就，特别是要否定苏联的社会主义制度，必须要否定斯大林和斯大林时期苏联的历史进程。

对于斯大林的批判和全盘否定，是从赫鲁晓夫时期的苏共20大开始的。到了戈尔巴乔夫时期，无论在规模上或是在涉及问题的广度上，都大大超过了赫鲁晓夫时期。如果说，在赫鲁晓夫时期批判的主要是斯大林个

---

① 陆南泉、张础、陈义初等编：《苏联国民经济发展七十年》，机械工业出版社1988年版，第30页。

② 参见［俄］尼·雷日科夫《大动荡的十年》，中央编译出版社1998年版，第41页。

③ 陆南泉、张础、陈义初等编：《苏联国民经济发展七十年》，机械工业出版社1988年版，第30页。

人，以及他在领导工作中的各种错误的话，那么到戈尔巴乔夫时期已经由此发展到批判和否定斯大林时期形成的苏联社会主义制度和苏联共产党的领导了。

自从戈尔巴乔夫提出所谓的"民主化"和"公开性"的方针以后，批判和否定斯大林，否定国家工业化、农业集体化，恣意扩大"大清洗"运动的错误，乃至否定卫国战争中党的领导作用的文章大批出笼。这些文章在批判斯大林的同时，突出攻击苏联的社会主义制度和苏联共产党的领导。他们把斯大林时期建立的制度说成是沙皇制度的某种变种，是"兵营式的社会主义"，或是"封建式的专制独裁制度"，没有民主、自由。有些人则认为社会主义制度在苏联根本就没有存在过，甚至连"扭曲"的和"变形"的社会主义也够不上。① 在历史虚无主义者看来，斯大林之所以犯了种种错误和"罪行"，主要根源在于制度；而要防止这些现象，必须彻底抛弃这个制度。

上述观点是完全没有根据的。斯大林执政时期在社会主义建设的理论与实践方面确实有过不少重大的失误和错误，但这不是当时历史进程的主流。斯大林时期形成的苏联政治、经济制度是社会主义性质的。斯大林总体上说是马克思列宁主义者。他在苏联历史上的杰出贡献是不容抹杀的。即使是社会主义的敌人也不否认这一点。丘吉尔在一次讲话中曾经这样评价斯大林："他接过俄国时，俄国只有木犁，他撒手人寰时，俄国已经拥有核武器。"②

随着戈尔巴乔夫背离马克思主义的错误路线的发展，历史虚无主义者已经不以全盘否定斯大林为满足，还进一步直接诋毁列宁和十月革命，否定十月革命所开辟的社会主义道路。他们认为，斯大林的所作所为的根源在列宁，例如，经济学家瓦·谢柳宁在一篇发表在 1988 年《新世界》杂志上的文章中认为："斯大林的压迫早就有其方法论的先声，而这个粗糙的方法论的始作俑者正是列宁。"③ 历史学家尤·阿法纳西耶夫认为，"我

---

① ［苏］尤·阿法纳西耶夫：《历史学家的回答》，《真理报》1988 年 7 月 26 日。
② 转引自［俄］费·丘耶夫《同莫洛托夫的 140 次谈话》，新华出版社 1992 年版，第 87 页。
③ 参见［美］大卫·科兹等《来自上层的革命》，中国人民大学出版社 2003 年版，第 91 页。

感到最重要的是要揭露斯大林主义所包含的列宁主义实质，许多人想牺牲斯大林来拯救列宁，这就回避了问题的实质"①；"如果我们的领袖和缔造者（列宁）为某种东西打下基础的话，那就是国家暴力和恐怖主义的原则"。② 有人认为，十月革命"是布尔什维克党利用了第一次世界大战的特殊国际环境和临时政府的无能而发动的一个阴谋"；由十月革命引起的国内战争是一场"骨肉同胞之间的自相残杀"，布尔什维克党是这场战争的"造因者"，应对人民群众为此而付出的代价负责。③ 还有人甚至重复列宁是德国政府的"间谍和代理人"的陈词滥调。

在历史虚无主义者看来，十月革命是"对二月革命的反动"。十月革命给俄国带来的不是进步，而是倒退。因为"革命前的俄国已经在朝着西方式的资本主义民主发展，之后人为地被布尔什维克掌权所阻止，随后的社会主义实验更是把它导向了错误的路径"。因此，十月社会主义革命不如二月资产阶级民主革命，二月革命不如沙皇总理大臣斯托雷平推行的改革。如果革命在二月革命推翻沙皇统治以后就终止，那么俄国就可以建立资产阶级制度，发展资本主义，因而可能早已实现现代化并与西方先进国家并驾齐驱了。还有人甚至提出，如果不搞二月革命，俄国也可以在沙皇统治下进一步发展资本主义，斯托雷平的改革就是要使农村出现一个富农阶级，在农村建立资本主义的生产关系。可是，二月革命打断了这一"进步的历史进程"。至此，历史虚无主义者的真实面目便完全暴露无遗。

二

在解体前夕的苏联出现的这股历史虚无主义逆流有以下几个特点：

第一，这是以戈尔巴乔夫为首的苏共领导人自上而下掀起的一场否定苏共和苏联的革命历史的运动。其目的是企图通过批判和诋毁以前苏联的最高领导人，首先是斯大林，否定苏联的社会主义制度，否定十月革命和

---

① 参见《今日苏联东欧》1991 年第 1 期。

② ［苏］尤·阿法纳西耶夫于 1990 年 3 月 12 日在苏联人民代表大会上的发言。

③ 参见［苏］帕·沃洛布耶夫《苏联史学家对十月革命史研究的新角度》，《世界史研究动态》1991 年第 4 期。

十月革命道路，从而为他们推行背离马克思主义的"改革"路线制造舆论，为"根本改造整个社会大厦，从经济基础到上层建筑"① 找到根据。

自从戈尔巴乔夫在 1986 年 2 月召开的苏共 27 大上提出"民主化"、"公开性"的方针，特别是在 1987 年苏共中央一月全会上号召实行"最大限度的公开性"和"苏联社会不应有不受批评的禁区"之后，社会上的自由化思潮很快泛起，否定苏共和苏联历史的现象也随之迅速发展起来。1986 年 11 月在全苏社会科学教研室主任会议上，戈尔巴乔夫对历史学科的状况进行了严厉的批评，指出在历史教科书中存在公式主义、教条主义、形式主义等问题。因此，他提出必须重写历史教科书。② 1987 年 2 月，在一次全国宣传工作领导人会议上的讲话中，戈尔巴乔夫更具体地指出，在苏联的"历史和文学中都不应有被忘却的名字和空白点"。③ 这个讲话，成了以戈尔巴乔夫为代表的苏共领导，对苏共和苏联历史重新审视的公开号召。据布热津斯基在《大失败》一书中透露，1987 年 5 月，戈尔巴乔夫在与匈牙利社会主义工人党领导人卡达尔的一次谈话中说：苏联自 1929 年以来的经验全部都是错误的；实际上苏联的经验有四分之三是令人怀疑的，应该予以否定或纠正。④ 1987 年 7 月 21 日美国合众国际社发表评论说：戈尔巴乔夫把斯大林"暴露在公开性原则的聚光灯下。现在，接连不断的文章、信件、回忆录对斯大林的每一个重大行动提出了疑问"。⑤

苏共中央决定重新编写一部党史。1987 年 11 月，戈尔巴乔夫对此提出要求说：为了"民主化"、"公开性"和"改革"的需要，在反映历史上的"痛苦"和"灾难"情况时"应该表现充分的明确性和彻底性"。1988 年 6 月，在苏共第 19 次代表会议上的讲话中，戈尔巴乔夫指出，那种认为重新审视历史"是取消社会主义原则和给社会主义抹黑的观点是完全错误的"。同月，苏联官方报纸《消息报》公开发表文章对苏联中学的

---

①　[苏] 米·戈尔巴乔夫：《社会主义思想与革命性改革》，《真理报》1989 年 11 月 26 日。

②　参见陈启能《苏联解体前的"历史热"》，《史学理论研究》1998 年第 4 期。

③　[苏]《真理报》1987 年 2 月 14 日。

④　参见 [美] 布热津斯基《大失败——20 世纪共产主义的兴亡》，中译本，第 55 页。

⑤　参见江流、陈之骅主编《苏联演变的历史思考》，中国社会科学出版社 1994 年版，第 61 页。

历史教材提出了严厉的批评，认为它们充满着"一代代流传下来的谎言"，并要求编写一本"诚实的"教材。在这种情况下，苏联中小学的历史教学已无法进行，以致苏联教育部不得不取消当年历史课程的考试。①

苏共中央起先准备编写一部新的多卷本苏共党史，后来觉得任务太重，决定写一本简明的《苏共史纲》。为此，于1988年7月，中央政治局成立了一个专门的委员会，由戈尔巴乔夫任主席，成员有雅科夫列夫、卢基扬诺夫、瓦·梅德韦杰夫以及戈尔巴乔夫意识形态工作的助手、苏共中央马克思列宁主义研究院院长格·斯米尔诺夫等人。具体的编写任务落到了马克思列宁主义研究院的学者们身上。②

戈尔巴乔夫等苏共领导人否定党和国家历史的虚无主义行径在党内外引起了很大的分歧。党内以政治局委员叶·利加乔夫为代表的一些领导人反对这样做，认为应当肯定历史上光辉的一面，实事求是地分析和总结曾经有过的错误。他们警告说，帝国主义的代理人"正在赞助一些作家去丑化苏联的历史"。1988年3月13日，《苏维埃俄罗斯报》上发表了列宁格勒工学院女教师尼娜·安德列耶娃的《我们不能放弃原则》的来信，信中对当时报刊上发表的一些文章提出了不同的看法，认为对斯大林的批判太过分了，是给社会主义的苏联抹黑。信中还明确反对"利用公开性散布非社会主义的多元论"。但是，戈尔巴乔夫不顾党内一些坚持马克思主义领导人的反对和群众的呼声，仍然一意孤行。《真理报》于4月5日发表了由雅科夫列夫执笔并经戈尔巴乔夫修改的题为《改革的原则：思维和行动的革命性》的编辑部文章，诬蔑安德列耶娃的信是"反改革分子的宣言"。雅科夫列夫把自己的这篇文章称之为"我们政治局的纲领"③。此后，批判斯大林，诋毁和否定苏共和苏联历史的恶浪便进一步高涨。

第二，这场历史虚无主义运动是由一部分文学家、政论家打头阵，而一些历史学家只是在后来才逐步跟上的。从1986年起，在戈尔巴乔夫"民主化"、"公开性"和"舆论多元化"方针的推动下，一大批过去被禁

---

① 参见齐向《苏联解体内幕》，吉林人民出版社1992年版，第339页。
② 参见［俄］格·斯米尔诺夫《过去的教训》，1997年莫斯科俄文版，第195页。
③ ［苏］《苏维埃立陶宛报》1988年8月14日。

的和在西方国家出版的作品先后公开发表和放映。这些作品大部分描写了
斯大林时期苏联社会的各种阴暗面，包括"大清洗"和农业集体化运动中
遭受迫害者的悲惨命运。其中影响比较大的有作家亚·别克描写斯大林时
期苏联官场阴暗面的小说《新任命》，还有阿·雷巴科夫的长篇小说《阿
尔巴特街的儿女们》和格鲁吉亚导演田·阿布拉泽的电影《忏悔》等。
前者描写了斯大林时期苏共的党内斗争，主要写斯大林与基洛夫的矛盾，
并含沙射影地指出基洛夫的遇刺是斯大林一手策划的。后者以寓言的形式
批判了斯大林时期的"专制制度"，是在谢瓦尔德纳泽支持下摄制完成的。
戈尔巴乔夫在他的回忆录中承认，这些作品的出版与放映都是经过他本人
点头的。他还充满感慨地说："真可惜，在大学时代竟然没能读到这一
切！"① 一些作家、文艺评论家和政论家利用这类作品的问世，长篇累牍地
发表文章，大肆攻击斯大林的"集权统治"，诬蔑苏联的社会主义制度是
"军事封建式的独裁制度"。他们是这场历史虚无主义运动的先锋队。

　　但是，苏共领导人心里明白，文艺作品主要只能给人以感性的印象。
要使群众的认识上升到理性的高度，必须依靠史学著作，也就是说必须
"重新审视"乃至改写全部历史。在斯米尔诺夫院长的敦促下，苏共中央
马克思列宁主义研究院的学者，主要是苏共党史研究室的成员们终于找出
了苏共党史上的100多个"空白点"，但是对如何填补它们却感到茫然。②
对于党中央交付的编写一部新的苏共党史的任务，他们也没能完成。

　　历史学家的滞后不能不使苏共领导人感到焦急。事情竟然发展到了这
样的地步：在苏联科学院主席团召开的历史学部的一次会议上，有人提出
历史学家应公开向社会认错，承认没有向国家和人民提供真实的历史，从
而使人民的思想受到极大的损害。当时的科学院院长马尔楚克甚至指出：
"生物学家已经走出了这一步，他们摆脱了过去的污垢，开始以全新的眼
光看待自己的学科，历史学家也应该这么做。但是与会者没有积极响应这

---

　　① 参见［苏］米·戈尔巴乔夫《戈尔巴乔夫回忆录》（全译本）上册，社会科学文献出版社
2003 年版，第 377—378 页。
　　② ［苏］格·斯米尔诺夫 1988 年 6 月 20 日电视讲话，参见《史学理论研究》1998 年第 4 期，
第 58 页陈启能前揭文。

一建议。①

历史学家是在经过了一段时间的沉默之后才行动起来的。但是直到最后似乎也没有完全符合戈尔巴乔夫的要求。历史学家沉默的原因是多种多样的。但它至少说明在一部分历史学家的思想上马克思主义和实事求是的历史主义观点尚未全部泯灭。这也就是为什么今天有相当多的历史学家对当时出现的历史虚无主义逆流，特别是对斯大林评价问题上的片面性，在进行反思的原因所在。

第三，新闻媒体和出版界在这场历史虚无主义运动中起了十分恶劣的作用。戈尔巴乔夫的得力干将雅科夫列夫担任苏共中央意识形态工作的领导人以后，所做的第一件事情是更换各大媒体的负责人。他撤去了一批坚持马克思主义、坚持社会主义的负责人的职务，同时把一批信得过的自由派分子安排到领导岗位上。例如，被戈尔巴乔夫称为"刚愎自用的哲学家"② 的理·科索拉波夫被撤去了《共产党人》杂志主编，调到莫斯科大学任教，由戈尔巴乔夫夫人赖莎的同窗好友，自由派哲学家弗罗洛夫取而代之；任命雅科夫列夫的亲信、政治投机家柯罗季奇为有大量读者的《星火》画报主编；一些影响较大的报刊，如《真理报》、《消息报》、《莫斯科新闻》、《旗帜》、《新世界》等，也纷纷更换了领导。从此，这些报刊便成为积极批判苏共历史和苏联社会主义制度的吹鼓手。为了配合戈尔巴乔夫推行的历史虚无主义运动，各种报刊、电台和电视台使出了浑身解数。它们有时是无中生有，有时则利用历史上出现的各种缺点和问题，肆意歪曲、夸大，在读者中散布对革命历史和对社会主义的怀疑情绪，使他们失去对党和国家的信任和对社会主义、共产主义的信仰。这些文章由于涉及了过去被认为是"禁区"的敏感问题，而且体裁多样和有较强的可读性，因而吸引了大量的读者。

批判尼·安德列耶娃的《真理报》编辑部文章发表以后，全国各大报刊发表各种不同形式的文章一起对尼·安德列耶娃进行围攻。它们按照编

---

① 参见《史学理论研究》1998 年第 4 期，第 61 页陈启能前揭文。

② ［苏］米·戈尔巴乔夫：《戈尔巴乔夫回忆录》（全译本）上册，社会科学文献出版社 2003 年版，第 382 页。

辑部文章的调子，把反对丑化苏联历史、反对诋毁苏共和对戈尔巴乔夫改革持有不同意见的人，一概称之为"改革的敌人"和"保守势力的代表"。正如利加乔夫所指出的那样，只要敢于反对戈尔巴乔夫的人"都将遭到来自上面（苏共中央）和下面（大众传媒）的双重打击"。①

　　一些媒体除刊载大量批判斯大林和否定苏共和苏联历史的文章外，还开展各种实际活动，为历史虚无主义逆流推波助澜。例如，被誉为"公开性的喉舌"的《星火》周刊曾在莫斯科搞所谓的"良心周"活动，内容有举办各类讲座、放映歪曲历史的被禁影片、集资建造"大清洗"运动受害者纪念碑等。一些编辑部还通过与读者的联系，将收集到的大量有关"大清洗"运动受害者的资料，公开发表。② 很多杂志由于发表了各类解禁作品而发行量大增。例如，大型文学杂志《新世界》因刊载了亚·特瓦尔多夫斯基为纪念他在农业集体化运动中遭流放的父亲而作的长诗《回忆的权利》而名声大振。那一期杂志的发行量竟达到了 68 万份之多。

　　关于报刊和新闻媒体在历史虚无主义运动中所起的重要作用，俄罗斯著名作家邦达列夫在苏联解体之后不久所作的一次讲话中有十分生动而又深刻的描述。他说："在（戈尔巴乔夫执政的）六年当中，报刊实现了欧洲装备最精良的军队在 40 年代入侵我国时用火和剑未能实现的目标。那支军队虽然有第一流的技术装备，但是缺少一样东西，这就是数千万份带菌的出版物。"③

　　第四，在历史虚无主义运动中既有所"虚无"，又有所"不虚无"，并以此来填补所谓的"历史空白点"。为此，一些人开始更多地追忆罗曼诺夫王朝的末代皇帝尼古拉二世，并要求公开这位沙皇被害的真相。出版了一批以前被禁的有关著述，公布了一批关于尼古拉二世和二月革命的回忆录。1989 年 4 月，莫斯科一位名叫格·利亚波夫的作家在第 4 期《祖国》杂志上公布了尼古拉二世一家被革命战士处决的经过，同时说早在

---

① ［俄］B. A. 利西奇金等：《第三次世界大战——信息心理战》，社会科学文献出版社 2003 年版，第 238 页。
② 参见曹长盛等主编《苏联演变进程中的意识形态研究》，人民出版社 2004 年版，第 321 页。
③ 同上书，第 273 页。

10 年前他就发现了沙皇一家人的遗骸。[①] 这一消息引发了一场对这些遗骸的真伪问题的讨论。显然，这并非一般的考古活动，而是为了替末代沙皇鸣冤叫屈，同时证明十月革命的残酷无情和违反人道。

1991 年《十月》杂志第 1—3 期连载了国内战争时期著名的白卫军将领邓尼金的个人回忆录《一个俄国军官的道路》，第 10—11 期又发表了他写的《俄国内乱史》。在这些著作中，发动国内战争的沙俄将军成了传奇式的英雄人物。此外，还公开发表了已经被革命抛弃的孟什维克和社会革命党的大量资料。当然，这些出版物作为历史学家的研究资料是有用处的，但利用它们来达到诋毁布尔什维克党的理论与实践则完全是另一回事了。

由此可见，历史虚无主义者"虚无"的是苏共领导下的社会主义革命和建设的历史，是苏联的社会主义制度，"不虚无"的则是被推翻了的阶级的代表人物和革命运动的反对派。历史虚无主义者的目的是要重新审视十月革命开辟的社会主义道路，去寻找一种另类的历史规律。

历史虚无主义造成了党内外严重的思想混乱。很多人动摇了对社会主义的信仰和信心。他们，特别是一些知识分子和党政干部因而开始向往资本主义。一个比较典型的例子是著名社会学家塔·扎斯拉夫斯卡娅，她一开始是主张在社会主义范围内进行改革的，到了 1990 年，当看到过去的社会主义社会原来是如此"腐朽"时，她改变了看法。她站到了拥护资本主义的立场，认为资本主义与社会主义两种制度的根本区别是不存在的，成熟的资本主义具有"社会主义的特征"。[②] 又如伊·西拉耶夫原来是苏共中央委员和苏联政府部部长，戈尔巴乔夫上台后被任命为部长会议副主席。由于失去了对社会主义的信仰，他于 1991 年退党。他在 1990 年 10 月说："和 70 年代相比，我好像完全换了一个人似的……我们向往财产私有化，我们向往的不仅是土地，而且包括工业企业在内的私有制。"[③] 这些例子充分说明了历史虚无主义所造成的恶果。

---

① 参见李永昌《末代沙皇尼古拉二世传》，四川人民出版社 1997 年版，第 480—481 页。
② 参见［美］大卫·科兹等《来自上层的革命》，中国人民大学出版社 2003 年版，第 91 页。
③ 同上书，第 165 页。

以上是苏联解体前夕的历史虚无主义的主要表现和几个特点以及造成的严重后果。需要指出的是：长期以来，在苏联史学界的确存在比较严重的教条主义倾向，存在一些不应该有的"禁区"，或者说"空白点"。这些都是值得研究并需加以解决的。关键的问题是站在什么立场、用什么观点、方法去"填补历史空白点"和"打破禁区"。如果是站在维护革命和维护社会主义的立场，以马克思主义基本原理和历史唯物主义观点为指导，解放思想，实事求是，把有关历史现象放到当时特定的时空条件下去进行的全面、系统的考察，分清主流和支流，那么就必然会得出正确的、与历史虚无主义者完全不同的结论。

（原载《高校理论战线》2005 年第 8 期）

挽救苏联的最后一次努力

——"八·一九"事件及其失败原因

"八·一九"事件过去已经整整 14 年了，回首这次震惊苏联国内外的行动，仍不免使人感慨万千。

1991 年 8 月 19 日凌晨，苏联副总统亚纳耶夫发布命令，宣布戈尔巴乔夫因健康状况不能履行苏联总统的职责，根据苏联宪法第 127 条第 7 款，由他代行总统职权。接着，亚纳耶夫和苏联总理帕夫洛夫、苏联国防委员会第一副主席巴克拉诺夫发表了《苏联领导声明》，宣布从 1991 年 8 月 19 日莫斯科时间 4 时起在苏联某些地方实行为期 6 个月的紧急状态，同时宣布成立"苏联国家紧急状态委员会"，其成员除亚纳耶夫、帕夫洛夫和巴克拉诺夫外，还有以下 5 人：克留奇科夫（苏联国家安全委员会主席）、普戈（苏联内务部部长）、斯塔罗杜布采夫（苏联农民联盟主席）、季贾科夫（苏联国营企业和工业、建筑、运输、邮电设施联合会会长）和亚佐夫（苏联国防部部长）。

国家紧急状态委员会首先发表了《告苏联人民书》，指出苏联"正面临致命的危险，由戈尔巴乔夫发起并开始的改革政策……因种种原因已走入死胡同，整个国家实际上已失去控制"，同时呼吁全体苏联公民"大力支持国家紧急状态委员会，支持在使国家摆脱危机方面作出的努力"。接着，苏联军队开进莫斯科市中心，装甲车和坦克占据了国家重要机关附近的阵地和城市广场以及各个交通要道。

上午 11 时，国家紧急状态委员会发布第 1 号命令，要求各级政权切实遵守紧急状态制度，立即解散各种非法组织和武装，禁止集会、游行、示威和罢工，中止妨害形势正常化的政党、社会团体和群众的活动，还规

定了一系列确保经济生活秩序的措施。下午，紧急状态委员会又发布了第
2 号命令，决定暂时限制中央和莫斯科的报纸和社会政治刊物的出版，只
允许《真理报》、《消息报》、《红星报》等 9 种报刊出版。

　　这是为挽救社会主义苏联采取的一次果断的行动。紧急状态委员会的
成员们企图通过这次非常行动保持共产党的领导地位，防止社会主义多民
族国家的苏联社会继续分裂，使改革走上正常的轨道。但是事与愿违，在
与以叶利钦为首的"民主派"阵营进行了三天的激烈对抗后，事变以失败
告终。

　　"八·一九"事件不是一个偶发行动。在戈尔巴乔夫背离马克思主义
的错误路线的推动下，到 1991 年下半年，苏联的政治、经济、社会和民
族危机已经发展到了顶点。特别是各加盟共和国日益高涨的独立运动，直
接威胁着苏联的存在。为了解决这个问题，戈尔巴乔夫和九个加盟共和国
领导人打着革新苏联的旗号，决定签订一个新联盟条约。按照这一条约，
每个加盟的国家都是主权国家。它们有权决定自己的国家制度。联盟国家
的国名也将由"苏维埃社会主义共和国联盟"改为"苏维埃主权共和国
联盟"。新成立的联盟国家也只是一个松散的邦联。这就意味着社会主义
的苏联从此将不复存在，为了挽救社会主义的苏联，党内一批"传统派"
领导人决定赶在 8 月 20 日新联盟条件签署以前采取行动。

　　关于"八·一九"事件失败的原因一直是众说纷纭，莫衷一是。其中
特别是戈尔巴乔夫为了自己的立场辩护，说了很多不符合实际的谎言，影
响了人们对事变失败原因的客观分析。根据近年来发表的有关资料，包括
紧急状态委员会领导人的一些内部谈话，我们可以看到事变失败的一些主
要原因如下：

　　第一，戈尔巴乔夫采取了先是骑墙、后是背叛的立场。很多材料表
明：戈尔巴乔夫事先是知道事变计划的。甚至在几个月前就提示过组织者
准备行动。但是当组织者决定采取行动前夕派人去克里米亚休养地见戈尔
巴乔夫时，戈尔巴乔夫的态度是："你们愿意怎么干就怎么干吧"，既不表
示同意，也不表示反对。显然，戈尔巴乔夫的打算是无论起事者取得成
功，或是遭到失败，都能处于"胜利者"的地位，而且也不得罪"民主
派"。事与愿违的是在事变失败以后，叶利钦并不买他的账，而是对他严

加谴责和兴师问罪。这时候，戈尔巴乔夫的真面目便完全暴露。他在 8 月 22 日的电视讲话中大骂紧急状态委员会成员，同时对叶利钦倍加赞扬。他说："我现在在你们面前讲话的时候，已经可以有充分根据地说：政变破产了。阴谋家们失算了。……冒险家们已被逮捕并将受到严惩。……有的人不仅承担了丧失地位和自身自由的风险，而且经常冒生命危险，但他们仍然站到了捍卫宪法制度、法律和人权的队伍里，我要感谢他们。首先我要指出俄罗斯总统叶利钦的杰出作用，他是抵制阴谋和专政的核心。"① 至此，戈尔巴乔夫的两面派和背叛者的面目已暴露无遗。

第二，苏共中央在事变的整个过程中一直处于消极状态，没有直接或间接对事变表示支持或同情。从事变开始至失败的三天内，人们没有听到苏共中央的声音。到了 8 月 21 日事变失败已成定局时，苏共中央书记处又急急忙忙谴责事变的组织者。它在声明中指出："不允许利用临时的非常权力来确立专横的制度，建立违反宪法的政权和试图利用武力的做法"，并要求召开有戈尔巴乔夫参加的中央全会。雅科夫列夫这个党的异己分子认为，苏共中央未能站出来支持紧急状态委员会表明了它的"胆怯"。

第三，事变组织者的犹豫动摇和行动不坚决。这在一定程度上与戈尔巴乔夫的骑墙态度是有关系的。他们错误地认为，戈尔巴乔夫会站出来支持他们的行动。克留奇科夫后来在一次内部谈话中说：当时我们"对戈尔巴乔夫抱有幻想，希望他能改邪归正"。亚纳耶夫也说："我们的错误在于，一方面想挽救国家，阻止签订新联盟条约，同时又要保住总统。"当然，事变组织者本身行动不坚决也是一个原因。这主要表现在没有对叶利钦采取果断行动。8 月 18 日晚上，叶利钦刚从阿拉木图回到莫斯科，住在市郊的别墅里。这是对他采取行动的一个很好的机会，但是被错过了。21 日上午事变开始后不久，叶利钦正在俄罗斯政府大楼里举行记者招待会。当时他很害怕。中午苏军装甲车已经开进大楼广场，而广场上的群众还很少。这又是一个很好的机会，但再一次被错过了。俄罗斯学者、前持不同政见者亚·季诺维耶夫在其近著中指出："'叛乱分子'不是三岁小儿，

① 米·戈尔巴乔夫于 1991 年 8 月 22 日在苏联中央电视台发表的声明，转引自《戈尔巴乔夫—叶利钦政治对抗 1500 天》，新华出版社 1993 年版，第 319—320 页。

他们应该明白他们在干什么。假使他们的意图是真正认真的，他们应该做的第一件事是逮捕所有'民主派'的积极分子，首先是叶利钦。他们应该明白，国内是在进行着一场摧毁整个苏联的战争，应该以符合这一现实的方式来行动；但是他们害怕这样做，他们甚至不敢承认这一无情的真相。"①

第四，事变的组织者没有完全控制新闻媒体。尽管紧急状态委员会发布了限制媒体活动，只允许少数中央报刊出版的命令，但控制舆论的工作并没有抓彻底。实际上，在事变期间，俄罗斯通讯社、国际文传电讯等传媒组织仍在不停地活动。叶利钦还在俄罗斯政府大楼里设立了电台。它们大量散布有利于"民主派"的消息和言论，对群众产生了很大的影响。

第五，与事变组织者的心态完全相反，以叶利钦为首的反党、反社会主义分子则表现出了坚定果断的态度。叶利钦称这次事件为"右派反宪法的反动政变"，并号召在俄罗斯联邦境内举行无限期总罢工。"民主派"阵营动用各种手段，特别是利用群众对苏共和社会主义的不满情绪来与紧急状态委员会作斗争。从这场斗争中可以清楚地看到，在分析苏共垮台和苏联解体的原因时，揭露和批判戈尔巴乔夫的背叛行为固然是首要的，但是也不能不注意叶利钦的破坏作用。作为苏共领导层中的一个变节者和阶级异己分子，他在苏联演变的整个过程中起到了别人难以起到的作用。

第六，当"八·一九"事件发生时，苏共在党内外的影响和威信已空前下降。尽管它还保持着一定的硬实力，如果愿意的话，还可以与"民主派"较量一番。但是它的软实力已经相当低落。戈尔巴乔夫推行的"民主化"、"公开性"路线，搞乱了党内外群众的思想，使群众对共产党和社会主义的信仰不断下降。据一份民意抽样调查显示，1988年以前，群众对苏共的信任率为70%左右，到1990年下降到大约20%，到1991年初进一步下降至百分之十几。这种情况也反映在军队里。尽管很多高级将领对事变表示了不同程度的同情，但大多数中下级军官和普通战士由于对苏共和社会主义丧失了信心而支持"民主派"。因此，在关键时刻，一些部队未

---

① ［俄］亚·季诺维耶夫：《俄罗斯共产主义的悲剧》，新华出版社2004年版，第73页。

能执行紧急状态委员会的命令。

当然，"八·一九"事件失败的原因还有其他一些方面，不再一一细述。

"八·一九"事件失败后，以叶利钦为首的反共、反社会主义分子掀起了大规模的反共浪潮。8 月 23 日，在戈尔巴乔夫与俄联邦议员会见时，叶利钦对戈尔巴乔夫和苏共进行了强烈的攻击和指控，并当众宣布说："苏共和俄共参加了'政变'，所以我现在签署俄联邦总统令，暂停苏共和俄共在俄联邦领土上的活动。"站在一旁的戈尔巴乔夫试图阻止，急巴巴地对叶利钦说："等一等，等一等，鲍利斯·尼古拉耶维奇！您应该做彻底的民主派，那么所有民主派和思想健康的人才会跟您走。"① 但叶利钦丝毫不予理睬，气势汹汹地当场签署了这一总统令。戈尔巴乔夫的亲密助手阿·切尔尼亚耶夫在其回忆录中不无同情地写道："在叶利钦本人的唆使下，戈尔巴乔夫在俄罗斯议会上受到了莫大的侮辱，这将成为俄罗斯议会的历史上可耻的一页。"② 其实，这何尝不是戈尔巴乔夫一生中的可耻的一页呢！当天下午，根据戈尔巴乔夫、叶利钦和莫斯科市市长波波夫签署的命令，苏共中央的办公大楼被查封。大楼顶上的红旗在一群反共分子的狂呼声中落地，大楼正面挂上了沙俄时期的白兰红三色国旗。

8 月 24 日，为了与苏共划清界限，戈尔巴乔夫公开发表声明，主动辞去苏共中央总书记职务，同时宣布：由于苏共中央政治局和书记处没有坚决反对政变，要求苏共中央自行解散，各共和国的共产党和地方党组织自行决定自己的前途。次日，苏共中央书记处发表声明，宣布接受自动解散苏共中央的决定。与此同时，苏共的所有机构被解散，苏共的全部财产、档案等被转交给俄联邦有关部门管理，各地的苏共历史纪念物被毁坏和拆除。在十月革命节前夕，即 11 月 5 日，叶利钦再次发布命令，完全禁止苏共和俄共在俄联邦境内的活动。至此，经历了 93 年曲折

---

① 参见唐修哲、孙润玉《克里姆林宫易主纪实》，新华出版社 1993 年版，第 337—338 页。

② ［俄］阿·切尔尼亚耶夫：《在戈尔巴乔夫身边六年》，世界知识出版社 2001 年版，第 584 页。

历程、号称有 1900 万—2000 万党员的苏联共产党终于垮台。接着，有 74 年历史的苏维埃联盟国家宣告解体，独立后的各国也都不再以社会主义作为自己的发展方向。

（原载《世界社会主义跟踪研究报告：且听低谷新潮声（之二）》，社会科学文献出版社 2006 年版）

对苏联演变深层次原因的思考

　　苏联演变包含了彼此紧密联系着的三个方面的内容：一是存在了 69 年之久的统一的多民族社会主义国家苏联的解体；二是具有 93 年历史，拥有 1900 万—2000 万成员的苏共的垮台；三是从苏联独立出来的各共和国已不再把社会主义作为自己的发展方向。毫无疑问，第一个社会主义国家苏联的建立、发展和演变是 20 世纪人类历史上的一个重大事件。关于苏联演变的原因，从其发生之日起便成了很多国家学者的一个重大课题。迄今为止，已经发表了大量著述。尽管研究者提出的看法不尽一致，但有一点是相同的，就是认为苏联的演变是一个复杂的历史现象，是各种因素，包括内部的和外部的，历史的和现实的，共同作用的结果。不过，随着时间的推移，特别是由于社会主义的理论和实践的继续发展，人们的认识在不断地深化。现在，很多研究者已经不再满足于把苏联演变的各种原因加以罗列，而是要探究演变的深层次原因。这是一种很好的现象，因为只有科学地揭示苏联演变的深层次原因，才能正确地总结历史教训，为建设具有中国特色的社会主义事业提供有益的借鉴。

　　近年来，一些学者提出，苏联演变的深层次原因在于它高度集中的政治、经济体制。笔者基本上同意这种观点，但认为应当表述得更具体一些。笔者认为：所谓"深层次原因"基本上或者是实质上就是历史原因。这主要表现在几十年来主要由高度集中的政治、经济体制和片面强调优先发展重工业的发展战略，以及领导人的思想僵化等因素造成的经济、政治、民族关系、对外政策和党的建设等各个方面积累起来的种种严重问题。正是这些问题把苏联引到了危机的边缘，为后来的演变埋下了种子。所谓高度集中的政治、经济体制，或者说"行政命令体制"，主要表现在严格的中央计划经济和指令性管理体制，高度集中的政治权力机构和不受监督的个人集权，国家结构名义上的联邦制和实际上的单一制，以及僵化的理论观点和意识形态。关于这些方面的弊端和它们对后来苏联演变产生的消极作用，已经在很多著述中作了不同程度的阐发。由于篇幅有限，本文不再赘述。总之，探究苏联演变的深层次原因，总结历史教训，不能不从分析这些方面的问题入手。

揭示苏联演变的深层次原因是一个相当复杂和难度很大的课题。因为这实际上涉及如何正确评价苏联70多年历史的问题。在这个问题上如果没有一个正确的指导思想和分析方法，就很容易引起思想上的混乱，甚至导致对社会主义的怀疑和否定。有些研究者之所以对上述演变的深层次原因有所保留，关键就在这里。

一个客观的历史事实是高度集中的政治、经济体制是历史形成的。具体地说，它的形成至少与以下三个因素有关：

一是二三十年代的时代背景。苏联是在资本主义国家重重包围和战争威胁日益逼近的条件下开始社会主义建设的。当时无论从国际环境或是国内形势来说，"谁战胜谁"的问题是极其尖锐的。第一个社会主义国家要生存下来，而且能站稳脚跟，就必须尽快建立自己足够强大的经济和国防，不然就要被吃掉。正是这种紧迫感，使苏联领导人认识到必须通过高度集中的行政手段动员全国有限的人力、物力，不惜代价地以最快的速度发展国民经济，首先是建立强大的工业基础。

二是俄罗斯的历史传统。革命前的俄国是一个各方面都比较落后的国家。资本主义虽然已经发展到帝国主义阶段，但现代工业的发展水平还不高，工人阶级大约只占全国人口的10%，小农经济占绝对优势；政治上，封建专制主义影响比较深，没有现代资本主义议会传统；群众文化教育水平也相当低下。他们不懂得怎样去行使自己的民主权利，往往容易接受英雄创造历史的唯心主义思想，总是盼望有一个"好沙皇"来治理国家。

三是理论上的局限。这个因素往往被一些研究者所忽视，而它却是十分重要的。在二三十年代，由于缺乏实践，人们对什么是社会主义和怎样建设社会主义的问题的认识还很有限。即使是领导人也不可能达到后来，特别是我们今天对社会主义这样的认识水平。这是很自然的，因为社会主义理论是在实践中不断发展的。正如恩格斯所说的："我们只能在我们时代的条件下去认识，而且这些条件达到什么程度，我们才能认识到什么程度。"①

由此可见，苏联高度集中的政治、经济体制是在特定时代和特定环境下的产物。它的形成首先是一种历史现象。当然，领导人的主观意志也对这种体制的形成产生了影响，但这种作用应当是第二位的。

又一个客观的历史事实是这种高度集中的政治、经济体制在其形成初期曾经起过明显的积极作用。它使得苏联在短短的时间内取得了令西方世界望而生畏的巨大成就。在"一五"计划期间（1929—1932），工业总产值年均增长 19.3%，基本形成了现代工业体系；在"二五"计划期间（1933—1937），工业总产值年均增长 17.1%。到 1937 年，苏联的工业生产总值已跃居世界第二位。苏联 30 年代的"工业化奇迹"与当时主要资本主义国家的经济大萧条形成了鲜明的对照，大大提高了社会主义在世界人民心目中的威信，同时也保证了后来反法西斯战争的胜利。如果说苏联的全部历史是一个由兴盛、衰落到败亡的过程，那么从 20 年代至 40 年代应该属于苏联的兴盛和繁荣的时期。不能简单地认为，所取得的这些成就仅仅是苏联人民的忘我劳动的结果，而与体制毫无关系。当然，人民为此作出了巨大的牺牲，这说明即使在形成初期，这种高度集中的体制也是有其自身的缺陷和弊端的，只是在当时还未成为主流。

重要的问题在于随着时代的前进和历史的发展，这一体制的缺陷和弊端日益暴露和加重。在卫国战争结束以后，特别是在和平与发展成为时代主题的条件下，苏联的体制逐渐成了社会发展的严重阻力，使社会主义失去了它初期曾经有过的活力，最终把苏联引向了崩溃的边缘。

在探究苏联演变的深层次原因，或者说历史原因时，应当着重考虑到的一个问题是：苏联演变的历史根源固然在于它高度集中的政治、经济体制以及主要由此而产生的种种难以克服的矛盾和问题，但是长时期以来苏联领导人始终未能不失时机地对这一体制进行有效的改革，无疑是一个致命的因素。社会主义社会是必须而且能够通过改革不断地自我完善的。只有不断进行改革才能使社会主义国家永葆青春。可是苏联领导既看不到体

---

① 《马克思恩格斯选集》第 4 卷，人民出版社 1995 年版，第 337 页。

制本身日趋严重的弊端，也看不到时代的变化和理论观念的更新，从而一次又一次地贻误了改革时机。

早在 20 世纪 40 年代后期，苏共中央政治局委员、苏联部长会议第一副主席沃兹涅先斯基就提出要在经济领域利用商品货币关系和价值规律，同时改革计划工作，减少对重工业，特别是军工企业的拨款，使国民经济得以更好地平衡发展，并且使人民生活水平得到较快的提高。这种改革思想遭到了斯大林的反对。结果沃兹涅先斯基及其支持者被解职。后来，贝利亚又制造了一个所谓"列宁格勒案件"，把沃兹涅先斯基等人加以镇压。当时在地方上也出现过一些要求改革的动向。比较典型的是在乌克兰的部分农业地区试行了包产到组的试验，其实质是把核算单位从生产队下放到作业组，并自负盈亏，使个人劳动较多地与物质利益挂钩。这种试验刚一开始就遭到中央的批判与制止。斯大林逝世以后，马林科夫在 1953—1954 年间提出要以高于重工业发展的速度来发展消费品生产，增加国家对轻工业和食品工业的投入，同时紧缩国防开支，以改变不合理的产业结构，提高人民的物质生活水平。但是这一改革计划因被赫鲁晓夫等认为是违反了社会主义社会必须优先发展重工业的原则而流产。50 年代下半期，赫鲁晓夫自己也采取了一系列令人注目的改革措施，但是由于他的主观随意性和思想认识的局限，改革并未取得成功。1965 年苏联部长会议主席柯西金在勃列日涅夫执政初期推行"新经济体制"改革，一度获得较好的成果。它使得"八五"计划期间（1966—1970）生产率显著提高，而且使乙类工业产品增长速度与甲类工业产品增长速度达到了相等。但是，这一改革最终还是因为受到勃列日涅夫和苏斯洛夫等人的反对而中止。

从贻误改革而造成严重后果的角度来看，对勃列日涅夫执政时期的研究是至关重要的。但是这恰好是我国苏联史研究的薄弱环节。在探究苏联演变的原因时，研究者较多地注意斯大林时期，或是赫鲁晓夫和戈尔巴乔夫时期的问题，而对勃列日涅夫时期的问题相对地关注不足。历史事实是：正是在勃列日涅夫执政的中后期，20 世纪二三十年代形成的那种高度集中的体制已经几乎完全失去了它的生命力，国家出现了全面的危机。

首先，经济发展速度持续下降，产业结构畸形不断加重，重工业在整个工业中的比重一直保持在 73%—75%，大大超过斯大林时期和赫鲁晓夫时期。对外扩张和大国霸权主义恶性发展。每年用于武器生产的费用高达国民收入的 15%—20%。这不仅极度损害了社会主义国家的形象，而且严重影响了人民生活水平的提高。据苏联前总理尼·雷日科夫透露："1982年，居民实际收入战后首次停止增长：统计显示为零百分比。"[1] 在勃列日涅夫时期，政治体制日益僵化，国家机构臃肿，官僚主义盛行，领导干部的贪污腐败和干部队伍实际上的终身制造就了一个脱离群众的特权阶层。与此同时，政治权力不断集中，很多重大事情都由勃列日涅夫，或是少数几个最高领导人说了算，个人专断现象与斯大林时期相比并不逊色。

上述情况表明，高度集中的政治、经济体制到了勃列日涅夫执政的中后期已经发展到非改革不可的地步。苏联领导人却未能认识到这种改革的紧迫性并付诸行动。他们片面强调社会"稳定"，不懂得稳定固然重要，但不是目的，目的是要求社会的发展，首先是生产力的发展，而改革则是发展最重要的前提。于是，"稳定"终于转化为停滞。

勃列日涅夫之所以拒不进行改革，除了对稳定、改革和发展三者的关系缺乏正确认识外，一个主要的原因是思想僵化。教条主义是列宁以后历届苏联领导人的一个致命伤，这一点在勃列日涅夫身上尤其突出。如果说在战后斯大林时期，体制改革的客观条件相对地还不够成熟的话，那么到了勃列日涅夫时期情况已大不相同了。无论从时代特征，或是从国际、国内环境和理论的发展程度来说都是这样。在六七十年代之交，随着新一轮世界科技革命开始和发达资本主义国家经济、政治的发展与相对稳定，以及殖民主义的瓦解和第三世界兴起，时代特征的主题已经由革命与战争转变为和平与发展。在这种条件下，社会主义与资本主义的斗争形式也出现了变化。原来那种"战争引起革命、革命制止战争"的斗争形式，已经被社会主义国家以自己的经济发展和社会进步来显示社会主义优于资本主义的斗争形式所替代。与此同时苏联的国内情况也发生了变化，特别是人民群众要求改革的呼声日高。此外，关于社会主义理论和实践有了很大的发展，东欧一些社会主义国家（例如卡达尔领导下的匈牙利）和中国都已经不同程度地迈出了改革步伐，并且取得了一定的成功。可是勃列日涅夫领

---

① 尼·雷日科夫：《大动荡的十年》（中译本），中央编译出版社 1998 年版，第 38 页。

导集团没有认识到这些变化，仍然固守着陈旧的观念和教条，不仅不对原来的体制进行根本性的改革，反而在很多方面强化这种体制，因而造成了十分严重的后果。

　　在探究苏联演变的深层次原因，或者说历史原因时，很自然会产生这样的问题：形成于二三十年代并且在以后几十年间被强化了的这种高度集中的政治、经济体制是不是已经无法改革了？换言之，苏联的演变是不是注定不可避免的？对于这个问题，目前国内外的研究者的看法还很不一致。笔者倾向于否定的回答，认为如果勃列日涅夫以后的苏联领导人能够制定并推行一条正确的、符合苏联国情的、循序渐进的改革路线，苏联演变是可以避免的，至少苏联解体是可以避免的。几年前，有人曾经向前面提到过的尼·雷日科夫提出这样一个问题："要是上帝能让安德罗波夫多活5—7年，（苏联）会不会出现另一种改革道路？"雷日科夫回答说，他"对此十分肯定"，因为"在安德罗波夫领导下非常可能采取完全不同的经济和社会改革方法"。① 这一看法是颇有启发性的。这就涉及对戈尔巴乔夫执政期间改革的评价及其与苏联演变的关系的问题。这同样是一个十分复杂和难度很大的课题，是需要另外进行专门探讨的。

　　　　　　　　　　　　　　　　　　［原载《求是（内部文稿）》2000 年第 9 期］

---

① 　参见［俄］《公开性》1994 年 8 月 19 日。

20 世纪社会主义的历史经验：
苏联兴亡的启示

　　苏联是世界上第一个社会主义国家。它的诞生、辉煌和衰亡，构成了20 世纪世界社会主义最为突出的历史篇章。从苏联解体之日起，人们就开始总结它为社会主义提供的历史经验教训。十多年来，随着时代的不断前进和世界社会主义的继续发展，这种经验和教训显得日益深刻而重要，而且越来越发人深省。对于全世界共产党人和一切信仰社会主义的人们来说，这是一笔巨大的精神财富，可以"促使社会主义向着更加健康的方向发展"。① 苏联兴亡的主要启示是：

　　第一，搞社会主义，无论是进行社会主义革命，或是从事社会主义建设，都必须坚持理论创新，根据时代特征和本国国情，在实践中与时俱进地坚持和发展马克思主义。

　　列宁在资本主义进入帝国主义的新的历史条件下，经过潜心的研究，提出了社会主义可以在一国首先取得胜利的理论，在这一理论指导下，从俄国的国情出发，列宁和布尔什维克党取得了十月社会主义革命的胜利。在苏维埃政权建立以后，又根据俄国新的国情，及时结束了非常时期的"战时共产主义"政策，改行新经济政策，在短短的十来年里使苏俄的国民经济成功地得到了恢复和发展。这充分表明，马克思主义和科学社会主义理论是必须随着时代和国情的变化而不断发展和创新的。只有这样，社会主义革命和建设事业才能持续前进。

　　列宁逝世以后，苏联的历届最高领导人在关于什么是社会主义和怎样

---

　　① 《邓小平文选》第 3 卷，人民出版社 1993 年版，第 383 页。

建设社会主义的问题上没有提出多少创新的思想。他们基本上是按照经典作家的本本行事，搞教条主义。这种情况在勃列日涅夫时期显得尤为明显。赫鲁晓夫虽然提出了一些引人注目的观点，但偏离了马克思主义的基本原理，因而一事无成，反而引起了党内外很大的思想混乱，给社会主义事业带来了消极的后果。苏联兴亡的历史表明，对马克思主义理论的发展和创新是必须在坚持其基本原理的基础上进行，否则只能走向歧途。戈尔巴乔夫提出的"人道的民主的社会主义"路线造成的恶果便是一个教训。

第二，建设社会主义必须始终把大力发展社会生产力放在首位。任何一种社会制度是否有生命力，都取决于它是否有利于社会生产力的发展，是否有利于综合国力的提高和人民生活的改善。社会主义制度也不例外。经济建设永远是社会主义国家执政党的首要工作，必须处于各项工作的中心地位。只有搞好经济建设，国家才能繁荣，人民才能幸福，社会主义优越性才能体现，社会主义制度才能不断巩固与发展。特别是由于社会主义制度首先是在经济不够发达的国家发展起来的，因而在相当长的一段时期内，社会主义国家的经济发展水平还赶不上发达的资本主义国家。所以，只有始终不渝地大力发展社会生产力，社会主义才能最终战胜资本主义。列宁在苏维埃政权建立初期就已经明确指出："劳动生产率，归根到底是使新社会制度取得胜利的最重要最主要的东西。"[1] 这一指导思想对整个社会主义历史时期都是适用的。

在苏联 70 多年的历史进程中，特别是在二三十年代这一段时期，社会生产力的发展异常迅速。在短短的十几年里，基本上实现了国家工业化和农业集体化，改变了国家的落后面貌，也提高了人民的物质生活和文化水平。苏联人民创造的"工业化奇迹"使其综合国力大为提高，并为后来取得反法西斯战争胜利奠定了强大的物质基础。苏联的工业生产水平，由 1913 年的世界第五位和欧洲第四位，提高到 1937 年的世界第二位和欧洲第一位。当时社会主义苏联的欣欣向荣气象，与资本主义世界的经济大危机形成了鲜明的对照，使得全世界进步人民都热烈向往社会主义。

---

① 《列宁全集》第 37 卷，人民出版社 1986 年版，第 18 页。

　　当时苏联之所以能取得这样巨大的成就，除了社会主义制度的优越性外，领导人对发展生产力的重要性的认识，是一个重要的原因。斯大林是十分重视发展生产力的。他曾经多次指出，社会主义社会必须有高度发展的生产力。他说："如果不在工业和农业方面不断提高劳动生产率，我们就不能解决改造的任务，就不仅不能赶上并超过各先进资本主义国家，而且连自己的独立生存也不能保住。因此，提高劳动生产率问题对于我们具有头等重要的意义。"① 他又说："社会主义只有在社会生产力蓬勃发展的基础上，在产品和商品十分丰富的基础上，在劳动者生活富裕的基础上，在文化水平急速提高的基础上才能建成。"② 斯大林有关这方面的论述还可以举出很多。他不仅在理论上这么认为，在实践中也是这么做的。

　　应当指出，斯大林在有关发展生产力的理论上是有矛盾的。他虽然十分强调生产力的重要性，但他更重视生产关系。在取得了上述重大成就以后，他在 1936 年就过早地宣布说："我们苏联社会已经做到在基本上实现了社会主义。"③ 1939 年 3 月举行的联共（布）18 大又声称苏联已经进入了"从社会主义逐渐过渡到共产主义的阶段"。④ 1952 年 10 月举行的苏共 19 大再次提出，"现在，苏联共产党的主要任务是：从社会主义逐渐过渡到共产主义"。⑤ 赫鲁晓夫继续发展斯大林超越阶段的思想。他在 1959 年 1 月苏共 21 大的报告中宣布：社会主义在苏联已取得"完全彻底的胜利"；苏联已进入"一个新的、极其重要的发展时期——全面开展共产主义社会建设的时期"。1961 年 10 月，他在苏共 22 大的报告中更明确地指出，苏联要"在 20 年内基本上建成共产主义社会"，还提出了具体的时间表。到了勃列日涅夫时期，尽管在建成共产主义的时间上有所后退，但仍然在 1967 年宣布苏联已建成了"发达的社会主义社会"。

　　上述这些超越阶段的提法表明：苏联领导人在谈社会主义建设时没有

---

　　① 《斯大林全集》第 12 卷，人民出版社 1956 年版，第 287 页。

　　② 《斯大林选集》下卷，人民出版社 1979 年版，第 339 页。

　　③ 斯大林：《关于苏联宪法草案》，《斯大林文选（1934—1952）》，人民出版社 1978 年版，第 90 页。

　　④ 参见联共（布）18 大关于《发展苏联国民经济的第三个五年计划（1938—1942 年）的决议》。

　　⑤ 《苏联共产党章程汇编》，求是出版社 1982 年版，第 155 页。

始终把发展生产力放在第一位，而是更多地注重生产关系的变化，特别是所有制方面的一大二公。这就使得苏联在社会主义建设中迈不开大步，社会生产力发展缓慢。苏联在其存在的 70 多年中，尽管生产力比十月革命前有了很大的提高，但与发达的资本主义国家相比，一直有着明显的差距。苏联领导人没有真正认识到，只有在生产力发展水平上达到并超过发达的资本主义国家，才能充分显示社会主义的优越性。正如邓小平同志所说的："社会主义要消灭贫穷。贫穷不是社会主义，更不是共产主义。"①

第三，搞社会主义必须坚持不懈地进行改革和体制创新，使社会主义充分发挥其巨大的生命力并且永葆青春。苏联兴亡的一个重要教训是在列宁逝世以后，它的领导人长期以来未能以一种发展的观点来对待社会主义的理论与实践。他们在思想上存在着严重的教条主义倾向。他们错误地把二三十年代形成的一套模式，首先是高度集中的政治、经济体制的特征，看成是社会主义的本质特征。从 30—80 年代长达半个世纪的时间里，他们一直按传统的社会主义理论制定方针和政策。其间虽然不时地作一些不同程度的微调，但基本上是原封不动地保留了传统的理论观点。理论上的僵化使改革实践无从启动，严重地束缚了社会生产力的持续发展。

改革的根本目的是改变不适应生产力发展的生产关系和上层建筑，解放生产力。社会主义的基本矛盾仍然是生产力与生产关系之间、上层建筑与经济基础之间的矛盾。改革是为了不断解决这种矛盾，解放生产力，把社会推向前进。恩格斯早就指出：社会主义社会"不是一种一成不变的东西"，而是一个"经常改革和变化的社会"。② 邓小平同志说得更明确："社会主义基本制度确立以后，还要从根本上改变束缚生产力发展的经济体制，建立起充满生机和活力的社会主义经济体制，促进生产力的发展，这是改革，所以改革也是解放生产力。"③

1936 年，斯大林在《关于苏联宪法草案》的报告中宣布苏联已经"基本上建成社会主义"以后，提出了他的"完全适合"论。他认为，

---

① 《邓小平文选》第 3 卷，人民出版社 1993 年版，第 63—64 页。
② 《马克思恩格斯选集》第 37 卷，人民出版社 1971 年版，第 432 页。
③ 《邓小平文选》第 3 卷，人民出版社 1993 年版，第 370 页。

"苏联的社会主义国民经济是生产关系完全适合生产力性质的例子"，"这里生产关系同生产力状况完全适合，因为生产过程的社会性是由生产资料的公有制所巩固的"①，并据此而认为，苏联人民在"政治上和道义上的一致"是社会主义社会发展的动力。这一理论对苏联的社会主义国家的体制改革是十分有害的。1952 年，斯大林对这一理论作了一些修正。他说："'完全适合'这种说法是不能在绝对意义上来理解的"，而是"应该理解为在社会主义制度下，通常不会弄到生产关系和生产力发生冲突，社会有可能及时使落后了的生产关系去适合生产力的性质"。② 这一修正固然是一种进步，但还是没有说到位。在这里，斯大林只看到生产关系可能落后于生产力而产生的矛盾，而没有认识到由于生产关系超越了生产力的发展水平而阻碍了生产力的发展这一矛盾。

斯大林的上述理论，无论在当时，或是在以后，对苏联的改革与发展都产生了一定的消极影响。但是在实践中的情况则比较复杂。在 30 年代末期，也就是这一理论提出的时候，斯大林模式，首先是高度集中的政治、经济体制还刚刚形成，对于尽快改变国家的落后面貌，发展国民经济，特别是发展重工业，解决"谁战胜谁"的问题，具有明显的优势，而且当时苏联正处于反法西斯战争的前夕，因而还谈不到体制改革的问题。到了战后，有些苏联领导人感到了改革的需要，而且提出了具体的改革方案。最具有代表性的，是当时的部长会议第一副主席兼国家计委主任沃兹涅先斯基等人，主张在经济领域利用商品货币关系和价值规律，同时改革计划工作，减少对重工业，特别是军事工业的拨款，使国民经济得以更好地全面发展。这一改革设想，遭到了斯大林的反对。这与斯大林的上述理论观点固然不无关系，但当时苏联改革的主客观条件还不完全成熟也是一个重要的因素。当时，反法西斯战争虽然已经取得胜利，但苏联为此付出了重大的代价。当时苏联面临的是百废待兴的局势，"谁战胜谁"的问题仍然非常严峻地摆在议事日程上。全国的首要任务是动员一切人力物力迅

---

① 斯大林：《辩证唯物主义与历史唯物主义》，《斯大林文选（1934—1952）》，人民出版社 1962 年版，第 198、202 页。

② 同上书，第 611 页。

速恢复国民经济，而高度集中的政治、经济体制，对实现这一特定目标仍能起到其积极作用。到了 50 年代初期，特别是斯大林逝世以后，情况就完全不同了。但是斯大林的上述错误理论，以及其他的一系列教条主义观点，在后来几代苏联领导人的头脑中仍然是挥之不去的。

斯大林逝世以后，高度集中的政治、经济体制的弊端日益暴露，改革的必要性和迫切性日益显现，而且改革的主客观条件也日趋成熟。正是在这种大背景下，马林科夫提出要以高于重工业发展的速度来发展消费品生产，并增加国家对轻工业的投入。这一改革被赫鲁晓夫认为是违反了社会主义社会必须优先发展重工业的原则而未能实现，其中当然也有明显的政治斗争因素。不久以后，赫鲁晓夫自己也推行了一系列令人注目的改革。他的改革思路有值得肯定的地方，但仍然未能摆脱传统观点的框框。他在决策上的主观随意性和理论素质上的欠缺，非但没有使改革取得成效，反而在国内外造成了严重的思想混乱和消极影响。勃列日涅夫执政初期，在部长会议主席柯西金主持下推行了"新经济体制"改革，取得了一些成效，但不久就终止了。此后，勃列日涅夫求稳怕变，根本不考虑改革，甚至连"改革"一词也很少提及，代之以所谓的"不断完善"。

苏联兴亡的历史表明：社会主义如果不根据客观情势的变化及时进行改革，兴利除弊，社会主义社会必然会失去活力，停滞不前，以致濒临严重的危机。当然，改革不是要改变或放弃社会主义的基本制度，而是为了要改变和完善各种具体的体制和政策。因此，改革必须有一个正确的导向。在政治体制改革方面尤其如此。戈尔巴乔夫提出的"人道的民主的社会主义"路线和一系列有关的方针政策，改变了改革的社会主义导向，从而直接导致了苏共垮台和苏联解体。在这方面，苏联的教训是非常深刻的。

第四，社会主义不是一个封闭式的社会，必须坚持对外开放，吸收和借鉴人类社会创造的一切优秀文明成果。社会主义与资本主义是两种对立的思想体系和社会制度，但它又是在与资本主义共存的条件下进行发展的。这就产生了如何正确处理好与资本主义的关系问题。在这方面，苏联兴亡的启示也是十分深刻的。早在国内战争还没有结束的时候，列宁就提出要与资本主义和平共处，并且实行对外开放，首先是与西方资本主义国家建立互惠的贸易关系。1919 年 9 月，列宁在接受一位美国记者的采访时说："有些美国人……希望在缔结和约后不仅同我们恢复贸易关系，而且能够从俄国获得一定的承租权……毫无疑问，俄国劳动群众是会同意给予一定的承租权的。在社会主义国家和资本主义国家共存的时期，我们也愿意在合理的条件下给予承租权，作为俄国从技术比较先进的国家取得技术帮助的一种手段。"① 1920 年 2 月，列宁在回答另一位美国记者的提问时说："请美国资本家不要触犯我们。我们是不会触犯他们的。我们甚至准备用黄金向他们购买运输和生产用的机器、工具及其他东西。而且不仅用黄金买，还要用原料买。""我们愿意同一切国家有生意往来。"② 1922 年 4 月，列宁决定亲自率代表团去意大利热那亚出席有 28 个国家参加的国际经济会议③。苏俄代表团在会上虽然没有取得多少成果，但是在会外却与德国代表团签订了一个协定，即《拉巴洛条约》。这个条约对苏俄取得稳定的国际环境、恢复和发展国民经济具有很大的意义。

对外开放的目的不仅在于开展对外贸易，更为重要的是为了向外国，特别是发达的资本主义国家学习先进的科学技术和管理经验，吸收和借鉴人类社会创造的一切优秀文明成果。列宁在十月革命胜利后不久就指出：社会主义必须"乐于吸收外国的好东西：苏维埃政权＋普鲁士的铁路秩序＋美国的技术和托拉斯组织＋美国的国民教育等等等等＋＋＝总和＝社会主义。"④ 他还指出："社会主义能否实现，就取决于我们把苏维埃政权和苏维埃管理组织同资本主义最新的进步的东西结合得好坏。"⑤ 随着时代的发展，特别是在经历了第二次世界大战后开始的第三次科技革命以后，资本主义国家的面貌发生了很大的变化。社会主义国家与发达资本主义国家的经济和科技发展水平的差距拉大，吸收资本主义国家的先进东西为社会主义所用，显得更为重要而迫切。

---

① 《列宁全集》第 37 卷，人民出版社 1986 年版，第 188 页。
② 《列宁全集》第 38 卷，人民出版社 1986 年版，第 158、160 页。
③ 后因考虑到列宁的安全问题，临时改由外交部部长契切林作为代理团长率团前往。
④ 《列宁全集》第 34 卷，人民出版社 1985 年版，第 520 页。
⑤ 同上书，第 170—171 页。

列宁逝世以后，他的对外开放思想并未被很好地贯彻下去。这当然有资本主义国家方面的原因，即它们要千方百计地封锁和遏制苏联。另一方面也与苏联领导人的思想认识有关。第二次世界大战结束以后，斯大林以一系列社会主义国家诞生为依据，提出了关于"两个平行市场"的理论。他认为，社会主义和资本主义"两个对立阵营的存在所造成的经济结果，就是统一的无所不包的世界市场瓦解了，因而现在就有了两个平行的也是互相对立的世界市场"。① 这成了社会主义国家闭关自守的理论根据。这种理论严重影响了苏联社会主义经济的发展。斯大林逝世以后，情况有所变化。但"两个平行市场"理论仍然制约着苏联的对外开放，因而使苏联的社会主义经济无法与时代发展的大潮流结合。

当然，社会主义国家实行对外开放，学习和借鉴资本主义国家的先进科技文化和管理经验，并不等于全盘引进资本主义的政治制度和资产阶级的民主理念，也不是要吸取资本主义的文化糟粕。在实行对外开放的同时，必须十分注意维护本国的主权和安全，防止国外敌对势力的渗透和"和平演变"的图谋，批判与抵制资产阶级腐朽思想的侵蚀，更不能模糊了资本主义与社会主义的界限，直到全面否定本国社会主义实践的历史。邓小平同志提出的"坚持四项基本原则"和"坚持改革开放"必须是同步的，绝不能只顾了一个而放弃了另一个。戈尔巴乔夫正是在这些方面犯了严重的方向性错误，从而使苏联的社会主义遭到最终的失败。这一教训和启示同样是十分清楚而深刻的。

第五，搞社会主义必须坚持和改善执政的共产党的领导，同时不断加强党的自身建设。这是决定社会主义国家命运的重要关键和基本保证。苏联兴亡的历史表明：决定社会主义国家命运的关键问题是始终不渝地坚持和改善执政的共产党的领导；而加强党的自身的建设，则是坚持和改善共产党领导的基本保证。苏联剧变的一个主要原因是以戈尔巴乔夫为代表的苏共领导人，在国内发生经济、政治、民族关系等各领域的全面危机和全国性政治动乱的形势下，面对国内反对派的压力和国外敌对势力的渗透，

---

① 斯大林：《苏联社会主义经济问题》，《斯大林文选（1934—1952）》，人民出版社 1978 年版，第 594 页。

推行了一条由削弱到放弃共产党领导地位的错误的"改革"路线。这是苏联演变一个最重要的历史教训。

但是，这并不是说在此之前苏共在党的建设上没有问题。相反，问题已经积累了不少。在党的思想和理论建设方面，一个突出的问题是思想僵化。苏共失败的一个重要教训是，在什么是社会主义和怎样建设社会主义的重大问题上，经常是死守着传统的观点，不能随着时代的发展、形势的变化和通过实践的检验，提出新的理论观点，促进社会主义建设事业不断前进。当然，提出新的理论观点不能偏离和放弃马克思主义的基本原理。苏共历史上在这方面也是有教训的。

苏共在组织和作风建设方面积累的问题很多，其中最主要的是两个问题：一是民主集中制问题没有解决好；二是党的干部，特别是高层干部中的官僚主义和腐败现象相当严重，乃至在党内出现了一个官僚特权阶层。民主集中制是共产党的根本组织制度和领导制度。它在苏共内部并没有真正建立起来。长期以来，党内缺乏民主，权力高度集中。党内事务，从决策到执行，都由少数人，甚至由几个或一个最高领导人决定。各级领导干部不是经过真正的民主方式选举产生，而是实际上由上级机关委派。党内还缺乏有效的监督机制，领导干部很少受到党内外群众的批评监督。缺乏党内民主的一个突出表现是个人崇拜。这种现象不仅在斯大林时期盛行，在赫鲁晓夫时期和勃列日涅夫时期也同样存在，只是程度不同和表现形式各异而已。到了戈尔巴乔夫执政时期，发扬民主的问题走向了另一个极端。他所提倡的所谓"民主化"、"公开性"和"多元化"，并没有解决民主集中制的问题，而是为党内非组织的派别活动开启了绿灯，其结果是造成了党的软弱涣散，极大地削弱了党的领导地位。透过这一历史现象也可以看到，1921 年联共（布）10 大在列宁主持下通过的《关于党的统一》的决议是很正确的。

苏共内部的官僚特权阶层是在勃列日涅夫时期最终形成的。这是一个既得利益集团，其主要特征是脱离群众，贪图享受，因循守旧，反对改革，并在不同程度上贪污腐败。后来，这个阶层逐步发生演变。到了戈尔巴乔夫时期，它的内部已有相当一部分人成为向往资本主义、主张走资本主义道路的代表。由于这些都是掌握着党和国家各级权力的人，因此在其他各种复杂因素的共同作用下，他们终于使一个有着 93 年历史的世界上最大的共产党，一个存在了 74 年之久的世界上第一个，也是最大的社会主义国家毁于一旦。

　　苏联兴亡对世界社会主义的启示是多方面的，还有很多问题值得深入研究。本文只是对几个最主要的问题提出一些看法，以供同行们进一步探讨。

（原载《俄罗斯研究》2002 年第 4 期）

苏联剧变历史之再考察

　　苏共亡党和苏联解体至今已经过去了整整 20 年。但是它给世人，特别是各国执政的共产党人的深刻教训仍然是十分现实的。温家宝总理在同国务院参事和中央文史研究馆馆员的一次座谈中，谈到要重视对历史和国际经验的比较研究时说："历史是一面镜子，国际经验也是一面镜子。我们在现代化的进程当中，始终要注意经常地照一照这两面镜子，鉴古知今，博采众长。这样，我们前进的步伐会更加扎实、更加有力。大家非常熟悉《贞观政要》里这句名言：'以铜为镜，可以正衣冠；以史为镜，可以知兴替；以人为镜，可以明得失'，我以为这至今仍然是至理名言。"①

　　苏联剧变无疑是世界社会主义事业的一个重大挫折，也是国际地缘政治的一场空前灾难。关于这一重大历史性事件的原因和教训的研究，至今仍在继续。这不仅是一个学术理论课题，也是一个现实政治课题。

　　以马克思主义基本原理和历史唯物主义为指导，根据历史的和现实的资料进行实事求是的研究结果告诉我们：戈尔巴乔夫改革的方向性错误、他对马克思主义基本原理和广大人民群众利益的背叛，既是苏联剧变的直接的，也是根本的原因。以苏联剧变为镜，可以使我们避免重蹈覆辙，在改革开放、建设具有中国特色社会主义的道路上更加自信地前进。

一　戈尔巴乔夫集团背叛马克思主义，背叛社会主义道路是从制造舆论开始的

　　古今中外的历史经验表明，凡是要改变，或是推翻现行的社会制度或

---

　　①　温家宝：《讲真话察实情——同国务院参事和中央文史研究馆馆员座谈时的讲话》，载 2011 年 4 月 18 日《人民日报》。

政权，又无论是通过和平的，或是暴力的方式，都必须先制造舆论，先做意识形态工作。任何阶级、任何集团无一例外。戈尔巴乔夫制造舆论的一个重要手段是通过倡导所谓的"公开性"和"舆论多元化"等口号，实行党的指导思想多元化。

"公开性"口号是在 1986 年 2 月 25 日召开的苏共第 27 次代表大会上正式提出的。大会强调指出："公开性"是打破改革的"阻碍机制的突破口"。1986 年 3 月，戈尔巴乔夫对新闻媒体发表讲话，鼓吹"舆论多元化"。他说："在当今社会发展阶段，我们的报刊可以成为独特的反对派。"应当指出，当时提出的"公开性"和"舆论多元化"还是有一定的政治界限的。其前提是"完善社会主义制度"，加强作为"社会主义政治组织的最高形式和政治体制的核心的苏共的领导作用"。但是不久，这种界限逐渐变得模糊起来，调子也越来越高。在苏共中央 1986 年六月全会上戈尔巴乔夫提出要实行"彻底的公开性"，在 1987 年的一月全会上又说要实行"最大限度的公开性"，强调"苏联社会不应该有不受批评的禁区，这一点也完全适用于舆论工具"[1]。1987 年 7 月，面对在全国各种刊物上出现的大量反对党的领导和社会主义的文章，戈尔巴乔夫鼓励说："让我们的言论多样化一些吧！让全社会都参加"[2]。在 1987 年 11 月发表的《改革与新思维》中，他对此讲得尤为集中，明确要求"让公开性大放光明"[3]。1988 年 1 月，他在会见党的意识形态领域的领导人时甚至说："我们主张毫无保留、毫无限制的公开性"[4]。1988 年 6 月，戈尔巴乔夫在苏共第十九次代表会议上提出："我们肯定意见的多元化，摈弃精神垄断的做法。"[5] 他还说，必须废除过去的"精神垄断"和"意识形态专制主义"，使马克思主义以外各种思想和意见自由存在和传播。很快，"公开性"和"舆论多元化"成了戈尔巴乔夫倡导党的指导思想多元化、搞乱

---

① 《戈尔巴乔夫关于改革的讲话》，人民出版社 1987 年版，第 151、153 页。
② 黄宏、纪玉祥：《原苏联七年"改革"纪实》，红旗出版社 1992 年版，第 56 页。
③ ［苏］米·戈尔巴乔夫：《改革与新思维》，新华出版社 1987 年版，第 88 页。
④ 黄宏、纪玉祥：《原苏联七年"改革"纪实》，红旗出版社 1992 年版，第 72 页。
⑤ ［苏］米·戈尔巴乔夫：《在苏共第十九次全国代表会议闭幕会上的讲话》，见许征帆主编《社会主义论库》（下卷），北京出版社、中国人民大学出版社 1998 年版，第 864 页。

党内外思想、支持和扶植反对派的一个蛊惑人心的口号。

　　为了制造舆论，做意识形态工作，戈尔巴乔夫指示时任党中央宣传部长的亚历山大·雅科夫列夫和分管意识形态的政治局委员瓦季姆·梅德韦杰夫，大批撤换各个主要报刊，包括《共产党人》、《真理报》、《消息报》以及拥有大量读者的《星火》画报的负责人，从而掌控了各大新闻媒体及主要舆论阵地。

　　为了显示"公开性"的实际行动，一些著名的政治犯被平反或释放。1986 年 12 月，戈尔巴乔夫亲自给著名的"持不同政见者"安德列·萨哈罗夫打电话，允许他从流放地高尔基城返回莫斯科，从而使他很快成为全国反共反社会主义的重要领军人物。在"公开性"方针的推动下，在1986—1987 年间，一批过去被禁止的攻击斯大林和苏联社会阴暗面的文学作品和电影得到开禁。雅科夫列夫曾得意地说：格鲁吉亚影片《忏悔》的公映是苏联"意识形态崩溃的开始"。戈尔巴乔夫在他的回忆录中承认，这些作品的公开出版和放映是经他本人点头的。他还充满感慨地说："真可惜，在大学时代竟然没能读到这一切！"[1] 大批文学作品的开禁在当时被称为继赫鲁晓夫的"解冻"以后的"第二次解冻"。需要指出的是，当年赫鲁晓夫搞"解冻"时，心里多少有点矛盾，担心引起局面失控，从而危及自己的地位。[2] 因此在 1957 年年初和 1961 年年底曾两次刹车。[3] 当然，严重的后果已经酿成。可是戈尔巴乔夫的做法不同，非但没有刹车，反而不断加速。足见失控和混乱的局面正是他所需要的。

　　"公开性"和"舆论多元化"不仅使一批被禁的作品纷纷出笼，而且引发了一股历史虚无主义思潮。1987 年 2 月戈尔巴乔夫提出的在苏联的"历史和文学中都不应有被忘却的名字和空白点"[4] 使自由派的政论家和历史学家大受鼓舞。

　　在历史虚无主义的滚滚浊流推动下，各种反共反社会主义分子，包括流亡在国外的文化人，在报刊上发表大量文章，追随赫鲁晓夫"秘密报

---

① 《戈尔巴乔夫回忆录》（全译本）上册，社会科学文献出版社 2003 年版，第 378 页。
② 参见《赫鲁晓夫回忆录：最后的遗言》，东方出版社 1988 年版，第 138 页。
③ 参见陈之骅主编《苏联史纲（1953—1964）》，人民出版社 1996 年版，第 314、315 页。
④ 王正泉、姚渭玉：《苏联东欧大事记》，中国人民大学出版社 1990 年版，第 28 页。

告"的论调，集中攻击斯大林与所谓的"斯大林主义"。批判规模之大，涉及问题之广，使得赫鲁晓夫时期对斯大林的批判相形见绌。发生在 20 世纪 30 年代的"大清洗"运动，是历史虚无主义者攻击的主要目标。他们毫无根据地夸张受害者的人数。他们跟着西方反共反苏学者的论调，说被迫害致死者有 2000 万—2500 万人，甚至还更多。不少人还进而诋毁、诽谤列宁和十月革命，甚至污蔑列宁是德国情报机关的"奸细"。对由"公开性"和"舆论多元化"导致的历史虚无主义，苏联科学院院士、前《真理报》总编辑维克托·阿法纳西耶夫沉痛地说："鞭打死尸（从真正死尸的意义上说的和鞭打政治死尸——现在已不在位者），这并不是什么公开性。对'耸人听闻'消息、对'热点'问题的热衷，往往导致凭空臆造、无中生有、断章取义，而这则是对我国人民和党的造谣诬陷。"① 著名历史学家罗·麦德维杰夫在苏联剧变以后的一次谈话中说："公开性""为各种言论的出现开辟了道路，但所有新出现的言论都是针对苏共、针对苏联历史及戈尔巴乔夫本人的。苏共用自己的舆论阵地为各种反共、反社会主义势力提供了论坛。"②

为了进一步推动"舆论多元化"，1990 年 6 月 12 日，戈尔巴乔夫以总统名义批准《新闻出版法》，宣布"新闻自由"，"不允许垄断任何一种舆论工具"，国家机关、政党、社会组织宗教团体以及年满 18 岁的公民"都有权利创办舆论工具"③。同年 7 月 15 日，戈尔巴乔夫又发布关于电视和广播的总统令，规定国家电视和广播事业"独立于政治和社会组织"，不允许任何政党进行垄断④。这是戈尔巴乔夫以"公开性"和"舆论多元化"为幌子，主动放弃苏共在政治上和意识形态领域的领导地位迈出的重大一步。

俄文"公开性"一词从其本意来说是有积极意义的。在日文中译为"资讯公开"，也就是我们今天所说的"透明度"或"知情权"。列宁当年

① ［苏］维·阿法纳西耶夫：《真理报总编辑沉浮录》，东方出版社 1993 年版，第 160 页。
② ［俄］罗·麦德维杰夫：2002 年 1 月 31 日的一次谈话，转引自李慎明主编《居安思危——苏共亡党 20 年的思考》，社会科学文献出版社 2011 年版，第 103 页。
③ 黄宏、纪玉祥主编：《原苏联七年"改革"纪实》，红旗出版社 1992 年版，第 321 页。
④ 同上书，第 345 页。

曾多次使用过"公开性"这个词，目的是让劳动人民充分了解党和政府的各项方针、政策和实际活动，让党和政府更好地了解群众的意见和呼声，从而加强党群关系，改进工作。这是社会主义民主的一种表现。但是"公开性"不可能，也不应该是无限的，其前提是必须对革命事业有利，对人民群众有利。列宁在提到"公开性"时从不认为，公开性是绝对的、没有限度的。仅举一例证明：1921 年 5 月下旬，俄共（布）举行第十次全国代表会议。当时新闻界为了报道会议的情况，致信会议主席团，请求准许他们使用会议发言的速记记录。5 月 26 日列宁在这封信上给中央书记莫洛托夫作了如下批示："依我看，务必指定一名专人做责任编辑，由他负责仔细整理发言，加以压缩，删掉一切不完全适合公开发表的部分。"①

戈尔巴乔夫鼓吹"公开性"和"舆论多元化"，以"人民应该知道一切，自行判断一切"为掩护，实质是让各种错误思潮任意泛滥，煽动人们否定历史上很多不应该否定的问题，从而为各种攻击共产党和社会主义制度的言论大开绿灯。他还以"反对教条主义地解释马克思主义"为借口，倡导党的指导思想多元化。他宣布"坚决放弃意识形态的垄断主义"，实质是否定马克思列宁主义作为党的唯一指导思想。

其实，所谓"公开性"、"舆论多元化"，只不过是反社会主义的"公开性"和反社会主义的"舆论多元化"而已。在尼娜·安德列耶娃的著名文章《我们不能放弃原则》在《苏维埃俄罗斯报》发表后，戈尔巴乔夫立即指示媒体进行"严肃而有原则的答复"，② 并称安德列耶娃的文章为"反对改革的行动纲领"③。于是《真理报》发表了由雅科夫列夫修改定稿的题为《改革的原则：思维和行动的革命性》的编辑部文章，对安德列耶娃进行了猛烈的反击。其他一些报刊也跟着调子对安德列耶娃进行围攻。这就充分暴露了所谓"公开性"和"舆论多元化"的真实面目。

---

① 《列宁全集》第 50 卷，人民出版社 1988 年版，第 369—370 页。
② 《戈尔巴乔夫回忆录》（全译本）上册，社会科学文献出版社 2003 年版，第 456 页。
③ 同上书，第 453 页。

二　戈尔巴乔夫集团对马克思主义和社会主义道路的关键性背叛是制定一条篡改党的指导思想和奋斗目标的政治路线——"人道的民主的社会主义"

"人道的民主的社会主义"的口号是在 1988 年 6 月举行的苏共第 19 次代表会议上第一次正式提出的。在此之前，苏共一直把 1986 年 27 大制定的"有计划地完善社会主义"作为改革的基本方针。现在的提法发生了重大的变化。尽管这一思想在代表会议上还来不及作出系统的阐发，但是转折的端倪已明显可见。西方舆论在评论这次会议时敏感地指出：会议提出的改革目标是要对苏联的共产主义大厦从根本上进行翻修。这次会议是戈尔巴乔夫改革向改制转折的开始。

1989 年 11 月，戈尔巴乔夫发表的题为《社会主义思想与革命性变革》的文章，是他思想蜕变过程中的一个重要的、明显的标志。文章说："社会主义思想，据我们今天的理解，首先是自由的思想"，"而且是指这样的自由，它依据人的理智，依据关于在同其他人相处中具有个人权利的人道主义观念"，所以"社会主义是一般民主的和全人类的理想和价值观的体现者和捍卫者"。文章在谈到改革时说，"如果说在初期我们认为这基本上指的只是纠正社会机制的部分扭曲现象"，"那么，现在我们说，必须根本改造我们的整个社会大厦：从经济基础到上层建筑"。"我们可以有完全根据地说，我们正在建设的不仅是人道的社会主义，而且是民主的社会主义。"文章第一次正面肯定了资产阶级的"三权分立"学说，要求引进资本主义国家的议会民主制度。文章还认为"资本主义所有制的性质发生了重大变化"，并表示要充分研究和运用社会民主党的"丰富的、多方面的经验"①。目击了苏共亡党和苏联解体的美国前驻苏联大使马特洛克在他的回忆录中说："我读了这篇文章，戈尔巴乔夫自 1987 年十月革命周年讲话和《改革》一书发表的两年来，思想变化之大深深打动了我。文章一方面仍表示坚持'社会主义'，但另一方面，戈尔巴乔夫把这个词的内涵做

---

① ［苏］米·戈尔巴乔夫：《社会主义思想与革命性变革》，《苏联东欧问题译丛》1990 年第 1 期。

了新的界定，其内容与其说是属于列宁和斯大林的'社会主义'，毋宁说更接近于西方的社会民主。"①

　　在 1999 年举行的二月、三月两次苏共中央全会上，在戈尔巴乔夫的推动下，通过了准备向党的 28 大提交的《走向人道的民主的社会主义》的纲领草案和《苏共党章》草案。在这两个文件中，删去了过去有关文件中所有折中和含糊的提法，明确提出了"结束意识形态垄断"、确立"政治多元化"、"多党制"、"议会民主制"等原则，宣布"改革的实质是从集权官僚制向人道的民主的社会主义过渡"。

　　1990 年 7 月，在苏共第 28 次代表大会上通过了《走向人道的民主的社会主义》的纲领性声明。这标志着"人道的民主的社会主义"政治路线在苏共党内最终确立。从此，苏共不仅放弃了改革的社会主义方向，而且改变了党的指导思想和奋斗目标。

　　"人道的民主的社会主义"是以伯恩斯坦思想为代表的第二国际修正主义的当代变种，是赫鲁晓夫在苏共 20 大、22 大上提出的主要理论观点，包括"全民党"、"全民国家"和"一切为了人，一切为了人的幸福！"等思想的继承和发展，与当代欧洲各国社会党主张的"社会民主主义"或"民主社会主义"是同一种东西。

　　"人道的民主的社会主义"与科学社会主义有着根本的不同。科学社会主义以马克思主义基本原理为唯一指导思想，是马克思主义的一个组成部分。它以推翻资本主义制度，建立社会主义社会为奋斗目标。科学社会主义认为，社会主义取代资本主义是历史发展的必然。尽管在发展进程中会出现反复和曲折，但最终的趋势不会改变。科学社会主义还认为，推翻资本主义、建设社会主义的任务是无产阶级通过其先锋队共产党，联合广大人民群众来实现的。共产党是按照民主集中制原则建立起来的，是社会主义革命和建设事业的核心和领导力量。

　　社会民主主义（或民主社会主义）主张指导思想多元化。它把资产阶级人道主义、伦理思想、西方古典哲学、基督教教义等不同甚至对立的思想体系都作为自己的思想来源。它不以推翻资本主义制度，建立社会主

---

① ［美］小杰克·F. 马特洛克：《苏联解体亲历记》，世界知识出版社 1996 年版，第 335 页。

社会为己任，而是把在资本主义框架内，通过社会改良，以实现抽象的自由、公正、人道和纯粹民主等价值观作为奋斗目标。它不承认社会主义将取代资本主义；相反，认为资本主义是永恒的。当代社会民主党是由社会各阶层人士组成的松散的共同体和议会党，虽然也关注工人运动，但以中产阶级为主要依靠力量，以争取更多的选民，以便在议会中发挥作用。

戈尔巴乔夫无论从世界观，或是从政治信仰上说，都是一个社会民主主义者。对此他本人并不讳言。不过在推行"改革"初期，他没有公开说过。据苏联原克格勃主席克留奇科夫透露，戈尔巴乔夫在和雅科夫列夫的一次私人谈话中说过"内心里感到自己是一个社会民主党人"。① 在"改革"后期，他不止一次地对社会民主党表示肯定。例如 1990 年在《未来世界与社会主义》一文中写道："今天，在社会党人和共产党人之间，从前使他们分裂的鸿沟已不复存在，……在人道的和民主的价值观的基础上不仅政治立场还有世界观方面的立场都相互接近了。"② 苏联剧变以后他开始公开承认自己是社会民主党人。1999 年，戈尔巴乔夫组织成立俄罗斯统一社会民主党并自任该党主席。2000 年 11 月该党又与俄罗斯十多个社会党、社会民主党合并，成立新的统一社会民主党。戈尔巴乔夫继续担任该党领袖。由此可以证明，戈尔巴乔夫在"改革"伊始就已经心中有数要朝哪个方向走了。他在苏联剧变后坦言："在改革那几年我们就想使苏联共产党成为社会民主党。当时已经起草了预定召开的苏共第二十九次代表大会的相应计划。但是，叛乱以及叶利钦采取的实际上禁止苏共活动的政策使得这次代表大会无法举行。"③

苏共亡党和苏联解体的教训证明：民主社会主义不能救苏联。在资本主义国家实施民主社会主义，最多只能进行某些社会改良，不能改变资本主义制度；而在社会主义国家实施民主社会主义，只能搞垮共产党和社会主义制度，复辟资本主义。

---

① ［俄］安·格拉乔夫：《戈尔巴乔夫之谜》，中央编译出版社 2005 年版，第 202 页。
② 参见黄宏、纪玉祥主编《原苏联七年"改革"纪实》，红旗出版社 1992 年版，第 291 页。
③ ［俄］戈尔巴乔夫、斯拉文：《尚未结束的历史》，中央编译出版社 2003 年版，第 157 页。

三　戈尔巴乔夫集团对马克思主义和社会主义道路的决定性背叛是自动放弃党对国家的领导，推行资本主义的多党制

　　亚·尼·雅科夫列夫说：早在 1985 年 12 月，他就给戈尔巴乔夫写信，明确提出要通过"公开性"等手段，结束苏共的一党专政，在苏联实现两党制，轮流坐庄。雅科夫列夫写道："信中我力图论证把苏共分成两个党的必要性，甚至这是无上的命令。这样，两个党就可以构成民主竞争的局面，在这条路上，它们会自我更新，通过民主选举互换执政地位。"① 雅科夫列夫接着说：当时戈尔巴乔夫对此颇感兴趣，但认为现在"为时过早了些"；不过在戈尔巴乔夫此后的改革中"信里所讲的很多东西逐渐被采纳"②。

　　"人道的民主的社会主义"政治路线在党内最终确立以后，资产阶级多党制和议会民主制正式成为党的行动指导方针。作为放弃党的领导的第一步是在第 19 次党代表会议上提出"一切政权归苏维埃"的口号。这本是列宁在 1917 年二月革命以后提出的革命口号。当时国内出现了"两个政权并存"局面，一个是工兵代表苏维埃，一个是资产阶级临时政府。提出并争取实现这一口号，意味着号召工兵代表苏维埃从临时政府手中夺权。戈尔巴乔夫搬出当年列宁的口号，是把国家的领导中心从党向苏维埃转移的一种障眼法。另外，戈尔巴乔夫提出"一切政权归苏维埃"的口号明显地是以解决当时政治体制中存在着党政不分、以党代政的问题为名，行放弃党的领导之实。戈尔巴乔夫在其回忆录中一语道破了这一"改革"的实质："如果想简要地说明政治改革的意思，它是怎样构思的，又是怎样实施的，可以说，就是把权力从独家操纵的共产党手中交到宪法本应属于通过自由选举产生的人民代表的苏维埃手里。"③ 尽管从这次会议的文件

　　① ［俄］亚·尼·雅科夫列夫：《一杯苦酒——俄罗斯的布尔什维主义和改革运动》，新华出版社 1999 年版，第 177 页。

　　② 同上书，第 183 页。

　　③ 《戈尔巴乔夫回忆录》（全译本），上册，社会科学文献出版社 2003 年版，第 506 页。

上看，苏共还不准备立即实行多党制，但已经迈出了第一步。

第19次代表会议以后，苏共立即采取了一系列所谓"一切政权归苏维埃"的实际行动。在党的1988年七月全会和八月全会上，对中央和地方党的机构进行了重大的改组，把原来苏共中央20多个部级机构削减到9个。问题当然不在于机构的减少，其实质在于取消和放弃了党对国家机关的组织领导关系。党只通过自己的思想政治影响和在国家机关工作的党员贯彻自己的路线和政策。

在1989年5月举行的苏联第一次人民代表大会上，以萨哈罗夫为首的反对派正式提出要求取消苏联宪法第6条。该提案虽然没有被列入议程，但是由于苏共自己提出"一切政权归苏维埃"并采取了相应的行动，因而对反对派的反击显得十分软弱。在1989年12月举行的苏联第二次人民代表大会上，萨哈罗夫再次提出上述提案，虽然被否决，但戈尔巴乔夫已经招架无力。他在大会上的报告中说，共产党要以行动来表明自己的先锋队作用，而不是依靠法律条文，还说什么列宁主持制定的苏联宪法中并没有这样的内容，等等。1990年1月13日，戈尔巴乔夫在立陶宛共产党积极分子大会上的讲话中说："如果多党制产生并符合社会利益的话，我看不是悲剧。"① 总之，在党内外的不断压力下，戈尔巴乔夫在实行多党制的问题上一步一步地对反对派退让。

据前面提到的马特洛克大使透露，早在1989年，戈尔巴乔夫就伙同雅可夫列夫和谢瓦尔德纳泽"就结束共产党合法的独裁专政问题，试图得到政治局的支持，但没有成功"②。

苏共中央1990年二月全会是推行多党制过程中的一次重要会议。"民主派"代表极力主张实行多党制。叶利钦在发言中说：必须"从坚持一党制的党，过渡到允许多党制并准备在政党和社会组织法的基础上同其他政党共同行动的党"③。戈尔巴乔夫对"民主派"的这种叫嚣最终采取了迎合的态度。他在会上的报告中说，党的地位"不应当通过宪法来强行合法

① 转引自唐修哲、孙润玉《克里姆林宫易主纪实》，新华出版社1993年版，第144页。

② ［美］小杰克·F. 马特洛克：《苏联解体亲历记》，世界知识出版社1996年版，第364页。

③ 《苏共中央二月全会（1990年2月5—7日）文件选编》，世界知识出版社1990年版，第87页。

化。不言而喻，苏共要为取得执政党地位而斗争，但是这要严格在民主程序范围内进行，放弃任何法律上和政治上的优先权"①，从而明确表达了要修改苏联宪法，取消宪法第 6 条中关于苏联共产党的领导地位规定的思想。在全会上通过的苏共中央提交党的 28 大的行动纲领草案《走向人道的民主的社会主义》中明确指出："党认为必须通过立法动议程序，把涉及国家根本法第 6 条的有关建议提交苏联人民代表大会。"②

根据 1990 年二月全会的精神，苏共中央 1990 年三月全会通过了《就政治体制问题（苏联宪法第 6 条和第 7 条）对苏联宪法进行修改和补充的建议》，并决定将其提交第三次苏联人民代表大会审议。

1990 年 3 月举行的第三次苏联人民代表大会根据苏共中央的建议，通过了《关于设立总统职位和苏联宪法（基本法）修改补充法》，决定"设立苏维埃社会主义共和国联盟总统职位"，同时还决定从宪法序文中删去"共产党——全体人民的先锋队的领导作用增强了"的表述，并将第 6 条由"苏联共产党是苏联社会的领导力量和指导力量及其政治制度、国家和社会的核心"改为"苏联共产党、其他政党以及工会、共青团、其他社会团体和群众运动通过自己选入人民代表苏维埃的代表并以其他形式参加制定苏维埃国家的政策、管理国家和社会事务"③，从而在法律上取消了苏共对国家和社会的领导地位。这就意味着戈尔巴乔夫将推行西方的多党制。这一变化在国内外引起了很大的震动。例如一位德国学者指出："这是对列宁主义最重要的原则的一个决定性的背叛。"④ 原《真理报》主编、俄罗斯国家杜马前主席根·尼·谢列兹尼奥夫在苏联剧变 20 年后深为感慨地说："宪法第 6 条被取消了。这就像一座大厦被抽掉了顶梁柱一样，抽掉以后大厦立即就倒塌了。"⑤ 这短短的两句话是当今俄罗斯人民对 20 年

---

　　① 《苏共中央二月全会（1990 年 2 月 5—7 日）文件选编》，世界知识出版社 1990 年版，第 4 页。

　　② 同上书，第 42 页。

　　③ 《苏联问题资料》，东方出版社 1990 年版，第 493—494 页。

　　④ 阿·布赫霍尔茨：《马克思主义的没落：苏联意识形态和觉悟的变化》，转引自李慎明主编《居安思危——苏共亡党 20 年的思考》，社会科学文献出版社 2011 年版，第 107 页。

　　⑤ 根·尼·谢列兹尼奥夫 2011 年 9 月接受中国社会科学院课题组采访时的谈话，材料已由该课题组存档。

前发生的苏联剧变具有代表性的反思。

　　20 年弹指一挥间。今天，世界社会主义运动在受到严重挫折以后已经开始逐渐复兴。世界社会主义运动，特别是现实社会主义国家的执政党，由于吸取了苏共亡党和苏联解体的教训正变得更为坚强、更为自信。中国特色的社会主义事业的蓬勃发展和辉煌成就充分证明了这一点。正如邓小平 1992 年所预见的那样："社会主义经历一个长过程发展后必然代替资本主义。这是社会历史发展不可逆转的总趋势，但道路是曲折的……一些国家出现严重曲折，社会主义好像被削弱了，但人民经受锻炼，从中吸取教训，将促使社会主义向着更加健康的方向发展。"①

（原载《中国社会科学》2011 年第 6 期）

---

① 《邓小平文选》第 3 卷，人民出版社 1993 年版，第 382—383 页。

从苏共亡党的教训看《共产党宣言》的
当代价值

今年 8 月是马克思恩格斯的光辉著作《共产党宣言》第一个中文全译本在上海问世 90 周年。它的出版极大地促进了马克思主义在中国的传播，有力地推动了中国共产党的诞生，深刻地影响了中国社会的历史走向。

《共产党宣言》是科学社会主义的第一个纲领性文献。160 多年来，在《宣言》思想的指引下，世界各国的科学社会主义运动取得了巨大的进展，从根本上改变了资本主义一统天下的局面。1917 年俄国十月革命的胜利和 1949 年中国革命的胜利是两个重大的标志性事件。中国改革开放取得的举世瞩目的成就和中国特色社会主义建设的凯歌行进，特别彰显了《共产党宣言》阐明的基本理论所产生的巨大物质力量和它与时俱进的当代价值。

当然，在世界社会主义运动的历史进程中也出现过严重的曲折。1991 年发生的苏共亡党和苏联解体事件是这种曲折的突出表现。一个有着 93 年历史的强大的苏联共产党和一个有着 73 年历史的世界上第一个社会主义国家，竟然在一夜之间黯然消失。苏共亡党的沉痛教训从反面向全世界马克思主义者昭示了《共产党宣言》的基本观点的当代价值。

《共产党宣言》（以下简称《宣言》）的一个核心内容是阶级斗争思想。《宣言》明确指出，自原始社会瓦解以来"一切社会的历史都是阶级斗争的历史"。历史证明，社会主义制度取代资本主义制度和资本主义制度取代封建制度一样，是通过阶级斗争实现的。那么在无产阶级取得了政权以后的苏联，是否还继续存在阶级斗争？列宁和斯大林的回答是肯定的。特别是斯大林，他不断告诫全党要十分注意社会主义条件下的阶级斗争。众所周知，斯大林的阶级斗争理论是有严重缺陷的。其主要表现是他的"随着社会主义建设的胜利阶级斗争将越来越尖锐"的错误观点，以及由此造成的在实践中的阶级斗争扩大化。但是，作为一个坚定的马克思主义者，斯大林在强调阶级斗争问题上的大方向是正确的。

斯大林逝世以后，赫鲁晓夫借口批判斯大林的"个人崇拜"和"大清洗"运动，大肆宣扬阶级斗争熄灭论。他无视苏联还存在反共反社会主义分子和重大的贪污盗窃罪犯的实际情况，也无视西方国家不择手段对苏联推行和平演变的事实，竭力鼓吹说，"在苏联已经没有敌对的阶级和阶层"，"资本主义在苏联复辟的危险已经没有了。社会主义不仅取得了完全的胜利，而且取得了彻底的胜利"。在阶级斗争熄灭论的基础上，赫鲁晓夫提出了所谓"全民党"、"全民国家"的理论，从而削弱了无产阶级专政和党的领导。戈尔巴乔夫执政以后，完全抛弃了阶级斗争和无产阶级专政。他继承了赫鲁晓夫的理论，同时宣扬"无条件的民主"，把民主与专政对立起来。当国内敌对势力发动大规模反共反社会主义的"街头政治"，甚至采取反革命暴力行动的时候，当国外敌对势力肆无忌惮地对苏共和苏联进行分化、西化活动的时候，戈尔巴乔夫却听之任之；并声称："我不能接受下述建议和意见，即我们需要专政，只有某种专政才能拯救我们。"他认为，"全民的法制国家排除任何一个阶级的专政"。其实，任何国家都是阶级统治的工具，都是对统治阶级实行民主，而对敌对阶级实行专政，不存在没有专政的国家。排除无产阶级专政必然是建立资产阶级专政。在这种情况下，苏共和苏联便不可能不遭到灭顶之灾。

《共产党宣言》作为世界上第一个无产阶级政党的纲领，阐明了党的性质、指导思想和奋斗目标。其中着重指出：共产党的最近目标是"使无产阶级形成为阶级，推翻资产阶级统治，由无产阶级夺取政权"，"过去的一切运动都是少数人的或者为少数人谋利益的运动，无产阶级的运动是绝大多数人的、为绝大多数人谋利益的运动"，"共产党人是各国工人政党中最坚决、始终推动运动前进的部分"，从而明确地指出了共产党的无产阶级性质和共产党人的先进性。这一原则思想至今仍是不可动摇的。可是，赫鲁晓夫在苏共 22 大《关于苏联共产党纲领》的报告中声称："作为工人阶级政党而产生的我们的马克思列宁主义的党，成了全体人民的党。"这是与《共产党宣言》的思想背道而驰的。"全民党"完全否定了党的无产阶级性质，同时也否定了共产党的阶级性和共产党人的先进性，把他们等同于其他政党和一般的老百姓。我们知道，任何政党都是一定阶级的代表，所以不可能有全民的党。我们说共产党既代表了无产阶级的根本利益，又代表了最广大的人民的根本利益。这并不否定共产党是无产阶级的政党，是无产阶级的先锋队。恰好相反，这正说明了共产党的阶级性和共产党人的先进性。所以，赫鲁晓夫的"全民党"，只能是一个虚假的概念和一种欺骗。

　　戈尔巴乔夫继承了赫鲁晓夫的衣钵，而且走得比赫鲁晓夫更远。1990年苏共二月全会通过的《行动纲领草案》中说，苏共是"自治的社会政治组织的最高形式"。苏共28大通过的苏共党纲中又说，苏共是"按自治原则联合苏联公民的政治组织"。戈尔巴乔夫的目的是要把苏共改造为社会民主党式的议会党。从此，《共产党宣言》所宣告的共产党的无产阶级性质和共产党人的先进性便荡然无存。其实，即使这样，戈尔巴乔夫也是口是心非。他的真正目标是通过他的"改革"把苏共变成一个为极少数人谋取私利的工具。这就难怪当戈尔巴乔夫宣布苏共"自动解散"时，广大普通党员中竟然没有一个人起来反对，而采取了漠不关心的态度。

　　《共产党宣言》从历史唯物主义的一个重要原理出发明确指出："思想的历史除了证明精神生产随着物质生产的改造而改造，还证明了什么呢？任何一个时代的统治思想始终不过是统治阶级的思想。"这就是说，共产党在取得政权以后必然也必须以无产阶级的意识形态，也即科学社会主义理论为自己一切行为的指导思想。这和《宣言》中"两个决裂"的思想，即共产主义革命不仅是同传统的所有制关系实行最彻底的决裂，而且是同传统的观念形态实行最彻底的决裂是一致的，不管我们对后者作怎样不同的理解。

　　苏共在其历史的很长一段时期都是明确地以马克思主义基本原理作为唯一的指导思想的，因而在社会主义革命和建设中取得了重大的成就。可是戈尔巴乔夫执政以后，通过倡导指导思想"多元化"、鼓吹"反对精神垄断"等手段，完全抛弃了党的这一正确的指导思想，代之以所谓的"人道的民主的社会主义"。他把资产阶级的自由、平等、博爱、公正等概念奉为圭臬，称之为"全人类共同的世界观"。"人道的民主的社会主义"是第二国际修正主义者的社会民主主义理论的翻版。社会民主主义是一种资产阶级思潮，与《宣言》在第三部分中批判的形形色色的"社会主义"基本上是一路货色，是科学社会主义必须与之严格划清界限的。戈尔巴乔夫取消了马克思主义的指导，在意识形态领域解除了苏共的武装，同时又任凭包括新自由主义、民主社会主义、伦理社会主义、历史虚无主义在内的各种资产阶级思潮自由泛滥。这样，苏共亡党也就在劫难逃了。

苏共亡党的原因是多种的，其中最重要的一条是苏共领导人对马克思主义基本原理的背弃，也包括对马克思主义重要的经典著作《共产党宣言》提出的基本理论和原则的背弃。我们在总结苏共亡党的教训时，这一点是非常值得注意的。

《共产党宣言》发表至今已经 160 多年了，它的第一个中文全译本在中国问世也已经整整 90 年了。在这段时间里，世界和中国的面貌都发生了深刻的变化。与此相适应的是马克思主义和科学社会主义理论，特别是马克思主义的中国化，也有了很大的发展。因此，我们对《共产党宣言》所揭示的重要思想的理解和吸取，无疑地也应采取实事求是的态度，而不能把它们看作一成不变的教条。关于这一点，马克思、恩格斯早在《宣言》1872 年德文版序言中就已经指出（恩格斯在 1888 年英文版序言中又重申）：对于《宣言》基本原理的实际运用"随时随地都要以当时的历史条件为转移"。但是，更为重要的是《宣言》的基本立场，它的基本理论和原则至今丝毫没有过时，它们依然闪耀着熠熠的光辉。苏共亡党的教训从反面证明了《共产党宣言》的光辉思想重要的现实意义和当代价值。

当然，苏共亡党和苏联解体只是世界社会主义运动史上的一个重大挫折。它没有也不可能改变《共产党宣言》提出的"两个必然"，即资本主义必然灭亡、社会主义必然胜利的科学结论，也不可能动摇全世界的无产者和中国人民的社会主义和共产主义的理想和信念。

（原载《中国社会科学报》2010 年 8 月 17 日第 3 版）

结盟—对抗—战略协作伙伴

——中俄关系的历史回顾

　　根据胡锦涛主席与普京总统的共同商定，今明两年将先后在中国和俄罗斯举办"国家年"。规模宏大的"俄罗斯年"已于 2006 年 3 月 21 日在两国元首的亲自主持下在北京拉开帷幕。互办"国家年"是中俄两国关系史上的创举。在这个重要时刻，回顾半个多世纪以来两国关系走过的曲折历程，我们深切地感到当前是中俄关系的最佳时期。

　　20 世纪的 50 年代，是两国结盟时期中关系最好的 10 年。

　　早在中华人民共和国成立之前，毛泽东在 1949 年 6 月 30 日发表的《论人民民主专政》一文中就已经指出，新中国将实行"一边倒"的外交方针，表示了新中国将坚定地站在以苏联为首的社会主义阵营一边。这是毛泽东和中国共产党人在总结历史经验基础上提出的。他写道："一边倒，是孙中山的四十年经验和共产党的二十八年经验教给我们的，深知欲达到胜利和巩固胜利必须一边倒。积四十年和二十八年的经验，中国人民不是倒向帝国主义一边，就是倒向社会主义一边，绝无例外。骑墙是不行的，第三条道路是没有的。"①

　　"一边倒"方针是从当时整个国际战略态势下作出的必要而正确的选择。它首先和主要是出于巩固革命胜利成果和国家安全的需要。在当时苏、美两大阵营尖锐对立和以美国为首的帝国主义阵营对新中国极端仇视的国际形势下，不采取"一边倒"的方针新中国就难以生存与发展。"一边倒"还向全世界表明，中国将坚定地走以马克思列宁主义、毛泽东思想

---

　　① 《毛泽东选集》四卷本，第 1362 页。

为指导的社会主义发展道路。另外，明确提出这一方针也有利于消除当时的苏联领导人在一定程度上存在的在新中国究竟对苏联抱什么态度问题上的疑虑。但是，需要指出的是："'一边倒'决不意味着事事都依从别国，跟着别国的指挥棒转，更不是去作附属国。恰恰相反，它是以维护国家主权和民族独立为前提的。"① 中苏结盟从中国方面来说正是"一边倒"方针的具体体现和成功实践。

1950 年 2 月 14 日，中苏两国签订了具有重大历史意义的《中苏友好同盟互助条约》。条约于同年 4 月 11 日生效，有效期 30 年。这是新中国成立以后与外国签订的第一个建立在平等基础上的条约。当然，在今天来看，这种平等也是相对的。由于两国国力不同、发展阶段不同、国际地位和影响不同，苏联必然是"老大哥"，中国必然是"小兄弟"。从这个意义上说，两国在客观上不可能是完全平等的。不过总的来说，这是一个建立在平等基础上的结盟条约。

条约规定："缔约国双方保证共同尽力采取一切必要的措施，以期制止日本或其他直接间接在侵略行为上与日本相勾结的任何国家之重新侵略与破坏和平。一旦缔约国任何一方受到日本或与日本同盟的国家之侵袭，因而处于战争状态时，缔约国另一方即尽其全力给予军事及其他援助。"条约还规定："双方保证以友好合作的精神，并遵照平等、互利、互相尊重国家主权与领土完整及不干涉对方内政的原则，发展和巩固中苏两国之间的经济与文化联系，彼此给予一切可能的经济援助，并进行必要的经济合作。"

《中苏友好同盟互助条约》的签订标志着两国建立了正式的结盟关系。正如毛泽东在两个月以后所说："这次缔结的中苏条约和协定，使中苏两大国家的友谊用法律形式固定下来，使得我们有了一个可靠的盟国，这样就便利我们放手进行国内建设和共同对付可能的帝国主义侵略，争取世界和平。"②

---

① 《毛泽东传（1949—1976）》上册，中央文献出版社 2003 年版，第 57 页。
② 毛泽东 1950 年 4 月 11 日在中央人民政府委员会第六次会议上的讲话，《建国以来毛泽东文稿》第 1 册，中央文献出版社 1987 年版，第 290 页。

条约签订以后的最初 10 年，两国关系发展良好，无论在政治、经济、军事、科技、文教等领域的合作，或是在外交和国际舞台上的配合，都取得了很大的成果。这种合作主要表现在苏联对中国的慷慨援助上。继 1950 年签订的苏联给予中国 3 亿美元贷款协定之后，又于 1954 年签订了苏联给予中国 1.3 亿美元长期贷款协定。特别要提到的是在中国进行第一个五年计划期间苏联为中国援建了 156 个大型项目。它们为中国工业，特别是重工业的发展奠定了重要的基础。对此，中国人民永远不会忘记。

应当指出，条约规定的援助是相互的。中国进行的抗美援朝战争，实际上也保卫了苏联的安全。在苏联向中国提供各种工业设备和各种技术资料的同时，中国也向苏联提供各种传统商品和大量有色及稀有金属以及其他方面的有关资料和图纸。赫鲁晓夫 1954 年访华时在回答毛泽东对苏联的无私援助表示感谢时，曾经友好而坦率地说："不，不能说是无私的，而应当说是有私的。援助中国实际上也是帮助我们自己。中国强大起来就是对我们最大的支持。"①

人们把 20 世纪 50 年代称作中苏"蜜月时期"。尽管在 50 年代末期，两国之间的分歧与矛盾已经出现。这既表现在意识形态方面，也表现在一些具体问题上。不过双方都基本上没有把它们公诸于众，而且它们还没有构成当时两国关系的主流。

从 20 世纪 60 年代开始至 70 年代末的大约 20 年间，两国之间的矛盾与分歧日益发展，关系不断恶化。其特点是意识形态方面的分歧继续扩大，而且发展到了国家关系上。1960 年 7 月，苏联方面突然单方面决定撤走全部在华的 1390 名专家，撕毁了 300 多份专家合同，终止了 200 多个科技合作项目，使中国的经济建设受到严重影响，也在很大程度上伤害了中国人民的自尊心。

进入 60 年代中期以后，双方的意识形态分歧进一步加深，敌对情绪加重，还发生了边界争端。苏联政府在中国边境和蒙古境内驻军由 60 年代上半期的 10 个师增加到 54 个师，总数达到了 100 万人，部署的导弹占苏联全部导弹的 1/3，耗资约 2000 亿卢布。中国政府也加强了边境防御，

---

① 《新中国外交风云》第 2 辑，世界知识出版社 1991 年版，第 10 页。

耗费了大量的军力、人力和财力。军事对峙甚至酿成边境武装冲突。与此同时，两国之间的经济、政治、文教等各方面的合作几乎中断，贸易往来也急剧减少：贸易额在 1970 年仅为 4200 万卢布，从 1971 年开始回升，但一直到 1982 年，也只是在 1.4 亿至 3.4 亿卢布之间徘徊。① 两国关系已完全转变为对抗关系。有鉴于此，1979 年 4 月 3 日，中国第五届全国人大常委会会议通过决议指出，由于《中苏友好同盟互助条约》早已名存实亡，决定在 1980 年 4 月 11 日期满后不再延长。20 年的对抗使两国和两国人民蒙受了巨大的损失。

今天我们研究中苏关系的历史，应该重在总结和吸取历史教训。中苏两党、两国的对抗的教训表明：第一，处理两国关系时不能以意识形态的异同作为标准，而是要以国家的利益，包括安全利益和发展利益，为首要出发点。其中一个重要的原则是平等互利，和平共处，共同发展，既要考虑自己的利益，又要尊重对方的利益，不能为了维护和强化本国的利益而损害对方的利益，不能搞霸权，更不能炫耀武力。第二，在任何时候都不能把意识形态方面的分歧扩大到国家关系上去。第三，在处理意识形态问题时，不应将自己的观点强加给对方，不能搞"老子天下第一"的大国、大党沙文主义。对不同的意识形态可以采取相互尊重的方式进行交流、交融，当然也可以交锋，做到求同存异。其实，意识形态在不同的国家里，在任何时候都不可能是完全一致的，即使在社会主义国家里也是一样。在苏联和中国，即使在 50 年代的结盟时期，大家都以马克思列宁主义和无产阶级国际主义为指导，但由于两国的历史情况、民族特性、文化传统、社会经济发展程度和国际地位等方面的不同，在意识形态方面也是有差异的。另外，尽管当时在意识形态领域的主流是一致的，但在结盟的背后也存在着国家利益的问题。

80 年代是中苏关系实现正常化的时期。这一进程虽然缓慢，但却是持续的。这是因为在这一时期，国际形势和两国的国内情况都发生了比较大的变化，因而都需要调整对外政策。1981 年下半年，中国开始向苏联发出

---

① 参见［苏］《对外贸易》1986 年第 3 期、1987 年第 3 期。转引自徐葵主编《苏联概览》，中国社会科学出版社 1989 年版，第 392、393 页。

改善关系的信息。1982 年 3 月 24 日，勃列日涅夫在塔什干的讲话中承认"在中国存在着社会主义制度"和苏联不支持"两个中国的概念"，并表示准备与中国就边界问题和改善关系的措施进行谈判。10 月 5 日，两国在北京开始了第一轮副外长级磋商。1982 年勃列日涅夫逝世，特别是 1985 年戈尔巴乔夫上台以后，两国加快了改善关系的步伐。贸易开始回升，高层人员来往也不断增加。几年来，经过双方的不懈努力，影响两国关系的"三大障碍"得到了解决。1989 年 5 月 16 日，邓小平与戈尔巴乔夫在北京举行了历史性的会见，两国关系终于实现了正常化。在这一过程中，特别应当指出邓小平的重要贡献。他提出的"结束过去，开辟未来"的思想充分反映了他的睿智和高瞻远瞩。

实现中苏关系正常化的动因，从中国方面来说，一是由于实行改革开放和社会主义现代化建设需要一个和平稳定的国际环境，与苏联这样一个有着 7000 多公里边界的强大邻国不能长期处于相互隔绝和对立状态；二是通过总结"文化大革命"的历史教训，对建设社会主义的理论与实践，以及对苏联的国家性质产生了一些新的看法；三是国内广大干部和人民群众存在已久的对苏联友好情结的不断推动。从苏联方面来说，一是 80 年代初期以来，里根政府推行的对苏全面遏制方针使苏、美关系趋于紧张，改善对华关系可以避免两面受敌；二是苏联在国外到处扩张的政策遭到国内外日益增多的批评；三是庞大的军费支出使得趋于停滞的苏联国民经济不堪重负。

苏联解体以后，中俄两国很快在 1991 年 12 月 27 日达成协议：中国承认俄罗斯联邦是苏联国际法地位的继承者；中俄双方确认 1989 年和 1991 年两个《联合公报》中规定的原则仍是两国关系的指导原则，从而顺利地实现了由中苏关系向中俄关系的过渡。

从这个时候起，两国关系进入了一个全新的时期。在 20 世纪的最后 10 年里，两国关系出现了跨越性的发展。从 1992—1996 年，中俄关系接连提升了三个台阶：由 1992 年的双方"相互视为友好国家"到 1994 年的"睦邻友好、互利合作的建设性伙伴关系"，再到"面向 21 世纪的平等互信的战略协作伙伴关系"。这种战略协作伙伴关系的确立，使两国关系进入了一个全新的阶段。应当指出叶利钦在这一发展过程中所起的积极作用。他早在俄国政府正在推行向西方一边倒的外交路线的时候，就已经清醒地看到了东方，特别是中国的重要性。1992 年 1 月 31 日，他在纽约会见李鹏总理时说：俄罗斯十分重视同中国的关系，在经济方面要同中国进行全面合作，俄罗斯要尽快批准已经签署的东段边境协定，俄罗斯的对华政策将不受西方的影响。① 此后，俄罗斯对发展与中国的友好关系一直持积极态度。今天，我们无论对这位俄罗斯前总统执政期间的政绩作何种评价，对他在发展中俄关系方面的贡献是应当予以肯定的。

普京继任俄联邦总统以后，中俄关系继续深入发展。2001 年 7 月 17 日在江泽民主席访俄期间，两国元首签署了具有历史意义的《中俄睦邻友好合作条约》（以下简称《条约》）。《条约》在总结历史经验的基础上，概括了中俄关系的主要原则，将两国和两国人民"世代友好，永不为敌"和发展长期的战略协作伙伴关系的思想，以法律形式固定下来。这个《条约》与 1950 年的《中苏友好互助同盟条约》的根本不同之处是：它不是建立在意识形态基础之上，而是建立在两国的根本利益与"和平共处"五项原则，以及不结盟、不对抗、不针对第三国的基础之上的。这反映了时代的变化，也反映了"冷战"结束以后国际关系中的一种全新理念。《条约》是 21 世纪发展中俄关系的纲领性文件。它标志着两国的战略协作伙伴关系进入了成熟和稳定的发展阶段。

《中俄睦邻友好合作条约》签订五年来，两国关系取得了高水平的发展。现在，两国高层交往频繁，各个级别的定期会晤机制运转良好，2005 年又启动了两国国家安全磋商机制和两国议会首脑会晤机制，开辟了高层战略对话的新渠道。2006 年，两国元首已举行了四次会晤。这些活动使得两国的政治互信不断提高。在有关国家主权、安全和领土完整问题上双方相互支持。在经贸、军事、科技、文教等领域的合作范围不断扩大和深化。双边贸易额逐年高速增长，五年来从 2001 年的 100 亿美元增加到了 2005 年的 291 亿美元，年均增长率超过了 30%。估计到 2006 年年底将达到 350 亿美元。两国的能源合作进展顺利。关于俄国东部输油管道将优先

---

① 参见海运、李静杰主编《叶利钦时代的俄罗斯》（外交卷），人民出版社 2001 年版，第 196 页。

通往中国的问题双方已达成共识。2005 年 8 月，两国成功地举行了首次联合军事演习。2005 年两国还联合举办了"中俄青年友谊年"，增进了两国青年的相互了解与友谊。2004 年 10 月，两国元首批准了《〈中俄睦邻友好合作条约〉实施纲要（2005—2008）》，还签署了《关于中俄国界东段的补充协定》。在国际事务领域，五年来，双方在推动世界多极化、反对单边主义和反对各种形式的恐怖主义等方面进行了密切的合作，同时在包括联合国改革、上海合作组织建设和朝核问题会谈在内的一系列重大国际问题上进行了有效的协调与配合。以上情况表明，深化和发展两国的战略协作伙伴关系，不仅符合两国和两国人民的根本利益，而且有利于促进世界的和平、稳定与发展。

目前，两国关系的发展正面临着前所未有的历史机遇。这表现在以下一些方面：

第一，2006 年 6 月 2 日，双方互换了《中俄国界东段的补充协定》的批准书，从法律上彻底解决了历史遗留的两国边界问题，从而消除了深入发展两国关系的一个重要障碍。如果说在此前俄国有些人对中国会不会搞所谓的"领土扩张"问题还抱有疑虑的话，那么现在这个问题应该已经不复存在了。据俄罗斯一家民调中心 2006 年 4 月的一份材料指出，俄国人民"对中国好感加强的趋势在最近一年变得尤为明显……许多人把中国看作是同西方抗衡时可以依赖的力量"。[①]

第二，随着两国人民相互了解的加深，边境移民管理的改善，所谓的"中国威胁论"的势头已有所遏止。我们高兴地看到一些原来怀有所谓"中国威胁论"的人，在了解了很多真实情况，特别是访问了中国以后，放弃了这种思想。

第三，人们时常谈到的两国关系中的一些不平衡现象，如经济滞后于政治、地方滞后于中央、民间滞后于政府等，目前正在消除。两国经济合作已经进入"快车道"，2005 年贸易额达到了创纪录的 291 亿美元，较上年增长 37%，其增幅为中国与主要贸易伙伴之首。如果按这种势头发展下去，到 2010 年实现 600 亿—800 亿美元的目标是完全可能的。地方滞后于

---

① 参见［俄］《生意人报》，《被围困的堡垒》2006 年 5 月 10 日。

中央的情况也在发生变化。中国政府正在实施西部大开发和振兴东北老工业基地，俄罗斯政府也制定了开发远东和西伯利亚的战略计划。这为双方加强地区合作提供了良好契机。据普京总统透露："目前俄罗斯联邦有60多个地区参加对华合作项目，还有更多的地区希望加入。俄罗斯中部和南部地区的积极性也很高。"① 此外，两国的民间交流，包括文化、传媒、旅游领域的合作的潜力也正在不断扩大。

我们完全有理由相信：通过 2005—2006 年在两国轮流举办"国家年"，中俄战略协作伙伴关系必将再次提升到一个更高的发展水平。

（2006 年 6 月在北京举行的第一届中俄社会科学问题论坛上的发言，原载《中国国际友谊》第 6 卷，文物出版社 2007 年版）

---

① 普京：《在中俄经济工商界高峰论坛开幕式上的讲话》（2006 年 3 月 22 日），《人民日报》2006 年 3 月 23 日。

恢复中苏学术交流之破冰之旅

——忆陪同翁独健先生访问苏联

1982 年 3 月 24 日，苏联最高领导人勃列日涅夫在苏联乌兹别克加盟共和国首都塔什干发表了一个讲话，其中用很大的篇幅谈到了苏中关系。他说苏联愿与中国就双方都可以接受的改善两国关系的措施达成协议，包括在经济、科学、文化和政治方面恢复交流。他承认"在中国存在着社会主义制度"，并强调苏联过去和现在都承认中国对台湾的主权，反对"两个中国"的概念。这是苏联最高领导人在两国关系冻结了近 20 年后作出的一个可以说是最友好的讲话。两天以后，我国外交部发言人钱其琛对此发表了评论，指出，"在中苏关系和国际事务中，我们重视的是苏联的实际行动"。

我和翁独健先生便是在这种背景下出访苏联的。中国社会科学院民族研究所副所长翁独健研究员，是我国老一辈著名的蒙元史专家，早年毕业于燕京大学，1938 年获美国哈佛大学博士学位，在国内外学术界享有很高的声誉。他是联合国教科文组织主持的一个国际性重大科研项目——多卷本《中亚文明史》国际编委会成员。当时的编委会会议定于 1982 年 4 月初在苏联塔吉克加盟共和国首都杜尚别召开。同时举行关于中亚古代文明（主要是新石器时期的农业作物）问题的国际学术研讨会。对于翁先生是否可以应邀访苏的问题，院里一开始曾经有过犹豫，因为当时中苏关系还没有正常化，两国学者互访已基本中断。后来是主管外事工作的宦乡副院长拍板。他明确认为，翁先生不仅可以去，而且应该去。因为这项活动是联合国教科文组织和国际中亚文化协会主持的（翁先生是该协会的执行局成员），尽管苏联是东道主，但不是中苏两国的双边活动。另外，可以利用这次机会与苏联学者进行接触，重建友谊，同时了解一些他们对恢复两国学术交流，进而逐步实现国家关系正常化的态度。

一　塔吉克之行

我们于 4 月 4 日搭中国民航班机去莫斯科，下榻在苏联科学院宾馆，由苏联科学院外事局社会主义国家处负责接待。6 日凌晨坐苏联国内班机飞杜尚别。8—10 日，研讨会在塔吉克加盟共和国计委礼堂举行。翁先生在主席台前排就座，我被安排在台下第一排，但比较靠边。会议开幕式由联合国教科文组织的代表河野主持。在研讨会上发言的有巴基斯坦、匈牙利、英国、法国、阿富汗、蒙古、印度、苏联等国研究中亚历史和考古的著名学者。

一开始遇到的是翻译问题。会议安排了同声传译，有俄、英、汉三种工作语言。汉语译员是从莫斯科来的几位苏联汉学家，主要是曾在北京大学留过学的莫斯科大学亚非学院汉语教授华克生（Д. Н. Воскренсенский）先生和苏联科学院民族研究所研究员刘克甫（В. М. Крюков）先生。他们翻译得很吃力，我们听起来也相当费劲。休会时他们特意来找我们诉苦，说会上的发言专业性很强，很难翻译，不想再翻译了。但会务组认为，中文是联合国的官方文字之一，会议设汉语翻译是理所当然，也是对中国代表的尊重；只有在中国代表自己提出取消中文翻译时，才可予以考虑。翁先生当即表示这不成问题，因为我们参加的是学术会议，不是官方的外事活动。我们决定向会议正式提出取消汉语翻译，并表示这不会影响我们听取会上的发言，因为翁先生可以听英语翻译，而我听俄语。莫斯科的几位汉学家对我们这种通情达理的友好态度很是赞赏。他们顿时如释重负，连连向我们道谢。

会议开幕前，塔吉克加盟共和国科学院院长、苏联科学院通讯院士、《中亚文明史》国际学术委员会主席穆罕默德·阿西莫夫会见了我们。会见的安排比较微妙。先由阿西莫夫的一位助手找我私下说："阿西莫夫院长今天有点时间，想见一见翁教授，你认为有没有这种可能？"我们觉得阿西莫夫虽然是苏共中央委员和苏联最高苏维埃代表，但他不是以党政官员而是以学者的身份会见我们，应该是可以接受的。在我给这位助手回话以后，很快就举行了会见。

阿西莫夫是位哲学家，一个典型的学者型官僚。他热情中带着严肃，彬彬有礼地和我们谈话。他首先说最近他们共和国遇到了不幸：共和国共产党中央第一书记贾巴尔·拉苏洛夫于4月4日逝世。因为很多人忙于治丧，以致我们的会议不得不推迟一天开幕。他讲了好些赞扬拉苏洛夫的话。接着他把话题转到了农业生产，说现在共和国全境正在开展春耕春播，集体农庄的积极性都很高，预计将会有一个好收成。随后阿西莫夫才提到勃列日涅夫新近在塔什干的讲话，并表示苏联希望与中国逐步实现关系正常化。我们没有说多少话，只是笼统地表示希望加强两国学术交流和增加两国学者的友好交往。翁先生还表示，与苏联学者一起参加多卷本《中亚文明史》的编写是两国学者相互了解和学习的一个好机会。

会议期间，会务组安排与会者参观了著名的努列克水电站。它位于杜尚别东南60多公里处的瓦赫河上，是苏联中亚地区规模最大的水电站，在全苏联也是数得上的。塔吉克人都以此为自豪。会务组还举行了一次酒会，共叙友谊。酒会上，好几位莫斯科来的汉学家争着与翁先生聊天，几乎把翁先生团团围住了。我发现，阿西莫夫院长在酒会上主要陪同两个人：一个是联合国教科文组织的代表河野先生；另一个是一位阿富汗学者。众所周知，1979年苏联军队入侵阿富汗，我国对此进行了强烈的谴责，并因此于1980年初搁置了关于两国关系的谈判。突然，这位阿富汗人过来向我举起了酒杯，说了一些对中国表示友好的话。我一时有点不知所措，在情急之中只说了一句话："为世界和平而干杯！"

二　小住莫斯科

会议结束后我们返回莫斯科，住在我国驻苏使馆招待所。在莫斯科，苏联科学院院士齐赫文斯基以苏中友好协会第一副主席的身份在友好之家会见了我们。齐赫文斯基虽然已过了花甲之年，但神采奕奕，谈锋甚健。这是我第一次与这位苏联汉学界的泰斗、著名的历史学家和社会活动家见面。在中苏论战期间，他写了一些批评我们的文章，但在会见时完全若无其事。他用流利的汉语和我们交谈。谈话的主题是友好。他说近年来苏中友协的工作一直没有停顿过。他抱怨中国没有邀请苏联学者参加上年在武汉举行的辛亥革命70周年国际学术讨论会，说"你们邀请了那么多外国学者与会，可是就不邀请苏联学者。众所周知，苏联对辛亥革命的研究水平是很高的"。他同时表示，中苏两国人民的传统友谊是永恒的，特别是两国都是社会主义国家，没有理由不友好。最后他送给我们一本厚厚的书——苏美两国学者合编的《苏美关系文件集》（第一卷）作为纪念，他是该书编委会的苏方成员。

在莫斯科期间，刘克甫教授夫妇以个人的名义邀请我们去他们家里做客。夫人黄淑英女士是中国人，莫斯科大学亚非学院的汉语教授。黄淑英教授准备了一桌丰盛的中餐款待我们。她亲切地对翁先生说，她在北京上中学时就知道翁先生的名字，当时翁先生是北京市教育局局长，曾致力于发展首都的中小学教育事业，这使她很钦佩。陪客有华克生教授等人。苏联汉学家们都很希望能尽早恢复两国学术交流。我们也表示了同样的心情和愿望。

在莫斯科期间，苏方建议我们去列宁格勒作一次短暂的访问，还特别提到我可以乘此机会去母校列宁格勒大学看看，并说已经联系好由列宁格勒的苏中友协组织负责接待。这对我来说是一个求之不得的机会。我自1959年从列宁格勒大学历史系毕业后，不仅没有再去过这个度过了五年难忘岁月的美丽城市，而且近20年来完全中断了与苏联友人的联系。我们请示了使馆。使馆回答说，既然苏方主动提出，可以前往，但按我们内部规定必须二人同行。翁先生身体不好，行动困难，本想在使馆休息几天，但是为了让我能去列宁格勒，毫不犹豫地表示愿意同行。对此我当然很感激。可是第二天，苏方突然来告诉我们说，苏联外交部要求中国使馆出一个公函，提出两名中国学者希望去列宁格勒访问，这样我们才可以成行。但使馆拒绝出这样的公函。后来苏方退了一步，说不给公函也行，只要使馆给苏方打个电话提出这件事，他们作一个电话记录便可以了。可是使馆仍然拒绝。于是，我们的列宁格勒之行就此告吹。这可以说是我们整个访问期间发生的唯一的一个不和谐的音符。它不禁使我们感到，要实现两国关系正常化还有很长的路要走。

　　我们这次出访是勃列日涅夫在塔什干发出改善两国关系的信号后，中国学者第一次访问苏联，因而颇受境外媒体的关注，也引起了一些猜测。中国香港报纸以"翁独健访苏"的醒目标题发表了相关消息便是一例。现在看来，中国社会科学院领导当时之所以同意和派遣我们出访是有考虑的，而我们也认真完成了这次"首航"。不过它至今仍然鲜为人知。我国有关中苏关系史的著述中对此均只字未提。笔者想就此引起我国中苏关系史的研究者注意这一历史资料，同时借此纪念德高望重的翁独健先生。

（原载《中国社会科学报》2010 年 11 月 25 日第 16 版）

苏共最高领导人新旧交替情况及其特点

在苏联存在的 74 年时间里，苏联最高领导人共有七人：列宁、斯大林、赫鲁晓夫、勃列日涅夫、安德罗波夫、契尔年科和戈尔巴乔夫，相应地共有六次新旧交替。交替的情况大致如下：

1. 1922 年 3—4 月，俄共召开第 11 次代表大会，列宁在会上作了工作报告。4 月 3 日，新一届中央全会决定设立中央委员会总书记的职位。斯大林当选为总书记。当时总书记的主要工作是领导书记处，处理党的日常事务，不具有党的第一把手的地位，而且作为党的最高领导人的列宁虽已患病，但还在世。但是，斯大林开始利用这一职务，逐步扩大自己的权力。1922 年 12 月—1923 年 1 月，列宁在病中口授了一封给党的应届代表大会的信。信中对党的几位主要领导人逐一进行了评论。列宁称斯大林是党中央的一位"杰出领袖"，同时又说他粗暴，不够耐心、不够谦虚，而且不大关心同志。列宁说，"斯大林同志当了总书记，掌握了无限权力，他能不能永远十分谨慎地使用这一权力，我没有把握"，因此建议免去斯大林的总书记职务。1923 年 4 月，俄共召开第 12 次代表大会，列宁因病未能出席，他的上述信件也没有在会上公开。大会再次选举斯大林为总书记。1924 年 1 月 21 日列宁逝世。5 月 21 日，党中央举行紧急全会，会上宣读了列宁的上述信件，斯大林当即提出辞呈。但以季诺维也夫和加米涅夫为首的一些领导人不同意，认为这段时间以来，列宁信中担心的"关于我们的总书记和中央委员会分裂的危险并没有发生"。全会以 30 票对 10 票通过决议，建议党的 13 大选举斯大林继续担任总书记。5 月 23 日，党的 13 大开幕，大会一致选举斯大林继续担任中央委员会总书记。

2. 1953 年 3 月，身兼苏联党、政两个最高职务的领导人斯大林逝世。次日，苏共中央、苏联最高苏维埃、苏联部长会议举行联席会议，通过决议任命马林科夫为苏联部长会议主席。斯大林和列宁一样，生前没有明确指定接班人。不过，在五个月前，1952年10月举行的苏共第19次代表大会上，做工作报告的不是通常的党的第一把手，即斯大林，而是中央书记处书记马林科夫。这当然不是偶然的，至少说明了斯大林对他的信任和重视。在大会上，马林科夫和赫鲁晓夫都当选为苏共中央主席团（由中央政治局改组而成）委员。1953年9月，苏共中央举行全体会议，选举赫鲁晓夫为苏共中央第一书记。

3. 1964年10月14日，苏共中央委员会举行全体会议。中央主席团委员苏斯洛夫作报告，列举了赫鲁晓夫在内外政策方面所犯的各种错误，特别指出了他在工农业生产和管理以及以生产原则改组党组织等方面的改革中的唯意志论错误和由此造成的严重后果。会议经过表决一致同意赫鲁晓夫"自愿"辞去苏共中央主席团委员、苏共中央第一书记和苏联部长会议主席的职务，同时选举勃列日涅夫担任苏共中央第一书记。次日，苏联最高苏维埃主席团解除了赫鲁晓夫苏联部长会议主席的职务，同时任命部长会议第一副主席柯西金担任此职。

在这次中央全会召开之前，中央主席团先后举行了两次会议。前一次是背着赫鲁晓夫开的，当时他正在外地休假。在会上，以勃列日涅夫为首的大部分主席团委员为密谋推翻赫鲁晓夫作了最后部署。后一次会议是由赫鲁晓夫本人主持的。主席团委员们以突然袭击的方式，对赫鲁晓夫进行了激烈的指责和批评，迫使赫鲁晓夫同意"自愿退休"。赫鲁晓夫一开始时作了一些反驳，但最后还是屈服了，并在事先为他准备好的辞职声明上签了字。主席团会议通过了一项决议，指出赫鲁晓夫的主要问题是没有遵守集体领导的原则和接受中央委员会的批评，"在实际实现苏共20、21和22大决议所制订的路线中犯了一系列重大错误"，为此，根据他的"年龄和健康状况"和"本人所作的声明"，"决定解除他中央第一书记，中央主席团委员和苏联部长会议主席的职务"。

4. 1982年11月10日，勃列日涅夫逝世。次日，政治局举行会议决定了接班人选。12日，苏共中央举行非常全体会议。中央政治局委员契尔年科受政治局委托，建议选举政治局委员安德罗波夫为苏共中央总书记，他说，安德罗波夫谦虚、热情、尊重其他同志的意见，支持集体领导。与会者一致表示同意。安德罗波夫作了讲话，高度评价已故总书记，并且表示将继续执行党制定的内外政策路线。

5. 1984 年 2 月 9 日，安德罗波夫逝世。13 日，苏共中央举行非常全体会议，一致选举中央政治局委员契尔年科为苏共中央总书记。

6. 1985 年 3 月，苏共中央总书记契尔年科因病逝世。次日，苏共中央委员会举行非常全体会议。会议根据苏共中央政治局委员葛罗米柯的提议，一致选举苏共中央政治局委员戈尔巴乔夫为苏共中央总书记。

苏联最高领导人的新旧交替有以下几个基本特点：

第一，最高领导人执政实际上是终身制（实际上是因为在党章、宪法或其他正式文件中都没有相应的规定），只在他去世以后才进行新旧交替，因此无所谓任期。每次党的代表大会上都要进行最高领导人换届选举，而召开代表大会的间隔时间在各个时期并不一样。在列宁执政时期，基本上每年召开一次。在赫鲁晓夫、勃列日涅夫、戈尔巴乔夫执政时期，基本上每五年召开一次。在斯大林长达 29 年的执政期间，由于种种主客观原因，两次党代会的间隔时间为两年、三年、四年、五年不等，最长一次间隔了十三年。在党代会上进行换届选举时，第一把手都是连选连任，其他领导成员政治局委员（或主席团委员）一般只作个别或很少的更换。在勃列日涅夫时期是最典型的。史料显示，1981 年苏共 26 大选出的中央政治局和中央书记处成员，是 1976 年 25 大的原班人马。1965—1984 年，大部分政治局委员的任期达 15 年以上。最高领导人执政的终身制造成领导班子严重老化。80 年代初，政治局委员的平均年龄为 70 岁。这也必然使最高领导班子在年龄上不可能形成梯队。

苏联最高领导人职务终身制只有赫鲁晓夫是唯一例外。他是被迫下台的。应当承认，采取这种方式来更换党和政府最高领导人是很不正常的，难怪一些历史学家把它称之为一场"宫廷政变"。但是同样应当承认，勃列日涅夫及其一班人之所以能够如此容易地迫使赫鲁晓夫就范也不是偶然的。赫鲁晓夫执政 11 年来犯了不少错误。尽管他在内外政策上提出了一些值得重视的新思路，并采取了一些改革措施，但由于指导思想上违背了马克思主义的基本原理和实践中的唯意志论色彩，改革非但没有取得成效，反而使国内的政治、经济出现很大困难，特别是引起了党内外的思想混乱和资产阶级自由化思潮抬头。广大干部和群众对此非常不满。勃列日涅夫正是利用了这一点才成为苏联最高领导人。

第二，苏联最高领导人在世时一般都不指定身后的接班人，列宁特别反对这一点。接班人是在领导人去世之后由最高领导集团（或其中的少数人）一起讨论决定或暗箱操作，然后在一定范围内（一般是党中央委员全体会议），以选举的形式予以确认。这样产生的接班人，往往是各方面权力平衡的结果，或是某一些领导人的推荐占了上风的结果，完全不是经过一定时间的培养、考察和锻炼出来的。至于选举，也只是走走程序而已。在这种情况下，接班人在各方面是否符合最高领导人的条件便无法加以全面的考虑。最为明显的是安德罗波夫和契尔年科的上台。他们都是在非常仓促和没有准备的情况下出任最高领导人的。安德罗波夫虽然有较强的领导能力，群众中的威信也较高，但他的健康状况很不好。据苏联解密医疗档案显示，他很早就有肾功能不全症，自 20 世纪 70 年代末起，又先后患有高血压、心脏病、动脉粥样硬化、糖尿病、结肠炎、关节炎、痛风等多种疾病。就任不久，多年的肾病加重，于 1984 年 2 月去世，在位仅 15 个月，终年 69 岁。至于契尔年科，更是一个临时决定的最高领导人。他的理论水平和实际领导能力都很平庸，就任时已经 73 岁高龄，在位仅 13 个月就去世。

第三，新任最高领导人上台后，在其领导地位还未巩固的情况下，一般都强调要实行"集体领导"（实际上是与领导集团中的几个人适当分权）。因为这个口号能争取到大部分干部和群众的拥护和支持。然后，新领导人便不断扩大自己的权力，同时通过不同形式的夺权斗争，最后掌握全部权力。

这种党内斗争，以斯大林执政初期最为激烈。如前所述，列宁对斯大林作为自己接班人是有所保留的。但由于斯大林的能力和在党内外的影响与威望，以及多数领导人的支持，他还是在列宁去世以后召开的中央全会上以明显的多数票被推荐为总书记，并在紧接着举行的党代表大会上顺利当选。斯大林上台后，首先扳倒了最主要的政敌托洛茨基，接着又经过激烈和复杂的斗争，先后排除了其他政敌季诺维也夫、加米涅夫和布哈林等人。这一系列党内斗争前后延续了大约五年之久。在斗争过程中，不可否认有路线分歧问题，但权力斗争的成分是十分明显的，其中造成的冤假错案，数十年后才得以平反。差不多到了 1929 年，斯大林的最高领导人地位才最终确立。

赫鲁晓夫上台之初的党内斗争也相当激烈。斯大林从 1941 年起就兼任苏联部长会议主席。他既是党的第一把手，又是政府首脑，而在党内外和他本人更重视后者。3 月 7 日，《真理报》公布了苏联党中央、部长会议和最高苏维埃主席团联席会议的决议：马林科夫被任命为苏联部长会议主席，贝利亚、莫洛托夫、布尔加宁和卡冈诺维奇四人为第一副主席。赫鲁晓夫为由 10 人组成的党中央主席团的委员，排位第五，专门负责党务。所以在斯大林去世后的短时间内，接替斯大林的苏联最高领导人是马林科夫。马林科夫表现得很谦虚，再三强调要实行"集体领导"。当领导层中一位元老在一次会上称他为"斯大林的接班人"时，他立即郑重地说："我们大家都是接班人，斯大林同志没有唯一的接班人。" 1953 年 9 月，赫鲁晓夫当选为总书记。为了掌握最高权力，他首先必须排除权力很大、并与马林科夫关系密切的贝利亚以及马林科夫。1953 年 7 月，赫鲁晓夫与马林科夫等联手（尽管后者在行动中并不坚决），以"反党反国家"的罪名清除了贝利亚。此后，在赫鲁晓夫的策动下，终于在 1955 年 2 月，以"忽视发展重工业"和与"列宁格勒案件"有牵连为由，解除了马林科夫部长会议主席和党中央主席团主席的职务，同时任命其为苏联电力部部长，并在名义上保留了中央主席团委员和部长会议副主席。但是权力斗争并没有就此结束。直到 1957 年 6 月清除了所谓的"马林科夫、卡冈诺维奇、莫洛托夫反党集团"以后，赫鲁晓夫才完全掌握了权力，真正成为斯大林之后的苏联最高领导人。

在勃列日涅夫和戈尔巴乔夫上台初期，党内斗争相对比较缓和。勃列日涅夫一开始也特别强调"集体领导"，并声称赫鲁晓夫之所以失败，原因之一就是违反了这一原则，实行个人专断。当时，在政治局内形成了由勃列日涅夫、部长会议主席柯西金和最高苏维埃主席团主席波德戈尔内组成的所谓"三驾马车"。但勃列日涅夫不断扩大自己的权力。没有多久，"三驾马车"开始瓦解。勃列日涅夫取代波德戈尔内兼任了最高苏维埃主席团主席，柯西金的实权也不断被削弱，勃列日涅夫最终独揽了全国党政军大权。

第四，国家元首（最高苏维埃主席）和政府领导人（部长会议主席）的职务并不是终身制，不过没有固定和明确的任期，经过一段时间，或是在一定情况下可以更换，程序同样也只是走走形式。党的最高领导人有时兼任国家或政府的领导人。即使不兼，政府领导人也没有多少决策权，而最高苏维埃主席只是一个名誉上的职务而已。

（原载《人民论坛》2013 年 4 月）

一脉相承,与时俱进

——学习习近平同志有关社会主义发展阶段重要论述的体会

习近平同志2013年1月5日在新进中央委员会的委员和候补委员学习贯彻党的十八大精神研讨班上的讲话,是一篇重要的历史文献。在这个讲话中,总书记对世界社会主义理论与实践的历史发展进程作了十分精辟的论述。从中可以领会中国特色社会主义既是对马克思、恩格斯开创并制定的科学社会主义基本原则的继承,又是中国人民在新的历史条件下,根据自己长期的革命实践和探索,对科学社会主义的伟大发展。讲话明确指出:"只有社会主义才能救中国,只有中国特色社会主义才能发展中国。这是历史的结论和人民的选择。"总书记的论述思想深邃,逻辑严密,实事求是,语言朴实,不仅提出了一系列新思想和新观点,而且澄清了目前理论界存在的一些错误观点和糊涂思想,是全党和全国人民坚持中国特色社会主义,实现中国梦的强大思想武器。

习近平同志以历史唯物主义的观点和方法论为指导,从六个时间段全方位地、辩证地分析了社会主义思想从提出到现在的历史进程,内容包括空想社会主义产生和发展;马克思、恩格斯创立科学社会主义理论体系;列宁领导十月革命胜利并实践社会主义;苏联模式逐步形成;新中国成立后我们党对社会主义的探索和实践;我们党作出进行改革开放的历史性决策、开创和发展中国特色社会主义。这样的分段具有深刻的理论性和鲜明的历史感。它表明这六个时间段是一脉相承和与时俱进的。这是总书记讲话中的一个十分耀眼的亮点。

1516年,英国人托马斯·莫尔发表了《关于最完美的国家制度和乌托邦新岛的既有益又有趣的全书》（简称《乌托邦》）一书。书中叙述一个虚构的航海家航行到一个称为"乌托邦"的地方的见闻。在那里，社会的基础是财产公有制，人们在经济、政治等各个方面都是平等的。他们没有私有财产。产品实行按需分配，没有商品货币关系。他们每天劳动六小时，穿统一的工作服，在公共食堂就餐。每人轮流到农村劳动两年，每十年调换一次住房。官吏由秘密投票方式选举产生，职位不得世袭。人们在劳动之余从事科学、艺术活动和进行游戏。国家奉行一夫一妻制和宗教自由政策。作者在书中强调指出：私有制是万恶之源。它使"一切最好的东西都落到最坏的人手中，而其余的人都穷困不堪"。因此"只有完全废除私有制度，财富才可以得到平均公正的分配，人类才能有福祉"。莫尔是在历史上第一次提出消灭私有制，建立公有制的思想家。

莫尔通过对"乌托邦"国的社会制度的赞扬，批判了英国新生的资本主义关系，特别是抨击了当时的"圈地运动"，描写了由此给劳动人民带来的痛苦。莫尔对"羊吃人"形象地揭露和批判，成了后来马克思在《资本论》中叙述资本主义原始积累的野蛮方法时所引用的生动素材。但是由于时代的局限，莫尔还不可能理解资本主义兴起的意义和它的历史地位，当然也无法指出实现理想社会的真正途径，因而他的"乌托邦"也只能是一个空想而已。

《乌托邦》一书问世以来，社会主义开始成为人类的一种美好理想。此后的 300 年间，一些国家的先进思想家，包括意大利的康帕内拉、英国的温斯坦莱、法国的摩莱里、马布利等人，不断发出对这种未来社会的向往和追求。直到 19 世纪初，法国人圣西门、傅立叶和英国人欧文三位伟大的"批判的空想社会主义者"，把空想社会主义思潮推到了最高峰。他们怀着对广大劳苦大众的深切同情，对资本主义社会，特别是私有制，进行了尖锐的揭露和批判，呼吁建立一个以公有制为基础的、没有人剥削人的理想社会，描绘了未来社会主义社会的蓝图，甚至设计了具体的实现方案。但是无论如何，由于时代的局限性和思想家们的唯心史观，这种思潮注定只是纯粹的空想。但是这些思想家的学说并不是白费的，他们的优秀成果成了后来马克思、恩格斯所创立的马克思主义和科学社会主义思想的重要来源之一。

　　到了 19 世纪中叶，马克思和恩格斯在资本主义已经有了充分发展，无产阶级已经成为一支独立的政治力量的西欧，经过潜心研究和实际调查，终于创立了科学社会主义的理论，使社会主义从空想变成了科学。这是人类思想史上一个伟大的飞跃。在马克思主义和科学社会主义产生的标志性著作《共产党宣言》中，第一次提出了经典的科学社会主义的基本原则。其主要观点是：社会主义必然取代资本主义；无产阶级革命是无产阶级进行斗争的最高形式；推翻资产阶级统治的斗争必须有无产阶级政党的领导，并建立无产阶级专政；消灭私有制，建立生产资料公有制；对社会生产进行有计划的指导和调节，实行等量劳动领取等量产品的按劳分配增加生产力总量，满足全社会成员的需要；占统治地位的思想只能是统治阶级的思想；通过无产阶级专政和社会主义的高度发展，最终实现消灭阶级、消灭剥削和人的自由而全面发展的共产主义社会。

　　马克思、恩格斯同时还反复强调，要从实际出发预测未来社会，坚决反对教条式预测未来和规定未来社会的具体细节，强调科学社会主义原理的运用随时随地都要以具体的时间地点为转移。

　　在 20 世纪新的历史条件下，列宁根据他对帝国主义的经济、政治特征的研究，突破了马克思、恩格斯先前的理论，提出了社会主义革命可以在资本主义世界的一个薄弱环节，在少数甚至在单独一个资本主义国家首先取得胜利的理论。正是在这一理论指导下，布尔什维克党在资本主义发展相对落后的俄国，领导十月社会主义革命取得了胜利，建立了世界上第一个社会主义国家，把科学社会主义由理论变为现实，接着又对如何在俄国建设社会主义的理论与实践进行了成功的探索。这些都是列宁把马克思主义和科学社会主义时代化和俄国化的结果，是列宁对马克思主义和科学社会主义的继承、发展和创新。这是科学社会主义发展史上一个重要的里程碑。它已经深深镌刻在世界社会主义的史册上。无论它的敌人和各种无知的理论家对十月革命如何否定、怎样歪曲，怎样谩骂，说它"搞早了"、"搞糟了"也好，说它"阻碍了俄国的历史发展进程"和"充其量只是布尔什维克发动的一次成功的政变"也罢，最后即使是 1991 年的苏联解体，都不能抹杀十月革命的历史光辉。

　　列宁在十月革命取得胜利和苏维埃政权建立以后，为在俄国由资本主义向社会主义过渡和开展社会主义建设所设计的蓝图，特别是他制定的新经济政策，也凸显了科学社会主义理论创新和马克思主义俄国化的伟大成果。列宁认为，在经济不发达的俄国，要全面开展社会主义建设，必须经过一个较长的过渡时期，而取代"战时共产主义"的新经济政策正是适应这个时期的基本政策。科学社会主义发展的历史进程表明：马克思主义的时代化和本土化常常是相伴而行的；科学社会主义总是与时俱进的，也就是说总是在与时代特征和本国国情结合中不断发展创新的。列宁主义是19世纪与20世纪之交自由资本主义进入帝国主义时代的马克思主义，同时又是俄国化了的马克思主义。

习近平同志把"苏联模式的逐步形成"列为社会主义思想历史发展进程中又一个时间段，从而明确地表明，"苏联模式"是一种社会主义性质的模式，从而肯定了苏联模式在社会主义史上的地位。这一论断具有重要的理论价值和现实意义。它澄清了国内外学术界一些错误观点。对于那些否认"苏联模式"的科学社会主义性质和体现了科学社会主义的基本原则的种种谬论和糊涂思想，起到了正本清源的作用，也是对近年来国内外甚嚣尘上的历史虚无主义思潮的一个有力的驳斥。

众所周知，苏联模式是在20世纪20年代末和30年代初开始形成的，到30年代中初具规模，此后又逐步丰富完善。苏联模式是在当时苏联的具体条件下实现科学社会主义基本原则的一种探索。因为这一模式的逐步形成是在斯大林执政时期，所以学术界又称之为"斯大林模式"。不过马克思主义者使用这一名词时与大多数西方学者并不一样。后者称呼"斯大林模式"时带有明显的贬义，是与"斯大林主义"这个名词相呼应的。他们的目的是否定它与马克思主义和科学社会主义的关系。所以总书记的讲话的一个重要意义在于和上述观点划清了界限。

苏联模式的基本原则主要是：在政治上的共产党的执政地位和以工人阶级为领导、以工农联盟为基础的苏维埃政权；经济上的生产资料公有制（包括集体所有制）和按劳分配原则；意识形态上的马克思主义指导地位等。它们是科学社会主义基本原则和本质特征的集中体现。这些基本原则与马克思、恩格斯在《共产党宣言》中有关这一问题的经典表述是基本一致的。这正是我们肯定苏联模式的社会主义性质的依据。

　　苏联模式有一个形成和发展过程。在 20 世纪 30—40 年代，也即它形成初期，它所反映的社会主义制度的优越性和发挥的正能量是非常明显的。不然，苏联在这一时期取得的辉煌成就，特别是社会主义基本制度的确立和巩固、国家工业化的实现、反法西斯卫国战争的伟大胜利和战后国民经济的迅速恢复，便是不可想象和无法解释的。苏联模式使得苏联在短短的时间内取得了令西方世界望而生畏的巨大成就。在 1929—1932 年第一个五年计划期间，全国工业总产值年均增长 19.3%，基本形成了现代工业体系；在 1933—1937 年第二个五年计划期间，工业总产值年均增长 17.1%。到 1937 年，苏联的工业生产总值已跃居欧洲第一位和世界第二位。这种"工业化奇迹"与当时主要资本主义国家的经济大萧条形成了鲜明的对照，使社会主义的苏联成为世界经济的一枝独秀，大大提高了社会主义在世界人民心目中的威信，同时也保证了后来反法西斯战争的胜利和战后国民经济的迅速恢复。如果说苏联的全部历史是一个由兴盛、衰落到败亡的过程，那么在 20 世纪 20 年代至 40 年代应该属于苏联的兴盛和繁荣的时期。

　　当然，苏联模式是存在缺陷和弊端的。这些缺陷和弊端，正如习近平同志所指出的：在所有制上实行单一的生产资料公有制，在经济体制上过分严格的指令性计划经济，在发展战略上过分注重以重工业为主和追求外延式粗放增长，在政治上片面强调阶级斗争和无产阶级专政，权力高度集中和民主、法制缺失，以及党政不分、领导干部终身制和个人崇拜盛行，等等。这主要是因为苏联是第一个社会主义国家，而且是在帝国主义层层包围的国际条件下开始进行建设的，没有历史经验可资借鉴，因而对什么是社会主义和怎样建设社会主义的问题仍然需要探索。另外，这种探索也受到俄国的历史文化传统和当时科学社会主义理论发展水平的制约和局限。至于最高领导人的个人品质与作风，应该是第二位的。不过在三四十年代苏联开始崛起时期，上述缺陷和弊端并非主流，而且大都不属于基本制度层面上的问题，是可以通过有效的体制改革得到解决的。问题在于苏联领导人未能做到与时俱进。在战后国民经济恢复以后，特别是进入 50 年代以后，由于不尊重经济规律等问题，苏联模式的弊端日益显露和加重，成为经济社会发展的严重体制障碍，改革已经刻不容缓。可是无论是赫鲁晓夫、还是勃列日涅夫时期，都未能进行及时和正确的改革，从而使苏联模式日趋僵化，为后来的苏联解体埋下了祸根。

从 80 年代初期开始，以戈尔巴乔夫为代表的苏联领导人打着所谓"改革"的旗号，推行"人道的民主的社会主义"路线，背离了马克思主义的正确方向，放弃了《共产党宣言》提出的科学社会主义的基本原则，现实和历史原因相互交织，加上西方"和平演变"策略攻势的强化和推波助澜，终于造成了苏联解体和苏共解散的恶果，使世界社会主义遭受重大的挫折。但是，苏联解体并不等于社会主义的失败。相反，它使全世界的马克思主义者和共产党人通过认真思考苏联模式的经验教训，结合本国的具体情况进行新的探索，进一步发展和创新社会主义的理论与实践。

中国特色的社会主义正是在汲取苏联模式的历史教训，扬弃苏联模式的基础上，在新的历史条件下通过自己的长期探索和实践逐步形成的。这里有一个坚持基本原则和基本制度以及与时俱进的问题。科学社会主义的基本原则是不能变的，但具体的呈现方式和与之有关的理论和实践是可以而且必定要与时俱进的。只有这样，马克思主义才能不断发展创新，社会主义才能不断开拓前进。众所周知，我国在新中国成立初期曾经学习苏联模式的经验，但不久就觉察到了这一模式的局限性，它的不足、错误和缺点，因而毛泽东很早就明确提出要"以苏为鉴"，独立探索。他写的《论十大关系》和《关于正确处理人民内部矛盾的问题》等重要著作就是这种探索的标志。

改革开放以后，邓小平继承并发展了毛泽东思想，在新的历史条件下结合当代中国实际和时代特征，开创了中国特色社会主义并提出了社会主义初级阶段的理论。此后中国特色社会主义理论在实践和探索中又不断丰富和发展。

习近平同志指出的"新中国成立后我们党对社会主义的探索和实践"和"我们党作出进行改革开放的历史性决策、开创和发展中国特色社会主义"，是继"苏联模式的逐步形成"之后的两个重要的时间段，并从历史和现实两个方面对它们进行了全面、具体和深入的论述，其理论价值和现实意义是非常重要的。

第一，从这里可以看到，中国特色社会主义属于马克思恩格斯所创立的科学社会主义的范畴。这是因为它的基本原则没有变化。邓小平同志制定的"四项基本原则"和"一个中心"、"两个基本点"是科学社会主义基本原则的集中体现，和《共产党宣言》中提出的重要原则是完全一致的。据此，习近平同志强调说："中国特色社会主义是社会主义而不是其他什么主义。科学社会主义基本原则不能丢，丢了就不是社会主义。"这就是说，中国特色社会主义不是"民主社会主义"，也不是"人道的民主的社会主义"和其他形形色色所谓的"社会主义"，更不是什么"中国特色的资本主义"。这是对党内外、国内外关心和质疑中国道路的人们的一个明确回应。

第二，习近平总书记强调指出："中国特色社会主义，是科学社会主义理论逻辑和中国社会发展历史逻辑的辩证统一，是根植于中国大地、反映中国人民意愿、适应中国和时代发展进步要求的科学社会主义，是全面建成小康社会、加快推进社会主义现代化、实现中华民族伟大复兴的必由之路。"这一论断具有极其深刻和十分重大的创新意义。中国特色社会主义理论一方面是对 19 世纪中叶发轫于西欧的马克思主义和 20 世纪初期出现在俄国的列宁主义的进一步发展与创新；另一方面是 150 多年来中国人民及其优秀的代表，特别是 90 多年来中国共产党人在我国新的时空条件下求人民解放、谋民族复兴进行长期艰难探索（包括成功的经验与失败的教训）的结果。这两个方面是历史的辩证统一，是马克思主义时代化和中国化的充分体现。由此可见，中国特色社会主义的实质是在坚持马克思主义基本原理和科学社会主义基本原则的基础上，从中国的实际出发，不照抄、照搬别国的经验和模式，走具有中国特色的社会主义道路。

第三，习近平总书记把新中国成立以后我们党领导人民进行社会主义建设划分为改革开放前和改革开放后两个时间段，指出这是两个相互联系又有重大区别的时期，两者不能割裂，更不能对立，并特别强调不能用改革开放后的历史时期否定改革开放前的历史时期，也不能用改革开放前的历史时期否定改革开放后的历史时期。历史事实证明：新中国成立以后的第一个 30 年间，以毛泽东为首的中国共产党第一代领导集体引领全国人民建立和巩固了社会主义基本制度，取得了社会主义建设的伟大成就，为改革开放奠定了思想、物质和制度基础。其间尽管走了一些弯路，但这是探索上出现的挫折和失误，是支流，不是主流。在改革开放以后的 30 多年间，在邓小平开创的中国特色社会主义理论的指引下，我们的国家始终坚持改革开放，并取得了前所未有的发展。这是与前一时期区别的主要表现。但这是在坚持"四项基本原则"前提下进行的。从而既赶上了世界发展的步伐和时代前进的潮流，又坚持了社会主义方向和党的领导，避免了重蹈苏联的覆辙。总之，习近平同志关于"两个阶段"的划分具有很大的新意和针对性，不仅澄清了一些错误思想，明确了一系列过去含含糊糊、说不清楚的，而又存在种种争议的问题，同时进一步诠释了马克思主义和科学社会主义是一脉相承，与时俱进的。

（原载《社科党建》2013 年第 1 期，原题为《讲话具有重要的理论价值和现实意义》）

世界史研究要为现实服务

我们的中华人民共和国诞生三十年了。我国人民走过了战斗的、曲折的道路。我们既经历了赢得伟大胜利、意气风发地勇往直前的欢乐岁月，也经受了严重挫折和巨大灾难的严峻考验。此后，我们的国家终于进入了一个新的历史时期。党和全国人民发出了把工作重点转移到社会主义现代化建设上来的战斗号召。世界史研究如何为社会主义现代化这一伟大战略目标服务的问题，已经摆在我们面前。

在我国，历史科学作为意识形态和社会的上层建筑之一，必须为社会主义经济基础和无产阶级的政治斗争服务。这是绝大多数同志都赞成的。但如何服务，仍然是一个迫切需要深入探讨，并有待于在实践中摸索前进，逐步给予解决的问题。前一时期史学界盛行的实用主义的影射史学，不仅严重摧残和损害了世界史的研究工作，给人们的思想造成了很大的混乱，至今还有不少流毒需要肃清。今天，党中央已经提出了一系列发展科学文化的正确方针和政策。我们应当进一步解放思想，开动机器，认真研究并总结新中国成立以来的历史经验，从中吸取教训，使世界史研究更好、更有效地为社会主义现代化建设服务。本文试图就这一问题谈几点肤浅的看法，向世界史工作者同行和广大读者请教。

一　正确理解和执行"古为今用"、
"洋为中用"的方针

"古为今用"、"洋为中用"是毛泽东同志一贯倡导的学习和研究一切古代和外国文化的基本方针，因而也是学习、研究世界史的基本方针。今天，我们讲"古为今用"、"洋为中用"就是说世界史研究要为社会主义现代化建设所用。应该看到，实现中国式的、社会主义的现代化，是一项十分艰巨的事业，不仅需要有冲天的干劲，而且需要有高度的探索和创新精神。实现社会主义现代化过程中会出现大量的新情况、新问题。一切学科，如果不想成为锁在象牙之塔里的供品，或是成为少数人自我欣赏的玩物，就必须从各自的研究对象出发，努力去研究解决这些新情况、新问题。这是当前最重要的研究任务。卓有成效地完成这方面的研究任务，是党和人民对世界史研究工作者的殷切期望，也是我们义不容辞的光荣职责。

但是，这是不是说世界史只能研究直接与现实有关的问题，而别的问题都不能研究了呢，当然不是。如果那样便是把研究课题和研究目的混为一谈，是对"古为今用"、"洋为中用"方针的狭隘理解。在这方面我们是有经验教训的。多年来，我们有些同志曾经片面地认为，只有研究直接配合当时的政治运动和国内外阶级斗争的题目，才算是"古为今用"和"洋为中用"。这样做的结果是把世界史研究的范围划得很狭窄，把一部丰富多彩的世界史仅仅看成是政治史，而忽视了社会经济史、科技发展史和思想文化史等；而政治史其实也只是研究人民斗争史，而忽视了政治制度史、政党史等。这样就不可能对世界史真正进行科学的研究，总结它的发展规律，同时也挫伤了一部分世界史工作者的积极性。这些倾向在20世纪60年代中期以前就已存在。这是由于我们马克思主义水平不高，研究世界史的基础比较薄弱，再加上受到国内整个政治形势的影响和国外史学研究中的一些条条框框所造成的。

实用主义和影射史学的鼓吹者和推行者对历史任意剪裁和捏造。对"古为今用"和"洋为中用"方针的任意歪曲和践踏，使得一部浩瀚的世界史只剩下了一些彼此互不相关、支离破碎而又被严重歪曲了的历史事件和很少几个历史人物。今天我们来探讨世界史研究为现实服务的问题，不能不认真吸取过去的经验教训。

其实，世界史研究为现代化建设服务的途径和范围是极其广泛的，既有直接的服务，也有间接的服务。

在世界历史上，由近代资产阶级进行的工业革命，对于发展社会生产力，推动历史的前进曾经起了巨大的作用；在列宁、斯大林领导下的苏联，无产阶级也开展了大规模的社会主义经济建设，迅速地改变了国家的落后面貌，增强了国力；50 年代以来，伴随着新的科技革命，在许多国家里，社会生产力获得了日新月异的突飞猛进。总结各个经济先进国家在不同时期进行的工业革命、科技革命和社会主义建设中的正反两方面的历史经验，可以为我们提供各种有益的借鉴，有助于我们去思考和解决现代化建设中遇到的各种新问题。属于这一类直接服务的课题很多。我们无疑地应当积极展开这方面的研究。

实现现代化建设需要有一个长期的和平国际环境。通过世界史的研究，特别是对国际关系史和 20 世纪两次世界大战史的研究，可以使我们更加清楚地懂得，如何才能赢得这种国际环境，以及今天开展反对霸权主义、维护世界和平斗争的重大意义。

实现现代化建设的一个重要条件是提高我们全民族的科学文化水平。这不仅是掌握先进的科学技术和管理方法，进行文明生产的重要保证，也是清除官僚主义的积垢，充分发扬民主，逐步由工人阶级通过其先锋队管理国家过渡到由全体人民直接管理国家的必需条件。社会主义的科学文化是在批判地继承了整个人类创造的全部文化遗产的基础上发展起来的。毛泽东同志在谈到继承我国的历史文化遗产时说："我们是马克思主义的历史主义者，我们不应当割断历史。从孔夫子到孙中山，我们应当给以总结，承继这一份珍贵的遗产。"①　对于外国的历史文化遗产也应持同样的态度。很难想象，如果对世界历史知之甚少，甚至一无所知，能将全人类的文化遗产批判地继承下来。也很难想象，如果对世界历史不作认真的研究，不能掌握整个人类科学文化的成果，我们的民族能进入世界文明民族的前列。

研究世界史，可以对全国人民特别是青年一代进行历史唯物主义和国际主义的教育，有助于提高人民的政治觉悟和确立正确的世界观。历史知识在文化知识中具有特殊的重要性，它对世界观的形成起着很大的作用。通过正确研究世界历史，可以生动具体地揭示阶级斗争的演变过程和人类社会发展的规律，深入理解和掌握马克思主义的基本原理。马克思、恩格

---

① 　毛泽东：《中国共产党在民族战争中的地位》，《毛泽东选集》第 2 卷，人民出版社 1991 年版，第 534 页。

斯在 19 世纪 40 年代，正是因为科学地研究了人类社会的全部历史，经过参加现实革命斗争的实践，才能预见到共产主义必然要在全世界取得胜利。在当前的根本改变我国面貌的历史性的新长征中，有了先进思想的武装，人们才能充满信心，团结战斗，聚精会神地搞现代化建设。

全面理解和执行"古为今用"、"洋为中用"的方针，就应当正确处理长远的基础的学术研究和配合现实斗争课题的关系。既然都对现代化建设有用，就不能把它们对立起来。有些学术性的研究课题，虽然相对地离现实远一些，需要投入的时间长一些，但只要它们是科学的研究，对实现四个现代化建设，对整个世界史学科的发展都是必需的，都是为无产阶级政治服务。对于"厚今薄古"的问题，也同样应当采取这种态度。一般地说，近现代史为现实斗争服务的情况要多一些，古代史则相对地少一些。因此以研究世界近现代史作为重点是完全必要的。我们在这方面的工作做得还很不够，有待不断加强。但是，不能因而把"古"和"今"对立起来，只要"今"，不要"古"。对古代史进行系统的、科学的研究，对于四个现代化建设也是有益的。而且，历史不能割断很多近现代史上的问题而要从古代史的研究中得到解答。例如研究近代资产阶级的民主政治的发生和发展，就必然要联系到中世纪的专制制度。马克思、恩格斯为了探求整个社会历史的发展规律，曾经花了很大的精力去研究原始社会史。由此可见，只有全面、正确地理解和执行"古为今用"、"洋为中用"的方针，世界史研究为现实服务的道路才会越走越宽广，世界史学科的本身也才会获得不断的繁荣和发展。

二　坚持实事求是、一切从实际出发的治学方法

世界史研究要为现代化建设服务，必须有一个正确的治学方法。是坚持从历史实际出发，研究史料，进行综合、分析，找出历史发展本身固有的规律；还是从概念出发，选择一些史料来印证这个概念——这是两种截然不同的治学方法，是两条根本对立的思想路线在历史研究中的反映。前者是客观的、科学的方法，后者是主观主义的、非科学的方法。毛泽东同志曾经多次指出过，无论是研究历史，或是研究现状，都切忌从概念出

发，而一定要从客观实际出发。只有这样，我们才能得出真正科学的结论。通过关于实践是检验真理的唯一标准问题的讨论，这一点已经显得更为清楚了。

研究世界史，必须坚持以马克思列宁主义、毛泽东思想为指导，这是任何时候都不能动摇的。问题在于怎样才是以马克思列宁主义、毛泽东思想为指导。在 60 年代初期，有些史学工作者曾经提出过"以论带史"的口号。这一提法如果笼统地被解释为以马克思列宁主义、毛泽东思想为指导去研究历史，似乎也未尝不可。但是，经过认真地分析推敲以后便不难发现，这样的提法是值得商榷的。因为历史是客观存在，是第一性的，不是理论"带"出来的，而理论则是人们总结了历史经验加以概括、抽象而产生的，是第二性的。"以论带史"这种提法的不科学性首先在于它没有强调从客观的历史实际出发，而是从现成的结论出发去研究历史。这个出发点是至关重要的。毛泽东同志说："不凭死的书本，而凭客观存在的事实，详细地占有材料，在马克思列宁主义一般原理的指导下，从这些材料中引出正确的结论。"[①] 恩格斯说："原则不是研究的出发点，而是它的最终结果；这些原则不是被应用于自然界和人类历史，而是从它们中抽象出来的，不是自然界和人类去适应原则，而是原则只有在适合于自然界和历史的情况下才是正确的。"[②] 这两段话十分明确地告诉我们，理论或概念不是研究历史的出发点；相反，理论或概念本身正是从无数历史事实中抽象出来的。强调从实际出发，并不是主张"史料即史学"，而是强调尊重历史，尊重历史事实的客观性，强调唯物主义的反映论。客观不等于客观主义，因为我们对历史事实并不是不加分析的，而是要应用马克思列宁主义、毛泽东思想的立场、观点、方法和历史唯物主义的基本原理去进行批判、鉴别，进行分析综合和对比研究，从中找出规律性的东西。不从实际出发，而从概念出发，结果便不可避免地要犯主观主义的错误。这种教训我们是遇到过不少的。60 年代上半期在南斯拉夫现代史研究中的错误，从方法论来说，就是先下结论

---

① 《改造我们的学习》，《毛泽东选集》第 3 卷，人民出版社 1953 年版，第 759 页。
② 《反杜林论》，《马克思恩格斯选集》第 3 卷，人民出版社 1953 年版，第 74 页。

（当然，这个"论"本身就有问题）后找论据。这正是"以论带史"的结果。我们不能再重蹈这一覆辙了。

不从实际出发，而从概念出发，也是我们一些同志发生实用主义错误的一个根源。实用主义是主观主义的一种表现。它的特点在于从某种主观的需要出发去任意剪裁历史，取其所需，或者随意引申，机械比附。历史的发展是错综复杂的。实用主义不是去对它们进行客观的、具体的分析，而是设计一种简单化的图式，片面概括和叙述历史。例如，在国际关系史的研究中，往往单纯地根据外交关系的现状出发，当两国关系友好的时候，只谈友好，对方一切皆好，连对外侵略的史实也可以缄默不提；而当两国关系恶化时，则只谈交恶，对方一切皆坏，连两国人民之间的传统友谊也一笔勾销。机械比附的例子也很常见。不同国家、不同时期的历史，既有其共同的发展规律，又有其各自的特点，如果生搬硬套，不仅得不到借鉴的作用，而且还会带来很不好的后果。恩格斯在研究德国农民战争史的时候，经过认真地分析大量的实际史料，发现德国 1525 年的农民战争和 1848—1852 年的革命运动有不少相似之处，经过对比，总结了可以指导当时现实斗争的历史经验。但是，恩格斯同时也指出这两次革命的重大区别，因而不能进行机械类比。在这个问题上，马克思有一段话是很值得深思的。他说："极其相似的事件，如果发生在不同的历史情况下，会导致完全不同的结果。将它们的进展分开来个别地加以研究，然后将它们进行比较，就容易发现理解这些现象的关键了；但是如果应用某一一般历史哲学理论作为普遍的百宝钥匙，那就永远不会理解这些现象。"[①] 马克思在这里明确地告诉我们，只有从实际出发去进行对比研究，才能找出规律性的东西；如果从概念出发去作机械类比，那是一定得不出科学的结论的。

现在让我们再回到"以论带史"的口号上来。这种提法的不科学性还在于它忽视了马克思主义理论本身是要受实践历史经验的检验，而且是在实践中不断丰富、发展的。它在具体问题上的个别论点，是可以而且应当

---

① 马克思：《致〈祖国纪事〉编辑部的信》（1877 年 11 月），《马克思主义经典作家论历史科学》，人民出版社 1961 年版，第 226 页。

根据新发现的实际材料加以修改和补充的。历史是不断发展的。随着历史的发展必然会出现各种新的情况，提出各种新的问题。这些新的情况和新的问题要求我们去作出马克思主义的新的解释。例如对现代帝国主义发展中的一些问题，如果简单地从现成的马克思列宁主义、毛泽东思想的论点出发去研究，便会发生困难。唯一正确的态度是从实际材料出发，对具体事实进行分析研究，通过这种研究，马列主义关于帝国主义的理论也必将得到进一步的发展。

"以论带史"的提法，由于它的不科学性，很容易被歪曲成"以论代史"。这就是把理论和历史完全等同起来，从而干脆取消了历史科学。

三　解放思想　勇于实践

党中央提倡解放思想，就是号召我们努力克服思想僵化或半僵化状态，开动机器，独立思考，其目的就是要探索和解决世界史研究如何更好地为现实服务。只有坚持这一点，解放思想才有积极意义，才不至于走入歧途。

解放思想要求我们以马克思主义的立场、观点、方法为指导，遵循实践是检验真理的唯一标准的原理，总结新中国成立以来的经验教训，批判地重新审查我们在世界史研究中的某些论断。要认真地分析，哪些论断经过实践检验证明是正确的，哪些是部分正确的，又有哪些是错误的，并作出符合历史实际的科学结论。在分析、审查过程中，应当不囿于书本上的现成结论，不墨守陈规，因循旧说。

解放思想要求我们敢于打破各种"禁区"，开拓世界史研究领域，真正进行系统、深入的科学研究，特别是要求我们勇于攻关，认真钻研那些随着现实斗争的进程而日益显示其重要意义的历史课题，提出新的的学术见解。这些问题的共同点是难度大，可利用的资料和成果少。但是，我们一定要在这些问题上努力下功夫，并且争取尽早有所突破。这样，世界史研究才能乘风破浪地不断前进。

解放思想必须有充分的学术民主来保证。通过认真总结新中国成立以来正反两方面的经验教训，我们必须分清以下三个方面的界限。第一，政治和学术是既有联系又有区别的两个不同的范畴。当然，作为社会科学之一的历史学，是有鲜明的阶级性的，因而不可能把政治和学术截然分开。但是决不能由此而把学术观点和政治立场混为一谈。不能给学术问题的自由讨论任意扣上政治帽子。在学术观点上有正确与错误之分，有完善与不尽完善之别。这都要由实践来检验，而且是属于人民内部在思想认识和学术见解上的是非问题。这些问题应当采取摆事实、讲道理的方法，亦即民主讨论的方法求得解决而绝不能武断地指责其为反动观点，来实行压服。第二，历史论著和时事宣传应当有所区别。时事宣传除了必须符合客观事实外，还应当充分考虑现实斗争的利害关系，符合党和国家的现行政策，妥善处理涉外问题。历史论著则是概括和阐明历史，要求绝对尊重历史，尊重科学，不能按照现时的国际关系和对外斗争的利害作为准绳来撰写。如果把两者等同起来，就不可能有真正科学的历史研究，弄得不好便很容易发展成实用主义的倾向。第三，个人的学术观点和代表党和国家的正式文件应当严格地区别开来。个人的研究成果，只是表明本人的学术见解，文责自负，决不是也不可能代表官方发言。在个人研究中，只要言之成理，持之有据，能形成一家之言的观点，都可以提出来。至于观点是否正确，那是另一回事。在这方面，既允许批评，也允许反批评，允许保留各人的不同见解，不能强求一致。

解放思想，贵在勇于实践。解放思想不能只是停留在口头上。不见诸行动的思想再好也是空的，而且，不经过实践也很难证明思想的正确与否。我们有些同志可以在各种会议上慷慨陈词，侃侃而谈，但是到了会后，则往往强调"心有余悸"或是其他什么困难而并无行动。这种态度是不足取的。科学研究是一种艰苦的工作，它既要求有大无畏的革命精神，有理论上的勇气，又要求脚踏实地，埋头苦干，进行大量的辛勤劳动。伟大的革命导师马克思正是因为进行了长时期极其艰苦的科研实践，才完成了他的不朽巨著《资本论》。现在，党的思想政治路线和有关的方针、政策已经十分明确，只要我们积极地行动起来，一定能为我国的社会主义现代化建设作出应有的贡献。

（原载《世界历史》1978 年第 5 期，原题为《世界史研究与四个现代化》）

改革开放 30 年来我国苏联史^①研究述评

　　我国的苏联史研究基础薄弱，起步较晚。1949 年新中国成立以前，这一领域的研究可以说是一片空白。从 50 年代起开始重视苏联史的研究，但由于人才缺乏以及资料不足等原因，成果很少，而且主要局限在译述方面。当时，苏联著名马克思主义史学家潘克拉托娃院士的著作《苏联通史》中译本和苏联专家在我国一些高等院校所作的苏联史讲座，培养了我国最早的苏联史研究和教学工作者。此后，出现了一些零星的有关苏联史的文章和知识读物。但是在 1966 年"文化大革命"开始以后，由于众所周知的原因，苏联史的研究基本上陷于停顿状态，很多课题成了"禁区"。直到 1978 年 12 月党的十一届三中全会和推行改革开放以后，我国的苏联史研究才开始缓慢地起步。

　　30 年来，我国苏联史研究的开展简单地可以以苏联解体为界限划分为两个阶段：第一阶段是 1978—1991 年，主要是 80 年代，是奠基和起步阶段；第二阶段是 1991—2008 年，是发展阶段。

一　第一阶段的主要特点和研究成果

　　第一阶段的一个主要特点是在研究工作的指导思想上强调解放思想、实事求是和史学研究为现实服务。当时，我国思想理论界正在开展"实践是检验真理的唯一标准"的大讨论。它推动了全国性的思想解放运动。解放思想，实事求是，突破前人，开拓创新，成为全国学术研究的指导方针。这股强劲的东风，自然也必然惠及了刚刚起步的苏联史研究。根

---

　　①　本文中的"苏联史"是指 1917—1991 年的社会主义时期的历史，亦即俄国现代史。

据这种精神，我国苏联史研究工作者至少在以下几个观点上达到了基本共识：

首先，苏联是世界上第一个社会主义国家。关于苏联的国家性质问题，在"文化大革命"中被搞乱了，似乎在苏联已经复辟了资本主义，它甚至已经变成一个社会帝国主义国家了。尽管苏联后期在内外政策上出现了不少问题，但国家的社会主义性质基本上没有变化。对苏联国家性质的正确定位是实事求是地研究苏联历史的重要前提。

其次，对苏联历史的发展进程采取一分为二的态度。它既有作为主流的辉煌成就的一面，又有遭受挫折和缺点错误的一面。既要抛弃"文化大革命"思维中对苏联历史的片面和不实之词；也要破除苏联历史尽善尽美的迷信。

再次，要敢于打破"禁区"，解放思想，对过去史学界，首先是苏联史学界长期忽视和片面阐述的一些重大历史事件和重要历史人物，包括涉及历次苏共党内斗争中的有关人物，进行实事求是的历史唯物主义的评价。为此，对过去在研究中回避的一些重大问题，要敢于触及和开发，过去在研究中认为已成"定论"的一些问题，要敢于重新审视，还历史以本来面目。

最后，研究历史，特别是苏联历史，不是为了发思古之幽情，主要是为了我国的社会主义建设和改革开放服务。

20 世纪 80 年代初期我国苏联史研究者的以上四点基本共识清楚地表明：我国的苏联史研究虽然起步较晚，但起点是很高的。

第一阶段的另一个特点是在开展研究工作的同时重视研究队伍的建设。80 年代初期，我国苏联史研究和教学工作者的队伍很小。据粗略统计，全国不超过 50 人，其中还包括一些相邻学科的人员。尽管当时大多数人正年富力强，但为了把苏联史学科建设起来，靠这样少的人是不够的。必须在开展研究工作的同时，组织和培养一批为数更多的，特别是年轻的苏联史研究工作者。

在组织研究队伍方面有两件事是具有重要意义的。第一件事是 1983年 3 月，中国社会科学院世界历史研究所成立了社会主义史研究室（后更名为苏联东欧史研究室）。该室拥有一批年富力强的科研人员。他们具有较高的马克思主义理论素养，比较系统地了解苏联历史，并且比较熟练地掌握俄语，其中以几位在 50 年代末至 60 年代初毕业于苏联著名大学历史系的人员为骨干。该研究室成立以后，由于其本身实力比较雄厚，以及中国社会科学院在我国社会科学研究中的地位和影响，很快就成为当时我国苏联史研究的一个重要的平台。它不仅自己积极开展苏联史的研究工作，而且主动联合一些高等院校和科研机构的同行，组成课题组，一起研讨问题，写论文，出专著，同时承担国家社会科学基金研究项目，对一些重要的课题进行集体攻关。1991 年出版的两卷本《苏联史纲（1917—1937）》①就是该课题组历时五年余完成的一个最终学术研究成果。应该说，这本书是我国苏联史研究奠基时期的代表性著作。它充分反映了当时我国为数不多的苏联史学者在解放思想、实事求是、历史研究为现实服务方针指引下，意气风发的敬业精神。作者们当时孜孜以求、刻苦钻研、相互切磋、联合攻关的情景，至今仍令笔者难以释怀。

　　第二件事是 1985 年成立了挂靠在中国社会科学院世界历史研究所的中国苏联东欧史研究会。参加成立大会的有全国 33 个有关单位的 43 位代表。由于苏联史研究涉及一系列政治上敏感问题，所以这是最晚获得批准成立的国别史研究会。研究会是我国苏联史研究的又一个重要平台。研究会的主要宗旨是团结全国苏联史研究和教学工作者，解放思想，打破禁区，百家争鸣，深入开展苏联史研究，为我国新时期的苏联史学科建设和我国的社会主义现代化建设服务。研究会通过每年召开一次学术年会相互交流、深入研讨，特别是发现和培养年轻的研究人员，从而有效地推动了我国苏联史研究的可持续发展。研究会成立不久就组织会员集体编撰《苏联历史词典》②，全书共有 1600 多个条目释文，从 9 世纪基辅罗斯时期一直到戈尔巴乔夫执政时期。这虽然是一本工具书，但是对苏联史研究的开展起了相当重要的推动作用。直到现在，它还是许多人案头必备的参考书。这本书集中了全国同行的智慧，凝聚了众人的汗水。参与写作者达

---

　　①　陈之骅主编（各章的执笔者为：徐天新、陈之骅、闻一、李显荣、郑绍钦、马龙闪、周尚文、郑异凡、叶书宗、陈启能、吴恩远）：《苏联史纲（1917—1937）》（上、下册），人民出版社 1991 年版。

　　②　陈之骅主编：《苏联历史词典》，吉林文史出版社 1991 年版。

100 人之多，其中不少是青年学者，包括一批入学不久的硕士和博士研究生。① 通过这本书培养了一大批年轻的人才。它的编纂出版，可以说是对我国苏联史学者的学术力量和组织程度的首次检阅。

这一时期苏联史研究者普遍关注的课题是：

1. 十月革命问题

1917 年发生的十月社会主义革命，由于它在俄国和整个世界历史进程中的重要地位，特别是它对中国革命所产生的巨大影响，一直是我国史学家关注的重点。1980 年，出版了我国三位学者联合撰写的第一部关于十月革命的专著《十月革命史》。② 该书以马克思主义的立场、观点、方法为指导，系统而具体地阐述了这一伟大历史事件的全过程：从二月革命以后出现"两个政权并存"局面起到国内战争结束止。其特点是把国内战争视为十月革命的组成部分。书中虽然新意不多，但是颇为当时学术界所瞩目，为新时期我国的苏联史研究开了一个好头。此后有关十月革命的论文不断出现，涉及的问题很多。如：关于十月革命发生的前提条件问题、十月革命期间的工农联盟和布尔什维克党的农民政策问题、小资产阶级政党在十月革命中的作用问题、旅俄华工与十月革命问题、十月革命的国际影响问题，等等。其中不少选题都比较新颖，而且大多数文章都在不同程度上提出了一些新的观点。例如关于小资产阶级政党在十月革命中的作用问题，长期以来基本上是一个"禁区"，即使偶尔有文章论及，也常常是给予简单的否定。论文《论左派社会革命党》③突破了这一"禁区"，通过对具体历史事实的客观分析，以实事求是的态度全面评述了左派社会革命党在十月革命中的历史作用，从而引发了学者们对类似问题的再思考。专著《旅俄华工与十月革命》④通过大量的档案资料、报刊文献和有关的回忆录，展示了分布在俄国广袤土地上的广大华工为十月革命和国内战争的

---

① 中国社会科学院世界历史研究所于 1986 年开始招收攻读博士学位的研究生，这是我国最早建立的苏联史专业博士点。

② 孙存木、李显荣、康春林：《十月革命史》，三联书店 1980 年版。

③ 徐天新：《论左派社会革命党》，载《世界历史》编辑部编《苏联现代史论文集》，三联书店 1985 年版，第 95—112 页。

④ 李永昌：《旅俄华工与十月革命》，河北教育出版社 1988 年版。

胜利所作的重要贡献，从一个侧面具体地反映了历史上两国劳动人民深厚的革命战斗友谊。

2. "战时共产主义"问题

对于"战时共产主义"，当时学者们持有不同的看法，并且展开了热烈的争论。归纳起来大致有以下几种观点：一种是基本上否定这一政策方针，认为"战时共产主义"的"'功劳'是有限的……战时共产主义即使在当时历史条件下也是有严重错误的，回避和抹杀这一点就不是实事求是的态度"。[①] 有的学者甚至认为"战时共产主义"是"农业社会主义的变种"，其表现是：崇尚落后的自然经济，轻视商业；企图在小农经济占优势的基础上，借助国家法令和政治强力来统一管理全部生产、流通和分配；企图在普遍穷困和匮乏的基础上借助消费品的平均分配来消灭一切差别。[②] 另一种观点是持肯定或基本肯定态度，认为"'战时共产主义'是一种功劳"。它不是超越客观历史阶段，而是战争条件下的现实需要。它的错误不少，"但都不是路线错误，而是在执行一定政策过程中所犯的错误"。[③] 学者们还对其他有关的问题进行了比较深入的探讨。如：列宁有没有"直接过渡"的思想？"战时共产主义"在苏俄建国初期的经济发展中是不是一个独立的阶段？是不是应当把"战时共产主义"政策与"战时共产主义"思想区分开？等等。[④] 需要指出的是：我国学者关于"战时共产主义"的争论是与当时苏联史学界的动向有关的。早在六七十年代，"战时共产主义"就一度成为苏联史学界研究的一个热点问题，当时苏联学者发表了一系列著述，还公布了一些新史料。当然，苏联学者在这个问题上也有不同的看法。不少人倾向于对"战时共产主义"的消极因素的揭示和分析。由于长期自我封闭，这种信息到 80 年代初期才在我国史学界开始传播，并很快引发了学者们的兴趣，因而很多人认为，无论在理论上，或是在实际上，都有必要对"战时共产主义"的功过得失进行全面的分析，作出客观的评价。

---

① 荣欣：《功绩有限，错误严重》，《世界历史》1981 年第 1 期。

② 参见姜义华《列宁主义与战时共产主义》，《复旦大学学报》1981 年第 11 期。

③ 参见谢有实《战时共产主义是一种功劳》，《世界历史》1981 年第 1 期。

④ 参见陈之骅《早期苏联史的几个问题》，《苏联东欧研究资料》1983 年第 5—6 期合刊。

3. 新经济政策问题

新经济政策问题是 20 世纪 80 年代前半期研究中的一个热点。当时我国正在实行工作重点向经济建设转移。苏俄从"战时共产主义"向新经济政策的过渡对我们的党和国家制定新时期的政策方针无疑具有重要的借鉴意义。

关于新经济政策，在我国学者中也有观点上的分歧，但争论相对较小。绝大多数的人认为，这是列宁和布尔什维克党在总结"战时共产主义"教训的基础上，从国内战争结束以后苏俄的国情出发，在理论与实践上的一个重大发展。它为在经济落后国家向社会主义过渡提供了正确的方针政策，具有一定的普遍意义。尽管没有有关的专著问世，但学者们发表了不少论文，从各个方面论述新经济政策的内容、实质和意义。论文《新经济政策的产生、实施及其意义》是其中论述得比较全面和有一定深度的一篇。文章比较详细地阐述了新经济政策的形成和实施过程及其内容和实质。文章强调"新经济政策是一个大概念。它是广泛的、多层次和多方面的政策；而且是逐步探索、逐步制定、逐步扩大的"。贯穿在文中的下述两个观点颇引人注意：第一，新经济政策的产生既是基于为克服"战时共产主义"政策所引起的严重政治经济危机的应急性策略，也是基于从战争转向和平经济建设的战略性转变，是 1918 年春列宁所拟的建设社会主义计划原则的继续。"两种因素兼而有之，并相互交织"。第二，新经济政策的实施经历了两个时期：一是 1921—1925 年，主要实行退却和重新配置力量，让资本主义成分得到一定程度的恢复和发展，以加速整个国民经济的恢复和发展；二是 1926—1927 年，主要是转入进攻，逐步收缩和排挤资本主义成分，实现国家工业化和农业集体化，基本建成社会主义经济基础。"因此，应该说，新经济政策是贯穿于包括国民经济恢复期在内的整个过渡时期的政策，不过其历史作用在国民经济恢复时期更显著。"[1] 发表在《世界历史》杂志等处的同一作者关

---

[1]　卢文璞：《新经济政策的产生、实施及其意义》，载《世界历史》编辑部编《苏联现代史论文集》，三联书店 1985 年版，第 134、146 页。

于新经济政策的一系列论文,① 涉及这一政策的很多方面,包括农业、工业、商业、租让,以及新经济政策终结的时间等问题。这些文章以其注重资料,立论新颖,传统框框较少见长。关于新经济政策终结的时间,该作者的观点与上述论文作者不同,认为它是因各种原因而在 1928 年中止实行的。②

新经济政策时期的阶级斗争也是当时学者们关注的一个问题,认为新经济政策实施的过程,始终伴随着社会主义成分和资本主义成分、社会主义发展方向和资本主义发展方向之间的阶级斗争。③《新经济政策初期同资产阶级意识形态的斗争》一文,从多方面具体揭示了 20 年代前半期无产阶级和资产阶级在意识形态领域激烈斗争的种种表现,同时也指出了列宁和布尔什维克党采取的严格区分两类矛盾的正确政策。文章还指出,当时虽然出现了一些"左"的倾向,但这"一般来说并不是列宁和布尔什维克党指导思想上的问题,而是俄国总的社会历史条件和当时尖锐的阶级斗争环境造成的"。④

4. 20—30 年代苏共党内斗争问题

关于 20 世纪 20—30 年代苏共党内斗争问题是一个比较复杂的问题。长期以来,我们基本上是按照苏联的《联共(布)党史简明教程》中的有关内容进行诠释。80 年代以来,本着解放思想、实事求是的精神,学者们开始提出某些新的观点。1981 年,《世界历史》发表了《有关布哈林的若干问题》一文⑤,第一次提出了重新评价布哈林的问题,从而在 80 年代初引

---

① 闻一:《列宁和苏维埃俄国的租让政策》(《世界历史》1980 年第 1 期);《苏联 20 年代的土地租佃和雇佣劳动》(《世界历史》1984 年第 1 期);《新经济政策时期苏维埃政府的私营工商业政策》(《苏联现代史论文集》);《新经济政策是完善终结还是中止执行?》(《世界史研究动态》1985 年第 3 期)等。

② 参见闻一《新经济政策是完善终结还是中止执行》,《世界史研究动态》1985 年第 3 期。

③ 参见谢有实《论国民经济恢复时期俄国经济领域内的阶级斗争》,《史学集刊》1983 年第 2 期。

④ 马龙闪:《新经济政策初期同资产阶级意识形态的斗争》,载《世界历史》编辑部编《苏联现代史论文集》,三联书店 1985 年版,第 212 页。

⑤ 郑异凡:《有关布哈林的若干问题》,《世界历史》1981 年第 1 期。

发了一个研究布哈林的热潮。① 该文认为，"布哈林是联共党和共产国际著名活动家，是享有世界声誉的马克思主义理论家和马克思主义经济学家，在国际共产主义运动史和马克思主义发展史上占有重要地位"。作为重新评价的论据，作者对布哈林提出的"炸毁"国家、"发财吧"的口号、阶级斗争"熄灭"论和"和平长入社会主义"的理论提出了与过去完全不同的看法。后来作者又发表了《列宁和布哈林的分歧及其消除》、《论布哈林社会主义建设思想》等文章②，进一步阐发自己的论点。一些学者赞同上述观点，也有些学者不同意。③ 随着研究工作的不断深入，特别是苏联方面对有关问题的资料和档案的陆续发表，以及布哈林著作中译本的相继问世，关于重新评价布哈林的问题，尽管依然存在分歧，但在主要方面大体上取得了共识。1988 年，吉林教育出版社出版了《布哈林传》④。该书运用了对布哈林研究的最新成果和有关史料，生动地描绘了这位马克思主义理论家和革命家的一生，兼具学术性和知识性，有较大的可读性。

　　1986 年，中国社会科学出版社出版了《托洛茨基评传》⑤。这是我国史学界第一本评述托洛茨基生平的专著。它通过具体史料，实事求是地评述了这位联共（布）和苏维埃国家早期重要领导人的一生，肯定了他在十月革命和国内战争期间所作的重大贡献，分析和批评了他在一些问题上的严重错误，对他后期拼凑第四国际的活动进行了否定和谴责。这无疑是对《联共（布）党史简明教程》划定的框框的又一次突破。世界历史研究所所长朱庭光在为该书所写的序言中对作者解放思想、勇于探索的精神给予了充分的肯定。他写道："现在说对托洛茨基重新评价，丝毫不意味着要为托洛茨基翻什么案。我们的目的是严肃认真地弄清楚苏联早期历史中许

---

　　① 参加讨论的除苏联史学研究者外，还有经济学、国际共产主义运动和马克思主义理论等相关学科的学者。

　　② 郑异凡：《列宁和布哈林的分歧及其消除》，《论布哈林社会主义建设思想》，分别发表于《世界历史》1983 年第 4 期和 1984 年第 4 期。

　　③ 参见周耀明《布哈林的"和平长入社会主义"决不是马克思主义的理论》，《世界历史》1981年第 6 期；《也谈有关布哈林的若干问题》，《兰州学刊》1982 年第 2 期；王炳煜、陈风荣：《关于列宁和布哈林在国家问题上的争论》《世界历史》1981 年第 6 期；等等。

　　④ 闻一、叶书宗：《布哈林传》，吉林教育出版社 1988 年版。

　　⑤ 李显荣：《托洛茨基评传》，中国社会科学出版社 1986 年版。

多问题的事实真相，以便更好地总结历史经验。尽管如此，在精神上依然需要承受一种无形的压力。离经叛道？标新立异？总之是要有理论勇气，敢于实事求是，坚持真理，敢于经受一点风险，不怕犯错误，不怕冷言冷语。"①

与重新评价布哈林和托洛茨基问题相联系，学者们还对布列斯特和约问题上的斗争、工会问题上的斗争、列宁逝世前后的党内斗争、反对新反对派和托季联盟的斗争等问题进行了研究，并在不同程度上提出了一些新的见解。②

5. 斯大林时期的社会主义建设问题

当时，特别是在 20 世纪 80 年代初期，学者们关注较多的是农业集体化问题。在一些论文中学者们根据具体的历史事实，在肯定农业集体化的积极作用的同时，着重揭示了这一运动中出现的问题和错误，认为斯大林将列宁预计要经过整整一个历史时代的合作化过程人为地缩短了，从而严重损害了广大农民，特别是中农的利益。有的学者指出，集体化运动值得肯定的是：（1）"从农业社会主义改造的大方向和实行社会主义工业化的要求看，它是符合苏联历史发展的客观规律的"；（2）"集体农庄制度，尽管非常不完善，但毕竟是人类历史上第一个社会主义集体农业制度，它是苏联党和人民在没有前人经验的情况下创造的"；（3）"农业集体化运动对促进高速实行社会主义工业化起了很大作用"，同时"对苏联准备反侵略战争有重要意义"。集体化运动中的错误及其消极作用是：（1）"农业集体化速度，全盘集体化这一做法都超越了当时苏联农村生产力的发展水平和群众的觉悟程度。全盘集体化显然搞早了，搞急了"；（2）"集体农庄制度有严重的弊病，主要是：国家干预过多，对农产品平调过狠，在一定程度上损害了集体所有制的性质，大大挫伤了集体农庄的自主权和生产积极性"；（3）发展工业所需的"资金和粮食，是以组织手段、行政手

---

① 参见朱庭光《朱庭光集》，中国社会科学出版社 2005 年版，第 256 页。

② 参见陈之骅《早期苏联史的几个问题》，《苏联东欧研究资料》1983 年第 5—6 期合刊；杨彦君：《布列斯特和约时期列宁反对"左派共产主义者"的斗争》，《苏联现代史论文集》，第 57—78 页；周尚文、李永福：《工会问题的争论和列宁对托洛茨基的批判》，《苏联现代史论文集》，第 79—94 页；等等。

段和通过不合理的工农业产品价格剪刀差半无偿或近乎无偿地从集体农庄拿走的"。① 也有学者撰文认为，"集体化运动本身存在不少问题，对苏联农业的长远发展也有很不利的影响，但是我们在评价这个运动的时候有两点是不能忽略的。第一，运动是在一种特殊的历史条件下产生的。再就是，苏联当时急于实现国家工业化，而且是在踏上工业化道路之后遇到了难以克服的粮食问题的情况下，找到了全盘集体化这一解决办法的。第二，全盘集体化实现以后，确实对苏联的工业化起到了支持作用，使得工业化在较短的时间里实现了。因此我们说，全盘集体化是苏联当年特有的一个运动，它不是、也不可能是建设社会主义的普遍规律"。②

　　随着研究工作的开展，对斯大林时期社会主义建设问题的研究逐渐扩大为对当时逐步形成的高度集中的政治、经济体制问题的研究，或者说对"斯大林模式"问题的研究。不过在 20 世纪 80 年代，特别是在其上半期，"斯大林模式"一词还没有被学术界普遍使用。当时，有些学者用的是"苏联社会主义模式"或简单地"苏联模式"。当时主要研究的是高度集中的政治、经济体制的形成和历史背景，以及它的特征、成就和问题。为了总结苏联模式的经验教训，为我国的改革开放提供历史借鉴，同时还由于当时东欧各社会主义国家也在进行体制改革，而苏联戈尔巴乔夫的改革还处在开始阶段，学者们在充分肯定苏联模式的积极作用的基础上，着重分析的是它的僵化、缺陷与弊端，从而得出一个明确的结论：改革这一模式是历史的必然。《世界历史》杂志编辑部在 1988 年先后举办的两次座谈会——《圆桌讨论会：苏联社会主义模式的历史考察》和《笔谈：评赫鲁晓夫改革》③主要讨论的就是这个主题。关于这方面的研究，当时具有代表性而且在学术界影响较大的著作是《苏联政治经济体制七十年》。④ 这部著作全面、系统地阐述了苏联政治、经济体制的形成、发展和逐步僵化的历史进程，评析了 50 年代初期以后至 1987 年苏联的历次体制改革，内

---

① 吴仁彰：《关于 30 年代苏联的农业集体化的几个问题》，《苏联现代史论文集》，第 310—312 页。

② 姜长斌：《从新经济政策到农业全盘集体化运动》，《苏联现代史论文集》，第 293 页。

③ 参见《世界历史》1988 年第 4 期和 1989 年第 1 期。两次会议共有 31 位学者发言。

④ 刘克明、金挥主编：《苏联政治经济体制七十年》，中国社会科学出版社 1990 年版。

容丰富，资料翔实，有较好的参考价值。由于当时戈尔巴乔夫改革基本上还是在社会主义范围内进行，同时，用该书主编的话来说，其"改革的思想、理论和方案措施，还有许多朦胧之处"①，因而书中有些在今天看来不尽妥当的观点是可以理解的。

随着我国改革开放的不断深化和历史资料的不断增加，对苏联社会主义模式的研究也逐步深入。特别是在苏联解体以后，对这一问题的研究便与探讨苏联解体的原因与教训的问题紧密结合起来，一时成为苏联史研究的最大热点，学术界的分歧进一步扩大。笔者将在本文的后一部分加以评述。

2008 年是《世界历史》杂志创刊 30 周年。创刊于 1978 年的《世界历史》是我国世界史学科唯一的全国性专业刊物。应该指出，该刊在 80 年代我国苏联史研究的奠基时期起了重要的推动作用，是推动苏联史研究的一个重要阵地。当时，编辑部在版面上尽可能地向苏联史倾斜。它发表了多篇对我国苏联史研究起了积极推动作用的论文，如：上述第一次提出重新评价布哈林问题的几篇文章和其他一系列讨论布哈林问题的文章，以及关于讨论"战时共产主义"历史作用和新经济政策及其重大意义的几篇影响较大的文章，都是在《世界历史》上发表的。更为重要的是《世界历史》杂志在 1984 年第 4 期上发表了朱庭光的题为《没有必要作茧自缚》的重要评论，呼吁进一步解放思想，打破禁区，不囿于旧说，实事求是地研究苏联历史。② 这篇文章对我国苏联史研究的健康发展起了很大的作用。1985 年，《世界历史》编辑部还编辑出版了《苏联现代史论文集》，收录了我国苏联史学者撰写的一批最新的、有较高学术水平的研究成果（其中绝大多数文章都是首次发表）。这是我国第一本关于苏联史的论文集。③ 编辑部通过多种形式对一些有争议的热点问题进行讨论，特别是发表一系列不同观点的"争鸣"文章，引起了广大读者的关注和思考。编辑部还举行各种座谈会，邀请一些著名的学者和优秀的年轻作者参加，并把讨论情况

---

① 刘克明、金挥主编：《苏联政治经济体制七十年》，前言，中国社会科学出版社 1990 年版，第 7 页。

② 参见朱庭光《朱庭光集》，第 231—235 页。

③ 《世界历史》编辑部编：《苏联现代史论文集》，三联书店 1985 年版。

发表在杂志上，如上述的 1988 年召开的两次学术座谈会。这些活动对推动我国苏联史学科的发展和人才的培养起了很好的作用。

二　第二阶段的主要特点和研究成果

30 年来我国苏联史研究的第二阶段大体上是从 1992 年起至今。这是我国苏联史研究的发展阶段。

1991 年 12 月，发生了 20 世纪世界历史上一个重大的事件：有着 74 年历史的世界上第一个社会主义国家苏联黯然解体。它为我国苏联史研究工作者提出了一个新的、不容回避的大课题：通过研究苏联的历史进程，揭示苏联演变的原因，总结苏联演变的历史经验和教训。这是 30 年来我国苏联史研究第二阶段最大、最主要的特点。显然，开展对这一大课题的研究，不仅具有重要的学术和理论意义，而且具有明显的现实和政治意义。

苏联解体以后，关于苏联演变的原因和教训问题引起了世界各国学者的普遍重视和关注，成为国际学术界一个公认的热点问题。对中国学者来说尤其如此。尽管中国学者掌握的史料和资料没有其他国家的学者丰富，但是我国学者对苏联史的理解和体会，无论从理性或是感性来说，可能比其他国家的学者更为深刻。其理由是很清楚的。记得时任中国社会科学院院长的胡绳教授曾发表过一篇评论，其中提到：中国学者研究苏联的经验教训，比其他国家的学者条件更好，因为我们曾经是跟着苏联的道路走过来的，同时我们又是比较早地突破了苏联模式框框的社会主义国家，因此条件更为有利。正是按照胡绳院长的要求，中国社会科学院在苏联解体之后立即组织本院的学者研究这一课题，随后同时出版了两本专著：《苏联演变的历史思考》和《苏联剧变研究》。这是我国关于苏联演变的原因与教训较早的两个研究成果。[①] 这两本书都是从历史和现实两个方面，分别从政治、经济、文化、意识形态、民族关系、党的建设和对外政策等方

---

① 江流、陈之骅主编：《苏联演变的历史思考》，中国社会科学出版社 1994 年版；江流、徐葵、单天伦主编：《苏联剧变研究》，社会科学文献出版社 1994 年版。

面对苏联演变的原因和教训加以剖析，指出苏联演变的直接原因固然是戈尔巴乔夫推行的一条错误的改革路线，但是苏联和苏共历史上积累的种种问题也是不容忽视的。它们为后来苏联的解体种下了祸根。至于教训问题，书中比较强调的是：应当坚定不移地把国家的经济搞上去。这显然是受到了当时我国国内形势的影响，也反映出当时的研究还未达到一定的深度。这两本由同一位第一主编主持撰写的著作，由于执笔者各异，对一些问题的阐发的侧重点稍有不同。有的侧重剖析戈尔巴乔夫路线造成的严重后果；有的则较多地强调斯大林模式的消极作用。但两书的基本观点是一致的，认为戈尔巴乔夫错误的改革路线直接导致了苏联解体，而苏联解体不等于社会主义制度和事业的失败。关于在苏联演变原因和教训问题上的分歧，当时还只是处于潜伏和萌芽阶段。

大约从 90 年代后期起，关于苏联史的资料逐渐增多，对苏联演变的原因和教训的著述也不断增多，研究的深度和广度也不断加强和扩大。所发表的成果以论文居多，进行系统论述的专著相对较少。据有的学者粗略统计，"从 1992 年到 2001 年，发表在国内报刊上探讨苏联解体原因的文章就有 600 多篇，出版的相关专著和论文集有 30 多部"。① 专著和论文集中影响比较大的有《中国著名学者苏联剧变新探》、《苏联兴亡的沉思》、《苏联剧变深层次原因研究》、《对世纪性悲剧的思考——苏联演变的性质、原因和教训》、《超级大国的崩溃——苏联解体原因探析》、《苏联兴亡史论》、《苏联演变与社会主义改革》、《戈尔巴乔夫的改革与苏联的毁灭》和《苏联演变的原因与教训》等多种②。大量著述，特别是各种专题论文的出现的原因之一是从事这个问题研究的不仅是历史学家，很多其他

---

① 刘国华、薛晓荣：《苏联解体原因十年研究综述》，《东欧中亚研究》2002 年第 2 期。

② 宫达非主编：《中国著名学者苏联剧变新探》，世界知识出版社 1998 年版；李振城：《苏联兴亡的沉思》，改革出版社 1998 年版；陆南泉、姜长斌主编：《苏联剧变深层原因研究》，中国社会科学出版社 1999 年版；周新成：《对世纪性悲剧的思考——苏联演变的性质、原因和教训》，中国人民大学出版社 2000 年版；许新、陈联璧、潘德礼、姜毅：《超级大国的崩溃——苏联解体原因探析》，社会科学文献出版社 2001 年版；陆南泉、姜长斌、徐葵、李静杰主编：《苏联兴亡史论》，人民出版社 2002 年版；陈新明：《苏联演变与社会主义改革》，中共中央党校出版社 2002 年版；谭索：《戈尔巴乔夫的改革与苏联的毁灭》，社会科学文献出版社 2006 年版；周新成、张旭：《苏联演变的原因与教训》，社会科学文献出版社 2008 年版；等等。

相关学科的研究工作者以及一些政治家也积极参加了研究。本文不可能对林林总总的著述和各种不同的论点进行具体评述，只能大体上介绍几个主要的观点。学者们普遍认为，苏联解体是各种因素共同作用的结果，其中包括经济没有搞好、理论和指导思想上的错误、体制僵化、民族矛盾激化、外交政策失误、西方和平演变策略得逞等。除以上各种因素外，一些学者强调指出，苏联解体的关键在于苏共本身的蜕化。有一些著作是专门研究这方面问题的，如《苏共的失败及教训》、《苏共亡党十年祭》等①，其中影响较大的是 8 集教育参考片《居安思危——苏共亡党的历史教训》的解说词《苏共兴衰与苏联解体研究》。② 这虽然是一篇配合画面撰写的解说词，但是不仅准确、生动地反映了苏共发展和演变的历史进程，而且有着正确理论观点的支持，不失为是研究苏联演变原因与教训问题的力作。

　　苏联解体以后，特别是从 90 年代下半期起，随着对苏联演变的原因与教训研究的进展，对"斯大林模式"的研究也进一步深化，学者之间的观点分歧也进一步扩大。在有关的著述中，比较有代表性的是《斯大林模式研究》和《斯大林与社会主义——世界第一个社会主义模式剖析》两书③。前者分别从经济、政治、文化、意识形态，特别是理论基础等方面对斯大林模式进行了分析。作者们"在论述斯大林的理论与实践活动时，很多方面都涉及列宁的新经济政策的思想，特别是他最后的几篇文章中谈到有关走向社会主义道路的思想和对社会主义的构想。……斯大林抓住了列宁的某些经过尝试而最终抛弃了的思想，又加进了许多自己的东西，形成了斯大林的社会主义模式"。④ 后者认为，"斯大林建设社会主义的理论就其主要的正确的方面来说，是马克思主义的组成部分，是斯大林把马克思主义与 20 世纪上半叶的苏联情况相结合的结果，是科学社会主义在苏

---

　　①　中共中央党校科研部：《苏共的失败及教训》，中共中央党校出版社 1994 年版；黄苇町：《苏共亡党十年祭》，江西高校出版社 2002 年版。

　　②　李慎明：《李慎明自选集》，学习出版社 2007 年版，第 431—542 页。

　　③　李宗禹等：《斯大林模式研究》，中央编译出版社 1999 年版；卢之超、王正泉主编：《斯大林与社会主义——世界第一个社会主义模式剖析》，社会科学文献出版社 2002 年版。

　　④　李宗禹等：《斯大林模式研究》，前言，中央编译出版社 1999 年版，第 5 页。

联这个国度中的表现形式"；"斯大林的巨大功绩不可磨灭，斯大林模式在当时条件下的历史进步作用不可抹杀"。①

对于苏联解体的根本原因是什么，学者们的观点有很大的分歧。大体上可以概括为两种主要看法：一是认为根本原因在于体制，具体地说是斯大林时期形成的高度集中的政治、经济体制，即所谓"斯大林模式"，有少数人甚至追溯到列宁主义和列宁的理论与实践，乃至十月革命；二是认为根本原因在于戈尔巴乔夫推行了一条背离马克思主义基本原理的"人道的民主的社会主义"路线，其理论渊源则来自赫鲁晓夫和苏共20大。与上述问题紧密相关的问题是苏联解体是否具有必然性，对此，学者们的回答也不尽一致。大体上有三种看法：一是苏联高度集中的政治、经济体制，或者说"斯大林模式"的内在矛盾和理论与实践上的错误，决定了它作为一种制度模式的不可持续性，从而使苏联解体不可避免；二是如果戈尔巴乔夫能够推行一条符合马克思主义基本原理和苏联国情的正确的改革路线，苏联解体是完全可以避免的；三是苏联社会主义模式的转换是必然的，而社会主义制度的瓦解则不是必然的，苏联名义上的"联邦制"、实际上的"单一制"的多民族国家体制的变革是必然的，而苏联解体则不是必然的。②

学术界存在各种不同观点是完全正常的。首先，不同学科的学者，难免对涉及各自的专业方面的问题有所侧重；其次，即使是相同或相近学科的学者，也往往从不同的视角、不同的层面阐发问题。此外还应当指出，出现学术观点上的分歧也不能忽视方法论方面的原因。在笔者看来，至少与以下四个方法论方面的问题有关：

第一，对坚持以马克思主义基本原理为指导的理解问题。我国绝大多数学者都赞成以马克思主义基本原理作为研究工作的指导思想，但是在具体掌握上有时会出现一些片面现象。有的学者较多地强调要站在今天马克思主义已经发展到的水平，即邓小平理论、"三个代表"重要思想和科学

---

① 卢之超、王正泉主编：《斯大林与社会主义——世界第一个社会主义模式剖析》，序言，社会科学文献出版社2002年版，第398页。

② 参见刘国华、薛晓荣《苏联解体原因十年研究综述》，《东欧中亚研究》2002年第2期。

发展观的高度，来审视苏联的历史进程，认为如果不这样，看问题就会不够深刻，所得出的结论也不能有效地为现实服务。而另一些学者则较多地强调在评价重大历史事件和历史人物时要将其放在当时的历史时空条件下去分析。这些条件既包括时代背景、国际形势和历史文化传统，也包括理论认识达到的程度。上述两个方面是相辅相成、并行不悖和缺一不可的。不能只强调一个方面，而忽视了另一方面。

第二，对苏联社会主义模式，或者说斯大林模式的内涵究竟包含哪些内容的理解问题。斯大林模式的内涵中首先是社会主义基本制度，主要是：在政治上的共产党的执政地位和以工人阶级为领导、以工农联盟为基础的苏维埃政权；经济上的生产资料社会主义公有制和按劳分配的原则；意识形态上的马克思主义指导地位。它们是社会主义本质特征的体现。这些内容也就是邓小平同志说的四项基本原则。除此之外，在斯大林模式中还包含具体的政治经济文化体制和运行机制，发展战略，以及各种具体的制度和政策等。属于基本制度层面的东西是必须坚持和不能抛弃的。至于具体的体制、机制、制度和政策是必须根据具体情况，随着时代的变化和社会的发展而不断改革和创新的，绝不能固守原有的模式而不思改革。可是有些学者更多地从体制层面去考虑问题，从而认为斯大林模式是苏联解体的根本原因，应予彻底否定。

第三，审视任何问题，包括苏联和苏共的整个历史进程和所有重大的历史事件和历史人物，都应当明确分清主流和支流。两者不可混淆，更不可颠倒。

第四，中国学者在研究过程中，必然要接触很多来自国外，首先是俄罗斯的各种第一手的或第二手的资料。对于这些资料的选取、鉴别、阐述、诠释和使用，必须进行独立思考，并尽量与其他相关资料对照。例如在解体前后的苏联（俄国）发表的一些带有明显历史虚无主义倾向的著述就不能盲从，更不能简单照搬。

如果学者们在以上四个方面能够取得或基本取得共识，目前在关于苏联演变的原因和教训问题上的争论与分歧可能会逐步接近和弥合。

第二阶段我国苏联史研究的另一个特点是原始资料不断丰富，特别是有关的历史档案越来越多地为研究工作者掌握，使研究者具有更大的发言权。早在苏联解体之前，为了研究工作的需要，已经编译出版了一系列苏联的官方文件集。它们对有关问题的研究起了很好的促进作用。①

从 80 年代末期起，特别是在苏联解体以后，苏联（和俄国）陆续有选择地开放和公布了一批苏联时期的历史档案。这引起了包括我国在内的各国研究工作者的高度兴趣和关注。但是由于种种条件的限制，我国学者不可能普遍而有效地随时使用有关的档案资料。1993 年，在俄罗斯联邦档案局出版的《历史档案》杂志上首次发表了苏共中央 1964 年十月全会文件。在这次全会上，赫鲁晓夫被迫辞去了党和国家最高领导人的职务。该杂志在 1994 年第 1—6 期上又连载了苏共中央 1957 年六月全会的速记记录和有关文件。在这次全会上，通过激烈的斗争。清除了马林科夫、卡冈诺维奇、莫洛托夫 "反党" 集团。这两份档案揭示了很多鲜为人知的细节。1997 年我国翻译出版了这两份档案的全文。② 为了更多地翻译出版新发表的苏联历史档案，中国社会科学院于 1995 年作为重点课题正式立项，尽可能地收集、整理、翻译、选编苏联时期的各种历史档案，并于 2002 年起开始出版多卷本的《苏联历史档案选编》（以下简称《选编》）③。该《选编》共 34 卷（最后一卷为总目录），收入档案 8000 余件，总计约 1800 万字。这是一个集中了众多人力，历时 7 年才得以完成的大工程，因而颇受国内外瞩目，特别是受到我国苏联史研究者的重视和欢迎。但是该《选编》也存在一些不足。其中主要的是对文献出处的标注不够规范，以及部分译文不尽准确，从而使研究者在使用时心里不够踏实。《选编》编者在《后记》中也说："作为一部档案文献集，按照常规应该在每个文件后面注明出处，但本文献集文件来源庞杂，体例不一，甚至残缺，给标注带来很大困难。这是我们工作的难点与缺陷。"④ 但是无论如何，本书的出版无疑是对我国苏联史研究的一份重要贡献。

---

① 　例如：《苏联共产党和苏联政府经济问题决议汇编》（1—15 卷），中国人民大学出版社 1983 年起出版；《苏联民族问题文献选编》，社会科学文献出版社 1987 年版；等等。

② 《苏联共产党最后一个 "反党" 集团》（上、下册），中国社会科学出版社 1997 年版。

③ 沈志华执行总主编：《苏联历史档案选编》（第 1—34 卷），社会科学文献出版社 2002 年起出版。

④ 沈志华执行总主编：《苏联历史档案选编》第 34 卷，第 559 页。

为了撰写本文，笔者又一次阅读了印在《选编》各卷卷首的《编者的话》，感悟良多。在《编者的话》中这样写道："历史档案是记录历史事实的文字材料，是历史研究的基础资料。然而某一件档案材料是否真实记录了'历史事实'，是需要研究者从多方面加以判断的。因而不可认为凡是档案记录的，都是历史事实。……呈现在我们面前的档案材料也是如此。它们形成于苏联历史中各个不同时期，出自于不同人之手，有官方的，也有民间的，甚至往往还出现同一件事而说法迥然不同的材料；再者，哪些材料应该公布，哪些材料不应该公布，也取决于档案持有者的某种需要。……因此，我们现在所编纂的这些档案资料的价值还有待研究者去判断。只有经过历史研究者运用马克思主义的立场、观点和方法，对史料进行考证、探寻、对比、分析，才有可能获得接近于真实的历史画面。"[①] 引述这么长的一段话是因为在笔者看来，它再好不过地说明了历史研究的一个重要的方法论问题。这表明了我国苏联史研究的一个重大进步。

第二阶段我国苏联史研究的再一个特点是在通史（包括断代史）和各种专题史研究方面取得了可喜的成果。这些成果中有不少是观点新颖、资料丰富（特别是运用了较多最新的原始资料）和具有不同程度的原创性的著作。下面仅就笔者所接触到的一些影响比较大的专著进行简要的评述。

在通史（包括断代史）研究方面有《苏联兴亡史》、《苏联史纲（1953—1964）》、《勃列日涅夫时期的苏联》、《苏联兴亡史纲》等。[②] 第一本是作者在苏联解体以后不久，在 1990 年出版的《新编苏联史》基础上拓展而成，是我国最早的一部苏联通史著作，也是高等院校有关专业的教材。后三本是中国社会科学院组织的集体研究项目的最终学术成果。

在文化史研究方面有同一位作者撰写的两本书：《苏联文化体制沿革

---

① 沈志华执行总主编：《苏联历史档案选编》第 1 卷，第 3 页。

② 周尚文、叶书宗、王斯德：《苏联兴亡史》，上海人民出版社 1993 年版；陈之骅主编：《苏联史纲（1953—1964）》，人民出版社 1996 年版；陈之骅主编：《勃列日涅夫时期的苏联》，中国社会科学出版社 1998 年版；陈之骅、吴恩远、马龙闪主编：《苏联兴亡史纲》，中国社会科学出版社 2004 年版。

史》和《苏联剧变的文化透视》。① 前一本书主要研究苏联文化体制的沿革，包括对各个历史时期发展文化的理论、路线、方针、政策，党和政府的意识形态工作领导机构，以及社会文化团体和主要学术机构等方面的形成、演变的分析和评述。后一本书是前一本书思想和内容的深化和拓展，着重探讨文化体制与苏联剧变的关系。对斯大林时期形成的文化体制，作者基本上持否定态度，认为"除了大体上坚持社会主义的方向外，其基本方面是违背了科学文化发展规律的"。② 关于苏联剧变的根本原因，作者是主张所谓"体制说"的。他力图通过对"苏联体制、苏联模式的一个侧面——文化体制和意识形态模式"的解剖来观察苏联剧变的根本原因。③

在外交史研究方面影响较大的有《斯大林与冷战起源》。④ 这是我国苏联史学者第一本从苏联的角度研究冷战，特别是苏联与冷战起源的关系的专著（有关论文在此前已经见诸学术刊物），加上该书资料丰富，观点鲜明，因而受到学术界的重视。一些学者认为，本书一个重要观点是"在确认美国在冷战起源中有不可推卸的责任的前提下，提出冷战是一个双向的过程。在论述苏联的冷战基础、冷战政策和冷战行为方面作了有意义的探索"。⑤ 书中使用了大量近年来披露的历史档案资料，其中最引人注目的是 1946 年 9 月苏联驻美国大使尼古拉·诺维科夫在莫洛托夫授意下撰写的《战后美国对外政策》报告。作者认为，诺维科夫的报告与乔治·凯南的长电文和丘吉尔的富尔顿演说同样是发起冷战的信号，从而证明："冷战不是美国对苏联单方面发动的，而是美苏双方相互对抗和相互遏制的产物。冷战作为互动的双向性斗争过程，它起源于参与冷战的两个行为主体，不仅美国而且苏联都是冷战起源的源头。"⑥ 有的学者不同意该书作者的观点，认为诺维科夫的报告只是提出了一些与苏联有关的国际问题，特别是与苏联不利的国际因素，没有反映苏联外交政策的基本方向和斯大林

---

① 马龙闪：《苏联文化体制沿革史》，中国社会科学出版社 1996 年版；《苏联剧变的文化透视》，中国社会科学出版社 2005 年版。

② 马龙闪：《苏联剧变的文化透视》，第 429 页。

③ 同上书，第 394 页。

④ 张盛发：《斯大林与冷战起源》，中国社会科学出版社 2002 年版。

⑤ 李静杰：《推荐意见书》，载张盛发《斯大林与冷战起源》，首页。

⑥ 张盛发：《斯大林与冷战起源》，第 497 页。

在第二次世界大战后的国际战略思想，而且报告在转送莫斯科之后并没有受到重视。"因此，'诺维科夫报告'本身同凯南的'长电报'无法平列；就其内容而言，将之视为苏联在战后初期外交政策的纲领性文件更是不确切的。"①

关于苏联外交史方面的专著还有《从全面结盟到分道扬镳——冷战时期的苏联与东欧关系研究》、《冷战时期苏联与东欧的关系》② 等。两书的共同特点是资料丰富，充分吸收了近年来国内外的研究成果和公布的档案材料。前者从国际主义、国家民族主义和政治文化三个视角在理论与实际两个方面对苏东关系进行研究，特别是"国家民族主义"的提法，颇有新意；后者的主编概括苏东关系存在"以意识形态的同一性代替或掩盖国家利益的差异性"和"把党的关系等同或混淆于国家关系"两种结构性弊病，也颇具启发性。该书可能因为是一本讲义，所引材料没有注释，是一个缺憾。

另外，关于中苏关系史的著述不少，但大都是中国史研究者写的。值得一提的是《战后中苏关系若干问题研究——来自中俄双方的档案文献》和《中苏关系史纲 1917—1991》③ 。两书运用中苏两国的大量原始资料，对中苏关系史上的一些问题提出了新的见解，不仅受到我国，而且还受到俄罗斯学术界的注意。

在社会史方面的研究有《苏联社会阶层与苏联剧变研究》、《社会政治阶层与苏联剧变——20 世纪 60—90 年代苏联各社会政治阶层研究》④ 等。前者通过大量国内外文献资料对苏联 74 年的历史进程进行了社会学的阐释，着重分析了苏联社会资源分配及其与社会各阶层的利益关系与矛盾冲突，并从社会阶层的行为与制度变迁互动的视角，探讨了苏联社会结构的演变和苏联剧变的历史与现实的原因。全书观点新颖，资料丰富，是

---

① 何伟：《"诺维科夫报告"与冷战初期的苏联外交政策》，《世界历史》2006 年第 2 期。

② 李兴：《从全面结盟到分道扬镳——冷战时期的苏联与东欧关系研究》，武汉大学出版社 2000 年版；沈志华主编：《冷战时期苏联与东欧的关系》，北京大学出版社 2006 年版。

③ 沈志华、李丹慧：《战后中苏关系若干问题研究——来自中俄双方的档案文献》，人民出版社 2006 年版；沈志华主编：《中苏关系史纲 1917—1991》，新华出版社 2007 年版。

④ 黄立弗：《苏联社会阶层与苏联剧变研究》，中国社会科学出版社 2006 年版；郭春生：《社会政治阶层与苏联剧变——20 世纪 60—90 年代苏联各社会政治阶层研究》，当代世界出版社 2006 年版。

对苏联史研究方法的一个突破。后者运用政治学和社会学的方法，提出了"社会政治阶层"的概念，对苏联社会的六大阶层：最高领导层、特权阶层、知识分子、"持不同政见者"、民族精英、工人农民的形成与演变逐个进行了分析研究，并力图据此揭示苏联演变的原因。从这两本书可以看出，我国苏联史已经开始突破传统的研究方法，进而运用多学科的研究方法。这是一种可喜的进展。

在政治史方面的研究中影响较大的是《苏联高层决策 70 年》。[①] 该书共 5 册 8 卷，前 7 卷按照历史顺序，评述了从列宁时期至戈尔巴乔夫时期苏联高层在各个重大问题上的决策过程和决策过程中的意见分歧，以及各项决策的成败得失；最后 1 卷对高层决策进行综述，概括了各个时期高层决策的特点，揭示了高层决策的机制和运行原则，以及领导人的决策能力和风格。作者的目的是通过对高层决策的研究考察苏联兴亡的原因与教训。全书篇幅宏大，观点明确，资料丰富，具有很好的参考价值，反映出作者有较强的驾驭大课题的能力。不足之处（特别是前 7 卷）是平均使用笔墨，重点不够突出，平铺直叙较多，深入的理论分析较弱。

关于 30 年来我国苏联史研究的发展，是一个大题目。由于笔者阅读和涉猎的能力有限，文中只能对一部分研究成果和有关情况作一些粗略的回顾和评述，不可能涵盖更多的著述，特别是散见于各个刊物上的论文和地方出版社的著作。另外，本文（特别是前一部分）中引述的各位作者的观点，只反映了他们当时的看法。有些作者后来由于研究工作的深入、新资料的发现或其他原因在不同程度上改变了先前的观点，那是完全正常的。最后，本文既然是"述评"，多少要谈一些笔者个人的看法，其中肯定有不少片面和不当之处，敬请同行，特别是有关的作者，以及广大读者批评指正。

（原载《世界历史》2008 年增刊）

---

① 邢广程：《苏联高层决策 70 年》（1—5 册），世界知识出版社 1998 年版。

1980—1984 年中国世界史研究述评

一

　　1980—1984 年是中华人民共和国历史上光辉夺目的五年。1978 年 12 月中国共产党历史性的十一届三中全会以后，随着社会主义现代化建设的开展，特别是农村和城市经济体制改革的逐步推行，全国的经济、政治生活呈现出前所未有的繁荣兴旺和生机蓬勃的景象。这种春意盎然的、鼓励人们锐意进取的气氛必然会在学术研究领域中反映出来。可以毫不夸大地说，最近五年是我国世界史研究工作由初步恢复进而获得可喜成果的时期。

　　近几年来世界史研究的发展是与"百家争鸣"方针重新得到贯彻分不开的。早在 1956 年，中国共产党就提出了这一发展科学事业的正确方针。"百家争鸣"就是允许并鼓励不同学派的不同学术见解的自由讨论。真理只有经过充分的探索，互相启发，互相补充，才能认识得愈益深刻。各门科学，只有科学工作者生活在心情舒畅、不受拘束、足以进行创造性劳动的环境里才能取得令人满意的成绩。学术上的是非问题应该经过讨论而求得逐渐明确，要允许保留不同见解，而不允许压制不同观点。不能轻率地采取行政手段来对待学术问题，更不用说不应该把学术见解与政治倾向混同起来。在学术研究中，只要言之成理，持之有故，能成一家之言的见解都应得到尊重。至于其观点是否正确，能否为大多数同行所接受，那要通过实践的检验，由时间来作出回答。在这方面，既允许批评，也允许反批评，不能强求一致。正是由于"百家争鸣"这一正确方针在各种不同场合得到反复的阐述，并且得到切实的贯彻，我国的世界史研究才出现了明显的进展。

我国绝大多数世界史工作者都主张以马克思主义作为研究工作的指导思想。马克思主义的科学体系，历史唯物主义的基本原理，为研究工作提供了基本理论与方法。同时，我们不赞成把马克思主义理论当作一成不变的教条。世界在发展，时代在前进。人类创造历史的活动正在越来越扩展到许多新的领域，变得更加丰富而绚丽多彩。马克思主义也随着时代的前进和经过人们的实践而日益深化和不断发展。近几年来，我们批评了过去存在的把各种历史现象及其发展规律简单化、绝对化，以及不从客观历史实际出发而凭主观臆断任意剪裁历史的教条主义倾向和实用主义倾向。我们一致认为，历史研究必须坚持实事求是，提倡解放思想，独立思考，进行创造性的探索，而决不应该满足于复述现成的答案，墨守陈规，因循旧说。这就要敢于触及和研究时代向历史科学提出的各种新课题，作出新的历史总结和理论概括；也要批判地审查以往的研究成果，在占有新的史料的基础上，对老课题得出新见解。

如同在其他领域中坚持实行开放政策一样，我们认为在学术领域同样必须面向世界。我们有责任吸取人类创造的一切优秀学术成果，有必要认真研究世界上一切有价值的历史资料，也十分需要与世界各国的同行频繁地进行多种形式的交往和学术讨论。只有创立这样一种开放型的、富有朝气和活力的世界史研究的风格，我们才能经过比较和鉴别，在消化和扬弃之中，在广阔的视野里，博采众长，取得更为丰硕的成果。

近年来，我国政府对发展历史科学给予了重要的支持，在中华人民共和国国务院制订的我国发展国民经济第六个五年计划（1981—1985）中，第一次专章列入社会科学的发展规划，其中就包括了历史学。在此期间，经批准作为国家重点科研项目的有 33 个，而属于世界史的达 10 项之多。此外，还有一批项目被列入各省、市、自治区和各部门的科学发展规划。上述种种因素极大地调动了我国世界史工作者的积极性。令人欣慰的是，在 1980—1984 年这五年中，有近百部世界史的学术著作问世，其中既有断代史、国别史和地区史，也有各种专题史和人物传记。例如林志纯主编的《世界上古史纲》（共两卷，1979—1981 年，人民出版社）、朱寰主编的《世界中古史》（1981 年，吉林人民出版社）、林举岱等主编的《世界近代史》 （1982 年，上海人民出版社）、黄绍湘的《美国通史简编》（1980 年增订版，人民出版社）、杨人梗的《非洲通史简编》（遗稿整理，1984 年，人民出版社）、李春辉的《拉丁美洲史稿》（共两卷，1983 年增订版，商务印书馆）、王治来的《中亚史》（第 1 卷，1980 年，中国社会科学出版社）、朱庭光主编的《巴黎公社史》（1982 年，中国社会科学出版社）、刘佩弦主编的《科学社会主义史纲》（1984 年，中国人民大学出版社）、朱贵生等编的《第二次世界大战史》（1982 年，人民出版社）、万峰的《日本近代史》（1981 年，中国社会科学出版社）和《日本资本主义史研究》（1984 年，湖南人民出版社）、李元明的《拿破仑评传》（1984年，中国社会科学出版社）、王绳祖的《中英关系史论丛》（1981 年，人民出版社）、吴春秋的《俄国军事史略（1514—1917）》（1983 年，知识出版社），等等。据不完全的统计，五年内在全国性学术刊物上公开发表的重要学术论文达一百余篇。世界史研究和教学工作者还撰写和编选了一批供高等学校使用的教材和资料。

　　世界史研究工作的进展还表现在研究队伍的逐渐扩大，学术团体的大量涌现和学术活动的日趋活跃。近年来，全国增设了不少研究世界史的机构，如武汉大学的世界史研究所，其他一些高等学校建立的各个国别史、地区史、专题史研究室。有一批高等学校的毕业生和取得了硕士学位的研究生加入了世界史研究者的行列。到 1984 年年底为止，世界史学科的全国性的研究会已有 15 个，共计会员约两千人。各研究会定期召开年会，进行各种专题性的学术讨论，还编辑出版论文集①和各类丛书②。1979 年创刊的全国性的定期学术刊物《世界历史》专门发表世界史的论文和研究资料，有时还举办不同规模的学术讨论会，促进了本学科的发展。

　　近年来我国世界史研究工作的开展有以下几个特点：

---

　　① 三联书店陆续出版了一批由各研究会主编的论文集，其中有《德国史论文集》（1981 年）、《世界现代史论文集》（1982 年）、《非洲史论文集》（1982 年）、《英国史论文集》（1982 年）、《日本史论文集》（1982 年）、《美国史论文集》（1981—1983）（1983 年）、《法国史论文集》（1984 年），等等。

　　② 例如美国史研究会主编的《美国现代史丛书》已经出版两种；第二次世界大战史研究会主编的《第二次世界大战史丛书》，即将出版。

第一，与当前世界上新的技术革命所引起的各门学科大发展的潮流相一致，我国的世界史研究正在形成一门独立的学科。它以世界范围的历史演变为研究对象，注重宏观的整体研究和比较研究。它要通过对于世界的历史发展具有一定影响的各种社会历史现象的研究，诸如社会经济发展、革命与改革、思想文化运动、科学技术突破、国际关系格局、民族迁徙和融合，以及重大的历史事件和著名人物、重要的典章制度和文献著述，等等，探索各个社会形态兴衰更替的历史条件和不同类型，揭示人类社会从原始走向文明、从各自独处一隅进而相互影响，以致汇成整个世界历史这一进程的各个发展阶段及其规律。近年来，吴于廑教授及其他一些学者相继提出，编纂世界历史不应该是各个国别史和地区史的拼合与总和，而是要把世界历史看成一个有机的统一体来研究它的演变与发展。因此，在对世界历史进行纵向研究的同时，还要注意开展横向研究，分析综合不同时期各个民族、各个地区之间的相互影响和相互作用。当然，强调这些着重点并不意味着否定研究国别史和地区史的作用。对世界史的分国研究，不仅有其自身的学术价值，而且也是世界史整体研究的基础。

第二，从我国世界史研究的现有条件出发，有重点地开展专题研究。我国世界史研究的基础薄弱，著述不丰。要求较为迅速地发展和建设世界史学科，提高研究队伍的素质，一个有效的途径便是要对世界历史上具有关键意义的若干重大专题，集中必要的力量进行深入研究，力求有所突破。在选择专题的时候，充分注意到横向对比的研究。例如在第六个五年计划期间国家社会科学重点研究项目中，就有古代世界城邦问题研究和东西方封建制度比较研究。我们还把与我国社会主义现代化建设相关，足资提供历史借鉴的一些专题置于优先的地位。例如苏联过渡时期的历史经验和教训，第二次世界大战的起源等专题，也被列为国家重点科研项目。在专题研究的组织上，我们提倡开展多层次、多种形式的协作。我们在鼓励个人著述的同时，还适当组织一些集体的合作攻关项目。后者是在个人钻研基础上对某个专题进行联合研究和共同著述。这种做法体现了社会主义科学事业的根本特点，也符合当代世界科学研究组织工作总的趋势。我们的世界史研究是整个社会主义建设伟业的一个组成部分。它在相当程度上也是有计划、有组织地进行的。集体攻关项目可以由不同单位的研究人员来承担。这样不仅可以促进学者之间的相互学习，取长补短，也便于有效地使用分散在各自单位及其所在地区的研究资料，以弥补个人单独研究的困难与不足，收集思广益之效。随着科学事业的发展和研究工作的深入，社会科学各学科之间以及社会科学与自然科学之间的关系日趋密切。世界史研究经常需要其他学科的学者的帮助。这也可以通过社会主义协作来实现。

第三，注意世界史学科各种工具书的编写和世界史知识的普及。世界史学科必须充分考虑其社会效果。尤其在我国实行对外开放的情况下，人们越来越希望了解世界各国的现状与历史。顾及并努力满足各个方面对于世界历史知识的需要，是世界史工作者责无旁贷的义务。近年来，全国各地的世界史学者编写出版了不少各种不同内容和类型的工具书。由著名学者陈翰笙教授担任编辑委员会主任委员，从 1980 年起开始组织编写两卷本的《中国大百科全书·外国历史》（约 250 万字），现已基本脱稿。其他比较大型的工具书有七卷本的《外国历史名人传》（约 300 万字）、十卷本的《外国历史大事集》（约 500 万字）和两卷本的《世界近代史人物传》等①。这类工具书除了提供比较系统的知识和资料外，还具有不同程度的学术性。工具书的编写促进了世界史专题研究的开展，也培养和锻炼了人才。

重视普及工作是我国世界史学科发展中的一个优良传统。近年来，我国世界史学者进一步认识到普及世界史知识对社会主义精神文明建设，提高人民群众的文化素养，特别是向青少年进行爱国主义、国际主义和历史唯物主义教育的重要性。60 年代初，已故著名历史学家吴晗教授发起并主编的《外国历史小丛书》（商务印书馆出版），受到了各方面的欢迎。1979 年起，这套脍炙人口的小丛书恢复出版，由陈翰笙教授继任主编，从 1980—1984 年共出版了 120 种，印刷 360 余万册，在内容和形式上都较过去有所提高。中国社会科学院世界历史研究所还主办了《外国史知识》月

---

① 朱庭光主编：《外国历史名人传》，中国社会科学出版社、重庆出版社联合出版，已出六卷，另一卷已付印；朱庭光主编、张椿年副主编：《外国历史大事集》，重庆出版社出版，已有两卷付印，其余各卷将陆续发稿；《世界近代史人物传》（上册），吉林人民出版社 1982 年版。

刊。这家杂志每期发行近三万册，自 1981 年创刊以来，不断有所改进和提高。

第四，有计划地翻译国外各种重要的世界史研究成果，积极开展国际学术交流活动。近年来，我们不仅出版、重版了一批世界史的古典学术名著，还出版了近、现代各国各个不同流派史学家的代表作。例如塔西佗的《历史》和《编年史》、修昔底德的《伯罗奔尼撒战争史》、格雷戈里的《法兰克人史》、马基雅维里的《佛罗伦萨史》、梅林的《中世纪末期以来的德国史》、贝克哈特的《历史学的理论和实际》、威廉·兰格主编的《世界编年史手册》、米·尼·波克罗夫斯基的《俄国史概要》、赫·乔·韦尔斯的《世界史纲（生物和人类的简明史）》、约翰·里德的《震撼世界的十天》、苏联科学院世界历史研究所的《一八七一年巴黎公社史》，等等。中国学者不仅对外国史学著作中包含的史料感兴趣，而且认真分析它们的学术观点，从中得到不同程度的启迪，并借以了解信息。国外史学界业已广泛应用的系统论、控制论、信息论和计量分析等现代科学的研究方法，正在被逐渐引入我国世界史研究领域。

近年来，我国世界史学界和各国同行之间的人员来往、资料交换和学术交流逐年增加。很多全国性和地方性的研究机构和学术团体，以及有关的高等学校都同国外的史学界建立了各种形式的联系。仅就中国社会科学院世界历史研究所而言，这个单位在 1980—1984 年间共邀请五十余位外国史学家来访。他们来自欧洲、美国、日本，以及亚洲、非洲、拉丁美洲第三世界国家。这些学者在该所和其他有关单位进行了讲学和座谈。在这五年中，世界历史研究所也先后派出五十余名学者和青年研究人员到 11 个国家考察、讲学、进修和参加各种国际学术会议。总的来说，目前我国世界史学界的对外学术交流活动还不算太多，当然与五年前的情况相比较，已经不能同日而语了。

以上我们简单地勾画了最近五年中国世界史研究工作发展的概貌，下面拟分古代和中世纪史、近代史、现代史三部分大致介绍这几年的主要研究成果，特别是在这些成果中反映出来的新观点。

二

古代和中世纪史主要由于资料缺乏和古文字方面的困难，一向是我国世界史研究中的薄弱环节。近年来，在全国古代中世纪史学者的共同努力下，研究工作有了不小的进展。

由林志纯教授领导的一个小组撰写的两卷本《世界上古史纲》①（以下简称《史纲》）是这一时期我国古代史研究中的重要成果之一。它探讨了原始社会以及古代西亚、埃及、南亚、希腊、罗马各个文明的起源和发展，对古代史上的很多问题提出了值得注意的见解。作者认为应当废弃史学界关于世界"四大文明古国"（即巴比伦、埃及、印度、中国）的传统提法，代之以世界"三大文明区"（即美洲、中美洲和安第斯文明区；东亚、南亚、中国和印度文明区；印度河流域以西至地中海、西亚、北非和南欧文明区）。

古代城邦和亚细亚生产方式问题在《史纲》中占有突出的地位。作者认为，城邦和亚细亚生产方式不是某地区特有现象，而是普遍存在于世界各地。因此，作者不赞同所谓"古代东方"和"东方专制主义"这样的概念，强调了古代世界历史发展的统一性。这部著作的另一特点是较多地介绍和引述了国外最近的研究成果和考古发掘材料，使多年与国外学术界隔绝的中国读者耳目为之一新。《史纲》提出的学术观点虽然还没有被我国世界史学界普遍接受，但它力图从实际的史料出发进行实事求是的研究，因而受到人们的重视。

《世界上古史纲》关于古代城邦的观点，在我国古代史学界引起了反响。不仅世界史学者，而且中国史学者，也参加了这一问题的讨论。讨论涉及古代城邦的概念，城邦的产生和存在范围，城邦的阶级关系、经济基础和政治体制，以及从奴隶制城邦到奴隶制帝国的发展规律等问题。对于这些问题，学者们的观点并不完全一致。以上述《史纲》的作者为代表的一派学者认为，世界上最早出现的国家，不论在西方或是在东方，都是城市国家或城邦。它是早期奴隶制国家的普遍形式，是世界各国由原始社会

---

① 《世界上古史纲》（上下册），人民出版社 1979—1981 年版。

进入阶级社会的必经阶段。城邦的经济基础是城市公社所有制与公民集体私有制相结合的古典所有制和小土地所有制；大土地所有制与小土地所有制的斗争，贯穿于整个城邦时期。城邦的主要政治形式是共和国，其阶级斗争主要表现为自由民内部贵族与平民的斗争。城邦最后不可避免地要被专制主义的奴隶制帝国所代替。

另一些学者不同意或不完全同意上述看法[1]。他们着重于历史发展的特殊性和多样性，认为城邦并不具有普遍意义。在古代东方，当社会还未完成第二次大分工、商品交换很不发达、城市尚未出现之时，就已经产生了国家。最早的国家不一定都以城市为中心，如古代两河流域和埃及最初的国家是由一些农村公社联合起来的，被称为村社国家[2]。关于城邦的经济基础，有的学者认为，城邦的本质特征是其阶级性，它虽然保留了不少原始社会的因素，但从本质上来说，它的经济基础是奴隶主所有制。奴隶主阶级通过国家和个人对生产资料（土地、奴隶、作坊等）的占有，是奴隶制城邦经济基础的核心[3]。在论及城邦的政治体制时，有的人指出，城邦并不等于共和国，其政体是多种多样的，随着时间和地区的不同而变异，在多数情况下取决于平民与贵族之间斗争的结局[4]。还有一些学者指出，奴隶制城邦并不都发展为奴隶制帝国，马其顿帝国的出现不是希腊城邦本身发展的结果，而是马其顿人对这些城邦的兼并与征服所造成。[5]

关于古代城邦制度的研究和讨论，目前还在深入进行。有关学者们准备在对古代中国、印度、西亚、埃及、希腊、罗马等重点地区的城邦分别进行具体剖析的基础上进一步开展比较研究，写出专著。

我国世界古代史学者比较重视的另一个问题，即《史纲》中论及的亚细亚生产方式问题。中国学者对国外有些学者沿用亚细亚生产方式这一概念，说今天的中国仍然是建立在亚细亚生产方式基础上的"官僚主义集权

---

① 参阅远方《关于世界古代城邦的几个问题》，《世界历史》1982 年第 4 期。

② 左文华：《关于奴隶社会史的几个问题》，《吉林大学学报》1980 年第 2 期，《论古代城邦产生与存在的条件》，《思想战线》1982 年第 1 期。

③ 王敦书、于可：《关于城邦研究的几个问题——兼评〈世界上古史纲〉关于城邦和帝国的观点》，《世界历史》1982 年第 5 期。

④ 同上。

⑤ 陈隆波：《城市、城邦和古代西亚、北非的早期国家》，《世界历史》1984 年第 4 期。

制"国家等论点持否定态度，认为这已经不属于严肃的学术研究的范围。作为一个学术理论问题和世界古代史上的问题，亚细亚生产方式还是值得深入研究的。早在 50 年代，它已引起了很多中国学者的兴趣，可是不久这方面的研究工作中断了。近年来这一研究有所进展。1981 年几家全国性的史学杂志还专门召开了历时一周的学术讨论会，广泛地交流了研究成果。

从近年发表的著述来看，亚细亚生产方式研究涉及的问题很多，其中包括：如何理解马克思提出的"亚细亚生产方式"，它是不是一个有确定内容的科学概念，马克思、恩格斯在晚年是否放弃了这一概念？亚细亚生产方式是人类历史发展中的一个必经阶段，还是东方各国特有的社会经济形态，它的特点和内容是什么？亚细亚生产方式和马克思主义关于社会经济形态更替的理论有什么关系，对于这些问题，学者们的回答是各种各样的。

关于亚细亚生产方式的特点和内容，有的学者认为，它具有两个特点：一是原始性，它指的是人类历史上最初的一个社会经济形态；二是普遍性，它是各国、各民族历史发展的必经阶段。换言之，"亚细亚"决不是一个地理名称，而是泛指一切文明民族在其历史初期都经历过的一个阶段[1]。有不少学者并不同意上述观点。有人认为亚细亚生产方式不是指史前时期的社会经济形态，而是一种具有对抗性的奴隶制社会经济形态[2]。还有人认为亚细亚生产方式是指不同于西欧型的东方型的封建社会经济形态。还有一些学者提出了这样的观点：亚细亚生产方式虽然是一种独立的社会经济形态，但不是社会发展的一个阶段。他们认为，马克思在《〈政治经济学批判〉序言》中所说的"社会经济形态演进的几个时代"是在分析社会生产时抽象出来的经济运动规律，是指生产发展到一定历史阶段的几种对抗经济形式，并不是指人类历史发展的一般规律。因此，亚细亚生产方式属于经济范畴，不是历史范围[3]。

---

① 《世界上古史纲》编写组：《亚细亚生产方式——不称其为问题的问题》，《历史研究》1980年第 2 期。

② 吴泽、丁季华：《关于亚细亚生产方式的几个问题》，《历史教学》1981 年第 2 期。

③ 张亚琴、白津夫：《亚细亚生产方式的症结在哪里？》，《世界历史》1981 年第 4 期。

与以上的讨论相联系，有的学者认为，如果把亚细亚生产方式认作一种独立的历史阶段，那么历史上的生产方式应是六种，而不是五种①。有人则认为社会经济形态的发展可归纳为"公有制—私有制—公有制"的公式②。还有人认为，奴隶社会、亚细亚社会（东方社会）和封建社会三者有很多共同性，与其把它们看作三种不同的经济形态，不如看作是一种经济形态的三个类型或模式③。不过，大多数人不同意这些看法，认为五种生产方式依次更替是人类社会发展的规律，是马克思主义的一个根本原理，是不容随意推翻的。

在介绍近年来古代和中世纪史研究的成果时，我们还必须指出吴于廑教授的两篇重要学术论文——《世界历史上的游牧世界与农耕世界》和《世界历史上的农本与重商》④。在前一篇论文中，作者阐述了几千年前在欧亚大陆上农耕世界和游牧世界的形成和它们各自的特点，以及从古代至公元13—14世纪时游牧世界对农耕世界的三次大冲击。其结果是很多游牧民族和半游牧民族被农耕世界吸收和融合，以致农耕世界日趋扩大。作者着重指出，这几次大冲击，虽然给经济带来了严重的破坏，但扩大了彼此的交流，打破了各地区、各民族间的闭关自守，在历史发展成为世界历史的漫长过程中起了巨大的积极作用。后一篇论文是前一篇的继续，主要论述了三个问题。一是欧亚大陆东西方的封建农本经济都重农抑商，都是耕织结合的自足经济，但西方封建农本经济具有自己的特点，其中最明显的是重视对牲畜的饲养和利用，保留着从事牧业的古老传统。二是由农本而重商的变化最初发生在西欧，变化的起因在农本经济的内部，具体内容是商业和城市经济由封建农本经济的附庸发展为它的对立物，促使它转向商品经济。三是重商主义是资本主义工业世界涌现的历史前奏，这是历史发展为世界历史的重大转折。

以上两文不仅把古代世界各地、各民族的历史作为一个整体进行了考

---

① 吴大琨：《关于亚细亚生产方式研究的几个问题》，《学术研究》1980年第1期。
② 苏凤捷：《关于社会形态的质疑和探索》，《中国史研究》1981年第3期。
③ 胡钟达：《试论亚细亚生产方式——兼评五种生产方式论》，《中国史研究》1981年第3期。
④ 分别发表于《云南社会科学》1983年第1期与《历史研究》1984年第1期；前一篇还摘要刊载于《世界历史》1983年第1期。

察，也对古代欧亚大陆东西方的历史进程，特别是封建经济的发展进行了对比研究，其论点和论述问题的角度与方法都为我国史学界所瞩目。

近年来在中世纪史研究中，对欧（主要是西欧）亚（主要是日本和中国）封建制度的比较研究有相当进展。这是因为亚细亚生产方式的再讨论引起了对各国奴隶社会和封建社会的共同性和特殊性的重新探索，以便更深入地阐明这两种社会经济形态的本质特征和普遍规律；同时还因为这种比较研究可以加深我们对今天中国和日本以及西欧一些国家某些现状的理解。这方面的初步研究成果已经陆续发表①。1983 年举行的中外封建社会史比较研究学术讨论会，可以说总结了已经取得的研究成果。

目前，在封建社会的对比研究中逐渐形成两种不同的观点。一种以庞卓恒副教授等为代表，他在《中西封建专制制度的比较研究》等著述中着重论证西欧和中国的封建社会的不同，认为中国封建社会的经济基础是农业与家庭手工业相结合的小农经济，这与西欧的庄园制度下的小农经济以及土地的等级所有制很不相同。在政治上，中国的封建专制制度与西欧的封建君主制度和贵族民主制度也不一样。这就决定了中国和西欧封建社会在发展的速度上的不同。有的学者还具体指出，西欧封建社会发展较快的根本原因是西欧的直接生产者农民较中国农民的物质状况更好一些，如中世纪的英国农民平均可有 10%—20% 的剩余，这是中国农民所达不到的。显然，这种比较分析是从"异"出发来研究问题的。

另一种观点以马克尧副教授等为代表，他在《罗马和汉代奴隶制比较研究》和即将出版的《西欧封建经济形态研究》等著作中着重指出西欧和中国封建制度的共同点，认为东西方的封建经济、政治制度从其本质特征上说是一样的。有的学者指出，中国和西欧的封建农业都是以自然经济为主，生产力都比较低下。为了满足封建主的需要，当时都有一种以农民劳役经营的自营经济类型存在。所不同的只是由于中国农业生产力较发

---

① 庞卓恒：《中西封建专制制度的比较研究》，《历史研究》1981 年第 2 期；马克尧：《罗马和汉代奴隶制比较研究》，《历史研究》1981 年第 3 期；孔令平：《中世纪前期英国的田制与北魏均田制的比较研究》，《世界历史》1981 年第 5 期；王正平：《论中国与英法封建君主专制的形成及其实质》，《杭州大学学报》1982 年第 2 期；庞卓恒：《西欧封建社会延续时间较短的根本原因》，《历史研究》1983 年第 1 期；马克尧：《关于劳役地租的考察》，《世界历史》1984 年第 1 期以及其他。

达，商品经济较发展，中国地主的自营经济与西欧相比，较为微弱而已。在这些学者看来，历史学上关于东西方封建社会的不同概念是长期以来史学家们的传统观念和方法论上的差别等复杂原因造成的。这种观点显然是求"同"存"异"，通过比较分析得出了新的"同"。以上两种不同观点或者说方法，目前都还在继续完善之中，有待于更进一步地深入研究。

在晚期中世纪史研究方面，西欧封建制的解体和资本主义萌芽的产生，是中国史学界所关注和探讨的重点课题之一。不少学者充分地评价了商业资本和重商主义政策对封建制度解体所起的重要瓦解作用。它们打破了封建农本经济的闭塞状态，促进了城乡工商业和海外贸易的空前发展，沟通了东西方各民族的经济联系，并为资本主义工业化的到来准备了历史前提①。

但同时多数学者认为，不要过分夸大商业资本对封建制度解体和资本主义萌芽产生的历史作用。资本主义生产方式之所以能在一个国家里建立并得到发展，不是取决于商业资本发展的规模，而是决定于工业资本成长的条件。16 世纪意大利经济的由盛而衰和荷兰、英国经济的迅速发展，说明了工业资本较之商业资本对新旧生产方式的交替有着更为重要的作用。

还有一些史学工作者认为，对工场手工业的考察是研究中世纪晚期社会经济形态演变的关键。有人分别研究了意、德、英、法、荷等国工场手工业的发展和演变，指出只有英、荷两国工场手工业的发展成长最富有变革性，为这两个国家近代经济的增长奠定了雄厚的基础。

史学家们还就宗教改革、君主专制、统一的民族国家、重商主义政策等对资本主义萌芽的成长所起的作用进行了探讨。这种不局限于经济范围的考察社会形态演变的研究工作，目前仍在继续进行之中。

三

我国世界史学者对近代史的研究一直比较重视，投入的力量相对来说也比较多。欧美国家和日本的资产阶级革命和改革运动，近代国际工人运

---

① 吴于廑：《世界历史上的农本与重商》，《历史研究》1984 年第 1 期。

动的兴起和发展，以及拉丁美洲的独立运动，是近年来我们研究的主要课题。

资产阶级革命史的研究，过去不仅在理论上受"左"的影响，而且研究的范围也比较狭窄，往往局限在阶级斗争和人民群众的作用这一类问题上。现在，学者们开始注意从政治、经济、思想文化等方面进行综合研究，包括对一些重大的事件和主要的人物进行实事求是的评价，还重视对不同国家的革命或改革运动进行比较研究，从而提出了不少引人注目的见解。

1981 年，刘宗绪副教授撰文对英、法资产阶级革命研究中的某些理论问题提出了与传统观点不尽一致的看法。其中谈到衡量资产阶级革命彻底与否的标准问题。他认为，资产阶级革命的根本任务是推翻封建制度，建立资本主义制度。这是评价资产阶级革命的主要标准。过去在研究中往往把农民是否得到土地作为评价资产阶级革命是否彻底的尺度，这是不妥当的。在学术讨论中也有一些学者认为，以往关于英法资产阶级革命的研究中确有简单化和绝对化的片面性，重新进行再探讨是必要的，但不能由此产生另一种片面性。推翻封建制度，其中就包括农民从封建桎梏下争取解放，这与发展资本主义需要自由劳动力是一致的；不能撇开被压迫阶级群众的解放来评价资产阶级革命。

与此相关的，刘宗绪还认为，在早期资产阶级革命中，最先掌握政权的总是资产阶级上层，即金融资产阶级。他们往往主张君主立宪，对此我们的研究者长期以来都持批判和否定的态度。其实，君主立宪制和共和制都是资产阶级的政权，而前者更符合早期资产阶级革命时代社会经济发展的实际水平[1]。

一些学者对长期以来存在于我国史学界的关于英国资产阶级革命的保守性的观点提出了质疑。英国革命保守说的根据之一是英国在 1688 年"光荣革命"以后确立了君主立宪政体。事实上，这次事件应当被看成是一次革命，它保卫了 40 年代的革命成果。[2]

---

[1]　刘宗绪：《欧洲早期资产阶级革命的几个问题》，《北京师范大学学报》1981 年第 5 期。
[2]　刘祚昌：《世界近代史若干问题》，《山东师范学院学报》1981 年第 2 期。

英国革命的特点之一是资产阶级与新贵族结成联盟。关于新贵族的问题，过去我国研究不多。近几年来史学家们开始对新贵族的性质问题进行探讨。有的学者认为，新贵族不是从旧贵族中分裂出来的。旧贵族在1485年红白玫瑰战争之后已互相残杀殆尽。其后裔从土地上赶走佃户，代之以绵羊，实质上成了资产阶级。后来又有大批非贵族出身的商人，手工工场主等加入了这一阵营，从而使新贵族成为一个多种成分的"复合体"。它使英国革命有别于法国革命，使革命后的英国社会带有很大的"表面延续性"。

我们在研究英、法资产阶级革命时，对一些重要的历史人物是很重视的。关于克伦威尔的评价，近年来也出现了一些不同于过去的观点。有人认为，克伦威尔并不是一个真正的革命者。他斩杀国王并非为了废止君主专制，而是为了取而代之。他操纵议会和军队，欺骗和镇压人民，特别是入侵爱尔兰，充分证明他不想满足当时整个社会的需要，而是为了实现个人的欲望，因而最终导致封建王朝复辟。另一些学者不同意上述观点，主张对克伦威尔作分段评价。在共和国成立以前应对他基本肯定，在后期则应基本否定。

关于对丹东和罗伯斯庇尔的评价，有些学者认为丹东后期提出的"宽容政策"并不意味着"倒退复辟"和"妥协投降"，它对内主张人道、宽大和法治，反对恐怖扩大化，对外主张通过谈判实现和平。这种政策是合理而正确的。丹东的一生是革命的一生。基于对丹东的这一新评价，有的研究者从各个方面论证了雅各宾派统治后期的恐怖政策不仅是多余的，并且扩大化，因而最后导致了雅各宾派的失败。

关于对拿破仑的评价，是中国学者在研究法国大革命史过程中讨论得比较热烈的一个问题。发表的文章多从不同侧面着眼，论点各异。不久前，中国社会科学出版社出版了李元明教授的《拿破仑评传》。这是我国学者写的第一本研究拿破仑的著作。它从拿破仑的世界观、军事思想、外交政策、宗教政策以及《拿破仑法典》等方面对这位历史人物进行了比较全面的评述。

美国的独立战争和南北战争实际上是两次资产阶级革命运动。它们和英、法资产阶级革命一样，一直是我们比较重视研究的课题。从发表的论著来看，着重论述的是这两次革命的起因，认为它们是新生的资本主义生产方式不断发展的必然结果，既不是出于"历史的误会"，也不是什么"社会的、道德的力量"所致。① 学者们对近代美国资本主义经济，特别是农业迅速发展的原因感到很大的兴趣。有的学者认为，农业资本主义发展中"美国式道路"形成的原因是美国民主力量的强大，独立的自由农民在"自由土地"上不受封建残余束缚地自由发展为资本主义的农场主。②。还有的学者具体分析了促使美国农业迅速发展的各种条件，其中包括美国从未经历过封建社会，内战以后扫除了资本主义发展的主要障碍，以及政府制定的各项正确的政策和措施等。③

在研究美国内战史时，对林肯的评价问题展开了热烈的讨论。过去中国史学界一般都认为林肯是一个限奴派，不是废奴派。近年来出现了一些不同的观点。例如有的学者认为，林肯发表《预告性解放宣言》和《最后解放宣言》都是自觉的行动，并未受到外界的逼迫。他发动内战，主张联邦统一，不是为了"称霸世界"，而是为了消灭南方的奴隶制度。因此林肯应当被认作是一个彻底的废奴主义者。④ 另一些学者基本上赞成这种观点，但认为林肯的废奴思想有一个发展过程。在就任总统前，他主张对奴隶和平赎买、移植国外，试图通过和平的政治斗争来实现历史性的革命改造。就任总统以后到内战前，他主张维护联邦两种制度共存的现状，反对奴隶制扩展。这是为前跃而后退，并不是从根本上抛弃反奴隶制政纲。内战爆发后林肯终于采取了坚决的废奴主义立场。⑤ 当然，坚持林肯不是废奴派者仍然不少。例如黄绍湘教授等曾撰文从林肯的思想、言论及其基本政治倾向，从马克思主义经典著作对林肯的论述，从美国一些主要史学

---

① 张友伦：《试论北美独立战争的必然性》，《历史教学》1982 年第 8 期；郭宁林、霍光汉：《试论美国内战的爆发》，《郑州大学学报》1982 年第 2 期。

② 潘润涵、何顺果：《近代农业资本主义发展的"美国式道路"》，《世界历史》1981 年第 1 期。

③ 李存训：《美国南北战争后农业迅速发展的特点与原因》，《世界历史》1981 年第 4 期；黄安年：《美国经济发展和封建影响的消除》，《北京师范大学学报》1981 年第 1 期。

④ 霍光汉、郭宁林：《关于林肯的评价问题——与刘祚昌同志商榷》，《世界历史》1981 年第 2 期。

⑤ 王洪慈：《林肯是废奴主义者》，《世界历史》1982 年第 1 期。

流派对废奴主义者的评价等方面，论证了林肯不是废奴主义者。[①]

中国学者在研究资产阶级革命史中，对德国的统一和俾斯麦的评价也普遍感兴趣。一些学者着重指出，德国统一是历史的必然。俾斯麦对德国的统一采取了暴力，即所谓"铁血政策"。由于其主要矛头所向是国内外反对统一的势力，所以可以认为这是一种革命的暴力。俾斯麦在统一德国过程中采取了各种灵活的策略。[②] 对于俾斯麦的对外政策，学者们也进行了热烈的探讨。[③] 在评价俾斯麦时，尽管具体观点还不尽一致，但大多数人都认为既要看到他为统一德国所作的贡献，又要指出他的历史局限性；不同意把俾斯麦说成是"条顿超人"，也不赞成把他所完成的统一事业说成是"完整的罪行录"。

关于日本明治维新的研究，颇为引人注目。专题论文集《明治维新的再探讨》是具有代表性的研究成果。[④] 关于明治维新的性质，大多数研究者倾向于资产阶级革命说，不过具体的理解各不相同：有的认为是"不彻底的资产阶级革命"，有的则认为是"后进国的资产阶级革命"或"没有资产阶级的资产阶级革命"。仍有一些学者坚持资产阶级改革说，或是革命与改革两阶段说。有的学者还称之为"属于近代民族民主运动范畴的资产阶级改革运动"。对明治维新的研究涉及的问题很广，如倒幕派、下级武士的阶级属性和作用，天皇制政权的阶级基础，日本原始积累的特点，"殖产兴业"政策和明治时期的教育，等等。在这些方面都有各种论著发表。值得指出的是万峰研究员的《日本近代史》和《日本资本主义史研究》两本著作。其中对明治维新这一重要课题的论述，就其广度和深度来讲，都是颇有价值的。

近代欧洲工人运动的历史是近年来中国学者比较重视的另一个大课题。研究工作的进展主要表现在对一些重大的事件进行了全面深入的探

①　黄绍湘、毕中杰：《关于林肯评价问题的商榷——兼论评价美国历史人物的几点意见》，《社会科学战线》1982 年第 2 期。

②　丁建弘：《论俾斯麦在德国统一中的作用》，《历史研究》1982 年第 2 期；孙炳辉、赵星惕：《评俾斯麦的铁血政策》，《世界历史》1981 年第 2 期。

③　王鹏飞：《俾斯麦是怎样充当俄国外交奴仆的》，《世界历史》1982 年第 5 期；邱凯淇：《俾斯麦外交再讨论——兼与王鹏飞同志商榷》，《世界历史》1983 年第 6 期。

④　《世界历史》编辑部编：《明治维新再探讨》，中国社会科学出版社 1981 年版。

讨，并对一些有关的历史人物提出了新的评价。

1871 年巴黎公社是无产阶级专政的伟大创举。这一革命事件的历史从来就是新中国史学工作者认真研究的对象。但是，以往的研究大多局限于公社的经验教训方面。近年来的研究成果，特别是公社 110 周年前后发表的一批著述表明，研究的领域在逐步扩大，研究的深度在不断加强。一些重要的论著涉及的题目有公社的历史前提及其历史渊源，公社政权的性质，公社原则的含义，国民自卫军中央委员会的地位和作用，公社领袖人物的功过，公社的工资制度，公社的文化教育措施，公社在中国的反响等问题。其中有些问题还引起了热烈的争论。前面已经提及的朱庭光主编的《巴黎公社史》，是我国学者自己撰写的关于这一课题的第一部学术著作。它通过比较丰富的历史资料，论证了公社革命的历史的必然性，着重阐述了公社作为无产阶级新型国家雏形的基本特征，公社实行无产阶级民主的伟大创造，以及公社革命者建设和保卫公社的英勇事迹。书中比较详细地介绍了公社的各项重要法令、决议和决定，并通过这一点论证了公社革命和政权的无产阶级性质。该书作者们力图将公社作为国际无产阶级革命事业的一个组成部分予以考察，阐述了公社与第一国际的关系，欧美各国无产阶级对公社的支持，并指出它在世界历史上的地位和对马克思主义发展的意义。

对第一、第二国际史的研究，近年来总的趋势是不断深入。学者们开始突破原来的框框，从当代国际工人运动和马克思主义理论的新发展出发来重新思考和探索有关的历史问题。有些史学家对评价一些过去被否定的或是有争议的历史人物感兴趣。这方面比较重要的著述有彭树智副教授的《伯恩斯坦——修正主义的鼻祖》、李显荣副研究员的《巴枯宁评传》、张文焕研究员的《拉萨尔评传》，以及相当数量的论文。研究者们力图进行实事求是的分析，对一些复杂的历史人物指明其思想和实践的演变过程，对于他们的是非功过作出全面的科学评价。例如有些研究者指出，伯恩斯坦作为修正主义的创始人不容翻案，但对他一生思想的演变应当给予具体和恰如其分的分析。他早年曾是激进的民主主义者，中期是"革命的社会民主党人"，在 1880—1890 年主编《社会民主党人报》期间虽有所动摇，仍然为宣传马克思主义作出了贡献，只是到 1896 年以后才逐渐发生质变，最终堕落为修正主义者。在对考茨基的研究中，学者们同样认为，他也有一个从马克思主义者到中派主义者，最后到叛徒的演变过程。有的研究者把考茨基的思想演变分为三个阶段：19 世纪 80 年代至 1910 年是马克思主义者；1910—1917 年是中派主义者；1917 年以后堕落为叛徒。① 对列宁批判考茨基时使用的"叛徒"一词，也有不同的理解。有人认为"叛徒"的含义既是理论上的，也是政治上的；另一些人则认为仅仅是理论上的。多数学者都认为，对待这些国际工运史上的反面人物，既不能美化，也不能简单化地笼统否定。

对于国际工运史上有过杰出贡献而又犯了严重错误的一些人物，史学家们也提出了某些与以往不同的见解。有的研究者认为，在评价卢森堡时，必须对她和列宁之间的争论进行客观的具体分析。例如在建党问题上，卢森堡虽然错误地批评了列宁的集中制思想，而且过分夸大了群众的自发性，但总的来说还不能认为卢森堡有一个与马克思主义相对立的自发论体系。她的思想与孟什维克还是不同的。她强调群众的自发运动和党内自下而上的民主监督多半是从西欧和德国的情况出发的。这样的结论对俄国就不适用。

拉丁美洲独立运动，在我国史学界也引起了热烈的讨论。不少学者在论述独立运动前夕的资本主义萌芽时，具体考察了手工业、商业和农业中资本主义因素的产生和发展。学者们分别研究了巴西、海地等国家独立运动的特点和进程，并就其中一些带根本性的问题进行了深入的探讨，提出了不同于一些国外学者的见解。例如有的论著指出，巴西的独立既不是像巴西本国的一些史学家所说的是葡萄牙君主开明意志预谋的结果，也不是像外国一些学者所说仅仅是从葡萄牙分离出来，而是巴西人民长期武装起义和流血斗争的结果。这与西属美洲殖民地的独立道路没有本质上的不同。②

对独立运动的性质和领导权问题，在学者中存在着争论。一部分人认

---

① 李兴耕：《关于考茨基中派主义形成的时间问题》，《世界历史》1982 年第 2 期；李宗禹：《关于"考茨基主义"研究中的一些问题》，《世界历史》1982 年第 3 期。

② 方迥澜：《巴西是怎样赢得独立的》，《历史研究》1980 年第 3 期。

为，独立战争是拉美人民反对殖民制度和封建主义的资产阶级性质的革命，另一部分人则强调独立战争的反对殖民主义性质，因为它的主要成果是推翻殖民统治，使国家获得了独立。有的学者认为在拉美的大部分地区，独立战争是由土生白人自由派地主领导的，少数地区由新兴资产阶级领导。也有的学者不同意这一观点。中国史学家对拉美独立战争的著名领导人博利瓦尔和圣马丁等人进行了实事求是的评价。他们指出，马克思在1858 年写的《博利瓦尔—伊—庞特》一文中对博利瓦尔作了基本否定的评价，这主要是当时缺乏文献资料造成的。博利瓦尔是杰出的资产阶级民主主义者和拉丁美洲民主政治的奠基者。[①] 他的"大陆主义"思想滋养了一代拉丁美洲人民，成了拉美人民团结战斗的共同理想。它并不是美国所鼓吹的"泛美主义"，而是没有帝国主义的民主的美洲主义。[②] 博利瓦尔所进行的是一次资产阶级性质的革命。[③]

四

近年来，世界现代史的研究主要集中在以下几个问题上：一是苏联由资本主义向社会主义过渡问题，二是美国由一般垄断资本主义向国家垄断资本主义过渡问题，三是第二次世界大战史，四是亚非拉国家民族解放运动史上的一些问题。

苏联过渡时期史受到学者们的重视并非偶然。除了世界史学科发展本身的需要外，我国社会主义现代化建设的开展也要求认真研究苏联的历史经验和教训，以便从中取得有益的借鉴。在最近几年公开发表的著述中，有相当一部分是关于"战时共产主义"和新经济政策问题的。对于"战时共产主义"，过去一般都是简单地予以肯定，因为它使苏俄度过了内战时期的各种困难，拯救了新生的苏维埃政权。近年来的一些研究著述则提出了这样一种观点："战时共产主义"政策，既是为了应付战争而被迫采

① 萨那：《论西蒙·博利瓦尔及其政治思想》，《世界历史》1980 年第 2 期。
② 肖枫：《论博利瓦尔的拉美联合思想——纪念西蒙·傅利瓦尔诞生二百周年》，《世界历史》1983 年第 3 期。
③ 洪国起：《论西蒙·博利瓦尔》，《世界历史》1983 年第 5 期。

取的非常措施，又是企图直接过渡到共产主义的尝试。作为前者，它是成功的，有成绩的；作为后者，它失败了，有严重的错误。[①] 有的研究者还把实施"战时共产主义"分为两个阶段：从1918—1919年是为了适应战时的需要；从1920—1921年初则主要是考虑直接向共产主义过渡。[②] 当然，在评价"战时共产主义"时，在研究者中是有分歧的，有的强调它的错误，有的突出它的功绩。但有一点是共同的：大家都力求突破传统的看法，既揭示"战时共产主义"的积极作用，又分析其消极后果，从而得以比较全面、深入地探索它的经验教训。

对于新经济政策的研究，近年来总的趋向是不断向纵深发展。很多研究者不满足于从整体上和一般的理论概念上阐发向新经济政策过渡的必要性和新经济政策的实质，而是进一步分别从农业、工业、商业等各方面来具体研究新经济政策的实施情况。从发表的著述来看，农业方面的研究题目有土地关系问题、雇工问题、合作社问题等；工业方面的题目有租让制问题、租赁工业问题、管理体制问题等；商业方面的题目有对私人商业的政策问题等。此外，有些学者还进行专题研究，题目有新经济政策与工农联盟、新经济政策与商品经济、新经济政策与国家资本主义、新经济政策与俄共（布）党内斗争以及耐普曼的构成、性质和作用等。研究者提出了值得重视的见解，如有的人认为耐普曼不是一个"新生资产阶级"，它主要由小资产阶级和个体劳动者组成，对活跃和发展苏维埃国家的经济生活起了积极的作用。总的来说，中国学者对新经济政策有很高的评价，认为它有效地促进了苏联国民经济的恢复和发展，它的某些原则对其他国家具有普遍意义。

在研究"战时共产主义"和新经济政策本身的同时，我们还对列宁关于在小农经济占优势的俄国建设社会主义的理论这一重大问题进行了探讨。多数人认为，马克思、恩格斯关于社会主义社会的理论是以无产阶级革命在一切或大多数发达的资本主义国家同时取得胜利为前提的，而历史

---

① 杨彦君：《苏俄"战时共产主义"政策的内容、后果和教训》，《国际共运史研究资料》第4辑，人民出版社1982年版。

② 叶书宗：《也谈列宁主义与"战时共产主义"》，《世界历史》1982年第2期。

的发展却是革命首先在俄国这个不发达的资本主义国家单独取得胜利。列宁是经历了一个反复探索和实践的过程才找到了在俄国实现社会主义的正确途径的。这种情况不仅丝毫无损于列宁作为革命领袖的伟大形象，而且证明马克思主义是在实践中不断丰富和发展起来的。

关于苏联国家工业化和农业集体化的问题，多数研究者从肯定苏联在斯大林领导下在社会主义建设中取得的成就的前提出发，着重探讨了苏联社会主义模式形成的历史过程和这种模式的成就与弊端。

20 世纪二三十年代联共（布）党内斗争也是学者们感兴趣的问题。尽管这方面的原始资料比较缺乏，研究工作还是取得了不少成果。在布哈林研究中，郑异凡发表的一些论文是引人注目的。这位作者在他 1981 年发表的一篇论文中，在指出布哈林的理论错误及其根源的同时，对布哈林长期受到批判的某些理论观点提出了自己的看法。作者认为，用所谓"半无政府主义"的提法，并不能概括布哈林在国家问题上的思想，布哈林也从未真正犯过"半无政府主义"的错误。1925 年布哈林提出所谓"发财吧"的口号，是主张采取"消灭贫穷的政策"，其着眼点是发展整个国民经济，特别是正确处理工农业之间的关系。布哈林从未提过"阶级斗争熄灭论"，他在这方面的主要观点基本上是符合过渡时期阶级斗争发展的实际情况的。① 这位作者在 1984 年发表的另一篇论文中着重评述了布哈林的经济思想，认为布哈林关于过渡时期社会主义建设的思想具有独创性。他指出，所谓"落后型"的社会主义模式，是布哈林在苏联转入新经济政策时期大胆提出的一种设想。布哈林进一步阐述了列宁晚年提出的合作制思想，认为合作社是农民走向社会主义的康庄大道，还提出了劳动消耗规律的理论，要求国民经济按比例发展，以及工农业生产、工业各部门和农业各部门的平衡发展。这些都是布哈林在理论上的贡献。② 当然，在布哈林的研究中，也同其他若干问题一样，存在着不同的评价。

关于美国由一般垄断资本主义向国家垄断资本主义过渡的问题是一个关系到资本主义发展规律的重大课题。这是时代向历史学提出的一个新问

① 郑异凡：《有关布哈林的若干问题》，《世界历史》1981 年第 1 期。
② 郑异凡：《论布哈林社会主义经济建设思想》，《世界历史》1984 年第 4 期。

题。以刘绪贻教授为代表的一些世界史学者认为，国家垄断资本主义是不同于自由资本主义和一般垄断资本主义的一个新的资本主义发展阶段。国家垄断资本主义从 19 世纪末 20 世纪初开始出现，20 世纪 30 年代经济大危机期间在大多数资本主义国家中迅速发展，至第二次世界大战以后逐渐臻于成熟①。刘绪贻以美国为例进一步指出，罗斯福总统按照凯恩斯主义的政策迅速地推进国家垄断资本主义，在美国建立了"福利国家"。这对美国工人运动产生了消极的影响，使美国的革命运动在第二次世界大战后进入低潮，从而暂时延长了资本主义的寿命。不过，国家垄断资本主义并没有消除美国社会的基本矛盾；更严重的经济危机和更剧烈的工人运动仍在酝酿中，因此目前仍然处于无产阶级革命的时代。②

与上述观点相联系，一些世界史学者认为应当重新评价罗斯福推行的"新政"。过去多数学者都认为，"新政"是为垄断资产阶级服务的，是美国统治集团为了挽救垂死的资本主义制度而采取的一系列措施。它压制了人民的民主权利，加重了对劳动人民的剥削，最后以失败而告终。最近时期，除了这样的看法外，有些研究者还提出了不同的论断，认为"新政"是采用资产阶级改良主义的办法，将美国私人垄断资本主义迅速而全面地推向非法西斯式的国家垄断资本主义，从而局部地改变了社会的生产关系，相当程度地改善了美国劳动群众的政治经济处境，暂时缓和了阶级矛盾。③ 有的研究者指出，不能以分析"新政"的阶级实质来代替对"新政"的全面评价。"新政"是美国历史上的一种进步现象。它的作用可以归纳为以下几点：第一，缓和了经济危机和由此激化了的阶级矛盾，使国民经济免于彻底崩溃，恢复了社会生产力；第二，避免了美国走上法西斯道路，并为美国参加反法西斯阵营和取得反法西斯战争胜利打下了基础；第三，为美国和一些西方国家的垄断资产阶级维护资本主义统治提供了经

---

① 刘绪贻：《世界现代史体系中的一个重大问题》，《世界历史》1984 年第 5 期。

② 刘绪贻：《世界现代史体系中的一个重大问题》，《世界历史》1984 年第 5 期；《美国垄断资本主义发展史与马列主义》，上海《社会科学》1984 年第 2 期。

③ 刘绪贻：《罗斯福"新政"对延长垄断资本主义生命力的作用》，《历史教学》1982 年第 9 期。

验；第四，使美国和苏联建立了外交关系，同时对拉美国家实行"睦邻政策"。① 关于"新政"的争论还涉及"新政"与凯恩斯主义的联系和"新政"的阶级背景等很多问题。

我国学者把第二次世界大战前史作为一个重点研究的课题。齐世荣教授在《三十年代英国的重整军备与绥靖外交》等著述中，对英国重整军备不力的原因及其与绥靖外交的关系进行了深入的论述，提出重整军备不力主要有经济、政治和战略三个方面的原因。英国政府把绥靖外交作为避免英德战争、实现两国和解的最有效的手段。但这一切都招致了英国在第二次世界大战初期的一系列惨败。

在第二次世界大战前史的研究中，我们加强了对欧洲法西斯问题的探讨。1984 年 11 月，《世界历史》编辑部召开了这一课题的学术讨论会。与会学者围绕欧洲法西斯产生的历史背景和条件；德意法西斯的社会基础和阶级实质，特别是与垄断资本的关系；德意法西斯的扩军步骤和欧洲战争策源地的形成，进行了热烈的讨论。这一专题的讨论无疑把第二次世界大战前史的研究进一步引向深入，从而促进对第二次世界大战史的有关方面进行综合性的考察和探讨。

第二次世界大战是我国世界史学界一直比较重视的课题。近年来这方面的成果不少，其中篇幅较大的专著有三部。② 朱贵生等编著的《第二次世界大战史》是我国学者自己撰写的第一部比较系统地阐述这一专题的学术著作，因而具有一定的代表性。该书在若干问题上提出了一些与传统说法不同的见解。例如作者肯定了苏联参战以前英、法对德战争行动的反法西斯性质。作者认为早在 1940 年 6 月，从英国支持戴高乐的"自由法国"起就开始形成国际反法西斯同盟。该书比较全面地反映了各个战场的情况和包括一些中小国家在内的各国人民的反法西斯斗争，适度地指出了中国人民抗日战争对大战的进程和胜利结局所起的作用。张继平等编写的《第

---

① 黄安年：《罗斯福新政的历史地位和阶级实质》，《北京师范大学学报》1982 年第 4 期；张谦让：《谈罗斯福"新政"的历史作用》，《山西大学学报》1982 年第 1 期。

② 朱贵生、王振德、张椿年等：《第二次世界大战史》，人民出版社 1982 年版；张继平、胡德坤等：《第二次世界大战史》，甘肃人民出版社 1983 年版；黄玉章等：《第二次世界大战》，世界知识出版社 1984 年版。

二次世界大战史》也具有自己的特色。

中国抗日战争在第二次世界大战中的历史作用和地位是我国史学家普遍重视的研究课题。有不少著述专门论述这个问题。① 我们认为，中国抗日战争是世界人民伟大的反法西斯战争的一个重要组成部分。中国战场开辟最早，持续最久，中国人民及其军队牵制、消耗和歼灭了大量日本侵略军，同时也作出了极大的牺牲。

中国学者对史学界长期争论不休的第二战场的开辟问题，进行了探讨。一些研究者认为，1942 年在西欧开辟第二战场是"完全可能的"，②或"不是完全不可能的"。③ 二者之间尽管有程度上的差异，但共同的则是"可能开辟"。有的研究者不同意这种观点，认为在 1942 年的大部分时间里，美英军队正在北非、东南亚、太平洋和大西洋战场忙于应付。在这种情况下，美英如果还准备像当初计划那样在年内开辟第二战场，即使不是异想天开，也是力不从心。另外，还有其他因素如军事、技术、人事等，也是需要考虑的。1942 年确实还不具备开辟第二战场的条件。④

现代亚洲、非洲、拉丁美洲国家的民族解放运动是我国史学界近年来比较注意研究的一个大课题。它涉及的问题相当广泛，包括战后民族解放运动的高涨，对亚洲民族解放运动一些领导人（如凯末尔、甘地等）的评价，非洲资产阶级的形成、特点和历史作用，战后非洲国家独立的道路及其性质，现代拉美民族民主运动及其重要思潮（如格瓦拉主义、庇隆主义、阿连德道路），等等。我们不可能对所有的著述逐一介绍，只能概括地谈谈以下两个问题：

一个问题是对甘地的研究，包括甘地的阶级属性、他的非暴力和不合作思想剖析以及他在印度民族解放运动中的地位。这些问题关系到对印度民族解放运动领导权的看法和对印度独立的性质与意义的估计，不仅对研

---

① 例如：刘思慕等：《中国抗日战争及其在第二次世界大战中的地位和作用》，《世界历史》1980 年第 4 期；王桂厚：《略论中国抗日战争在第二次世界大战中的地位》，《史学集刊》1981 年复刊号；等等。

② 金重远：《初探第二次世界大战中的"第二战场"》，《世界历史》1984 年第 2 期。

③ 石磊：《关于开辟第二战场的一些浅见》，《历史研究》1981 年第 2 期。

④ 阎来恩：《关于 1942 年能否开辟第二战场之我见——与石磊、金重远同志商榷》，《历史研究》1984 年第 4 期。

究印度现代史至关重要，对研究整个第三世界的民族解放运动也有一定的典型意义。关于甘地的阶级属性，有人认为他是封建地主阶级的代表，有人认为他是买办资产阶级的代表，还有人认为他是印度农民的伟大代表，但是大多数学者都认为他主要代表了印度民族资产阶级的利益，是资产阶级在民族运动中理想的政治领袖。① 关于非暴力主义和不合作运动的评价，大体上有三种观点。第一种观点是否定的，认为甘地的非暴力主义一方面赞成一种完全以军事暴力为基础的殖民统治机构，另一方面则要求人民在凶残的帝国主义面前解除武装。他的所谓不合作运动实际上包含着对殖民政府基本合作的内容。② 第二种观点认为，非暴力和不合作是两个不同概念的结合，非暴力是甘地的人生哲学，其主要作用是束缚革命群众的手脚；不合作则是甘地的政治策略，其内容和性质都是反英的。第三种观点是肯定的，认为非暴力和不合作也是一种争取民族独立的革命斗争形式，它沉重地打击了英国殖民统治，推动了印度民族解放运动的发展。③

另一个问题是十月革命以后非洲民族资产阶级能否领导民族解放和独立运动。这是现实向历史研究提出的新课题。过去一般认为，在十月革命以后民族解放运动成了世界无产阶级革命的一部分，各殖民地、半殖民地的资产阶级民族民主革命只有在无产阶级领导下才能取得彻底胜利。可是在第二次世界大战以后，非洲一些国家的民族资产阶级在争取民族独立、发展本国经济、反对殖民主义和霸权主义方面都起了显著的作用。这就促使一些史学家去研究和探索上述问题。从已经发表的著述来看，大多数学者对这个问题的回答是肯定的。他们认为，十月革命以后，殖民地半殖民地国家的民族资产阶级并未结束自己的历史使命。今天，固然存在着无产阶级领导的民族民主革命；但也不容否认，绝大多数国家的这类历史变革，仍旧是由本国资产阶级所领导和组织的。④ 他们还通过一些非洲国家的具体历史情况来进行论证。例如有的学者指出，肯尼亚民族资产阶级之

① 林被甸：《对几种不同意见的剖析》，《世界历史》1981 年第 3 期。

② 汤宜庄：《对甘地的一点看法》，《世界历史》1981 年第 3 期。

③ 张一平：《对非暴力主义应基本肯定》，《世界历史》1981 年第 3 期；李达三：《甘地是应该肯定的历史人物》，《河北大学学报》1981 年第 1 期。

④ 秦晓鹰：《尼日利亚现代民族主义的兴起和特点》，《世界历史》1981 年第 2 期。

所以能够领导本国的民族解放运动是因为它刚刚从小资产阶级脱胎而出，还没有分化出一个投靠帝国主义的买办阶级；它同时又与氏族土地制度割断了联系，因而能把部族意识改造成全民族的意识。

近年来，中国学者对非洲史的研究，除继续深入探讨非洲民族独立运动的兴起、斗争的道路和特点之外，开始把研究的重点转到非洲社会的演进和变革这一课题。这个课题把非洲现代史和近代史作为一个整体来研究，其内容包括这一历史时期非洲社会的经济基础和上层建筑的各个方面。从发表的著述看，关于奴隶贸易，关于殖民主义侵略和统治非洲所造成的后果及其评价，是学者们比较感兴趣的问题。

       *   *   *

我们不可能把最近五年来我国世界史研究的全部成果作系统的叙述。我们希望通过上面的简要介绍能够反映出当前中国世界史研究的基本情况。我国的世界史学科还很年轻。在短短的几年中取得的成绩使我们深深地体会到，只要有正确的指导思想和发扬真正的学术民主，全体史学工作者的积极性就会极大地迸发出来。回顾以往，展望未来，我们对今后的发展前景充满信心。现在，一个世界史研究的新局面已经呈现在我们面前。只要我们继续努力，必定能在现有的基础上取得更大的成绩。

（原载《第十六届国际历史科学大会中国学者论文集》，中华书局 1985 年版。本文系作者与朱庭光合著）

后　　记

这本专题文集选编了作者在 1978—2013 年间发表的关于俄国（含苏联时期，下同）史研究的 30 余篇文章，其中少数几篇选自有关专著中能独立成篇的章节。它们初次发表的时间前后相差达 35 年。

1978 年，无论对我们国家，或是对作者个人来说都是具有里程碑意义的一年。对我们国家来说，众所周知，这是我们党作出"改革开放"历史性决策的一年，是一次"新的伟大革命"（习近平总书记语）开始的一年。对作者个人来说，这是奉调到中国社会科学院世界历史研究所工作的一年。所以，这本文集中的文章都是作者在中国社会科学院工作时期撰写和发表的。

由于种种原因，我国的俄国史研究起步较晚。作者初到中国社会科学院时，正值全国思想理论界开展"实践是检验真理的唯一标准"大讨论之际。20 世纪 70 年代末 80 年代初的"拨乱反正"和"解放思想"，给了俄国史研究一个巨大的推动。从此我国的俄国史研究就开始扎实地发展起来。从整个 80 年代至 90 年代初的奠基和开拓，到 90 年代初开始的争鸣和繁荣，再到 21 世纪的向广度和深度发展，可以说是真正意义上的"与时俱进"。这一发展主要得益于各种史料的不断增多和有关理论与实践的不断发展，以及借鉴苏联历史经验教训的现实需要。从研究工作的指导思想上说，马克思主义的基本原理和历史唯物主义的观点和方法在"拨乱反正"中得到了恢复，并取得了绝大多数学者的认同。尽管后来，特别是在苏联解体以后，在意识形态"多元化"倾向的影响下，一些学者在这方面出现了某些偏差，但以马克思主义基本原理和历史唯物主义为指导仍然是学界的主流。30 余年来，作者始终坚信这一指导思想的正确性，并努力运用其立场、观点和方法开展研究工作。希望读者通过本文集能从一个侧面窥见 30 多年来我国俄国史研究的发展脉络，同时也大体看到作者个人学术思想和研究工作的发展轨迹。

本文集最后有两篇文章是研究整个世界史的。其中一篇曾对当时我国的世界史研究起过一定的指导性作用，实际上是刚刚创刊的《世界历史》杂志的一篇"社论"；另一篇（与时任世界历史研究所所长朱庭光先生合作撰写）是向 1985 年举行的世界历史科学大会提供的学术报告，对当时我国的世界史研究状况，从理论和实践两个方面作了比较详尽的评述，有助于国外学者对我国年轻的世界史学科的了解。当然，两篇文章也都不同程度地涉及了俄国史研究。有鉴于此，特地把它们选入本书。

文集中的所有文章除个别地方作了必要的改动外，一概保持原样。由于一些文章的发表时间距离当前较久，它们无论在资料占有和运用上，或是在理论分析上，乃至语言表述上，必然存在很多明显的时代印记和历史局限性。作者衷心希望读者在历史地阅读和评价它们的同时，对其中的缺点和错误不吝批评和赐教。

最后，要感谢中国社会科学院和中国社会科学院学部主席团，以及中国社会科学出版社为作者出版本书提供了机会和良好的条件，还要感谢中国社会科学出版社副总编曹宏举先生和责任编辑孔继萍女士对本书出版的支持和帮助。

陈之骅

2014 年 3 月 9 日于东总布胡同寓所